"十四五"职业教育国家规划教材

"十三五"职业教育国家规划教材

高职高专跨境电商专业
系列教材

跨境客户关系管理
（第2版）

罗　俊　黄　毅　邹其君 ◎ 主编
郑　欣　夏凌霜　朱秀敏　林正渔 ◎ 副主编

Management for
Cross-border Customer Relationship
2nd Edition

电子工业出版社
Publishing House of Electronics Industry
北京·BEIJING

未经许可，不得以任何方式复制或抄袭本书之部分或全部内容。
版权所有，侵权必究。

图书在版编目（CIP）数据

跨境客户关系管理 / 罗俊，黄毅，邹其君主编. —2版. —北京：电子工业出版社，2022.5
ISBN 978-7-121-43349-8

Ⅰ. ①跨… Ⅱ. ①罗… ②黄… ③邹… Ⅲ. ①企业管理—供销管理—高等学校—教材 Ⅳ. ①F274

中国版本图书馆 CIP 数据核字（2022）第 067440 号

责任编辑：刘淑丽
印　　刷：北京天宇星印刷厂
装　　订：北京天宇星印刷厂
出版发行：电子工业出版社
　　　　　北京市海淀区万寿路 173 信箱　　邮编 100036
开　　本：787×1 092　　1/16　　印张：20.75　　字数：531 千字
版　　次：2018 年 12 月第 1 版
　　　　　2022 年 5 月第 2 版
印　　次：2025 年 1 月第 8 次印刷
定　　价：68.00 元

凡所购买电子工业出版社图书有缺损问题，请向购买书店调换。若书店售缺，请与本社发行部联系，联系及邮购电话：（010）88254888，88258888。
质量投诉请发邮件至 zlts@phei.com.cn，盗版侵权举报请发邮件至 dbqq@phei.com.cn。
本书咨询联系方式：（010）88254182，liusl@phei.com.cn。

高职高专跨境电商专业系列教材建设委员会

顾问：

　　杨培强　　嘉兴职业技术学院院长　教授
　　陆金英　　嘉兴职业技术学院现代商贸学院院长
　　肖　旭　　浙江金融职业学院国际商学院副院长　副教授
　　祝万青*　嘉兴市跨境电商协会秘书长　浙江英卡顿网络科技有限公司总经理

主任：

　　王　艳　　嘉兴职业技术学院教务部部长　教授

委员：（按姓名拼音次序排列）

　　陈　琳*　　程　涛*　　崔今丹　　韩　旭　　何　哲　　黄　毅
　　黄亚萍　　贾　超*　　刘　勇　　刘永举*　　罗　俊　　马　莉
　　马彩英*　　沈旦豪*　　仝　玺　　吴荣林*　　项　捷　　徐娟娟
　　张　玲*　　郑苏娟

*表示企业专家。

前言

当前，跨境电子商务（简称"跨境电商"）这一国际贸易新模式正在如火如荼地发展，近几年来，其贸易额在我国的对外贸易额中所占比例增长迅速。根据我国跨境电子商务行业的发展需求及环境需要，为了培养集理论和实践于一身，既具有系统性知识又具有较强操作能力的技能型人才，我们组织编写了《跨境客户关系管理》（第 2 版）。本教材可以作为跨境电子商务、国际商务、国际贸易、商务英语等专业的教材使用，也可以作为企业跨境电商客服岗位培训的教材使用。

教材编写组坚持党对教育事业的全面领导，全面落实立德树人根本任务，贯彻落实党的二十大精神进教材，用习近平新时代中国特色社会主义思想和党的二十大精神培根铸魂、启智润心。

本教材以跨境电商客服应知应会的内容为主，围绕跨境电商客服工作，帮助读者掌握跨境电商客服必备技能、了解必备知识。本教材在结构安排上强调实用性，以跨境电商客服主要工作过程为核心内容，充分兼顾了跨境电商客服工作所要求的知识及能力和未来发展的需要，重点和难点明确。

本教材严格按照教育部的教学要求，根据教育与教学改革的实际需要，审慎地对教材内容进行了反复的推敲和修改。本教材分为 11 个情景，以学习者的应用能力培养为主线，结合实际，突出实践操作，其内容包括跨境客户关系管理概述、跨境客户的概况分析、跨境客户的开发、跨境客户信息的收集与管理、跨境客户的分级分类管理、跨境客户的品牌管理、跨境客户的满意度管理、跨境客户的忠诚度管理、跨境客户的沟通、跨境客户纠纷的预防与处理、跨境客户流失管理与挽回。

本教材由嘉兴职业技术学院罗俊、邹其君，浙江经济职业技术学院黄毅担任主编并统稿，四川商务职业学院郑欣、浙江东方职业技术学院夏凌霜、宁波幼儿师范高等专科学校朱秀敏、嘉兴职业技术学院林正渔担任副主编。具体分工如下：情景一由邹其君编写，情景二、情景九由夏凌霜编写，情景三由林正渔编写，情景四子情景一和子情景二、情景十由罗俊编写，情景四子情景三、情景十一由朱秀敏编写，情景五、情景八由黄毅编写，情景六、情景七由郑欣编写。本教材属于系列教材，参与该系列教材编写的院校有：嘉兴职业技术学院、杭州万向职业技术学院、嘉兴南洋职业技术学院、浙江东方职业技术学院、广东科贸职业学院、河南经贸职业学院、浙江经济职业技术学院、威海职业学院、河北能源职业技术学院、安徽国际商务职业学院、漳州科技学院、天津商务职业学院、宁波幼儿师范高等专科学校、四川商务职业学院。

在本教材的编写过程中，我们借鉴、引用了大量国内外有关跨境电子商务、客户关系管理等方面的书刊资料和业内的研究成果，并得到了跨境电子商务行业有关专家和领导的具体指导，在此一并致谢。特别感谢浙江英卡顿网络科技有限公司为本教材提供了翔实的案例并进行了大量的指导工作。由于编者水平有限，书中难免存在疏漏和不足之处，恳请同行和广大读者批评指正，以便再版时修改。

目录

情景一　跨境客户关系管理概述 …………………………………………………… 1
　　子情景一　认识跨境客服管理岗位的工作 …………………………………… 1
　　子情景二　跨境客服的职业素养 ……………………………………………… 7
　　子情景三　跨境客户关系管理的新思路 ……………………………………… 14

情景二　跨境客户的概况分析 ……………………………………………………… 25
　　子情景一　跨境客户的特点 …………………………………………………… 25
　　子情景二　主要国家跨境客户特点分析 ……………………………………… 32

情景三　跨境客户的开发 …………………………………………………………… 69
　　子情景一　跨境客户开发的流量思维 ………………………………………… 69
　　子情景二　跨境客户开发策略 ………………………………………………… 74

情景四　跨境客户信息的收集与管理 ……………………………………………… 85
　　子情景一　跨境客户信息概述 ………………………………………………… 85
　　子情景二　跨境客户信息的收集渠道 ………………………………………… 89
　　子情景三　跨境客户信息管理 ………………………………………………… 96

情景五　跨境客户的分级分类管理 ………………………………………………… 109
　　子情景一　跨境客户分级的内涵与意义 ……………………………………… 109
　　子情景二　如何进行跨境客户分级 …………………………………………… 113
　　子情景三　如何有效管理各级跨境客户 ……………………………………… 118
　　子情景四　跨境客户分类管理 ………………………………………………… 126

情景六　跨境客户的品牌管理 ……………………………………………………… 138
　　子情景一　跨境客户的品牌定位 ……………………………………………… 138
　　子情景二　如何打造跨境品牌 ………………………………………………… 145
　　子情景三　如何管理跨境品牌 ………………………………………………… 151

情景七　跨境客户的满意度管理 …………………………………………………… 160
　　子情景一　跨境客户满意度的内涵 …………………………………………… 160

子情景二　跨境客户满意度的测评……163
子情景三　跨境客户满意度的提升……171

情景八　跨境客户的忠诚度管理……181
子情景一　跨境客户忠诚的内涵……181
子情景二　客户忠诚与客户满意的关系……189
子情景三　跨境客户忠诚度的影响因素……195
子情景四　如何提升跨境客户忠诚度……201

情景九　跨境客户的沟通……212
子情景一　跨境客户沟通概述……212
子情景二　跨境客户售前沟通……216
子情景三　跨境客户售中沟通……229
子情景四　跨境客户售后沟通……238

情景十　跨境客户纠纷的预防与处理……252
子情景一　选品环节跨境客户纠纷的预防与处理……252
子情景二　产品上架环节跨境客户纠纷的预防与处理……257
子情景三　包装环节跨境客户纠纷的预防与处理……263
子情景四　物流环节跨境客户纠纷的预防与处理……268
子情景五　沟通环节跨境客户纠纷的预防与处理……274
子情景六　售后环节跨境客户纠纷的预防与处理……279

情景十一　跨境客户流失管理与挽回……290
子情景一　跨境客户流失概述……290
子情景二　重视跨境客户流失的原因……294
子情景三　跨境客户流失率……298
子情景四　跨境客户流失的原因……303
子情景五　避免跨境客户流失和挽回流失客户……309

参考文献……323

情景一

跨境客户关系管理概述

> 【习语典读】
>
> 必须完整、准确、全面贯彻新发展理念,坚持社会主义市场经济改革方向,坚持高水平对外开放,加快构建以国内大循环为主体、国内国际双循环相互促进的新发展格局。
>
> ——习近平

子情景一 认识跨境客服管理岗位的工作

学习目标

知识目标

- 了解跨境客服管理岗位的工作目标和工作原则。
- 熟练掌握跨境客服管理岗位的工作职责。

能力目标

- 能在实践中明确跨境客服管理岗位的工作目标。
- 能在实践中遵循跨境客服管理岗位的工作原则。
- 能在实践中履行跨境客服管理岗位的工作职责。

素质目标

- 形成对跨境客服管理岗位工作的全方位认识。
- 培养学生具备跨境客服管理人员基本素养。

思政目标

- 培养学生具有建设国家的使命感、责任感,引导学生深刻认识加快构建以国内大循环为主体,国内国际双循环相互促进新发展格局的重要现实意义。

微课抢先看

项目背景

知识导入

跨境客服的工作是一个窗口,通过该窗口,客户能够了解店铺所卖产品的特性、功能,获得更完善的解答、更快速的反馈、更优质的服务。开展跨境客服工作并不难,难的是把跨境客服工作从普通做到优秀,从优秀做到卓越。提供卓越的跨境客服工作,前提是要对跨境客服管理岗位的工作有全方位的认识。职场菜鸟艾伦（Allen）想要应聘浙江英卡顿网络科技有限公司的跨境客服管理岗位，参加面试前他应从哪些方面认识跨境客服管理岗位的工作？

任务实施

步骤1：认识跨境客服管理岗位的工作目标。
步骤2：认识跨境客服管理岗位的工作原则。
步骤3：认识跨境客服管理岗位的工作职责。
步骤4：通过学习跨境客服工作，从岗位涉外性质的视角出发，向学生深入阐述加快构建以国内大循环为主体、国内国际双循环相互促进的新发展格局。由此提高学生的担当意识和建设国家的使命感、责任感。

知识铺垫

一、跨境客服管理岗位的工作目标

（一）保障账号安全

保障账号安全是指要确保店铺的信誉水平和服务水平。速卖通平台对店铺设置了四个"卖家服务等级"，评级越高，产品曝光度越高，平台推广资源越多。跨境客服要通过良好的沟通技巧和工作方法，确保好评率、纠纷率等指标，提高店铺的"卖家服务等级"，维持较好的产品曝光与销量，保障账号安全。

（二）塑造店铺形象

对于线上店铺来说，客户看到的商品往往是一张张图片。客户既看不到卖家本人，也看不到真实的产品，无法通过亲身体验来了解产品的各种实际情况，因此在购买时往往会产生顾虑。此时，跨境客服的工作就显得尤为重要，客服的一言一行都关系着客户对店铺的理解和感受。客服要通过与客户在网上的交流，为客户提供人性化的服务，与客户真情互动，让客户可以逐步了解产品和服务，给予店铺信任，从而塑造良好的店铺形象。

（三）提高客户回头率

在跨境客服热心的服务下，完成第一次交易后，客户已知晓店铺的服务态度，同时也对店铺的商品、物流相关情况有了一定的了解，对卖家的信任感显著增强。特别是当卖家专业的服务态度能够感动国外的客户时，这种人与人之间的相互信任关系会促使客户在未来几年中稳定地回购下单。如果客户再需要同类商品，就会第一时间选择所熟悉的店铺，这样可以提高客户的回头率。

（四）增加店铺成交量

在客户选购产品的过程中，跨境客服要礼貌、专业地接待客户，热情地解答客户对产品、支付方式、售后服务和物流的咨询，让客户充分了解产品的基本信息，并根据客户的实际需要,站在客户的立场为客户着想,当好客户的参谋,解决客户的实际问题,引导客户成功下单。在客户购买产品后,跨境客服要及时、高效地跟进物流,为其提供产品的安装、使用、维护等方面的服务,主动为客户消除各种后顾之忧,让客户满意,从而增加店铺的成交量。

(五)降低售后成本

跨境客服在解决客户各种投诉的过程中,所能使用的方法与国内电商使用的方法是完全不同的。由于运输距离远、时间长、国外退货成本高,跨境电商的卖家会比国内电商的卖家更多地使用"免费重发"或"买家不退货、卖家退款"的"高成本"处理方式。实际上,一个好的客服人员在处理国外卖家投诉时,所使用的方法是多元的。同时,富有经验且精于沟通的客服人员会使用各种技巧,让客户尽量接受对卖家来讲损失最小的解决方案。因此,降低售后成本是跨境客服管理岗位的一项重要工作目标。

> **案例**
>
> 跨境客服在处理售后纠纷时最常见的五种解决方案以及所对应的亏损比例。
> 1. 客户不退货,卖家全额退款(亏损100%)
> 这种方式虽然可以快速解决售后纠纷,但是要损耗全部的产品成本和运输费用,严重拉低店铺利润,一般不推荐使用。
> 2. 免费重发(亏损65%~80%)
> 使用这种方式,跨境客服要亏损重发产品的成本和运输费用,对比第一种方式损失较小。
> 3. 部分退款或其他补偿(亏损20%~50%)
> 对于投诉问题不是特别严重的产品,跨境客服可以与客户商议采取退还部分款项或提供其他补偿方式解决纠纷,这种方式对比前两种方式更节约成本。
> 4. 赠送优惠券(亏损10%~20%)
> 对于投诉的产品在不影响使用的前提下,跨境客服可以向客户发放一定金额的优惠券,既能合理解决纠纷,又能引导客户再一次下单,这种方式非常推荐使用。
> 5. 技术层面解决疑惑(不亏损)
> 当客户提出技术性问题时,跨境客服可以利用自己的专业知识解惑答疑,这种方式零成本、零亏损,最推荐使用。

二、跨境客服管理岗位的工作原则

(一)积极主动

跨境客服不只是机械地应对客户提问。当客户提出一个问题时,跨境客服应尝试理解客户问题背后的动机。例如,当客户提出"这件衣服除白色外有黑色吗?"这个问题时,跨境客服可以尝试着去了解客户为什么想要黑色的衣服。客户提出这个问题背后的原因可能有:客户不喜欢白色;客户体型丰满,穿黑色显瘦;客户所处的地区排斥白色的衣服;客户因要参加某活动,需要黑色衣服;等等。如果跨境客服机械地回答客户没有黑色,这个客户很可能就流失了,但是如果跨境客服积极主动地去了解客户问题背后的动机,则完全可以针对客户需求推荐其他商品供其选择。

跨境客服应尽量做到以下三点:

1．提供解决方案，让客户可以选择

无论是售前推荐商品，还是售后解决问题，跨境客服都应主动为客户尽可能提供一套以上的解决方案供其选择。

2．话语柔和，善解人意

语气柔和亲切，让客户感觉到是在与人沟通，而不是在与机器沟通。网络沟通因没有语气、语调和面部表情，信息传达会有部分缺失，跨境客服可以用笑脸表情和英文流行网络用语来弥补，拉近和客户的距离。

3．多做一些，让客户安心

如果物流延迟了，跨境客服可以主动告知客户运输情况。客服主动提供必要的信息可以让客户在购物和等待的过程中更有安全感，一方面降低了纠纷率，另一方面也提高了好评率。

（二）换位思考

在与客户沟通的过程中，我们常常要讲究换位思考的原则。简言之，就是站在客户的角度去思考问题，将心比心来理解和认同客户的感受。回答问题时，要处处为客户着想，理解其意愿。当有不同意见时，应该尊重对方的立场和观点，对其看法和观点表示赞同，争取用诚心打动客户，最终达成交易。换句话说，即使交易不成，但人情还在。融洽的沟通也可能提高客户的回头率。

（三）实事求是

在商品买卖的过程中，我们要做一个专业卖家，给客户实事求是地介绍商品的优点与缺点。商品的缺点是任何卖家都无法避免的，坦诚地介绍、合理地解释、适当地描述更能够让客户理解与赞同。尽量避免在介绍商品的优点时滔滔不绝、在被问及缺点时避而不答，这种做法只会给客户留下不好的印象。

（四）勇于担责

客户发起售后咨询通常是因为某些原因造成这次交易不愉快，跨境客服在接待售后咨询时应以安抚客户情绪为第一要素。客户提出的理由可能是卖家的责任，也可能是物流的责任，甚至可能是客户自己的责任。跨境客服面对客户的提问时应第一时间安抚其情绪，再分辨责任。如果是卖家的责任，客服应第一时间承担责任，补偿客户损失；如果不是卖家的责任，客服可以表示对客户困扰的理解，并且积极主动地帮助客户解决问题。

（五）诚实守信

诚实守信是长久经营店铺的一个重要理念，跨境客服始终坚持诚实守信的原则很有必要。对客户的咨询要诚实地解读和回答，不能为了达到销售目的过度营销，也不能为了暂时敷衍客户的提问做出过度承诺。跨境客服应以诚实守信为原则，对客户的承诺做到一诺千金，说到就要做到。不要妄想网络经营中付款成交就万事大吉了，于是信口开河地承诺，但之后又将承诺搁置一旁。

（六）主次分明

在与客户交流的过程中，要注意交流和服务的重点，并围绕这个重点开展工作。切忌在沟通时主次不分、偏离重点，这样不仅达不到服务和交流的效果，而且会浪费客户的宝贵时间，更加不利于问题的解决。

（七）投其所好

跨境电商购物者的需求、情绪、态度等都有较大差异，对待不同的客户要善于投其所好、善于赞美。一般而言，热情、自信的客户往往乐于在购物的过程中与人沟通。只要我们抓住客户的特点，了解客户的需求，恰到好处地赞美，对方都会乐于接受，并且可能成为店铺的忠实客户。

（八）善于检讨

在与客户沟通的过程中，难免会遇到很多无理的客户。此时，一定不能责怪、抱怨他人，要先检讨自己，并虚心请教，倾听客户的声音，避免因自己的语言、情绪而影响了交易的达成。遇到问题多检讨自己，不要将责任推给对方。

三、跨境客服管理岗位的工作职责

（一）解答客户咨询

跨境客服要熟悉店铺的产品和服务信息，充分了解跨境电商行业流程，解答客户提出的各种关于产品的大小、材质、功能、安全性以及物流、清关政策等问题。跨境客服解答客户咨询的渠道分为三种：一是以站内信或订单留言为主，即买卖双方关于订单的沟通都在订单留言里完成；二是以邮件为辅，通过邮件与客户联系，发推广信、营销邮件、节假日祝福或通知邮件；三是采用电话或短信的方式联系客户，由于费用与时差等因素，这种方式在跨境购物上使用相对较少，当遇到需要客户紧急确认的事情时才会使用。

（二）安排订单发货

跨境客服必仔细检查包装的商品与客户下单的商品是否一致，包括商品的颜色、大小、数量、物流方式，以及是否有赠品。注意提供包裹中产品的清单，提高专业度，避免错发、漏发或将有瑕疵的货物发给客户。国际物流的包装不一定要美观，但必须保证牢固，因为包装一直是引发客户投诉的重要原因。对数量较多、金额较大的易碎品可以将包装发货过程拍照或录像，留作纠纷处理时的证据。

（三）追踪物流信息

在包裹发出之后，要及时跟踪物流信息。在有效期快到而货物还在运输途中的时候，主动更新收货时间。当遇到客户咨询包裹的物流信息时，要及时回复客户留言，同时提供以下三个信息点：可跟踪的包裹单号、可以追踪到包裹信息的网站、最新的追踪信息。如果能提供客户所在国的本土追踪网站，并且能够找到使用客户母语展示的追踪信息，这对增加客户对店铺的信任、让客户对日后的国际包裹运输时间有信心是非常重要的。

（四）关注客户评价

在客户收到货物并已确认收货之后，跨境客服要及时发送催评邮件，提醒客户对于此次交易做出评价。对于客户的好评，跨境客服要给予回复并表示感谢；对于客户的中差评，跨境客服应当向客户表示歉意，积极与客户沟通，了解客户给差评的原因，针对问题给出解决方案，最大限度地让客户满意，争取让客户更改评价。

（五）解决售后问题

在跨境电商行业中，客户联系跨境客服，往往是发现产品、物流运输或其他服务方面出现了较大的问题。许多跨境电商卖家每天收到的邮件中有将近七成是关于产品和服务的。由于跨境电商的行业特点，当遇到产品或服务问题时，售后处理的方案成本往往会高于国内电商的处理，因此退换货处理模式在跨境电商中不再广泛适用，跨境电商最常见的处理方式是免费重发或退款。跨境客服在解决售后问题时，要引导客户选择对卖家而言成本最低的处理方案，尽量在保证客户满意的基础上将损失降到最低。

（六）做好客户维护

相比于国内客户，海外客户在店铺成交之后，一旦拥有良好的购物体验会产生更高的依赖性，从而再次购买该店铺的产品，因此做好客户的维护也是跨境客服的重要工作内容之一。例如，对客户进行分类管理，根据每个客户的购买金额、采购周期长短、评价情况、所在国家等维度来识别出具有购买潜力的大客户，为后期获取大订单打下基础；通过给好评客户发放优惠券、满立减、特别折扣等方式，刺激客户再次消费；关注客户所在国家的节假日情况，有针对性地发送节日问候，给客户留下美好印象；通过站内信或邮件向客户发送上新通知，快速实现新品破冰。以上这些维护方式可以让客户感受到卖家的服务态度，增加客户的满意度，呵护双方的感情，赢得客户的信任，使得客户不易流失。

 案例解析

一、案例背景

2021年1月6日，艾伦来到浙江英卡顿网络科技有限公司参加跨境客服人员面试。为了能顺利通过面试，艾伦早就做好了充分的准备。他在网上查询了该公司的基本信息，对跨境客服岗位的工作有了初步的认识与了解，对考官可能问到的问题也做到了胸中有数。在面试时，艾伦对于考官的大部分提问都能对答如流，唯独一个问题却把艾伦难住了："你认为跨境客服与国内淘宝客服在工作职责上有哪些不同？"如果你是艾伦，你该如何回答这个问题？

二、操作步骤

如果我是艾伦，我会做出如下回答。

（1）客服工作的侧重点不同：国内淘宝客服侧重于售前工作，国内客户在下单前，会与卖家就是否有货、能否提供折扣、物流方式与时间等进行交流；跨境客服侧重于售后工作，因为大部分跨境客户都习惯采用"静默下单"的方式，一般联系客服都会集中在售后环节。

（2）接待客户的渠道不同：国内淘宝客服习惯用旺旺与客户进行沟通，偶尔使用电话和短信，较少使用站内信和邮件；跨境客服习惯通过站内信、订单留言或邮件与客户联系，较少使用电话和短信,基本不用旺旺。

(3)客服服务的对象不同:国内淘宝客服的服务对象以中国人为主,可能有极少数的外国人;跨境客服的服务对象以外国人为主,可能有极少数的国外华人。

(4)提供物流信息的内容不同:国内淘宝客服基本不会提供可跟踪的包裹单号给客户,由客户自行查询;跨境客服会同时提供三个信息点给客户,即可跟踪的包裹单号、可以追踪到包裹信息的网站、最新的追踪信息。

(5)售后问题的解决方式不同:国内淘宝客服习惯采用"退货-换货"模式处理售后问题;跨境客服常见的处理方式是免费重发或退款。

三、案例总结

艾伦回答面试问题时不必拘泥于所给答案,可以根据自己对国内淘宝客服和跨境客服的理解来进一步完善答案。虽然国内淘宝客服和跨境客服的工作职责有诸多不同,但我们相信,客服人员只要秉持认真负责、诚信专业的态度提供服务,就一定能赢得客户的满意与信任。

子情景二　跨境客服的职业素养

 学习目标

知识目标

- 熟练掌握跨境客服的品格素质要求、心理素质要求、技能素质要求。
- 熟练掌握跨境客服的综合素质要求。

微课抢先看

能力目标

- 能深刻理解跨境客服的职业素养要求。
- 能正确评判跨境客服岗位要求的职业素养与自身的匹配度。

素质目标

- 培养学生逐步养成跨境客服岗位要求的职业素养。
- 培养学生善于学习和运用职业技能的能力。

思政目标

- 培养学生树立"敬业"的社会主义核心价值观。

 **项目背景**

知识导入

跨境店铺的盈利能力在很大程度上取决于跨境客服的服务水平,而跨境客服的服务水平又与其职业素养密切相关。一名优秀的跨境客服应当具有超前的服务意识，具备积极的服务心态，这样才能够与客户进行良好的沟通，为客户提供细致入微的服务。职场菜鸟艾伦在面试浙江英卡顿网络科技有限公司的跨境客服岗位时，被考官提问："作为一名跨境客服，你应当具备哪些职业素养？" 艾伦该如何回答考官的这个问题？

任务实施

步骤1：了解跨境客服的品格素质要求。
步骤2：了解跨境客服的心理素质要求。
步骤3：了解跨境客服的技能素质要求。
步骤4：了解跨境客服的综合素质要求。
步骤5："敬业者，专心致志，以事其业也"。（宋·朱熹）通过跨境客服岗位职业素养的学习，帮助学生树立"敬业"的工作态度。

知识铺垫

一、品格素质要求

（一）集体荣誉感

集体荣誉感要求跨境客服所做的工作，不是为了表现自己，而是为了能把整个店铺的客户服务工作做好，提升店铺的业绩和形象。集体荣誉感是一个团队的灵魂，它是振奋精神、激励斗志、团结一心的强大动力。客户服务强调的是一种合作意识、团队精神。只有具备强烈的集体荣誉感，一个团队才会有凝聚力，有进取心，有向上的朝气，这样跨境客服才能在工作中无时无刻地感受到家的温暖。

（二）乐观包容

乐观包容是一种博大胸襟的体现，是退一步海阔天空的悠然。跨境客服在工作中常常因为一件小事、一句不注意的话，让客户不理解或不信任，特别是面对无理客户时，要以律人之心律己，以恕己之心恕人。跨境客服要有乐观包容的心态，包容客户的一些无理，包容客户的一些小家子气，要有足够的耐心去跟客户解释和沟通，打消客户的疑虑，尽量满足客户的需要。

（三）责任意识

责任意识是一种自觉意识，也是一种传统美德；是一种精神，更是一种品格。跨境客服在工作中难免会犯错，然而只有能够承担责任、善于承担责任、勇于承担责任的客服才能得到客户的信赖。当不慎出现问题时，跨境客服之间不应相互推诿，逃避责任，而是要直面错误，尽力化解与客户的矛盾，挽救给客户带来的损失，挽回店铺形象，并在工作过程中不断反思与总结，积累经验教训。

（四）信守承诺

"人而无信，不知其可"，没有人愿意和不讲信用的人打交道。在日常交往中尚且如此，在对待我们的"上帝"时更应如此。诺言就是责任，要把每一个承诺当成自己必须要履行的责任去践行。跨境客服在对客户做出承诺前一定要三思而后行，慎重考虑事情的各个方面，不盲目，不夸张。对客户慎重而又郑重地做出承诺，既是对别人的尊重，也是对自己的负责。跨境客服一旦承诺，就必须兑现自己的诺言；一旦答应客户，就要尽心尽力地去做到。

（五）谦虚诚实

拥有一颗谦虚诚实之心是人的美德。如果跨境客服不具备谦虚的态度，只会在客户面前炫耀自己的专业知识，而揭客户的短，很容易引起客户的不满与抱怨。跨境客服要有较高的服务技巧和专业知识，但不能去卖弄，要谦虚低调。对待客户，谦虚的态度很重要，诚实更重要，一个人的谎言可能被侥幸维持，但谎言迟早会被戳穿，这样只会激怒客户。在与客户交流时应该秉持诚实的工作态度，诚实做人，诚实待客，诚实地对待失误和不足。

（六）将心比心

当接受客户的投诉和抱怨时，跨境客服不能一味埋怨客户，要把自己想象成客户：如果自己遇到这种情况会怎么想、怎么做。将心比心就是要有同理心，要时刻站在客户的角度去思考问题，这样才能真正地理解客户的想法和处境，了解客户最需要的和最不想要的是什么，在处理问题的过程中，最大限度地满足客户的要求，挽回整个店铺在客户心中的不良形象，将损失降到最低。

（七）积极热情

良好的精神状态是跨境客服责任心和上进心的外在表现，积极热情的态度是保证跨境客服工作效果的前提和基础。永不枯竭的热忱会传递给周围每一个人，从而营造出一种温馨融洽的氛围，令客户顿生好感，促使客户在未来几年中稳定地回购下单，促进再次交易。跨境客服必须牢记：客户永远喜欢与能够给他带来快乐的人交往。

（八）服务导向

服务导向是一种乐于为别人提供帮助的意愿。如果你是一个有着很强服务导向能力的人，你会发现服务是一件非常快乐的事情，因为你每次都能够通过帮助别人而感到快乐，你会把别人的快乐当成自己的快乐，把消除别人的烦恼当作自己更大的快乐。跨境客服只有具备了乐于助人的品格，才能在工作中收获满足感和幸福感。

二、心理素质要求

（一）积极进取的良好心态

所谓积极进取的心态，就是把事情好的、正确的一面扩张开来，并在第一时间投入地去做。跨境客服需要时刻保持积极进取的良好心态来对待自己的工作，遇到困难与挫折不能轻言放弃，要以不屈不挠、坚韧不拔的精神面对困难，积极进取、永不服输，并在工作过程中学会自我适应与调整。积极进取的良好心态不但能使自己充满奋斗的阳光，而且会使身边的人信心百倍。

（二）对挫折打击的承受能力

跨境客服每天要面对来自世界各地的不同客户，由于国家和地区之间存在地域文化差异，以及客户的价值观念、思维方式、性格特点不同，在沟通时难免遇到被客户误解的情况。有的客户甚至会因对产品不满而迁怒于客服人员。这就需要跨境客服具备对挫折的承受能力。在面对客户的误解甚至辱骂时，保持良好的心态，与客户耐心沟通，缓解客户的愤怒情绪，以积极向上的服务态度去感染客户。

（三）自我情绪的调节能力

跨境客服心情的好坏会间接影响客户。例如，每天接待100个客户，可能第一个客户因为误解就把作为客服的你臭骂一顿，这时你的心情会变得很不好，情绪很低落，但是后面99个客户依然在等着你。面对这种情况，你不能把第一个客户带给你的不愉快转移给后面的客户，你需要对每一个客户都保持同样的热情度，这就需要你掌控和调节自己的情绪，耐心地与客户沟通，为客户解答。如果遇到实在不能招架的客户，跨境客服也要有技巧地应对，一定不能让对方的情绪影响了你的工作。

（四）处变不惊的应变能力

所谓应变能力，是指对一些突发事件有效处理的能力。作为跨境客服，有时会遇到一些蛮不讲理的客户来找碴，用差评或投诉来威胁客服人员。在这个时候，跨境客服要处变不惊、保持冷静，一方面安抚客户激动的情绪，另一方面思考解决问题的对策，争取稳妥有效地处理这类突发事件，把对店铺的不良影响降到最低。对于客户提出的问题，跨境客服除了要真实客观地回答，有时候也需要思路清晰、灵活应对。在长期与客户的对话中，可以不断积累与不同类型的客户打交道的经验，并在实际工作中灵活运用。

（五）细致敏锐的洞察能力

在跨境电商平台会遇到各种各样的客户，任何事情都有可能发生，没有良好的心理素质则很难胜任跨境客服这份工作。这里所说的良好的心理素质不仅指心理状态要好，还指具备细致敏锐的洞察能力。洞察力是对客户的心理状态、消费行为，以及人性的观察和思考，通俗地讲，就是去了解清楚为什么客户喜欢这个而不喜欢那个的能力。细致敏锐的洞察力能够帮助客服找到客户需求与满足的结合点，了解客户的想法和动机，随时抓住客户的心，从而引导交易成功。

（六）满负荷情感付出的支持能力

所谓满负荷情感付出，是指跨境客服需要对每一个客户都提供最贴心、最周到的服务，对待第一个客户和对待最后一个客户，要付出同样饱满的热情，不能有所保留。只有满负荷的情感付出，时刻保持高涨的服务热情去对待每一个客户，为客户提供高品质、多元化服务，才能获得客户的理解与好感，提高客户的信任度和依赖感。一般来说，每个客服人员满负荷情感的支持能力是不同的，工作经验越多的跨境客服，满负荷情感付出的支持能力就越强。

三、技能素质要求

（一）跨境电商行业知识的掌握能力

一名优秀的跨境客服不仅要学会与客户在线沟通，而且要精通跨境电商行业相关知识及基本流程。一方面，应当熟悉跨境电商平台的规章制度，如支付方式、物流、各国的海关清关、关税等相关政策，以及最新一年的平台招商门槛、平台最新优惠活动等，了解平台才可以顺应平台发展，提升自己的业务水平；另一方面，应当对跨境电商的整套流程都非常熟悉，如产品、采购、物流、通关等，客服人员只有对行业熟悉，在面临客户询问时才会临危不乱。

（二）目标消费市场的了解能力

跨境客服的服务对象范围较广，一般涉及全世界多个国家和地区。由于世界不同国家和地区之间历史传统、政治制度、经济状况、文化背景、风格习惯等存在明显的差别，买卖活动常常会表现出显著的文化差异与强烈的文化冲突。因此，了解并掌握目标消费市场的基本情况，有利于跨境客服提供更优质的服务。例如，速卖通平台客服应该熟悉俄罗斯人和巴西人的性格，与俄罗斯人避免聊政治、苏联等问题；而巴西人比较爽快、幽默，但是性格上比较直率。掌握这些特点就可以更好地与客户沟通交流，避免产生不必要的误会。除此之外，因为涉及跨境交易，其他国家和地区与我国常常存在时差，所以在回复站内信及订单留言的时候需要注意时差问题。

（三）产品供应链的理解能力

无论是传统外贸还是跨境电商，要想把生意做好，就应当提供有特色且优质的产品。作为一名跨境客服，应该对自己所经营的产品非常熟悉，对于产品供应链有全方位的了解，这样才能在交易过程中实现与客户的有效沟通，引导客户下单交易。对于产品供应链的理解可以让客服在后期的运营中更多体现自己的核心竞争力。

（四）良好的外语交流能力

要做好跨境客服工作，外语交流能力非常重要，特别是学好英语尤为关键。良好的外语交流能力是实现与客户有效沟通的必要条件。跨境客服必须不断加强对语言的学习，尤其需要准确并熟练地掌握所售产品的专业词汇。在处理客户消费纠纷时，有语言优势的客服人员沟通效率更高，更容易解决客户的问题。在回复订单留言及站内信时，如果跨境客服能使用同一种语言回复，客户会备感亲切，更能拉近与客户之间的关系，从而促进交易成功。

（五）一流的销售能力

跨境电商平台的客户一般分为几个类别，有的是单纯零售买家，有的是小额批发商，有的是潜力无限的大客户。作为跨境客服，应当利用与客户沟通交流的机会，及时判断分析这些客户，对不同类别的客户差异化对待，洞察客户的心理活动，倾听客户的想法，利用自己的专业判断以及对于跨境流程的理解，引导客户下单。如果客户迟迟不下单，跨境客服还可以利用持续的订单跟进能力，持之以恒，最终让订单成交。

（六）引导客户二次下单的能力

跨境电商的成功运营，其核心是客户的下单"黏合度"。一位老客户重复下单次数的多少真正决定了店铺的成功与否，而客户会二次或多次下单的前提是对第一次订单产品与服务高度满意，这跟跨境客服的专业度和耐心都是分不开的。专业的跨境电商卖家会在第一次销售过程中真正解决客户的争议，如产品问题、物流问题、售后问题等。客户的二次开发还包括打折、建立客户关怀档案等，这些措施都有助于引导客户二次下单。

四、综合素质要求

（一）客户至上的服务理念

跨境客服要将"客户至上"的服务理念贯穿客户服务工作中，要始终以客户为中心，站在客户的立场上去考虑问题，给客户以充分的尊重，了解客户的需求，然后根据客户的需求和消费能力给予最合适的产品，合理引导其消费和解答客户疑虑。与此同时，跨境客服要把自己始终置于客户的严厉挑剔和审察之下，虚心接受来自各方面的意见和建议，从善如流，不断改进服务，使自己的服务工作达到尽善尽美。

（二）人际关系的协调能力

同事之间关系紧张、不愉快，会直接影响客户服务的工作效果。跨境客服要善于协调与同事、领导之间的关系，以达到提高工作效率的目的。人际关系的协调能力关键在于以尊重他人为前提，学会理解、学会宽容、学会倾听，理解他人的感受，宽容他人的不足，倾听他人的想法，用真诚的心对待他人。

（三）工作的独立处理能力

跨境客服必须具备工作的独立处理能力。虽然在实际工作中，每个跨境客服都有明确的分工，但是企业仍然要求客服人员能够独当一面，可以独立处理更多客户服务中的棘手问题。这不仅是对跨境客服的综合能力提出的巨大挑战，而且进一步体现了跨境电商平台对客服人员的高标准、高要求。

（四）不同问题的分析解决能力

跨境客服不但要能做好客户服务工作，还要善于思考，能够提出工作的合理化建议，具备分析解决问题的能力，遇到问题能够差别化处理。例如，回答客户询盘，处理产品售后，解决客户投诉与纠纷，对于不同的问题制定不同的应对策略，利用专业知识和工作经验帮助客户分析解决一些实际问题。

 案例解析

一、案例背景

请大家根据自己的实际情况在表 1-1 中描述的各项潜能对应的合适的分值上打"√"，填写时需要注意：
（1）把自己当作一个普通人，不要把自己当作一个跨境客服来看待。
（2）尽量填写自己的真实状况与想法，切勿为了追求好的测试结果而虚假填写。
（3）填完表格后把各项分数加总。

表 1-1　跨境客服服务潜能测试

我多数情况下能够控制自己的情绪	10 9 8 7 6 5 4 3 2 1	我很难控制自己的情绪
我能热情地对待对我冷淡的人	10 9 8 7 6 5 4 3 2 1	如果别人对我不好，我当然不高兴
我很乐意与别人相处	10 9 8 7 6 5 4 3 2 1	我很难与别人相处
我乐意为别人服务	10 9 8 7 6 5 4 3 2 1	每个人都应该自力更生
即使我没错，我也不介意道歉	10 9 8 7 6 5 4 3 2 1	我没有错，就不应该道歉
我对自己善于与别人沟通感到自豪	10 9 8 7 6 5 4 3 2 1	我情愿以书面形式与别人交往
我的微笑是自然流露的	10 9 8 7 6 5 4 3 2 1	不苟言笑是我的性格
我喜欢看到别人因为我而心情愉快	10 9 8 7 6 5 4 3 2 1	我没有取悦他人的天性，特别是那些我不认识的人
我总能以积极的心态面对挫折	10 9 8 7 6 5 4 3 2 1	遇到失败我会一蹶不振
遇到问题我能勇于承担责任	10 9 8 7 6 5 4 3 2 1	这些问题都与我无关

二、测试结果

（1）如果你的自我评分在 80 分以上，那么对于跨境客服工作来说，你是一个优秀的人才。面对挫折，你有积极进取的良好心态，有一定的承受挫折的能力；面对抱怨，你能够忍耐与宽容，懂得适当控制自己的情绪；面对投诉，你能够勇于承担责任，敢于说抱歉；面对客户，你能热情沟通，谦虚诚实。有了这些特质，你在跨境客服工作中一定会如鱼得水。

（2）如果你的自我评分为 60~80 分，那么你较为适合跨境客服工作。你可能具备最基本的跨境客服职业素养，但是仍然不够综合全面，还需要通过日后的工作与学习，加强人际关系沟通技巧，从品格、心理、技能和综合四个方面提高自己的职业素养。

（3）如果你的自我评分在 60 分以下，那么跨境客服工作对于你来说，也许不是一个合适的职业选择，你可以根据自己的其他优势另行选择适合自己的职业。

三、案例总结

跨境客服服务潜能测试的目的在于让测试者对于自己所具备的基本素养与跨境客服岗位是否匹配有一个更加清晰、全面的认识。对于自己不具备或欠缺的部分，从品格素质、心理素质、技能素质和综合素质这四个方面加以培养或改进。只有充分了解职业要求的基本素质和技能，才有可能在工作中不断提升自我，自觉学习职业素质方面的服务技巧，从而做好跨境客户服务工作。

子情景三 跨境客户关系管理的新思路

 学习目标

知识目标

- 了解改善跨境客户关系的思路与方法。
- 熟练掌握与客户沟通的语言文字技巧。

能力目标

- 能合理运用跨境客户关系管理的思路与方法。
- 能良好运用语言沟通策略与技巧以改善跨境客户关系。

素质目标

- 培养学生善于突破既定思维以寻求改善跨境客户关系的思路和策略。
- 引导学生树立正确的服务理念,对客户怀抱感恩之心。
- 培养学生积极主动、勇于担当的责任意识。

思政目标

- 引导学生坚定"四个自信",大力传承弘扬中华优秀传统文化。

微课抢先看

 项目背景

知识导入

没有优质的服务,客户将离你而去。面对客户对服务的期望和要求越来越高的现实,跨境客服要不断地创新服务模式,创造性地运用各种有效的服务理念、服务方式和服务策略,把分内的服务做精、把额外的服务做足、把超乎想象的服务做好,运用沟通策略与技巧改善客户关系,让客户感受最优质的服务。艾伦在工作中不断总结与思考,想要探索如何创新跨境客户关系管理的新思路。

任务实施

步骤1:换位思考,引导客户认知与情绪。
步骤2:以诚相待,主动承担交易责任。
步骤3:巧妙沟通,熟练掌握语言技巧。
步骤4:积极互动,着力构建客户忠诚度。
步骤5:通过介绍中国历史上有关沟通艺术的典故《触龙说赵太后》,使学生深入理解跨境客服工作中沟通的意义,弘扬中华优秀传统文化。

 **知识铺垫**

一、换位思考，引导客户认知与情绪

运营国内电商与跨境电商的显著区别在于，国内客户习惯在下单前咨询各种关于大小、材质、功能等问题，客服的工作主要集中在售前环节；而跨境客户更倾向于选择"静默下单"的方式，客服的工作主要集中在售后环节。这就意味着，在跨境电商中，客户联系客服往往是带着各式各样的问题而来的。一方面，客户不熟悉复杂的国际物流，难以理解某些中国卖家所写的不甚清楚的英文产品说明；另一方面，由于物流路径长、客户等待时间久、存在语言与文化差异，客户很容易产生不满与抱怨，并且出现焦躁情绪。

针对上述问题，跨境客服需要换位思考、推己及人，理解客户的不满与抱怨，并运用一系列方法与技巧，主动引导客户的认知与情绪，为进一步双向沟通与解决问题打下良好的基础。

（一）对客户怀感恩之心

"感恩"一直是社会普遍认可的一种美德，客户就是上帝，跨境客服理应对客户怀感恩之心。在实际的跨境客服工作中，时刻以客户为中心，从字里行间的细节向客户呈现一种感恩的态度，这对顺利解决投诉或其他问题、说服客户接受提出的解决方案，甚至降低解决问题的成本，都是非常有效的。

（二）给客户吃定心丸

跨境客服先要做到在沟通过程中，特别是在与客户第一次的接触中，就要想办法淡化事件的严重性，将事件导致的不良后果降到最低。第一时间向客户保证能够帮助其顺利解决问题，给客户吃定心丸，从而稳定客户的焦躁情绪，有利于客户接受后续卖家对问题原因的解释以及提出的解决方法。

（三）用专业的角度解决问题

在跨境交易实现的过程中，客户往往不专业或缺乏相关的知识，这恰恰要求跨境客服在面对客户时，需要从更专业的角度来解决问题。首先，在解释问题发生的原因时，跨境客服需要清楚明了地向客户解释问题产生的真实原因；其次，针对无论是物流还是产品中涉及的一些专业术语或行业专用的概念，跨境客服需要适当地简化，用通俗易懂的方式简洁地向客户进行说明；最后，在提出解决方案时，跨境客服需要基于问题产生的真实原因，提出负责而有效的解决方案。

（四）重视最后一次邮件回复

从礼仪的角度讲，在与客户沟通的过程中，双方文字沟通过程中的最后一封邮件理应由跨境客服来发出，这对增加客户对卖家的好感有一定的积极作用；从技术的角度讲，许多跨境电商平台都会在后台系统中做出一个自动设置，来扫描所有站内信或订单留言的平均回复时间，平均回复时间越短，时效越高，这个小小的细节也能反映出商家的服务水平。因此，无论在何种情况下，在与客户进行的互动中，最后一封邮件一定出自跨境客服。

> **案例**
>
> 客户向跨境客服反映她收到产品时，产品有明显被打开过的痕迹，外包装及内部的销售包装是破损的。
>
> **案例回复示例与分析：**
>
> Dear friend,
>
> Thanks for shopping with us!
>
> Really sorry to hear that and surely we will help you solve this problem.
>
> （在邮件的开头展示感恩的心态，并明确地表明将会帮客户解决问题，以便安抚客户，让客户有耐心继续看下面给出的解释与方案。）
>
> You know, when parcels are sent to the Customs, it will be opened to finish the "Customs Inspection". That's the reason why your parcel was opened and the retail package was damaged.
>
> （通过向客户解释当包裹通过海关时有可能面临开包查验，为包装的破损找到合理的原因。）
>
> As sellers, we really don't want to give you an unpleasant shopping experience.
>
> Thus, if you need, we would like to resend you a new retail package. And you don't have to afford extra shipping cost.
>
> （给客户提供合理的解决方案，提出重新给客户寄一个新的包裹，并且不需要客户承担额外的运费。）
>
> What's your opinion?
>
> Sincerely apologize for causing you any inconvenience.
>
> And thanks for your kindness and tolerance for this problem.
>
> （再次向客户致以歉意，并感谢客户理解与宽容。）
>
> Looking forward to hearing from you.
>
> Yours sincerely,
>
> ×××

二、以诚相待，主动承担交易责任

在面对客户抱怨时，跨境客服先要用真诚的态度对客户表示歉意，了解具体情况后，对事件快速做出反应，主动承担交易责任，并给予有效的处理。处理售后问题动作迅速，可以让客户感觉到应有的尊重，以此来表明卖家要解决问题的诚意，这样也可以有效地遏制客户对产品负面信息的传播，防止对店铺信誉造成更大的伤害。

（一）了解问题的来龙去脉

当客户提出售后问题时，跨境客服应第一时间联系客户，了解问题的来龙去脉，这样客户就有被重视的感觉，还有可能放下心中的偏见，愿意给客服一个解释的机会。在弄清问题的事实及本质后，要主动真诚地向客户道歉，因为一个小小的道歉行为不仅能表明卖家勇于承担责任的态度与解决问题的决心，而且能够给客户留下专业、负责任的形象，有利于缓解客户的不满情绪，强化客户对卖家的信任，最大限度地降低处理问题的成本和难度。

（二）寻找合适的解释理由

面对客户投诉，跨境客服要为客户找到一个合理的、能够接受的理由，并且这个理由最好是由第三方（客户和卖家之外）或不可抗力引起的。找理由的目的不是推卸责任，而是从照顾客户心理的角度出发的。一个合适的理由可以让客户寻求心理上的平衡，从而更容易接受跨境客服提出的解决方案，最终能够更加快速地解决纠纷和争议。

（三）真诚地承担问题的责任

跨境客服为自己寻找一个合理的理由，绝不是为了哄骗客户，更不是为了逃避责任，跨境客服所有的谈判与沟通技巧都是出于真诚地为客户解决问题的初衷，更好地服务客户，让客户更容易接受其提出的方案。也就是说，把错误合理地推诿到第三方身上，并表明"即使错误不在我们，我们仍然愿意为客户解决问题"，往往能平息客户的怒气，使其更顺利地接受解决方案。

在提出方案时，一定要对客户的问题进行客观分析，找准问题，对症下药，切不可随意提供解决方案，以免出现新的问题，导致客户更加不满意。建议一次性提供多个方案供客户选择，让客户能够充分体会到对他们的尊重，也让客户更有安全感。

> ☞ 案例
>
> 客户反映长时间未收到快递，出现不满情绪，向跨境客服询问快递投递状态。
> **案例回复示例与分析：**
> Dear friend,
> 　　The information shows the parcel didn't arrive your country. Don't worry, surely we will try our best to help you solve this problem.
> 　　（在邮件的开头解释发生的事情，并向客户表明将会帮客户解决问题，以便安抚客户，给客户吃定心丸。）
> 　　International shipping requires more complicated logistic procedures, that make the post time between two countries always longer than domestic shipping.
> 　　（寻找合适的理由向客户解释包裹迟迟未到的原因，告诉客户现在一切是正常的。）
> 　　If you haven't received your item and this situation lasts to the 30th day, please do contact us. We will help you refund all money and cancel the delivery. But if you receive it, we sincerely hope you can leave us a positive comment if you like it and appreciate our customer services.
> 　　（给客户提供解决方案，为其安排退款或取消投递，最后请求客户能够给我们一个正面的评价。）
> 　　Thanks once more for your purchase.
> 　　　　　　　　　　　　　　　　　　　　　　　　　　　　Yours sincerely,
> 　　　　　　　　　　　　　　　　　　　　　　　　　　　　×××

三、巧妙沟通，熟练掌握语言技巧

在跨境电商行业中，虽然并不要求每一个岗位的工作人员都具备高超的外语技能，但是对跨境客服岗位而言，熟练掌握最主要客户的语言，运用沟通技巧进行巧妙的沟通却是必需的。

> ☞ 案例
>
> 《触龙说赵太后》是《战国策》中的名篇。主要讲述了战国时期，秦国趁赵国政权交替之机，大举攻赵，并已占领赵国三座城市。赵国形势危急，向齐国求援。齐国一定要赵威

后的小儿子长安君为人质，才肯出兵。赵威后溺爱长安君，执意不肯，致使国家危机日深。《触龙说赵太后》写的就是在强敌压境、赵太后又严词拒绝的危急形势下，触龙因势利导，以柔克刚，用"爱子则为之计深远"的道理，说服赵太后，让她的爱子出质于齐，换取救兵，解除国家危难的故事，歌颂了触龙以国家利益为重的品质和善于做思想工作的才能。

（一）扎实语言基本功

跨境客服在工作技巧上，需要不断加深对语言的学习，扎实语言功底，特别需要准确并熟悉地掌握所售产品的专业词汇；在工作态度上，务求扎实肯干、注重细节，尽量避免低级的拼写与语法错误。正确使用客户的母语，一方面展示了卖家对客户的尊重；另一方面也可以有效地提高客户对卖家的信任感。

（二）避免成段的大写

我们时常会见到这种情况：某些卖家为了在较多的邮件文字中突出重点信息（如促销、打折等优惠信息）而采用成段的大写。这样做虽然可以有效地突出重点，让客户一眼就看到卖家所要表达的核心内容，但也会产生一些副作用。在英语世界里，文本中成段的大写表达的往往是愤怒、暴躁等激动的情绪，是一种缺乏礼貌的书写方式。因此，跨境客服需要在日常工作中注意这一细节。

（三）简化语言表述

在与客户沟通的过程中，为了方便绝大多数客户的阅读，应当鼓励使用结构简单、用词平实的短句。语言尽量通俗化，少用专业术语。因为通俗的语言可以在最短时间内让客户充分理解语言所要表达的意思，以提高沟通效率。

（四）巧用分段与空行

大多数人在阅读卖家邮件、促销信息等文字资料时，都会采取"略读"的习惯。针对这种情况，跨境客服在撰写邮件时，需要特别注意按照文章的逻辑将整篇邮件进行自然分段，并在段与段之间添加空行。这样做有利于客户简单地浏览不重要的段落，快速跳至重点信息。一方面，这可以有效地节省客户的阅读时间，增加客户与客服沟通的耐心；另一方面，清晰地按逻辑进行分段，可以给客户以专业、有条理的印象，增加客户对卖家的信任感。

案例

为了说明"巧用分段与空行"这一技巧所带来的阅读上的效果，下面以同一封邮件为例，采用不同的分段排版方式给大家做一个演示。

（1）没有自然分段和换行的效果。

Dear friend,

We are glad to tell you that actually your parcel arrived at your country on Oct-06. Your tracking number is RA250500415CN, and now you can track it on this website: ×××. The newest information from Australia post is: "RA250500415CN Status: arrival at inward office of exchange, Location: SYDNEY, Time: 2018-09-28." Since the parcel has arrived at your country and now it is being handled by Australian post office, we believe you will get it very soon. Thus, is that OK for you to give a little more time for the post system? Or, you can also try to connect with your local post office for faster "Customs Clearance" and dispatching. If you need any further help, please feel free to connect with us again.

　　Best regards!

Sincerely,
×××

　　（2）采用逻辑分段并插入空行的效果。

Dear friend,
　　We are glad to tell you that actually your parcel arrived at your country on Oct-06.

Your tracking number is RA250500415CN, and now you can track it on this website:
×××

The newest information from Australia post is:
RA250500415CN
Status: arrival at inward office of exchange
Location: SYDNEY
Time: 2018-09-28

Since the parcel has arrived at your country and now it is being handled by Australian post office, we believe you will get it very soon.
　　Thus, is that OK for you to give a little more time for the post system?
　　Or, you can also try to connect with your local post office for faster "Customs Clearance" and dispatching.
　　If you need any further help, please feel free to connect with us again.
　　Best regards!

Sincerely,
×××

　　通过这两个例子可以发现，在第一个实例的排版中，所有的文字全部都挤在一个自然段中。在阅读时，客户被迫按顺序一个词一个词地读下来，在阅读之前看不出任何重点，这自然容易使客户在阅读时感到疲倦和烦躁。

　　在第二个实例中，排版按照"提供单号—追踪地址—追踪信息—解决方式—结尾"的逻辑结构进行自然分段，并在段与段之间插入清晰的空行。客户在阅读时，可以方便地进行略读，快速跳过非重点信息。在这种情况下，卖家所要表达的重点信息可以被高效地传达给客户，而客户的阅读与沟通体验也会得到明显提升。

四、积极互动，着力构建客户忠诚度

（一）加强互动性沟通

　　加强互动性沟通，要注意沟通方式与客户保持一致。在初始阶段，卖家与客户一般通过站内信、订单留言建立联系，在发货、物流、收货和评价等诸多环节，客服人员要将发货及物流信息及时告知客户，提醒他们注意收货，出现问题及纠纷时也可以及时妥善处理。当普通客户成长为重点客户后，卖家要与客户保持及时畅通的联系，势必运用邮件、短信、电话或其他辅助软件（如Skype、What's App、VK、Facebook、Twitter）等工具，通过售后回访、发送营销邮件、优惠券发放等形式，增加客户黏性，促进再次交易。

（二）确保沟通时效性

国内电商客户对于卖家回复的时效性要求很高，往往要求第一时间回复。跨境客户大多数能够理解双方的时差问题，对于卖家回复的时效性要求相对较低。虽然如此，跨境卖家理应站在客户的角度考虑，尽快回复客户咨询。建议卖家在 24 小时内一定要回复客户，这对于提升卖家服务及客户购物体验大有裨益。若是超过 24 小时，建议在回信中首句进行道歉——"Sorry for the late reply"。如果暂时无法得到确切的物流信息不能回复，可以告知对方"I will inform you of the shipping information as soon as the goods are sent out"。这样的做法会让客户感觉你是在为他着想，有得到尊重、受到重视的感觉，使客户减轻等待的焦虑感。

（三）重视客户反馈

在经营店铺时，卖家通常比较关注客户评价，其主要原因是中差评会影响产品的质量得分和卖家服务等级，从而影响产品的排名和销量。中差评产生后，与客户协商更改中差评也会让客服倍感吃力。由于各种因素，卖家往往很难让客户百分之百满意，但是卖家一定要重视重点客户的反馈。当客户收到货后，卖家应积极主动地征求客户的意见，如包装是否变形、产品设计是否有缺陷、客户是否满意等，收集这些信息也是为了让客户有更好的购物体验。

（四）预测客户需求

卖家应该对客户的风俗习惯、地理概况、气候状况等耳熟能详，根据客户的隐性信息获取其经常购买的产品类别和购买能力。卖家还应通过日常沟通了解大客户的销售渠道、销售对象，以及当前的流行趋势和元素，并且主动提供定制或相匹配的产品营销及精细化的服务，以提升客户的忠诚度。

 案例解析

一、案例背景

2021 年 2 月 6 日，一位法国客户托尼（Tony）在速卖通平台的某跨境电商店铺，下单购买了 100 顶帽子，分装 3 箱，采用 EMS 的物流渠道发货。经过一周的等待，2 月 13 日客户成功收到货，但在货物清点过程中，发现少了 15 顶帽子。客户立即通过邮件联系该店铺的售后客服，要求店铺对该问题做出解释。最后，店铺查明短缺原因，是由于购买旺季，员工短缺，未能仔细清点货物数量造成的。请根据上述问题，以客服的身份拟写一封回复邮件。

二、邮件内容

Dear Tony,

Sorry for the inconvenience caused and surely we will try our best to help you solve this problem.

（在邮件的开头先向客户表示抱歉，并明确地表明将会帮客户解决问题，以便安抚客户情绪，给客户吃定心丸。）

Through investigation, the mistake is entirely our own.

（通过调查，失误完全是我方造成的。向客户真诚地表示将承担问题的责任。）

It occurred as a result of staff shortage during the busy season and the number of goods was not counted carefully.
（向客户简单说明缘由，因为旺季，员工短缺，未能仔细清点货物数量。）

We'll make the payment for USD 1 500, the amount of claim, or we would like to resend you the lack of the number of that part of the shipment, and you don't have to afford extra shipping cost.
（给客户提供合理的解决方案，提出会在客户同意后返回缺少的那部分货物的钱，或者重新将缺少的货物发出，并且不需要客户承担额外的运费。）

More strict inspection will be taken in the next orders.
（向客户保证接下来的订单会更加严格检验。）

What's your opinion?
（询问客户的意见，表示对客户的尊重。）

Sincerely apologize for causing you any inconvenience.
And thanks for your kindness and tolerance for this problem.
（再次向客户致以歉意，并感谢客户的理解与宽容。）

Look forward to hearing from you soon.

Yours sincerely,
×××

三、案例总结

跨境客服在回复客户的投诉邮件时，首先要做的就是向客户表示歉意，明确表示帮客户解决问题的态度与决心，给客户吃"定心丸"。其次，待客户情绪稳定后，了解清楚事情的来龙去脉，针对调查的结果，寻找一个合适的理由向客户解释事情发生的原因。不论事情的发生责任归属于哪一方，解决方案都应由卖家积极提供，并且询问客户的意见，让客户自行选择。这种做法既能给客户留下专业、负责的印象，又能最大限度地降低处理问题的成本和难度。最后在邮件的结尾再次向客户表示歉意，并感谢客户的理解与宽容。

课后延伸阅读

跨境客服如何"聆听"客户的"声音"

Tokyo Otaku Mode（以下简称"TOM"）是一家向国外消费者出售日本动漫和游戏周边的网站，公司组建了专门的客服团队接受海外客户的咨询。团队共有4个人，虽然来自美国、中国台湾、日本等不同的国家和地区，但英语均可达到母语水平。

该公司的商品被卖往北美、欧洲等100多个国家，不过来自美国的咨询占了近半数，所以现在可以用英语和日语进行客服工作。网站偶尔也会接到法语和西班牙语的咨询，所以将来也可能会有懂西语的人才。TOM在去年还入驻了天猫国际，当然这是另一种海外发展方式。

咨询的内容各种各样，包括因目的国物流原因商品到达不了，或者海外关税等问题。有时也会出现动漫手办生产太慢而影响发货时间的情况，客户都心怀不安地反映商品还没收到。这时客服会直接向厂家咨询，并郑重地向客户解释发货延迟的原因。

TOM 每周都会收集客户的咨询和意见在全公司共享。从这些客户的声音中，公司也开发出了人气商品，正是那款名为"Alpacasso"的羊驼公仔。一次，有位收藏 Alpacasso 的海外客户询问：那么有名的角色为什么 TOM 却没有卖？公司调查之后才知道，这是日本一些游戏中心的夹娃娃机商品。尽管当时羊驼在日本的知名度不算高，但为了客户的需求，TOM 开发了这款商品，结果却意外地受欢迎，累计销售超过 1 万个。

此外，曾有用户反映，与所买的东西相比，快递的箱子太大了。推测该用户的心理可知，TOM 用 EMS 发货，虽然邮费取决于商品重量，但用户可能误以为箱子的大小影响了邮费。因此，TOM 为了消除用户的不安，将箱子更换成最合适的大小。而现在，TOM 还会根据商品订单，指定让仓库用某种尺寸的箱子包装出货。

课后启发

习题演练

一、单选题

1. 下列不属于跨境客服管理岗位工作目标的是（　　）。
   A. 解答客户咨询　　　　　　　　B. 提高店铺回头率
   C. 降低售后成本　　　　　　　　D. 塑造店铺形象

2. 作为跨境客服，应当站在客户的角度去思考问题，将心比心来理解和认同客户的感受，处处为客户着想，理解其意愿，以上体现了跨境客服管理岗位（　　）的工作原则。
   A. 实事求是　　　　　　　　　　B. 换位思考
   C. 积极主动　　　　　　　　　　D. 诚实守信

3. 在与客户交流的过程中，要注意交流和服务的重点，并围绕重点主题开展工作，以上体现了跨境客服管理岗位（　　）的工作原则。
   A. 积极主动　　　　　　　　　　B. 主次分明
   C. 投其所好　　　　　　　　　　D. 善于检讨

4. 下列不属于跨境客服管理岗位工作职责的是（　　）。
   A. 解答客户咨询　　　　　　　　B. 做好客户维护
   C. 及时追踪物流信息　　　　　　D. 评估客户信用等级

5. 下列属于跨境客户最常见的下单形式的是（　　）。
   A. 先询问，后下单　　　　　　　B. 先下单，后询问
   C. 静默式下单　　　　　　　　　D. 以上都不是

6. 下列不属于跨境电商平台接待来访客户的渠道的是（　　）。
   A. 站内信或订单留言　　　　　　B. 电子邮件
   C. 电话或短信　　　　　　　　　D. 上门接待

7. 下列表述错误的一项是（　　）。
   A. 在发货时，跨境客服务必仔细检查包装的商品与客户下单的商品是否一致，包括商品的颜色、大小、数量、物流方式
   B. 相比于国内客户而言，跨境客户在购买前更加倾向于向客服询问产品的基本信息
   C. 由于跨境网购流程多、距离远、时间长，大部分国外客户都非常关注物流问题

D. 跨境电商最常见的售后处理方式是免费重发或退款

8. 跨境客服需要具有洞察买家心理的本领，随时抓住买家的心，了解买家的想法和动机，以上体现了跨境客服必须具备（　　）。

A. 一流的销售能力　　　　　　　　B. 对挫折打击的承受能力
C. 细致敏锐的洞察能力　　　　　　D. 处变不惊的应变能力

二、多选题

1. 跨境电商最常见的售后处理方式有（　　）。
A. 免费重发　　　B. 退款　　　C. 换货　　　D. 退货

2. 下列属于跨境客服管理岗位的工作原则的是（　　）。
A. 积极主动的原则　　　　　　　　B. 勇于担责的原则
C. 投其所好的原则　　　　　　　　D. 善于检讨的原则

3. 当遇到客户咨询包裹的物流信息时，要及时回复客户留言，同时提供三个信息点，分别是（　　）。
A. 可跟踪的包裹单号　　　　　　　B. 可以追踪到包裹信息的网站
C. 最新的追踪信息　　　　　　　　D. 发出包裹时间

4. 下列能体现跨境客服做好客户维护工作的是（　　）。
A. 给好评客户发放优惠券、满立减，提供特别折扣
B. 向客户发送节日问候
C. 向客户发送上新通知
D. 给客户赠送小礼品

5. 跨境客服的职业素养主要包括（　　）。
A. 品格素质要求　　　　　　　　　B. 心理素质要求
C. 技能素质要求　　　　　　　　　D. 综合素质要求

6. 跨境客服的综合素质要求主要包括（　　）。
A. 客户至上的服务理念　　　　　　B. 对不同问题的分析解决能力
C. 人际关系的协调能力　　　　　　D. 工作的独立处理能力

三、判断题

1. （　　）跨境客服的工作往往集中在售前。
2. （　　）在与客户沟通时，跨境客服需要将专业术语或行业专用的概念适当地简化，用通俗易懂的方式向客户进行说明。
3. （　　）降低售后成本是考核跨境客服的一项重要工作目标。
4. （　　）跨境客服只需要熟悉店铺经营产品的基本信息。
5. （　　）跨境电商的成功运营，其核心是用户的下单"黏合度"。
6. （　　）跨境客户更倾向于选择"静默下单"的方式。
7. （　　）跨境客服通常采用电话和短信的方式联系客户。
8. （　　）跨境客服在给客户发送邮件时，要巧用分段与空行，让客户尽快找准重点。

四、简答题

1. 跨境客服管理岗位的工作职责有哪些？
2. 跨境客服要求的职业素养有哪些？
3. 跨境客服处理售后纠纷最常见的有哪几种方案？不同方案所对应的亏损比例是多少？

实践操作

跨境客服艾伦在速卖通上经营一家童鞋网店，一名客户投诉店铺鞋子颜色与图片不符，艾伦将如何与客户进行沟通？请帮艾伦写一封回复邮件。

Dear ×××,

操作1. 表达感恩的心态

操作2. 表示歉意，表明会帮助客户解决问题

操作3. 解释问题发生的原因，寻找合适的解释理由

操作4. 提供合理的解决方案

操作5. 再次表示歉意，并感谢客户的理解

Best Regards,
Allen

情景二

跨境客户的概况分析

【习语典读】

我们全面推进中国特色大国外交，推动构建人类命运共同体，坚定维护国际公平正义，倡导践行真正的多边主义，旗帜鲜明反对一切霸权主义和强权政治，毫不动摇反对任何单边主义、保护主义、霸凌行径。

——习近平

子情景一 跨境客户的特点

 学习目标

知识目标

- 了解跨境客户的消费心理特点。
- 了解跨境客户的消费行为特点。
- 了解跨境客户的消费需求特点。

能力目标

- 能读懂跨境客户的消费心理特点，采取有效营销方法和策略使产品实现口碑传播。
- 能顺应跨境客户的消费行为特点，采取有效移动购物发展策略满足客户快捷、便利的需求。
- 能了解跨境客户的消费需求特点，采取有效策略满足客户的各种合理需求。

素质目标

- 树立正确的职业态度，站在客户的角度考虑跨境客户的特点。
- 培养良好的服务意识，为跨境客户服务。

思政目标

- 培养学生树立习近平总书记倡导的"人类命运共同体"理念。

微课抢先看

项目背景

客户是企业的衣食父母，是企业的命脉，是企业永恒的宝藏，给企业带来了巨大的利益。市场竞争其实就是企业争夺客户的竞争。企业要实现盈利，必须依赖客户。客户的存在是企

知识导入

业存在的前提，没有客户，企业就会垮台。为此，企业要想获得持续的竞争优势，就必须转型为客户导向型的企业。怎样吸引客户、留住客户就成为企业越来越关注的问题。

"知己知彼，百战不殆。"因此，想要吸引客户、留住客户，需要先了解客户的特点。通过客户关系管理掌握客户的第一手资料，就可以在第一时间发现客户消费心理、需求或潜在需求的变化，从而使企业可以及时推出深受广大客户喜爱的新产品，缩短新产品的开发周期。更重要的是，企业甚至可以在客户明确自己的需求之前理解、发掘和满足他们的需求。

传统国际贸易的客户主体通常是企业，即 B 类买家。跨境电商借助互联网，其客户主体更加广泛并具有更为多样的商业身份，包括跨境企业对企业（Business to Business，B2B）贸易中的进口商、零售商以及企业对消费者（Business to Consumer，B2C）贸易中的个人消费者。由于客户主体存在差异，以及受到互联网的影响，跨境客户的特点也有别于传统国际贸易客户。本情景主要以 B2C 贸易中的个人客户作为研究对象，分析跨境 C 端客户作为个人消费者区别于传统国际贸易客户的独有特点，包括跨境客户的消费心理、消费行为和消费需求。浙江英卡顿网络科技有限公司的跨境客服艾伦开始了解并分析跨境客户的消费心理、消费行为和消费需求的特点。

任务实施

步骤 1：把握跨境客户爱分享、爱炫耀的消费心理特点。
步骤 2：认识跨境客户移动购物的消费行为特点。
步骤 3：了解跨境客户"吐槽""参与""个性化"的消费需求特点。
步骤 4：通过学习跨境客户的特点，培养学生以"海纳百川"的开放包容心态去面对差异，最终实现互利共赢。贯彻习总书记"人类命运共同体"的思想理念。

知识铺垫

一、跨境客户的消费心理特点

古语有云：上兵伐谋，攻心为上。意思就是最高的兵法在于谋略，攻心为上，攻城为下，兵战为下。事实上，对于任何形式的营销来说，关键也在于攻心。这里所谓的"攻心"，就是要读懂客户的心理。

从品牌、定位到差异化，从定价、促销到整合营销，任何企业的销售活动，其实都是针对客户的心理而采取的行动。尤其是在互联网时代，跨境客户的需求更是多种多样并具有个性。因此，把握和迎合跨境客户的心理才更能吸引他们，最终达成产品的销售。在互联网大趋势时代的跨境电商们更要读懂客户的心理，依据其心理特征进行客户关系管理。

（一）跨境客户的分享心理

在传统国际贸易中，客户是 B 端的企业，它们购买是为了实现商品的二次销售以达到营利的目的，因而无法像个人买家一样经常"晒"出自己买到的产品。在互联网时代，人们越来越喜欢将自己买到的产品"晒"出来。这种"晒"，就是分享。无论是在国外的社交媒体如

Facebook、Twitter、Instagram、YouTube、Pinterest 等上，还是在国内的社交网络如微博、微信、QQ、博客、豆瓣、人人网等上，我们经常可以看到客户买到一款产品或服务后，就会"晒"出来，与好朋友一起分享（见图 2-1）。

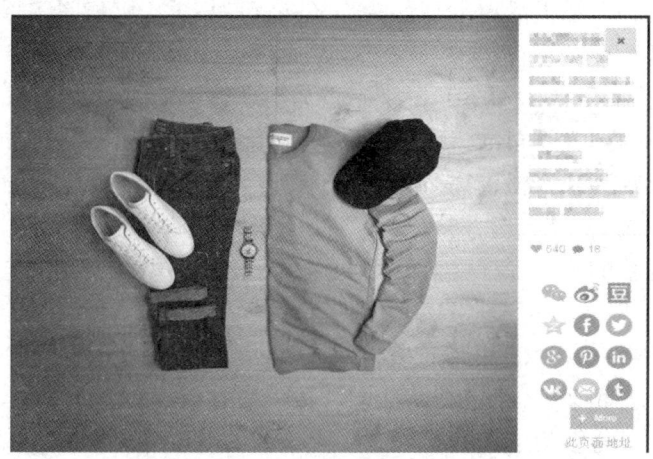

图 2-1　Instagram 上的客户分享图

　　此外，消费者的分享心理还体现在征求意见方面。他们在看好了一款产品之后，却拿不定主意，不知道产品是不是值得购买。于是，他们会通过社交平台分享给好友，然后征求对方的意见。当小伙伴们对这款产品"评头论足"时，这款产品也就自然而然地被分享出去了。

　　基于这样的社交分享心理，就需要有社交圈子。当社交网络进入我们的生活时，陌生人之间的隔阂也被打破了。理论上，我们可以通过社交平台来认识任何一个我们想认识的人，每个人的社交关系也会得到重组，于是就出现了以兴趣爱好或专业为分类的社区和论坛等。这时候，社区、论坛里的好友会要求客户分享产品的购买链接或网址。从这一层面来讲，客户由消费者变成了网络传播的主角，即消费商。

　　"互联网+外贸"的发展使跨境电商进入了社交电商时代，跨境客户对于社交网站的运用轻车熟路。因此，跨境电商们应该有效抓住客户在社交网络传播中的这种习性，加以运用，多一些迎合客户的营销之法和策略，这样也有利于产品被分享出去，从而实现口碑传播。

（二）跨境客户的炫耀心理

　　从心理学的角度来说，每个人的潜意识里都有自我炫耀的因子，很多人称之为自恋。人们常常会不自觉地将自己的信息展现在一些社交平台上。例如，Instagram 在创立伊始就是一群摄影爱好者将自己认为比较好的照片上传而分享的一个平台。后来，越来越多的文艺青年登录该平台，分享购买的产品、享受的美食、旅游的点滴等生活状态，希望可以得到他人的羡慕和崇拜。

　　也正是这种炫耀心理，导致了高端市场的出现。同时，很多跨境商家为了获取市场也利用客户的这种炫耀心理，抓住消费者的黏度，舍弃了低价劣质的价格战和同质化的策略，采用高品质、个性化设计来吸引客户。例如，PC 端照片社交的王者渠道 Pinterest 上的跨境企业走的就是高端、小资的路线，以吸引社交网站上的女性中产客户群体。

二、跨境客户的消费行为特点

不知道从什么时候开始，人类的生活与互联网变得密不可分。尤其是随着移动互联网和智能手机的逐渐普及，人类生活更是与移动互联网息息相关。人们只需要轻轻动一下指尖，就能随时随地获取想要的信息，获得更多服务和产品。人类的生活正在被移动互联网所改变着，在跨境电子商务领域则体现在跨境客户的消费行为出现以移动购物为主流的特点。

2017年，Facebook IQ发布的一份《旺季移动端营销》报告惊人地向世人揭示：节日季移动端销售的时代已经到来。报告称，在2016年整个节日季期间，Facebook在全球市场的移动端转化量首次超过PC端转化量。2020年第三季度，全球应用的使用时长同比增长25%，移动端仍然是我们生活的中心。在疫情高峰期，用户使用移动设备的时长平均达到每天4小时20分钟。

根据我国国家统计局公布的数据，2020年全球49%的人只用手机购物，这意味着49%的流量来自移动用户。到2021年，预计移动设备将主导在线销售，占总销售额的54%。

以上数据表明，跨境客户的消费行为发生了重大的改变：原来的PC端购物主宰多年的状态已经一去不复返，移动设备已然成为购物的主要渠道。

> **案例**
>
> 下面是几个在生活中出现的移动端购物行为。
>
> 在纽约，大学生海伦（Helen）在《纽约时报》上看到了一本一直想买的书，看完了相关书评之后，海伦决定购买这本书。于是她拿起手机，扫描了上面的二维码。在手机页面上很快出现了购买该书的网店信息和价格，于是她马上就下了订单。
>
> 在上海，作为外企高管的小苏，每天都十分忙碌，甚至没有时间去逛商场，也没有时间去超市购买日用品。她在办公室喝的怡保速溶咖啡、家里煮饭用的韩国原装进口无烟不粘锅、厕所用的日本马桶圈、喝水用的德国净水器、出门经常背的美国包，都是通过天猫、亚马逊等各种跨境电商平台购买的。她利用早晚乘坐地铁的时间，打开手机中的购物网站App，然后在各个网站上看评价、下订单。接着，她只要等待派送员将商品送货上门就行了。
>
> 再过一个多月新年就要到来了，在俄罗斯的一个小镇上，艾拉（Ira）想给他的外祖母买一条围巾。虽然家里没有计算机，但是她直接打开手机，在手机上打开了速卖通App，在上面精心挑选了一条羊绒围巾。

从某种意义上来说，这是购物行为的巨大改变。人们购物已经摆脱了时间、地点的局限，不需要前往实体店或守候在计算机前，只需要一部能上网的手机就可以了，这在过去是不可想象的。如今，你只要有购物需求，就可以通过平板电脑、手机下单购买。

移动端购物热潮方兴未艾，而跨境电商们想要牢牢地抓住跨境客户，就必须采取顺应移动购物发展的策略，以满足客户快捷、便利的需求。

三、跨境客户的消费需求特点

"互联网+"给跨境电子商务插上了腾飞的翅膀。这种腾飞最主要的表现是企业可以与客户更加亲密无间。

在过去传统的国际贸易中，营销关系十分简单。买家和卖家的关系简单到只在发生贸易关系时才有联系。一旦一笔订单完成，买家似乎就与卖家脱离了关系。这种僵硬、陌生、短暂的商客关系也让许多传统国际贸易企业，特别是中小型企业的生存在"互联网+"大潮来临时变得十分艰难，它们纷纷寻求转型。

在"互联网+"的风潮下，很多跨境电商企业在对待与客户的关系方面与传统国际贸易企业截然不同。这些企业不但通过网站中的客服与客户联络，还搭建了社交媒体平台，如官方 Facebook 账号、Instagram 账号，甚至还有一些粉丝群、社区等。在这里，粉丝与企业之间亲密无间，共同形成了一个和谐的圈子。在这个圈子里，企业会将更多的产品信息、促销内容，甚至上市、好玩有趣的活动，随时随地推送给消费者。而消费者在看到一些好玩的信息时，也会将这些信息上传分享到朋友圈或微博中，让更多的好友看到。这样不仅使企业的品牌、产品得到了广泛传播，而且使企业获得了大量忠实的粉丝和客户。

这样一来，企业不仅为客户带去了了解产品的机会和渠道，同时也为客户建立了互相聊天、畅所欲言的平台，从而满足客户自由"吐槽""参与""个性化"的需求。

（一）"吐槽"的需求

在互联网时代，客户在购买行为完成之后，还有可能通过购物平台和社交平台发表自己对产品的看法与评价，因此客户需要自由"吐槽"的权利。

对于优质的产品或服务，客户不会吝啬自己的肯定。他们会在购物平台的评价栏或社交平台中对其大加褒奖，同时也给其他的消费者带去了参考和借鉴。对于劣质的产品或较差的服务，客户同样会大胆地给出差评，并在自媒体平台上大加"吐槽"，督促商家改进产品或服务。

以下是亚马逊平台客户对购买的佩奇猪的评价。可以看出，对于优质产品，客户是不吝于褒奖和给予好评的（见图 2-2）。

图 2-2　跨境客户好评

同样，对于下面这款咖啡机，客户不满意，也会毫不客气地"吐槽"，给予差评（见图 2-3）。

因此，在客户主导的时代中，客户希望拥有更多自由"吐槽"的权利，这样才能显示出客户的主导地位，也能给商家带去警醒，促使商家深层了解消费者的需求，从而做出更好的产品或提供更好的服务。

图 2-3　跨境客户差评

针对这种情况，很多国内外跨境电商企业往往会设立一些 Facebook 账号、微博账号或社区等，勇于接纳消费者的"吐槽"。不管是好的评价还是恶性"吐槽"，企业都要及时与消费者互动，并且做出改变。

（二）"参与"的需求

事实上，上述"吐槽"就是客户参与企业经营的一种方式。这一点，在品牌营销活动中表现得最为突出。过去，客户在购买一款产品时，只是追求功能或刚需消费，而在现代客户的心目中，消费是为了追求品牌体验。

让客户参与其中，不仅能够给客户带去更深入的体验，还能让他们对企业的产品和服务乃至运作过程有一个更深入的了解，从而使其对企业产生很深的品牌认同感，在潜意识里给他们带去企业的品牌烙印。

让客户参与进来，实际上是满足了客户"参与、影响和改变"的心理需求。这也有助于实现一些潜在客户向忠实客户关系的进化，可以让企业和客户共同成长。

当然，所有的跨境电商要注重一点，让客户获得参与感的核心应该是以客户为中心，而不是以企业为中心。如今，在经济社会中，客户是中心。同时，随着自媒体的日益发达，客户或消费者已经在网络中形成了一种不可忽视的强大力量。他们可以在自媒体上对任何一个品牌、产品"评头论足"，可以各种"吐槽"，甚至可以让企业一夜爆红，也可以让企业一夜溃败。因此，企业必须要"放权"给客户，给他们参与的机会，如采用"免费试用""客户参与设计"等方式。

给客户参与的权利，让客户从内到外地感觉到自己的分量和影响力，会提升他们对企业的好感。有了客户的加入，这些产品自然不愁销路。

（三）"个性化"的需求

在互联网时代，年轻的客户群体特立独行，他们不喜欢和身边的朋友有同样的东西。2014年，甲骨文软件系统有限公司在全球范围内进行了一项调查，调查的主题是"体验式零售演变"。调查结果显示，消费者的个性化需求逐渐被放大，有超过 50% 的受访者认为个性化非常重要。跨境电商雨果网 2017 年 6 月的调查数据显示，近 2/3（59%）的客户对个性化购物感兴趣。

基于客户这种个性化的需求和希望自己"独一无二"的心理，那么作为卖家，就应该满足客户的这种心理需求，给他们独一无二的感觉。

案例

亚马逊的做法是在会员日根据会员客户过往采购历史来预测他们喜欢和想要的产品，从而推送个性化的营销内容，使消费者眼中有清晰的采购产品品类和目标，从而有效地激发消费者的购买动作。例如，调查显示，51%的客户希望收到价格范围为 51~100 美元产品的信息；42%的客户希望收到 11~50 美元和 101~200 美元产品的信息。那么就向这些不同的人群发送符合他们个人定位的优惠券、图片和广告。这种个人定制信息最能给客户带去惊喜，而惊喜所带来的忠诚还是非常值得期待的。

在这一点上，网上零售品牌 Combatant Gentlemen 也做得非常好。该品牌创建了一个名为 Combat Gent 的购物 App，能为用户搭配各种场合的服饰，而且如果用户看到喜欢的产品，还可以直接购买！

该 App 由 Combatant Gentlemen 内部建立，灵感来自 Netflix 公司的算法，它能够照顾到每个细节，从品位到场合，再到所在区域的天气。

那么，如何使用 App？首先，你要设置着装场合（见图 2-4）。其次，App 会给你几个选择，你可以调整位置和日期（App 以此按你所在地区当时的天气进行搭配），还可以调肤色，或按意愿改变场合。该应用允许添加尺码，因此购买过程是严丝合缝的。最后，不管你是否使用该 App 来购买衣服，它都能帮助你整合现有资源。每个人可能都需要这样一个 App。

Combat Gent 首席技术官兼联合创始人斯科特·雷欧（Scott Raio）说："对我们来说，移动端不只是卖产品，我们相信它是促使公司进步的重要途径之一，我们想利用设计团队的知识，结合当前数据库中现有的数据，给移动端用户提供无缝体验，创造更多的价值。"而这种无缝体验就是根据客户的个性化需求提供的。

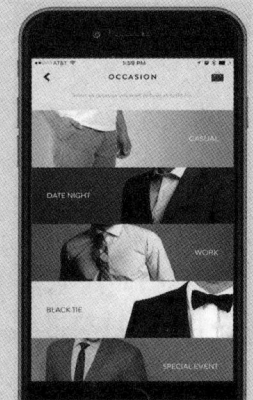

图 2-4 着装场合

总之，电商行业的竞争非常激烈，尽管所有电商都希望客户去网站购买商品，然而客户浏览网站时不一定会产生购买行为，很多时候他们只是浏览商品，比较不同商店的产品价格或研究商品。因此，在这种消费需求个性化的时代背景下，为每一位客户量身打造个性化的服务和体验，是每个跨境电商企业都应该思考的问题。

案例解析

一、案例背景

亚马逊最初的定位与 Wish（一个商户平台）不同。大多数卖家都把 PC 端的引流和优化作为重点，然而亚马逊移动端流量占比已超过 75%。

显然，海外买家移动端购物俨然已经成为趋势，这与国内淘宝衍生到目前的移动端下单大于 PC 端的现象如出一辙。

据 Oppenheimer 投资公司的报告显示，亚马逊在移动端增长迅速，过去两年中亚马逊移动 App 的美国独立访客量增加了两倍。移动端已经成为亚马逊的重要战场之一。亚马逊卖家在注重PC端页面优化的同时,应如何优化移动端的展示效果,使双方平衡做到最好,从而赢取更大流量?

二、操作步骤

卖家可以从以下五个方面优化亚马逊移动端(主要是手机端)页面,给客户带去良好的购物体验,从而促进流量的转化。

1. 标题方面

鉴于手机端客户体验问题,建议标题优化到50个字符以内。如果你的品牌毫无名气,开头可以选择不放产品标题。

卖家在上架产品的时候可以通过手机端去搜索自己的产品进行查看。目前有软件、插件可以在PC端模拟手机端效果。

2. 图片方面

图片主题要清晰,附加适当的文字进行说明,一般每幅图都有10~20个单词进行描述,也可以采用PS技术对产品进行渲染,使之更加有吸引力。图片的动图功能对于手机端转化更具优势。

3. 五点方面

对于产品要点(bullet point,通常为五点)的排序要好好斟酌一番,争取前三点可以把产品亮点都展示出来。

4. 展示页面方面

手机端先展示描述,后展示五点,所以产品描述第一、第二句话很重要。此外,使用A+页面对于手机端而言,能提高产品的转化率。

5. 广告优化方面

购物车下方的广告是转化率最高的,在手机端广告优化方面,要想方设法让广告投放在购物车下方。

三、案例总结

目前,移动购物不仅在国内越来越多,在国外也同样如此。Wish曾经抢到过移动交易之王,但目前最大的移动交易之王仍然是亚马逊。跨境电商们想要牢牢地抓住跨境客户,就必须采取顺应移动购物发展的策略,以满足客户快捷、便利的需求。因此,卖家在以后的运营计划中必须重视这一点。

子情景二　主要国家跨境客户特点分析

 学习目标

知识目标

- 了解俄罗斯客户的跨境网购情况、生活习惯和购买行为。

微课抢先看

- 了解巴西客户的跨境网购情况、生活习惯和购买行为。
- 了解西班牙客户的跨境网购情况、生活习惯和购买行为。
- 了解英国客户的跨境网购情况、生活习惯和购买行为。
- 了解美国客户的跨境网购情况、生活习惯和购买行为。

能力目标

- 能调研不同国家跨境客户的网购情况并合理分析该国跨境电商发展的潜力。
- 能调研不同国家跨境客户的生活习惯并选用正确的选品策略。
- 能调研不同国家跨境客户的购买行为并提供合理的支付、物流和售后服务。

素质目标

- 培养学生分析问题的能力，对不同国家跨境客户的特点进行分析。
- 培养学生解决问题的能力，针对不同国家的客户特点采取不同的策略。

思政目标

- 培养学生形成具体问题具体分析的哲学辩证思维。
- 深刻理解习近平总书记"一带一路"倡议。

知识导入

项目背景

跨境客户来自全球不同的国家和地区，而不同国家、民族和地区有其传统的风俗和习惯，因而产生的购买需求和心理、购买行为偏好各异。只有了解跨境客户所在国家的风土人情，才能了解不同国家人们的喜好和需求，从而更好地进行客户关系管理，最终促进销售业绩的增长。艾伦开始对俄罗斯、巴西、西班牙、英国和美国五个国家跨境客户的网购情况、生活习惯及购买行为进行分析。

任务实施

步骤1：了解俄罗斯客户的网购情况、生活习惯和购买行为。
步骤2：了解巴西客户的网购情况、生活习惯和购买行为。
步骤3：了解西班牙客户的网购情况、生活习惯和购买行为。
步骤4：了解英国客户的网购情况、生活习惯和购买行为。
步骤5：了解美国客户的网购情况、生活习惯和购买行为。
步骤6：针对不同国家的跨境客户特点采取不同的客户关系管理策略，形成具体问题具体分析的辩证思维。通过介绍以俄罗斯为代表的"一带一路"沿线国家的客户特点，融入习近平总书记"一带一路"倡议。贯彻落实习近平新时代中国特色社会主义思想新发展理念：开放。

知识铺垫

一、俄罗斯客户的特点

(一)俄罗斯客户的网购情况

1. 俄罗斯客户互联网渗透及网购情况

俄罗斯有 1.46 亿人口,到 2019 年末,俄罗斯互联网用户数接近 1.1 亿,互联网渗透率接近 80%,为欧洲最大的互联网市场,用户高速增长时期已经结束。俄罗斯的线上消费者基本都是年轻人,年龄大多在 24 和 39 岁之间,主要来自莫斯科或圣彼得堡等大城市。但在疫情之下,也有越来越多年龄在 35~44 岁、45~54 岁和 55 岁以上的新用户开始进行线上购物。Fashion Consulting Group、Yandex 和 FashionSnoops 的报告显示,疫情发生后,有 1 500 万名左右的新用户在线上消费。2021 年初,俄罗斯的线上消费者约有 6 000 万~6 500 万名,到疫情结束后,估计俄罗斯电商消费者能达到 7 500 万~8 000 万名(见图 2-5)。

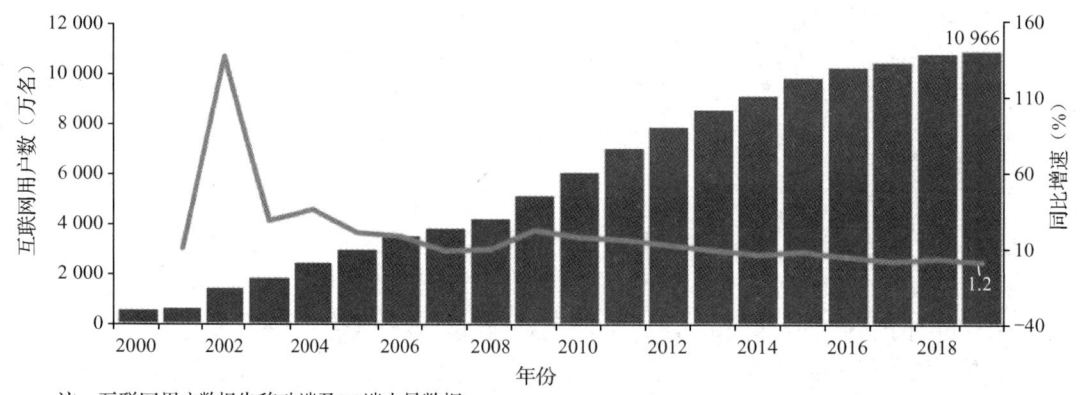

注:互联网用户数报告移动端及PC端去量数据。
资料来源:Fastdata极数。

图 2-5 俄罗斯互联网用户数及同比增速

2. 俄罗斯电商市场规模

俄罗斯的互联网经济虽然起步晚,但发展速度却非常快。根据 Data Insight 的数据(见图 2-6),2020 年,俄罗斯电商市场规模为 330 亿美元左右,高于疫情发生前的预测值 290 亿美元。2019 年至 2020 年期间,俄罗斯电商市场规模有 44% 的增长,新增购物人次超 1 000 万。Data Insight 的最新预测表明,疫情之下,俄罗斯电商市场规模进一步增长。到 2021 年,俄罗斯电商市场规模达 445 亿美元,高于此前预估的 378 亿美元。同时,俄罗斯电商市场也是全球增长最快的 5 个市场之一:根据 Data Insight 的分析,2019 年上半年,俄罗斯的在线交易同比增长 26%。在此期间,俄罗斯消费者网购次数达 1.91 亿次,同比增长了 44%。根据 Mediascope 的数据,95.8% 的俄罗斯网民曾在线上购买过产品。

Morgan Stanley 此前在一份报告中指出,在俄罗斯电商市场,仅实物产品一项,2020 年商品交易总额就达到了 310 亿美元左右,2023 年,实物产品商品交易总额将达到 520 亿美元,基于此,俄罗斯电商市场未来几年将增长约 67.7%(见图 2-7)。

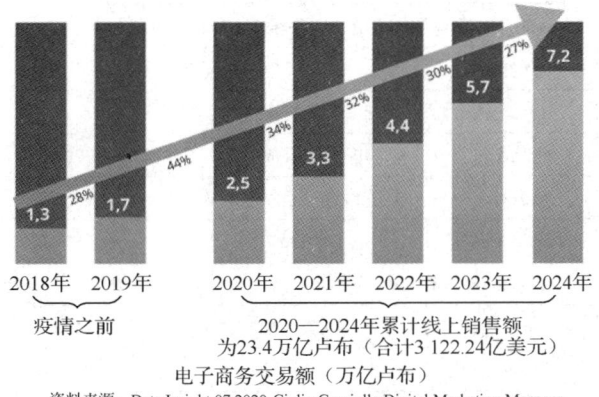

资料来源：Data Insight 07.2020-Giulio Gargiullo Digital Marketing Manager.

图 2-6　俄罗斯电商市场规模总览

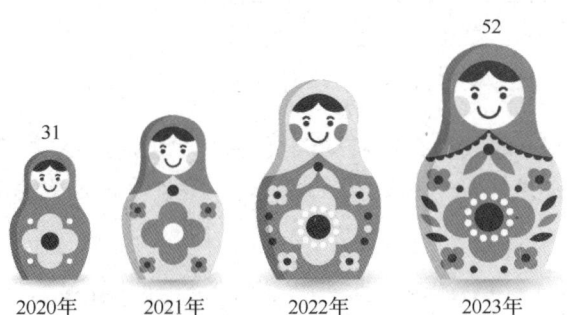

俄罗斯电商市场实物产品交易总额（十亿美元）

资料来源：Morgan Stanley.Infographic by Giulio Gargiullo.

图 2-7　俄罗斯电商市场增长

对于希望进入俄罗斯电商市场的品牌或中国卖家而言，有一个数据需要知悉，即其电子商务只占传统商务市场的3%，增长空间巨大。

3. 俄罗斯电商市场主流平台

目前，俄罗斯电商市场主流平台有综合品类的全球速卖通，主营鞋服、配饰的 Wildberries.ru，主营电子产品和家用电器的 Citilink.ru，同时还有以家用电器为主要销售产品的 Mvideo.ru，被称为"俄罗斯亚马逊"的综合网站 Ozon.ru 以及主营时装、鞋类和各种配件的 LaModa.ru 等。

2019 年，Wildberries.ru 的订单量几乎翻了一番，达到 6 100 万的规模，这相当于俄罗斯每三个消费者中就有一个在 Wildberries 消费过。根据 Statista 的数据（2020 年 4 月），Wildberries.ru 创收领跑了 2019 年俄罗斯电商平台，销售额为 2 106 亿卢布（约合 28.3 亿美元），之后是 Citilink.ru 和 Ozon.ru，创收分别为 904.2 亿卢布和 806.9 亿卢布（约合 12.15 亿美元和 10.87 亿美元，含增值税）。以上三个平台合计占俄罗斯电商营业额的 20%。图 2-8 为 2019 年俄罗斯十大电子商务网站。

4. 俄罗斯电商市场品类策略

根据 OEC Atlas Profile 的数据，俄罗斯客户海外订购最多的商品来自中国，而速卖通是俄罗斯客户最喜欢的购物网站。同时，速卖通也将俄罗斯定为第一大市场。

2019年俄罗斯十大电子商务网站（Data Insight排名）		
排名	电商平台	类别	2019年网上销售额（亿卢布）
1	Wildberries.ru	服装、鞋类、配饰	210.6
2	citilink.ru	电子消费品	904.2
3	ozon.ru	在线综合市场	806.9
4	mvideo.ru	电子消费品	575.0
5	dns-sho.ru	电子消费品	573.2
6	lamoda.ru	服装、鞋类、配饰	400.0
7	aliexpress.ru	在线综合市场	359.4
8	apteka.ru	保健与健康	342.3
9	eldorado.ru	电子消费品	275.8
10	vseinstrumenti.ru	生活用品	269.0

图2-8　2019年俄罗斯十大电子商务网站

从品类上看（见图2-9），速卖通在俄罗斯的优势品类包括手机、消费电子、家电、汽摩配，值得卖家挖掘和拓展的潜力品类主要包括大家居、美妆个护、大时尚、母婴玩具、运动户外、大快消等。

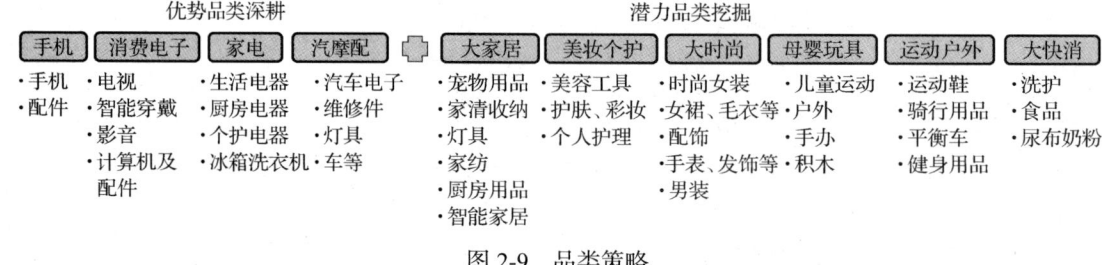

图2-9　品类策略

在未来俄罗斯跨境电商的发展中，对于跨境卖家来说，谁能把握俄罗斯客户的需求，谁就把握住了俄罗斯市场的脉搏。这里我们将对俄罗斯客户网购的行为习惯进行了解，希望通过学习，跨境卖家们能够更好地"取悦"俄罗斯客户，也希望对大家的选品和关键词的设定有所帮助。

（1）俄罗斯人购物季节性强。

俄罗斯季节温差较大，冬天很冷，所以人们在室外非常注重保暖。帽子、围巾、手套是必备品；女性还特别热衷于购买皮毛外套。因此，在冬季热销的商品有帽子、手套（包括五指分开的手套）、围巾、皮草长大衣、皮草短大衣等。卖家在发布信息时可以在标题关键词中突出当季热销（见图2-10）。

（2）俄罗斯人比较注重室内服饰和室外服饰的区分。

每一个消费阶层的俄罗斯人都会追求高品质的生活质量。他们在家的时候一定会换上家居服，洗澡后会披上浴袍，睡觉的时候又会穿上薄一点、舒服一点的睡衣。因此，在家居服类目中热销的有家居鞋、家居衣和睡衣等产品。

图 2-10　冬季热销服饰

（3）运动产品热销。

俄罗斯人热爱运动，运动是他们生活中不可缺少的一部分。他们会经常购买专门的运动服、运动鞋及配件。因此，运动产品也是俄罗斯人热衷的类目。

（4）俄罗斯人迷恋度假。

俄罗斯人（特别是年轻人和孩子）有度假的习惯。一般情况下，海滩会是他们的首选度假地，所以他们会购买很多在海滩上所需的用品，如泳装、在海滩上穿的其他衣服及沙滩鞋等产品。

（5）俄罗斯女性注重仪表和妆容。

俄罗斯女性，无论在哪一个年龄段，在任何时候都会注重自己的着装和妆容。她们认为，这是对别人的尊重，更是她们自信的表现。因此，饰品和美容类产品也是俄罗斯人乐于购买的产品类目。在选择产品的时候，品牌类产品会成为她们的首选。

（6）正装热销。

一般情况下，很多政府及公司的员工都会穿西装（正装）。很多节日和正式场合也需要穿西装，同时，有些男装还会配上袖扣。因此，西服套装及其配饰（如袖扣）也是卖家们在选品时可以参考的类目之一。

（7）热爱时尚，追赶潮流。

俄罗斯女性时刻关注新款的服装、鞋和包。一些当季热门的、热卖的、新奇的和创意十足的商品比较受追捧。俄罗斯的成年女性不喜欢太过可爱的穿衣风格，她们更喜欢欧式的性感风格。

（8）大码服装更适合俄罗斯人。

俄罗斯人的身材一般比较高大，而且也有较多肥胖的人，所以他们对大码的衣服有特殊的偏好，也可以说大码的衣服更适合他们。因此，在网购的时候，欧美模特展示的服装更能取得他们的好感和信任，他们认为这样的衣服会更合身。

此外，俄罗斯人节日送礼频繁。每年新年、妇女节、男人节、情人节，俄罗斯人都要互送礼物，这时候如果能提供创意性较强的礼物，则会非常对他们的胃口。同时，俄罗斯人对初生的婴儿十分重视，如果有新的生命降生，他们通常会在第一时间送去祝福。因此，他们常常会购买婴儿用品作为礼物送给别人。

5．俄罗斯客户的沟通特点和交流工具

俄罗斯人在沟通交流上也有自己的特点。俄罗斯客户询盘的最大特色就是"俄式英语"。很多卖家第一次看到这种"俄式英语"会很吃力，因此建议卖家们使用靠谱的语言处理软件来解决这一问题。如果能够直接使用俄语与对方交流则更好，这样会提升客户的兴趣度，也会为客户带来更好的购物体验。在交流工具的选择上，俄罗斯人习惯于 Skype 和 SMS（相当于中国的短信）。

（二）俄罗斯客户的生活习惯

速卖通俄罗斯分站的火爆，让越来越多的卖家看到了俄罗斯市场的潜力。俄罗斯市场的具体情况是每个俄罗斯分站的卖家都想要了解的内容。这里，我们将从穿衣风格、饮食习惯、礼节和文化习俗等方面帮助大家更进一步了解俄罗斯当地人的生活习惯。

1．穿衣风格

我们先向大家介绍的是俄罗斯人的穿衣风格。在俄罗斯，女士们对裙子情有独钟。俄罗斯女性有一年四季穿裙子的传统，夏天通常是一身"布拉吉"（一种连衣裙，俄语音译），冬天则无论多冷，也会穿裙子。俄罗斯女性对着裙装有自己的一套认识，她们认为冬季穿裙子不仅不冷，反而暖和。因为裙子里面能套护膝、护腿、厚袜、厚毛裤，而裙子恰好又遮一层寒，所以比穿裤子更暖和。年龄大一些的女性一般会选择长裙，而年轻的姑娘除长裙外，还会选择超短裙。甚至在气温达到-20℃时，她们依然会将大腿几乎全部裸露，皮肤与空气间只隔着一层薄薄的长筒丝袜。尽管寒冷，俄罗斯姑娘仍然不会改变这样的穿衣习惯，因为美在俄罗斯女性心中是无比重要的。除此之外，在交际、应酬场合，女性都要穿裙子，因为穿长裤会被认为是对客人的不尊重。也正是因为这一穿衣习惯，俄罗斯女性在中老年时期患关节病者较多。由于俄罗斯女性偏爱裙装，所以平日的服装市场以裙装居多，长裙、短裙、连衣裙、西服裙应有尽有。女装中西服套裙需求较大，而西服加裤则明显供大于求。这种现象，与俄罗斯女性喜欢穿裙装的传统有关。

除裙装外，俄罗斯人还崇尚皮装。皮装也是俄罗斯人在冬季御寒的主要服饰。那么，在冬装种类繁多的今天，俄罗斯人为什么还对皮装情有独钟？俄罗斯人对皮装的喜爱和追求实际上也反映出了他们对美的理解。皮装具有高贵、华丽、时髦之美，这正是俄罗斯人所看重的特点。皮装既能满足御寒的需要，又体现了华贵，所以一直深受俄罗斯人的钟爱。在市场经济蓬勃发展的今天，皮衣市场也发生了巨大的变化。国外优秀品牌源源不断地打入俄罗斯市场，其新潮的设计、入时的款式，让俄罗斯人更加坚定了对皮装的钟爱，他们也穿上了来自法国、意大利、土耳其的时装化皮衣。不少俄罗斯人甚至不远万里地跑到土耳其去亲自选购皮货，甚至由此还曾经引发了俄罗斯人去土耳其的旅游热。经过不断地引进、挑选，俄罗斯人将最喜欢的皮衣款式穿在自己身上。现在，五颜六色的皮衣，款式新颖特别，彼此争奇斗艳，在冬日里装扮着都市的风光，成为俄罗斯特有的景致。在穿皮衣的同时还须配相应的皮帽、皮围巾、皮手套，这样才算置齐了"行头"。俄罗斯人认为，如果没有这样的"伴侣"匹配，再好的皮衣也会黯然失色。

同时，随着俄罗斯与各国贸易的增多，俄罗斯人的穿着也开始与世界时装潮流接轨，他们对高级消费品的需求与日俱增，Giorgio Armani、CoCo Chanel、John Galliano 等都是俄罗斯人钟爱的品牌。据统计，近几年来，莫斯科奢侈品和服务的市场空间增大了两倍，莫斯科人花在高档消费品上的费用平均每年增加40亿美元，这一增速甚至超过了美国。这也体现了俄罗斯人在服装上对品牌的认可和追求。也正因如此，越来越多的欧洲知名品牌看准了俄罗斯这个极具发展潜力的市场，纷纷到此开设分店。未来，俄罗斯将成为世界名牌的集中地。

2．饮食习惯

俗话说"民以食为天"。不同的国家有不一样的饮食习惯，而往往饮食习惯可以反映出一个民族人民的性格特点，俄罗斯也不例外。夏短冬长的气候特点使俄罗斯人形成了自己独特的饮食喜好和习惯，同时，这些饮食习惯也总能让我们联想到他们豪放、热情的性格特点。

（1）在饮食方面，俄罗斯人以面食为主，他们很爱吃用黑麦烤制的黑面包。其所食肉类以牛肉为主，除此之外，还有羊肉、猪肉、牛奶、蔬菜、黄油、奶酪等。俄罗斯人用餐的特点是肉、奶量多，蔬菜量少。这是因为俄罗斯夏短冬长，日照不足，所以新鲜的时令蔬菜和水果较少，并且很难储存。

（2）在正式的宴席上，除了上述食材，还会有鱼子酱，它是菜肴中的上等品，一般分为黑鱼子酱和红鱼子酱两种。其吃法是：先在白面包上抹一层黄油，然后把鱼子酱粘在黄油上。

（3）俄罗斯人的进餐方式一般是一道一道地吃。进餐的顺序一般为：凉菜、汤、肉、菜和甜食。

（4）在饮料方面，俄罗斯人喜欢具有俄罗斯特色的烈酒伏特加。除此之外，还有啤酒、葡萄酒、香槟。不含酒精的饮料当属格瓦斯，这是一种由薄荷、面粉或黑面包干、葡萄干、浆果和其他水果加上白糖发酵制成的清凉饮料。

（5）除了酒和格瓦斯，俄罗斯人还有饮茶的嗜好。俄罗斯人偏爱红茶，由于俄罗斯能够出产茶叶的地方较少，因此主要依靠进口。中国的茉莉花茶、印度的红茶深受俄罗斯人喜爱。每天下午5:00—6:00便是俄罗斯人的饮茶时间。俄罗斯人喜欢用茶饮煮茶。茶饮是俄罗斯特有的烧开水用的水壶，传统由铜制成，现在常见的则是不锈钢的。壶的下部配有一个空心圆筒，用来烧木炭，也可烧松果。在俄罗斯，几乎每个家庭都会有一个茶饮，这也正体现了俄罗斯人对茶的喜爱。

3．礼节

俄罗斯是一个注重礼节的民族，在日常生活和待人接物上都保持着该民族特有的传统礼节。接下来，我们会通过了解俄罗斯人不同的礼节对他们的生活习惯做进一步了解。

（1）亲吻是俄罗斯的一种传统礼节。在隆重的场合，为表示尊重和友好，俄罗斯人一般会拥抱和亲吻。吻对方的脸颊3次，顺序是先左、后右、再左。男士有时候会弯腰亲吻女士的右手背，表示尊重。

（2）在迎接贵宾之时，俄罗斯人通常会向对方献上"面包和盐"。这是给予对方的一种极高的礼遇，来宾必须对其欣然笑纳。

（3）在称呼方面，在正式场合，他们也采用"先生""小姐""夫人"之类的称呼。在俄罗斯，人们非常看重人的社会地位。因此对有职务、学衔、军衔的人，最好以其职务、学衔、军衔相称。

（4）在公众场合，俄罗斯人通常会保持安静，或者低声交谈，对于那些在公众场合大声喧哗或大笑的人，他们会投以提醒的目光。

（5）在俄罗斯民间，已婚妇女须戴头巾，并以白色为主；未婚姑娘则不戴头巾但常戴帽子。

（6）逢年过节或喜庆日时，俄罗斯人讲究向亲朋好友赠送礼物。礼物可因人而异，他们认为最好的礼物是鲜花，常送的花有康乃馨和郁金香。

（7）俄罗斯人善讲祝酒词，祝愿相会、祝愿健康、祝福孩子、祝愿幸福、祝福友谊等。他们在喝酒的时候，通常第一杯要喝完，然后各人随意，不会有人劝酒。第三杯酒通常要为在座的女士而干，通常男士要起身喝酒，女士则不用。如果在别人家做客，最后一杯要敬主人，感谢其辛苦。

（8）在俄罗斯，尊重女士是一种很重要的美德。上下公共汽车、上下楼梯、出入房间时，男士要让女士先行，并为其开门，即使对不认识的女士也要如此。在剧院的衣帽间，男士要为女士脱穿大衣；入场时为女士开路并找座位；女士不落座，男士也不能落座。

（9）俄罗斯男人在吸烟前，都会询问身边的女士会不会介意，以表示尊重。

（10）在俄罗斯上厕所的代语是"对不起，请等一下"，或者"对不起，我去打个电话，请稍等"。如果在洗手间遇到认识的人，一般会点头示意。俄罗斯人不会在洗手间进行交谈，他们认为这种行为很不好。

（11）被别人邀请到家里吃饭，可以迟到几分钟，但是提前超过十分钟到达是不礼貌的，这可能会给正在准备迎客的主人带来不便。

4. 文化习俗

想要了解俄罗斯，就不能不知道当地的文化习俗。在俄罗斯有很多事物具有特殊的寓意，同时，俄罗斯人也有很多忌讳。让我们一起来了解俄罗斯独特的文化习俗。

（1）俄罗斯人认为不同的颜色都有其独特的寓意。在俄罗斯，红色象征美丽、吉祥和喜庆，因此常把红色和自己喜欢的人或事联系在一起；绿色象征和平和希望；蓝色象征忠诚和信任；紫色象征威严和高贵；黄色则象征忧伤、离别和背叛，所以年轻的情侣间忌讳送黄色的礼物；黑色象征肃穆和不祥，因此俄罗斯人讨厌黑猫，他们认为，如果有黑猫从你的眼前经过，你就会遇到不吉利的事情。

（2）俄罗斯人把马视为能驱除邪恶、给人带来好运气的动物。他们认为马掌有降妖的能力，要是在地上发现一块马掌，他们一定会把它拾起并带回家，钉在大门口或墙上。

（3）俄罗斯人把兔子看成胆小、无能的动物，如遇到兔子从面前跑过是不祥之兆。

（4）俄罗斯人认为公鸡有巨大的魔力，它的叫声能赶走凶神、夜鬼和幽灵。因此，在一些乡村，农民们会用木雕的公鸡装饰房梁，用以辟邪。俄罗斯人认为梦到公鸡是吉兆。

（5）熊在俄罗斯被认为是吉祥物，它被称为"森林之王"。

（6）俄罗斯人和其他西方人一样，忌讳"13"这个数字。因为在俄罗斯文化中13是不吉利的象征。他们认为数字"7"象征着幸福和成功。有些新婚夫妇在婚礼后乘坐彩车要经过7座桥才心满意足，数字"7"也经常被用来形容好的事情。

（7）他们厌恶数字"666"，因为他们认为这是魔鬼的代号。

（8）俄罗斯人忌讳打翻盐罐，把这看作家庭不和的预兆。如果有人打翻盐罐，就预示着会受到责骂，发生争吵，只有将打翻的盐撒在头上才能解除争吵和不幸。

（9）俄罗斯人奉镜子为神圣之物，把镜子中的映像看成自己灵魂的化身，如家中有人不幸去世，为了使死者的灵魂得到安息，要将所有的镜子都用黑布蒙上。

（10）俄罗斯人笃信这样一种迷信：每个人的身边都有两个神灵，左边的是魔鬼，右边的是善良的守护神，因此，他们认为左主凶，右主吉。俄罗斯人至今仍有这样的习惯：不能同别人用左手问好,学生在考场上不用左手抽签。

(11)在让烟的时候,要递上烟盒让对方自取,不能只给一支烟。特别注意,不能用一根火柴点三个人的烟。

(12)当俄罗斯人在寒暄、交谈的时候,对人的外表、装束、身段和风度都可以夸奖,但是不能对人的身体状况进行恭维,这一点正好与中国人不同。在俄罗斯,几乎听不到诸如"你身体真好""你真健康"这些恭维的话,因为在俄罗斯人的习惯中,这类话是不准说的,人们觉得说了就会产生相反的效果。

(13)俄罗斯人认为,如果你在路上看见有人手提空桶,或者挑着两只空桶,是不祥之兆。如果遇见桶里盛满了水,就是好兆头。

(14)在俄罗斯,刀和手绢不能被当作礼物送给别人。因为俄罗斯人认为刀意味着交情断绝或彼此将会打架、产生争执;手绢则象征离别。

(15)在俄罗斯,人们会忌讳妇女不戴头巾进教堂。

这里我们从穿衣风格、饮食习惯、礼节和文化习俗四个方面对俄罗斯当地的生活习惯进行了了解。通过学习,可以帮助大家更好地与俄罗斯客户进行沟通并且赢得他们的好感,让他们在对我们的产品表示肯定的同时,也为我们的服务加分。

> **案例**
>
> **正确应对俄罗斯的营销节日**
>
> 每个国家都有自己独特的习俗和文化,俄罗斯也是一样。如果中国跨境卖家对俄罗斯电商市场感兴趣,还需要了解俄罗斯特有的节日文化后再做选品规划。
>
> 1. 俄罗斯的新年
>
> 新年是俄罗斯一年中最隆重的传统节日,也是购物狂欢的日子。每年的1月初,大街小巷、家家户户都会被枞树和彩灯装饰得很漂亮,并品尝当地美食(见图2-11)。然而,各位卖家需要注意,俄罗斯新年中最主要的形象是严寒老人和雪姑娘。
>
> 在俄罗斯人的文化中,他们更喜欢的是本民族的严寒老人以及他的孙女——雪姑娘。
>
>
>
> 图2-11 俄罗斯美食
>
> 在新年前夕,俄罗斯人会大量筹备新衣新物。需要注意的是,俄罗斯人喜欢红色、绿

色、蓝色和紫色，不喜欢黄色和黑色。因此在新年服饰和礼物筹备上，可以对比销售情况，考虑出售俄罗斯人喜欢的颜色的产品。

2. 俄罗斯的情人节

每年的情人节，俄罗斯人都要送礼。俄罗斯人特别喜欢花，认为花代表情感和品格。还有服饰、装饰品、美妆用品等也都是送礼物比较好的选择。

然而，在有关于花朵的图片上，花朵数量要为奇数，因为偶数的花朵数量是俄罗斯人民参加葬礼时才会使用的。俄罗斯人在送花的时候，会选择购买奇数数量的花朵。此外，俄罗斯人还忌讳13和666这些数字，所以卖家在与买家交流过程中，应注意此问题，尤其是中国人认为666是好寓意，具有一定的文化差异。

3. 俄罗斯的谢肉节

每年的二月底、三月初是俄罗斯的谢肉节，又叫送冬节，在此期间人们禁止吃肉、娱乐和购物。因此，如果卖家在这期间投入促销折扣活动，效果可能不那么好。

然而，正因如此，在活动开始前的一周，恰是人们欢乐、抓紧吃肉的时候，人们以此弥补苦行僧式的生活，谢肉节因此得名。

4. 俄罗斯也有"双11"购物狂欢节

2017天猫"双11"全球狂欢节交易额在3分01秒内达到100亿元人民币，在6分05秒内达到200亿元人民币，这其中也不乏战斗民族俄罗斯"剁手党"们的功劳（见图2-12）。

图2-12 俄罗斯客户网购图

俄罗斯Yandex支付调查显示，2017年11月11日购物节当日，俄罗斯民众在中国网店的消费额同比增长4倍，买家数量是2016年的4.5倍，平均单笔支付额同比增加23%，可见俄罗斯人对电商节日的接受度极高。

此外，商家数据显示，在2017年"双11"，最受俄罗斯买家喜欢的商品是德龙咖啡机，第二位的是小米红米智能手机，排在第三位的是苹果手机。此外，在"双11"当天，莫斯科、圣彼得堡、叶卡捷琳堡、喀山、沃罗涅日和彼尔姆的民众购买力最强。

（三）俄罗斯客户的购买行为

1. 价格因素

价格在俄罗斯人的网购决策中占很大的比重，但并不是价格便宜的产品就能受到他们的青睐，产品的质量和品牌对于他们来说也同样重要。如果这些都能够得到他们的认可，他们也会愿意为此埋单。因此，一味使用低价对于卖家来说并不是一个好的选择。价格合理、质量有保证、产品丰富才是正确的经营之道。

2．支付方式

银行卡是俄罗斯消费者进行线上消费时最常用的支付方式。另外，GFK Rus 和 Yandex.Market 的数据显示，18%的俄罗斯线上消费者使用电子钱包进行支付，现金支付占比为 51%，银行转账占比为 7%，但俄罗斯线上消费者在网购中使用银行卡和电子钱包的频率逐渐增加，其中，在对使用信用卡进行购物时的预付款和货到付款做了区分后，信用卡被用于货到付款的比例达到了 47%。图 2-13 所示是发布于 2019 年 9 月的数据分析报告（其中，2019 年的数据为截至报告发布时的数据），分析对象是 16 岁至 55 岁的俄罗斯城市居民。

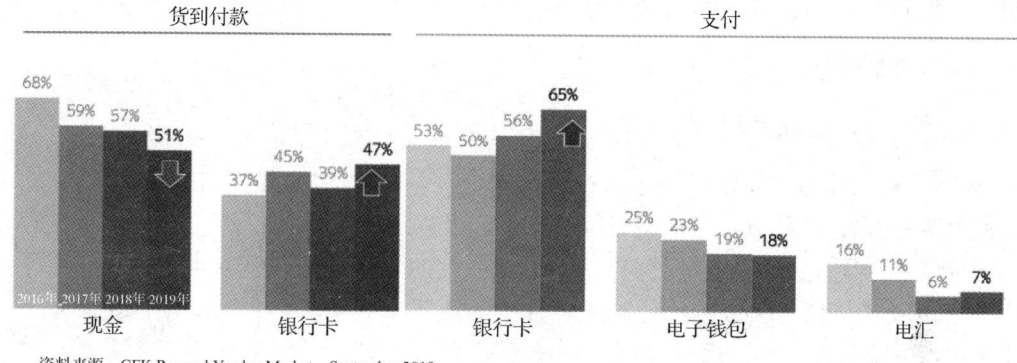

图 2-13　俄罗斯客户网购支付方式占比

俄罗斯当地使用的支付系统有货到付款和预付费两种形式，又分为现金支付、信用卡支付、数字钱包支付、银行转账和移动支付。各平台和独立站品牌卖家接受的主要支付形式是信用卡。除维萨（Visa）和万事达卡（MasterCard）外，俄罗斯中央银行的国家支付系统也是主流的支付渠道之一（见图 2-14）。

图 2-14　俄罗斯客户网购支付方式举例

3．物流配送

商品的交付方式是卖家在入局俄罗斯电商市场前需要了解的重要指标。根据 Statista 的数据，2019 年，有 49%的卖家通过线下店铺向消费者交付货物，20%的卖家通过俄罗斯邮政向消费者交付货物，18%的卖家通过自动收集点（postamat）向消费者交付货物，11%的卖家通过快递向消费者交付货物。

俄罗斯是速卖通的第一大市场。在过去的2020年中，速卖通在俄罗斯持续升级物流服务。目前，俄罗斯85%的订单可做到15日达，未来将实现俄罗斯全境10日达覆盖率90%以上。

2021年，速卖通在俄罗斯市场有了新的物流基建动作，包括建立分拨中心，提高供应链柔性与效率；在5大区域建设海外仓，包括圣彼得堡、叶卡捷琳堡、喀山、克拉斯诺达尔、新西伯利亚；设立8 000个以上自提点，覆盖俄罗斯重点城市。同时，速卖通将通过尾程配送保险、尾程补贴、佣金奖励和爆品补贴等措施为卖家提供物流解决方案。

二、巴西客户的特点

（一）巴西客户的网购情况

2020年，全球第四大零售市场——拉丁美洲，是最具潜力、增速最快的市场之一。艾媒咨询的研究数据显示，到2021年，拉丁美洲市场的零售额高达2.27万亿美元。而巴西是拉丁美洲最大的在线零售市场之一，拥有拉丁美洲最大的电商市场。巴西也是目前世界上第九大电商零售市场，是拉丁美洲唯一位列全球前十的零售电商市场的国家。巴西全国电子商务协会（ABComm）发布的调查数据显示，相比于2019年，巴西2020年电子商务平台销售额上升了68%，全国线上购物交易超过3亿次，电子商务增势迅猛。

这其中主要有两方面的原因：一方面是2020年疫情期间消费者对线上购物需求的增加；另一方面是越来越多的公司选择通过电商平台进行销售。据巴西全国电子商务协会（ABComm）估算，2020年约有2 020万人首次进行网上购物，与此同时，15万家商店加入了电子商务平台的销售行列。

为什么这个国家的电子商务发展如此迅速？当地人的购物偏好又是什么？我们结合多方数据和资料发现，巴西当地的电子商务生态是这样的：

1. **经济前景广阔：超2亿人口红利，占拉丁美洲B2C电子商务市场份额的42%**

作为世界第七大经济体，巴西占据南美洲近半数土地，市场规模巨大，拥有超2亿的人口红利。与此同时，巴西也是拉丁美洲最大的在线零售市场之一，占据拉丁美洲B2C电子商务市场份额的42%，但电子商务仅占据整个零售市场的3.5%，尚有巨大的增长空间！

2. **互联网渗透率高：网民人数为1.5亿，有1.4亿个社交媒体用户**

巴西互联网发展迅速，2019年互联网渗透率达到了71%（见图2-15），网民数量约为1.5亿。巴西网民平均每天上网时间达到了9.3小时，位列世界第二。巴西还拥有1.4亿个社交媒体用户，仅次于美国与印度，Facebook用户数排名世界第三。

3. **消费群体强大：消费群体熟龄化，喜爱"贵价"产品**

Shopee的调研数据显示，巴西网购用户主要为25岁及以上的熟龄化群体（见图2-16）。相比于年轻一族，熟龄一族的消费水平更稳定，并重视生活品质，更有能力和意愿下单"贵价"商品，卖家可考虑借此提高客单价。

4. **消费意愿超高：特别喜欢"中国制造"**

数据显示，跨境购物是巴西消费者的生活常态。巴西民众青睐"中国制造"（Made in China），每10位消费者中就有7位网购过中国跨境商品（见图2-17）。

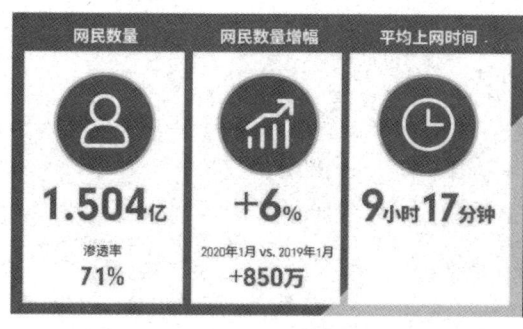

图 2-15　巴西互联网渗透率

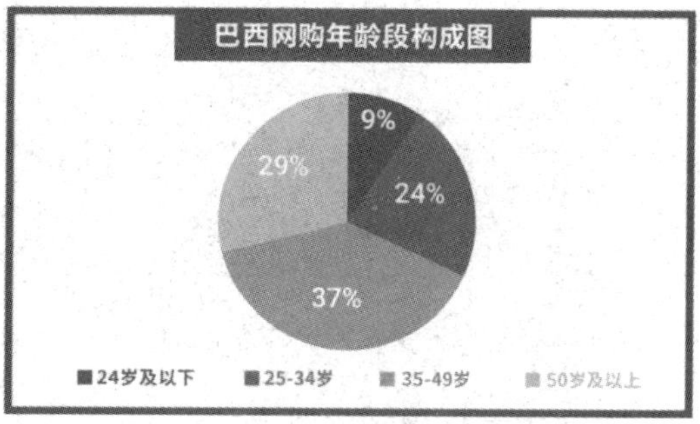

图 2-16　巴西网购年龄段构成图

5．热门产品多

相关数据显示，巴西 TOP 20 的一级行业分别是服装、运动及娱乐、珠宝手表、母婴、电话及通信、消费电子、家居用品、美容健康、箱包、玩具、手机配件、时尚配饰、男女装等。其中，手机配件、美容健康、珠宝手表、家居用品、时尚配饰为卖家热销 TOP 5 类目，而男女装、消费电子、运动及娱乐、母婴、玩具等则是有潜力成为爆款的类目。为了充分了解巴西市场消费客群以及消费偏好，我们将以 5 大热销类目为例进行介绍。

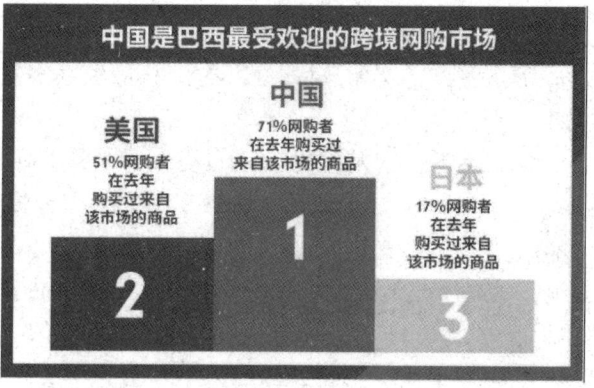

图 2-17　中国是巴西最受欢迎的跨境网购市场

（1）热销类目之手机配件。

① 消费客群。

年龄为 15~34 岁，男女性用户比例基本持平。男性用户偏好耳机、智能穿戴、游戏类产品；女性用户偏好壳膜、自拍配件等产品。

消费客群中 65% 为安卓用户，热卖手机品牌为：小米、三星、摩托罗拉，建议卖家可多上架相关手机配件。

② 消费偏好。

消费客群偏好品牌产品，但对价格较敏感，追求性价比，建议卖家权衡利弊。

消费客群热衷购买小电子产品（耳机、智能穿戴、便携蓝牙音箱）、相关配件（壳膜线），整体以轻小件为主（见图 2-18）。

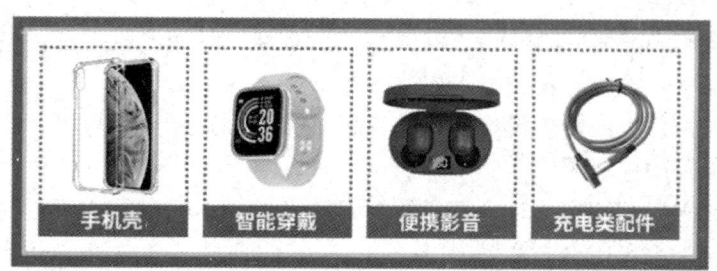

注：所有电器类产品的电池须为内置电池。

图 2-18　手机配件

> **案例**
>
> 浙江英卡顿网络科技有限公司的跨境客服专员艾伦表示,原先公司运营的一家速卖通店铺在东南亚市场主营智能手表,但是由于竞争对手颇多,产品销量表现平平,而进入巴西站后,却瞬间"满血复活"。在进入巴西站后,他发现巴西市场的智能手表需求大、竞争少、发展空间异常广阔。于是凭借货源、价格和运营优势,店铺轻而易举破千单。目前巴西店铺的单量已占其总单量将近90%。

(2)热销类目之美容健康。

① 消费客群。

年龄为18~34岁,整体偏年轻化。

② 消费偏好。

消费客群喜欢烟熏妆、大浓妆,妆面较厚重,爱用修容突出轮廓。巴西人底妆偏爱深色系,追求小麦色。

消费客群追求精致眼妆,假睫毛和眼线必不可少,假睫毛套装、化妆刷套装更受欢迎。浅绿色、浅黄色等混血感美瞳,在市场上十分畅销。

巴西季节与中国相反。冬季自6月起,此时清洁和保湿类护肤产品(如精华、洁面仪)畅销;夏季自12月起,此时防晒产品(如防晒霜)热卖。片装面膜、去黑头贴、眼膜等是常青爆款。

在特殊节日及场合,巴西人喜欢极其夸张的妆容。红色、白色等适合扮装(cosplay)的美瞳畅销(见图2-19)。

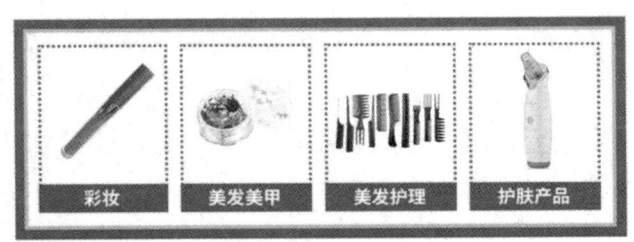

图2-19 美容健康

(3)热销类目之珠宝手表。

① 消费客群。

年龄为18~34岁,追求高性价比,情侣群体购买需求大。

② 消费偏好。

消费客群追求时尚潮流同时也追求高性价比。首饰类时尚元素丰富且更新快,如复古混搭风、休闲沙滩风、嘻哈风,材质上偏好925银。

手表类热销元素稳定,女表偏好优雅简约风,男表偏好休闲商务风。此外,运动机械手表及智能手表、手环均较热销。

情侣群体热衷于购买情侣款手表及手链,对戒及婚戒热度也较高(见图2-20)。

(4)热销类目之家居用品。

① 消费客群。

主要消费群体为女性,喜欢性价比高或新奇的小商品。

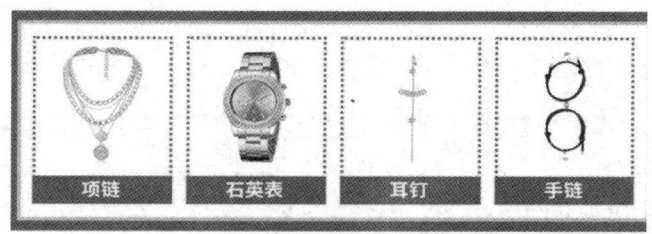

图 2-20　珠宝手表

② 消费偏好。

巴西人平常吃欧式西餐，所吃食物中肉类占比大，故烤肉工具畅销；同时，对烘焙用品的需求也较大。

室内装饰风格接近于地中海风，热销装饰品为墙贴、夜光贴片、镜子贴片、地毯、装饰绿植、海报等。另外，巴西派对节日用品也有很大需求。

照明设备畅销品主要为装饰灯带、智能蓝牙灯泡，其次为 USB 灯管、小台灯等轻小件。

巴西人对于收纳整理类无明显的风格倾向，把家庭物品收纳规整即可。热销品为无痕挂钩、墙面充电支架、衣服收纳袋、化妆收纳包、袜子收纳、鞋子收纳袋等（见图 2-21）。

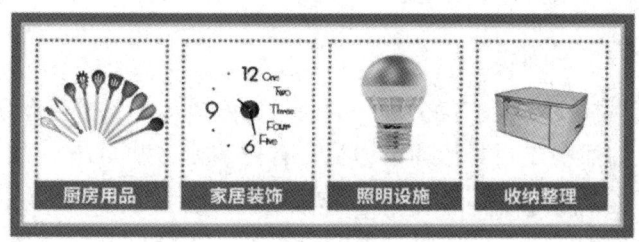

图 2-21　家居生活

（5）热销类目之时尚配饰。

① 消费客群。

年龄为 18～34 岁，女性群体为主，追求高性价比。

② 消费偏好。

消费客群偏好欧美街头风，同时受韩流影响较大，日韩风饰品也热卖，喜欢高性价比的多色系多件套装。

巴西人一年四季戴墨镜，墨镜为配饰类超级热卖子类目，风格偏好复古猫眼风、经典欧美风等时尚款，同时骑行运动款、感光变色功能款也受青睐。

巴西人购买发饰、帽子等受日韩风影响大，偏爱缎面亮色款、珍珠亮晶款单品，高性价比的多只装套装（可选色系齐全）也受欢迎。

在巴西的特殊节日，人们热衷于购买节日气氛单品。此外，派对场合使人们对亮晶晶的发饰及夸张帽子等配饰需求量大（见图 2-22）。

6. 本土跨境电商平台与海外电商平台并行

MercadoLibre 是拉丁美洲的知名电商平台，被誉为拉丁美洲版易贝（eBay）。它在拉丁美洲的电商市场份额高于易贝和亚马逊，被称为正在崛起的电子商务巨头。

B2W Marketplace 是巴西本土最大的电子商务公司，扩张速度令人咋舌，至今一共合并了近十家巴西本土电子商务网站，旗下的 Americanas、Submarino 和 Shoptime 这三大平台已成为巴西电子商务行业的标杆，占据了巴西线上零售业 50% 以上的市场份额。

图 2-22　时尚饰品

除 MercadoLibre 等本土电子商务平台之外，巴西尚未饱和的电子商务市场自然也吸引了不少海外电子商务公司。跨境购物平台如速卖通、易贝、Wish 均在巴西占有一席之地，亚马逊巴西站也已经开放电子产品的市场。值得一提的是，跨境电子商务平台 Shopee 利用自身强大的社交基因，通过各种渠道，包括社交媒体、网络平台以及头部网红的合作，渗透当地的消费群体之中。据了解，Shopee 在上线仅一个月时间内上升至谷歌 Play 应用商店购物类榜首，并位居 2020 年巴西所有购物类 App 使用时长的第二名。

（二）巴西客户的生活习惯

（1）民俗、礼仪、社交：直来直去，活泼好动，幽默风趣，爱开玩笑；以拥抱或亲吻作为见面礼，特别正式的活动才会互相握手为礼；有握拳礼、贴面礼、沐浴礼等独特见面礼。巴西当地有一些特殊的文化信仰和忌讳是不容触犯的，在选择产品和提供服务过程中一定要谨慎选择，以免触了霉头。与巴西人打交道时，不宜向其赠送手帕或刀。英美人所采用的表示"OK"的手势，在巴西人看来是非常不好的。

（2）服饰：主张不同场合着装应当有所区别，对正式场合的穿着十分考究。

（3）餐饮：主要吃欧式西餐，因为畜牧业发达，所以食物中肉类占比较大。巴西特产黑豆是巴西人的主食之一。

（4）风俗习惯：巴西的风俗习惯与欧洲差不多。巴西人有时较拘礼，有时又十分随和。初次见面时，人们以握手为礼，然而，亲戚朋友彼此问候习惯拥抱、亲颊。不仅如此，巴西人对完全不认识的陌生人也可以拥抱、亲颊。社交礼仪的亲颊，是在两颊各亲一下。男女彼此亲颊问候，女人与女人也习惯如此。然而在大多数社交圈中，男人彼此不亲颊，而习惯握手，同时用左手在对方肩上拍一拍。比较亲近的男士彼此习惯拥抱，在对方背上重重拍打。不过，由于社会地位有高低，究竟谁该亲谁，其中有微妙的区别。

（5）巴西人毫不在乎在大众面前表露情感，他们慷慨好客。到巴西人家里做客，酒杯里永远有酒，盘子与咖啡杯永远不空。巴西人勤劳、严肃、认真、自信。他们自知生活不容易，但对前途充满自信和乐观。

（6）密集的节日：由于巴西汇聚了大量来自欧洲、非洲、亚洲的移民，当地节日亦融汇了各地特色。Webshoppers 数据显示，2019 年，巴西当地六个重大节日：母亲节、情人节、父亲节、儿童节等，其网购销售额在全年电商销售总额的占比高达四分之一。

> **案例**
>
> 巴西生活，有"三慢""三快"。
>
> "三慢"是指浪漫、生活节奏慢、工作效率慢。
>
> 生活上巴西人非常浪漫，喜欢跳跃和丰富多彩的颜色，看一看《里约大冒险》和本次世界杯的主题曲 MV 就知道了。
>
> 不守时是巴西人经常被诟病之处。约好早上9点见面，有可能到了10点巴西买家还未出现。巴西人临时调整会议时间甚至取消会议也是常有的事，而且很可能在会议开始前 5~10 分钟才临时通知你，"不好意思，今天的会议我不能去参加了"或"今天的会议取消了"，这确实让人很抓狂。如果你在等巴西客户回复邮件，而且已经等了一个多月，就在你觉得希望渺茫决定放弃等待的时候，说不定下一秒就收到巴西客户的回复了。巴西人做事情不喜欢别人催促，在他没做好抉择前，是不会回复你的。也有可能这时他正好在度假，那就等他结束假期回来吧！巴西人是不会像勤劳的中国人一样在度假时还时不时查看邮箱的。
>
> 因此在和巴西商人联系时，一定要有耐心，最好和他们确认好怎样跟进让他们最舒服。
>
> "三快"则是指开车快、踢球快、花钱快。
>
> 开车时，巴西司机只认灯不认人，所以"中国式"过马路在这里是冒着生命危险的。
>
> 踢球快人尽皆知，不再赘言。
>
> 花钱快与巴西的信用卡普及程度相关。巴西政府鼓励老百姓使用信用卡消费，银行不仅不向使用者收卡费，还提倡分期付款，一般分为10期，1 000巴币的商品，一期只需要支付100巴币，于是商家在价格标签上干脆将商品标价为100×10，以此来刺激消费。因此，在巴西学习、工作的中国留学生、商人都曾告诉笔者："巴西老百姓的钱好赚。"
>
> 巴西人这种"分期付款"的消费习惯也影响了他们的外贸。巴西商人在与中国厂家做了几单生意后，常常会提出赊销的要求，以缓解其资金的压力，但是愿意给巴西商人提供赊销的中国企业不到两成。为此，不少中国中小企业失去了与巴西客商继续扩大贸易份额的机会，有的甚至被迫出局。

（三）巴西客户的购买行为

1. 支付方式

巴西当地人的支付方式以信用卡为主，需要缴纳一定的汇率兑换费用。巴西人最主要的在线支付方式为 EBANX 的 Boleto，这也是当地人缴水电费等生活费用的主要方式。巴西因为信用卡盛行，所以储蓄率相对较低。因此，巴西人手上可以自由支配的现金不多。在需要网购的时候，他们大多选择分期付款。据统计，巴西大约有 75% 的本地在线交易是通过分期付款完成的。另外，有数据表明，如果网站能提供分期付款功能，用户转化率会提高 50% 以上。

巴西人首选的支付方式是 Boleto。Boleto 是巴西本土使用 Bar Code 识别码的一种支付方式，目前在巴西依然占据主导地位，客户可以到任何一家银行或使用网上银行授权银行转账。巴西其他的支付方式有信用卡、网银转账。特别的是，其信用卡分为国内信用卡（包括维萨、万事达卡和 Amex 等）和国际信用卡。

2. 物流

（1）巴西清关非常难，查验率高。发往巴西的大包、快递，有 30% 卡在清关上，连客户的面都没见到，就被退回中国。原因可能多种多样：资料不全、缺少证书、没有税号，或者超过了个人的购买数量等。此外，巴西有很多被限制入境的反倾销产品。

巴西海关规定：

① 所有通过快递方式寄到巴西的包裹，收件人在巴西当地的 VAT 号码（纳税人登记号）必须填写在运单（第九栏"Special Delivery Instructions"处）和商业发票上。

当地的 VAT 号码分为 CNPJ（公司：××.×××.×××/××××-××）和 CPF（个人：×××.×××.×××/××）两种类型。

如果快件发出时没有按上述要求在发票和运单上注明 VAT 号码，所有寄往当地的私人物品，同样的货物数量不能超过 3 件，否则海关将拒绝清关而直接安排货件退回发货地（退件前不会有任何通知），所产生的一切运费均由发货人承担。

② 巴西海关对进口包裹进行 100%的查验。

（2）巴西的关税极高。寄往巴西的包裹不论价值和重量多少，当地海关都要征收关税。

巴西为保护本国的工业生产，对国外进口的货物采取了征税的贸易保护政策。凡是在巴西生产的外国品牌的产品，都会被征收高额税费。

每个巴西人每年的境外购物免税额只有 50 美元，因此几乎所有巴西消费者购买跨境产品都需要缴纳关税。有客户表示，他们通过 UPS 物流运输产品，关税额基本为"货值+运费"的 100%～200%。有的客户表示，买了价值 60 美元的产品，却支付了 120 美元的关税。

有些卖家认为，只要调低申报价值就能平安无事，但巴西海关除查看卖家的申报价值外，还会依照该产品在本国的平均售价来判断卖家是否存在低报的嫌疑。如果它觉得货值不符，则需要购买方提供境外消费的证据，并且提供网址。海关核对无误并按照网址上的价格缴税后，才可以带走购买的商品。

（3）巴西的物流较慢。最大的问题就是从国内发货的物流时间太长，通常需要 30～60 天，有些地方甚至需要 90 天。客户夏天买的衣服，到那边已经冬天了，都过季了。物流时间长给购物带来了非常不好的体验。

3．售后

巴西人在消费方面十分重视售后服务和产品质量。调查显示，巴西线上销售中回头客占了接近 60%，说明只要产品和服务够硬，就会有很好的销售数据。然而，巴西的退货率也极高，这有各方面的原因：海关被卡，直接退回；关税太高，客户弃货；时间太久，客户不想要了。这无疑给跨境电商们增加了额外的成本，使得商家们对巴西市场又爱又恨。

三、西班牙客户的特点

（一）西班牙客户的网购情况

1．西班牙电商市场规模

西班牙目前有大约 4 700 万人口，互联网普及率约为 93%，电商普及率也达到了 76%，且电商销售额增长平稳，使西班牙成为欧洲仅次于英国、德国和法国的第四大 B2C 市场。

Statiata 数据显示，2020 年在西班牙的电子商务交易额约为 197 亿美元。预计到 2024 年，西班牙电子商务市场收入将达到约 260 亿美元（见图 2-23）。

Comision Nacional de los Mercados y la Competencia 的调查显示，西班牙市场从国外购买的产品远超过本国销售的产品，所以跨境电商的市场潜力是很大的。并且，不可忽视的是，西班牙语是目前线上使用频率第三高的语言,紧随英语和普通话。

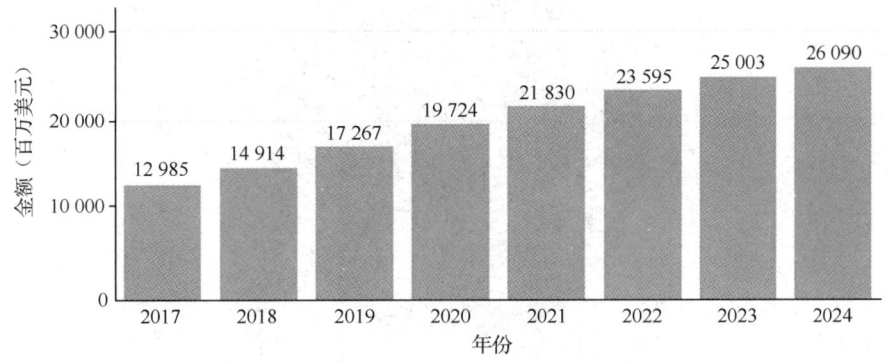

资料来源:Statista (Forecast adjusted for expected impact of COVID-19).May 2020.

图 2-23　2017—2024 年西班牙电子商务交易额

2. 西班牙网购客户概况

据 Retail Actual 报道,近日,为了解西班牙电子商务市场发展状况,深入研究人们当前的网购习惯,西班牙广告、营销和数字通信协会联合其他研究机构公布了一份《2021 年电子商务研究》报告。

该报告指出,西班牙网购渗透率持续增长,在 16~70 岁年龄组中,网购比例高达 76%,较去年提升了 4%,这意味着西班牙大概有 2 580 万人参与过网购。

通过观察西班牙的网购人群画像,可知女性消费者较多,约占 54%,其年龄大致分布在 25~54 岁,该国的老龄化相对较严重些。

调查还指出,2020 年的新冠疫情加速了西班牙电子商务市场的发展,越来越多的西班牙人民加入网购潮流。其中,网购渗透率最高的群体是 34 岁以下的年轻用户,渗透率高达 83%。

此外,在 2021 年,西班牙人民网购的频率和平均网购金额也有所上升,2021 年网购频率为 3.8 次/月、平均网购金额为 89 英镑(2020 年分别为 3.5 次/月、68 英镑;2019 年分别为 3 次/月、64 英镑)。

3. 西班牙市场热销品类

西班牙市场潜力巨大,跨境卖家只有把握住客户的需求,才能在这个市场中立足。数据显示(见图 2-24),2019 年西班牙电子商务市场中主要的品类是电子类产品(占 30%),之后是时尚(占 28%),玩具、DIY(占 17%),食品及个人护理(占 13%),以及家具家电(占 12%)。

此外,和很多欧洲国家一样,西班牙人也热衷于购买鞋服、家电和书籍。西班牙人还喜欢网购汽车配件和食物,价格区间为 100~500 欧元。

下面我们将会详细介绍西班牙客户的购买需求,希望对跨境卖家的选品和关键词设定有所帮助。

(1)3C。

① 手机整机机配件及附件:LCD 触屏、手机壳、手机膜、智能穿戴;

② 手机配件及附件:LCD 触屏、手机壳、手机膜、智能穿戴;

③ 耳机、投影仪、音响;

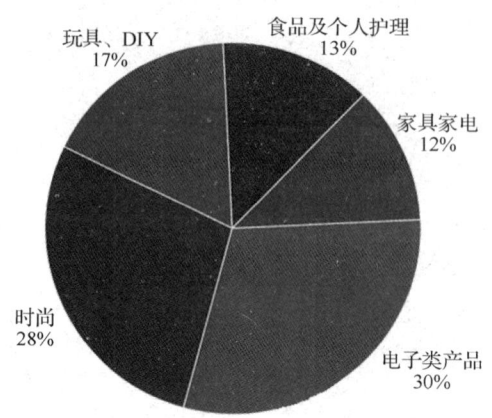

图2-24 西班牙电商市场热销品类

④ 平板。

其中,手机整机最受欢迎,主要是一些中国品牌的手机受到西语买家(说西班牙语的买家)的青睐,例如,小米、华为、中兴、联想、zopo、htc、Elephone、Dooge,此外从谷歌的趋势来看,中国品牌的手机在西班牙的搜索量也是逐年上涨。

(2)服装、鞋、包、配饰。

① 符合当地审美的晚礼服、聚会服饰、泳装;

② 舒适又时尚的鞋子;

③ 围巾、太阳镜。

西班牙的消费者是非常追求时髦的,他们的时尚风向标是Vogue杂志,有相关产品的卖家如果想打入西班牙市场不妨多关注下他们喜欢的风格。

(3)美容健康产品。

① 文身产品(适用于夏季);

② 瘦身产品:减肥仪(引申产品有塑身衣);

③ 美妆产品:眼影、睫毛膏、口红、腮红;

④ 保健产品:血氧仪、牙科类产品。

西班牙地处欧洲,气候和人种因素使得已婚成年女性会越来越肥胖,因此,减肥产品就成了其最爱。在夏季,西班牙人十分喜欢在海滩边晒太阳,把自己的皮肤晒成小麦色,如果再配上文身就太赞了。此外,西班牙女性基本都化妆,就连60多岁的老太太也上妆,尤其喜欢眼影、眼线这类产品。如今,健康问题日益被关注,西班牙人也因此逐渐倾心于一些医疗保健产品。

(4)旅行产品。

① 汽车配件:GPS、工具等;

② 户外运动:运动鞋、球服、骑行系列。

众所周知,欧洲人都比较喜欢去旅行、做运动。因此,旅行体育类产品也受到西班牙消费者的喜爱。

(5)特殊的品类。

西班牙人的购物风格多以智能、新奇、时尚、运动、年轻、造型为主,因此以下一些特殊产品常常受到西班牙人的偏爱。

① 符合当地文化的产品：扇子、猫头鹰元素产品。

扇子于16世纪由葡萄牙人从东方传入欧洲，开始仅被贵妇人使用，于18世纪得到普及。以前人们使用扇子是为了纳凉，现代大多是为了装饰和家居陈设。目前西班牙有一家全国最大的扇子工厂——Abanicos Carbonell，其产品价格从十几欧元到几百欧元不等。而猫头鹰是来自西班牙的一个寓言故事，因此猫头鹰元素产品也是比较具有西班牙本地特色的（见图2-25）。

图2-25 猫头鹰元素产品

② 当地实时动态：新上映的电影、当地乐队元素产品。

热映的电影、动画片中相关的人物玩偶、印有其图案的T恤都是西班牙买家的所爱。当地比较受欢迎的乐队在西班牙开演唱会，其前后也有很多买家在网购平台上搜索相关的产品。由此可以证明，一些实时的动态也可以作为我们选品的参考。

③ 专业产品：数字诊断工具。

数字诊断工具在西语站出单一直不错，但是产品种类多且相当专业。这时就需要我们专业的卖家根据市场的出单情况来选择自己主推的产品了。

④ 在西语市场上具有特殊性的"新品"。

这类"新品"有航拍器、U8智能手表等。它们共同的特殊点为：在市场上有滞后性。产品发布后，我们总要等上一两个月甚至更久才能看到西语买家的大动作。因此，如果卖家在新品上没有看到太大的效果也不要灰心，一切只是时间问题。

4．西班牙网购设备

在网购设备上，79%的西班牙人以计算机网购为主，选择智能手机的人群比例仅占59%，而不选择手机购买的主要原因是不方便，以及手机屏幕太小。

5．西班牙网购平台

西班牙消费者喜欢在Privalia和Rakuten上购物，当然亚马逊、速卖通、101Gigas和易贝也是他们的常用平台。

值得注意的是，西班牙站是速卖通在欧洲成立的第一个国家站，也是成长最快的，更是继巴西、俄罗斯之后拥有独立团队运营的国家站。2019年,速卖通西班牙站取得了较大的成绩:运动健身、健康护理的品类销售增速超100%,消费电子和家居家纺的品类增速达70%以上,个护仪器的增速超60%。另外,办公设备的销售增速达50%以上。速卖通希望从西班牙站开始,逐渐覆盖整个欧洲市场。

(二)西班牙客户的生活习惯

西班牙是一个充满风情的国家,被人们誉为世界上最令人神往的国度,96%的居民信奉天主教。西班牙人热情、浪漫、奔放、好客,富有幽默感。西班牙人的爱好十分广泛,他们喜欢旅游,酷爱户外活动,对足球、登山及自行车等运动情有独钟。西班牙的斗牛、弗拉门戈舞闻名世界。

由于西班牙气候温和、日照时间长,西班牙人的生活习惯比较特殊,喜欢晚睡晚起,一般是8:00—9:00进早餐,14:00进午餐,22:00—23:00进晚餐。西班牙菜肴融合了地中海和东方烹饪的精华,独具特色,最具代表性的是海鲜饭(Paella)、卡斯提亚汤(Sopa Castellana)、中部烤乳猪(Cochinillo)、烤乳羊(Cordero)、西北部海鲜汤(Sopa de Marisco)、血红鸡尾酒(Sangria)、生火腿(Jamon)等。

绝大多数政府部门、企业、商店每天分两段办公或营业:第一段为9:00或9:30至12:00或13:30;之后是午休时间;第二段为16:30或17:00至19:30或20:30。银行对外营业时间多为8:00—14:00。西班牙人实行每周5天工作制,节假日及周末喜欢家人团聚,不愿接待客人。商店一般周一至周六营业,周日和节假日不营业。

西班牙人十分注重生活质量,喜爱聚会、聊天,对夜生活尤为着迷。晚上下班后,西班牙人通常都不会赶着回家,而是三三两两钻进小餐吧,边聊天边慢悠悠地咀嚼美食,一直到午夜时分。夜生活则一般在21:00之后才开始,即使在深夜,西班牙的街道也通常是拥挤的。商店和酒吧的营业时间跨度也远远大于其他国家。西班牙的夜生活很丰富,酒吧间及迪斯科舞厅后半夜都不关门,夏天经常是凌晨3:00或4:00后才关门,大城市如马德里或巴塞罗那连冬天都有很多娱乐场所天亮才关门。

西班牙人在新年前有相互送礼的习惯,且赠送礼品很注重包装,并有当面拆开包装赞赏的习惯。西班牙人赴约一般喜欢迟到一会儿,尤其是应邀赴宴。餐桌上一般不劝酒,也无相互敬烟的习惯。

付小费是西班牙一个流行的习惯。尽管大部分饭店、酒吧间已收取服务费,但是一般客户还是会留一点儿小费。这个习惯也扩展到了对待旅馆外勤侍者、剧院引座员及出租车司机。付小费不是强制性的,如果不想付小费,对方也不会有意见。

西班牙人在正式社交场合通常穿保守样式的西装,内穿白衬衫,打领带。他们喜欢黑色,因此一般穿黑色的皮鞋。西班牙女性外出有戴耳环的习俗,否则会被视为没有穿衣服一般被人嘲笑。

西班牙人很重视信誉,总是尽可能地履行签订的合同,即便后来发现合同中有对他们不利的地方,也不愿公开承认自己的过失。在这种情况下,对方如果能够善意地帮助他们,则会赢得西班牙人的尊重与友谊。西班牙人只有在参加斗牛活动时才严守时间,但如果对方晚到,也不要加以责怪。

在西班牙,不要对斗牛活动有非议。如果你对情况不了解,最好不要对斗牛活动发表任何意见。到西班牙人家中做客，可送上鲜花，他们最喜爱石榴花。

在西班牙市场，还有个不得不提的就是他们的节日。不同的季节和节日他们需要的类目也不同（见图2-26）。

季节和节日	主要类目
1月底到2月初嘉年华	服装、假发、舞会配饰、节日彩妆
3月中到3月底圣周	户外用品、郊游用品
3月19日父亲节	手表、领带、袖扣、领带夹、3C电子
4—5月婴儿受洗、婚礼	礼品、相框
5月4日母亲节	皮夹、提包、围巾、别针
5月底—6月夏季	户外用品、郊游用品、烧烤用品
6月底—7月	海滩、泳装、泳池
8月底—9月初开学季	文具、箱包、3C电子
9月中—10月底秋季庆祝节日	服装、变装、化妆
12月新年	服装时尚、3C电子、礼品、家居等全品类

图2-26 西班牙的季节和节日以及对应的主要类目

（三）西班牙客户的购买行为

1．购买决策的制定

（1）西班牙人购买商品多通过关键词搜索，在购买之前会进行全站比价并参考好评（以西班牙人的评论为主），朋友和Facebook推荐的卖家是他们有限选择的对象，所以产品的评价和品牌信誉度尤为重要。

（2）由于经济原因，西班牙买家对于质优价廉的产品尤为渴望，这也直接影响他们的搜索习惯。值得一提的是，西班牙人喜欢免费赠送的东西，不管它是什么、值多少钱，只要是免费的，都可以让他们欣喜，这对电子商务卖家做促销有着不错的借鉴意义。

（3）快速的物流以及包邮可以帮助商家提高商品转化率。

2．支付方式

目前，西班牙主要的支付方式有信用卡、各种在线支付方式及货到付款三种方式。虽然货到付款是一种较为传统的支付方式，但还一直存在，客户会在交货的日期支付货款。信用卡是首选的网络支付方式，其中，57.1%的用户使用维萨卡，39.9%的用户使用万事达卡。西班牙有多样化的在线支付渠道，如 Allpass、Domiciliacion Banca、Hipay Wallet、PayPal、SafetyPay、Teleingreso、Trustly 等。其中，SafetyPay 提供全球网上银行业务解决方案，客户可选用当地银行账户、使用当地货币进行支付；Teleingreso 主要提供银行转账服务，西班牙境内的 ATM、邮局、零售网点都可提供此类银行转账服务。此外，国际知名支付平台 PayPal 也已入驻西班牙市场，为在线零售商和企业用户跨境支付提供便利。便捷的支付方式为跨境电商市场的发展铺平了道路,而畅通的支付渠道也解决了卖家拓展西班牙语市场的后顾之忧。

3．物流

3天内收到货物是西班牙消费者的普遍诉求，包邮并不常有，但如果卖家为其支付邮费，买家会非常感激。

在国际物流方面，各种小包裹和快递均可顺利寄往西班牙，清关顺畅，时效稳定，欧洲专线 RPX 的高性价比也可助卖家一臂之力。

Correos 作为西班牙的邮政运营商，通过与 Seur 和 MRW 等承运商合作来提升电商需求。Seur 主营到门服务，而 MRW 则提供到门和自取两种方式。

4．售后

总体来看，西班牙电子商务用户的购买满意度很高，平均为 7.8 分，其中好评主要集中在价格、购买和退货的便利性、产品质量和交货时间等方面。

西班牙电子商务交易中退货最多的是服装、鞋类和消费电子产品，而服装和消费电子产品同时也是西班牙消费者购买最多的产品类别。

四、英国客户的特点

（一）英国客户的网购情况

1．英国跨境市场规模

2020 年英国经济创下了自 1709 年"大霜冻"以来的最大跌幅。根据英国国家统计局公布的数据，2020 年英国国内生产总值（Gross Domestic Product，GDP）同比下降 9.9%。在经历了 2020 年前三个季度的衰退后，英国经济在第四个季度终于迎来了 1%的增长。

虽然英国 GDP 下降，但是根据 FIS Worldpay 的报告，2020 年英国电子商务市场规模达到了 1 920 亿英镑，比 2019 年增长 13%。该机构还预测，到 2024 年，英国超过 20%的购物将在网上完成，在线消费金额将达 2 640 亿英镑。

自 2012 年以来，英国电子商务市场每年都保持 10%以上的增长速度。根据 eShopWorld 对 11 个国家/地区的超 2.2 万名消费者进行调查后得出的报告"The Global Voices 2021: Cross-Border Shopper Insights"显示，英国是仅次于中国（59%）和美国（51%）的全球第三大跨境网购市场。

另外，全民疫苗接种的实现将增强英国的商业信心。根据调查，有三分之一的英国人表示在疫情期间会更频繁地网购，这意味着英国市场仍将有不错的前景，值得卖家进入。

2．英国客户网购概况

英国人十分热衷于网络购物，2020 年有 4 860 万人参与网购，比例高达 95%，且人均网购消费额为 1 020 欧元，为欧洲最高。

一份来自 EmpathyBroker 的英国消费者调研（对英国 3 000 位成年消费者进行的市场调研）显示，51%的消费者表示他们更喜欢网购而不是线下购物，其中 55%的消费者表示，他们今年的网购次数多于去年。

消费者每月平均网购 6 次，而且男性和女性网购占比较平均，27%的男性消费者和 25%的女性消费者每周网购 1 次。从年龄来看，25～34 岁人群是网购主力军，平均每月网购 8 次；从地域来看，伦敦人网购最活跃，平均每月有 7 天"沉迷"网购。

3．英国电商交易平台

早在 20 世纪 90 年代，亚马逊就开始在英国使用本地域名进行销售。如今，也有几个强大的英国国内市场参与者，如 ASOS、Argos 和 Next。得益于英国脱欧，这些平台正变得越来越受欢迎。

在跨境交易方面，亚马逊占据绝对的主导地位。调查数据显示，在过去的一年中有91%的英国网购者使用过亚马逊。紧随其后的是易贝，有63%的英国网购者使用过。排在第三的则是 Wish，但仅有 11%的英国线上消费者表示曾在过去的一年中在该平台进行过线上购物（见图 2-27）。

资料来源：E-commerce in Europe 2020.

图 2-27　英国跨境电子商务平台排名

4．英国客户网购品类偏好

英国人在线上购物时最常购买的商品为服装鞋类，在过去的一年中，线上消费者购买该类别产品的比例达到 68%。排名第二的是文化娱乐类（主要为书籍和有声读物），约有 46%的消费者表示曾在网购中购买此品类。由于英国实施强制封锁，排名第三的品类是食物饮品：约有 45%的网购者表示曾在线上购买食物，这一数字相比 2019 年上升了 31%。接下来的是家电数码，43%的英国网购消费者表示会在网上挑选此类产品。而排在第五位的是美妆护肤，消费者对该品类偏好为 39%，比例略低于其他欧洲国家。紧随其后的是家具装修类，有 30%的线上购物者表示曾购买过。排在最后两位的是影音制品和儿童玩具，分别有 23%和 22%的消费者称他们购买过这两类产品（见图 2-28）。

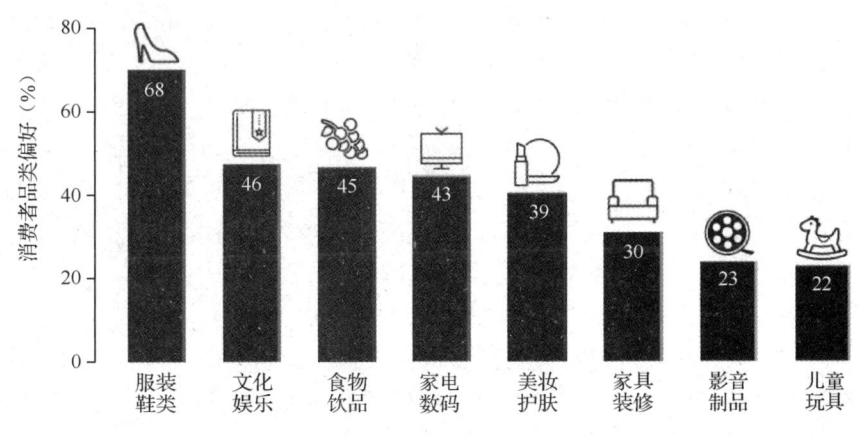

资料来源：E-commerce in Europe 2020.

图 2-28　英国消费者网购品类偏好

5．社交媒体

Statista 的数据显示，在社交媒体方面，英国 15～25 岁的年轻人群体最喜欢的是 Youtube，其使用比例达到了 82%。而 26~35 岁的年龄群体则最喜欢 Facebook，其使用率达到了 82.5%。当年龄群体来到 36~45 岁区间时，Facebook 的使用率就骤降至不到 30%，Youtube 则只剩 13.2%。

总体上，15~25 岁的群体是英国网购消费的主力军。尽管 Youtube 以 82% 的使用率占据第一名，但 Facebook 和 WhatsApp 也紧随其后，分别拥有 80% 和 79% 的使用率。再往后则是与前三位不相上下的 Instagram，排在它之后的 Snapchat 就只剩下 57% 的使用率了（见图 2-29）。令人意外的是，Twitter 在英国市场的表现与前几位相比略显不佳，在 15~25 岁的群体当中只有 44% 的人表示自己使用 Twitter，而在 26~35 岁的群体中这一数字进一步下降到了 41%。

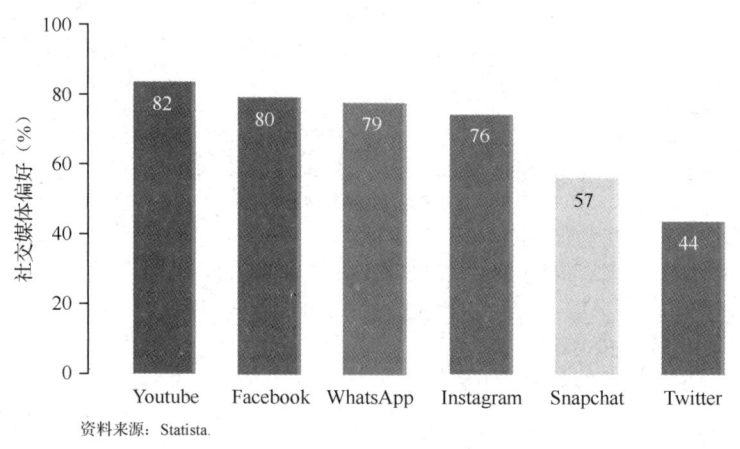

资料来源：Statista。

图 2-29　英国客户社交媒体偏好分布（15~25 岁）

（二）英国客户的生活习惯

1. 购物环境

英国是一个商业和工业都发达的国家，商品经济非常活跃，流通渠道十分畅通。购物环境对商品流通有直接的影响。英国的购物环境有明显的层次结构，因此不同层次的消费者都能各得其所。当前，英国的购物场所主要有 8 种形式：购物中心（Shopping Centre）、拱形商场（Arcade）、步行街商业区（Pedestrian Street）、超级市场（Supermarket）、室内市场（Market）、露天市场（Open Market）、二手货商店（Secondhand Shop）、廉价品市场（Car Boot Sale 和 Jumble Sale）。

调查发现，现在的英国人已经没有了以往的排队习惯，他们排队购物的时间忍耐在两分钟左右，如果需要更长的时间，他们则选择不进去和不购买，尤其在出现网购之后更是如此，因此网购是他们较为认可的一种购物方式。

2. 网购比价

网站"Give as you Live"的消费者洞察负责人史蒂夫·刘易斯表示："不管是外出度假还是购买新一代视频游戏，人们都会花费大量时间对比价格以达成最令他们满意的交易。"在多数情况下，商品价格是影响消费者行为的决定性因素，89% 的网购行为受此影响。90% 的英国网购者在下单前会货比三家，只有 7% 的人群不屑于对比各商家的售价。价格对比网站"Give as you Live"进行的消费者对比价格所需时间的调研结果如图 2-30 所示。

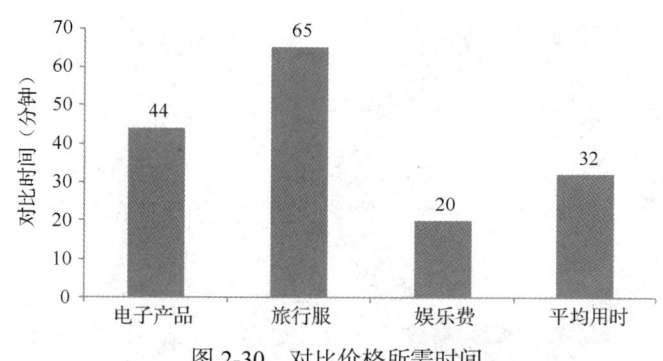

图 2-30 对比价格所需时间

消费者的这些习惯不太可能发生改变,卖家只能设法去迎合这些愿意花时间寻求理想交易的消费者。卖家同时须谨记,提供优质服务和打造可信赖的品牌形象仍是赢得客户的关键。因此,卖家在优先考虑提供有竞争力的价格时,还要确保其他方面的工作不被落下。

3．网购活跃时间

连锁零售公司 John Lewis 曾对大量网购订单进行过研究,结果发现,在午夜时分至凌晨 6:00,英国购物网站内的流量往往会暴增 30%左右,在凌晨下单购买的行为也非常活跃。每天晚上当邻居们进入梦乡后,很多英国人喜欢躺在床上,慢腾腾地打开手机或平板电脑,悠闲自在地在各类购物网站里选购游戏机、乐高玩具、枕头等商品。

午夜时分,习惯于夜间活动的游戏玩家们往往会下单购买新的游戏机,一些夜不能寐的父母也会兴致勃勃地给孩子购买玩具和电子产品,如凌晨 4:00 是乐高玩具的销售高峰。而在早餐前的一段时间,校服和童鞋是最热卖的商品。

(三)英国客户的购买行为

1．支付方式

在英国,人们更喜欢用卡支付,银行卡覆盖率约为 96%。信用卡普及率为 65%,其中 83%的用户更愿意使用维萨卡支付。除信用卡外,英国人还比较喜欢 PayPal、Klarna 及 Pay by Bank App 等付款方式。

如图 2-31 所示,49%的英国用户选择信用卡支付,40%选择 Paypal,仅有 5%选择银行卡转账支付。

2．物流

英国人喜爱网购的一个重要原因是英国有着极为发达的物流系统——"当日送达"在英国是一件十分普遍的事,最快甚至可以实现 4 小时同城送达。而英国也在 2020 年春季成了亚马逊首个在海外开通"亚马逊自有运输"的国家。

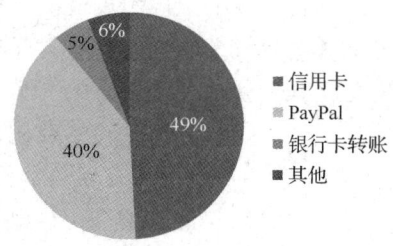

图 2-31 英国各支付方式占比

在英国,有 61%的零售商表示能提供 48 小时内的送达服务,且有超过一半的零售商声称可以把包裹送到消费者指定的地点。不过这也从侧面反映出英国线上消费者对物流的高需求和高要求。对物流的要求不仅体现在对货物的派送上,还体现在对退货效率的要求上。

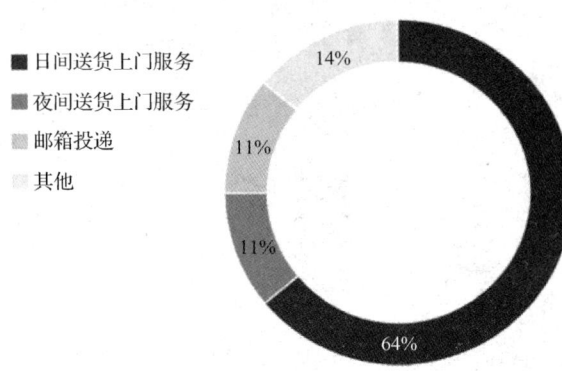

资料来源：E-cimmerce in Europe 2020.

图 2-32　英国消费者物流偏好

在物流偏好上，英国的线上消费者最喜欢日间送货上门服务，占总偏好的64%。而与之相反，夜间送货上门服务只占总偏好的11%。在上门时间上不受限制的邮箱投递则在比例上与夜间送货上门服务相同，同为11%。其他物流配送方式（代签收、运输点自取等）占据了剩下的14%（见图2-32）。

另外，在英国最受欢迎的物流供应商是皇家邮政（Royal Mail），约有52.7%的零售商会将其列为第一选择。与皇家邮政相比，其他供应商的份额较小，依照排名分别是 Hermes，占16.1%；DPD Group，占14.2%；Parcelforce（属于皇家邮政），占4.7%；DHL，占4.1%。

3. 售后

英国消费者严谨务实的性格决定了他们对于产品的严苛要求，无论是产品价格、评价还是交货期限，都是售后环节的常见问题。如果售后未能协商解决或用语不够礼貌，注重礼节的英国消费者很可能会进行投诉，甚至取消订单。

因此，掘金英国，除选品、引流、促销等售前步骤外，售后服务的安排也十分重要。

五、美国客户的特点

（一）美国客户的网购情况

1. 美国电商市场规模

美国是全球最大的经济体，是电子商务最发达、市场成熟度最高的国家之一。迄今为止，美国电子商务市场在全球依然处于领先地位，是整个行业的标杆。包括易贝在内的许多优秀全球电子商务公司在这里萌芽，总部也设于此，一直引领世界其他地区网购的步伐和趋势。美国消费者早已习惯在线上进行商业交易，购买各种各样的商品和服务。

尽管现在的全球市场充满各种不确定性因素，然而这并没有改变包括美国在内的全球跨境电子商务继续发展的趋势，直接面向消费者的B2C模式得到了更大的发展。对于中国跨境出口卖家来说，美国仍是第一大目标市场。

根据美国商务部公布的数据，2020年美国电子商务销售额为7917亿美元（见图2-33），远高于一年前的5980亿美元，比2019年增长32.4%，此外电子商务占零售总额的14%，比2019年的11.3%显著增加，这既创下了历史新高，也让2020年成了增长最快的年份。

在过去的十年中，美国的电子商务平均每年增长15%。2020年，美国电子商务市场总销售额超额完成，达到2021年的水平。这意味着，仅在2020年美国电子商务就完成了两年的增长任务。其原因在于，美国消费者越来越习惯于在线购物，而疫情作为催化剂，将消费在线化的日程迅速提前，使得美国电子商务在2020年的增长率达到历史最高（见图2-34）。

据 eMarketer 预测，美国零售业的整体销售增长在2021年开始恢复，同比增长3.8%，达到5.856万亿美元。其中，继2020年大幅增长33.6%之后，2021年电子商务销售额增长13.7%（见图2-35）。

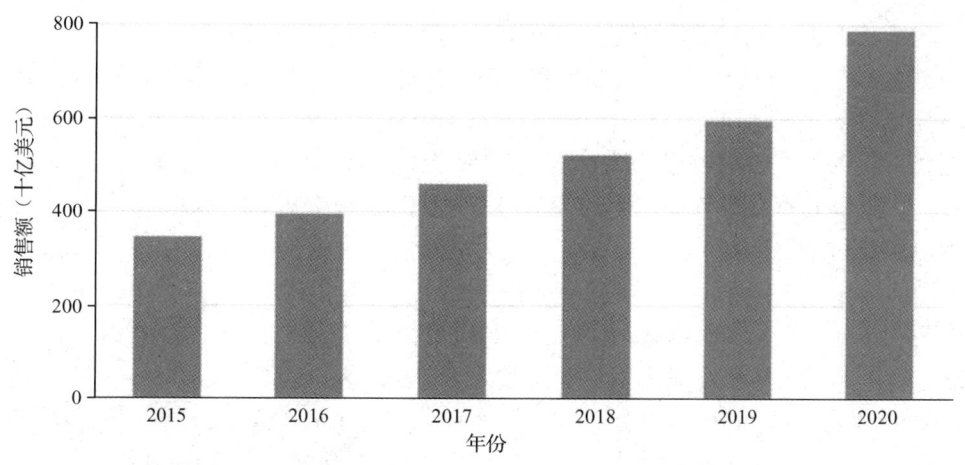

图 2-33 2015—2020 年美国电商销售额

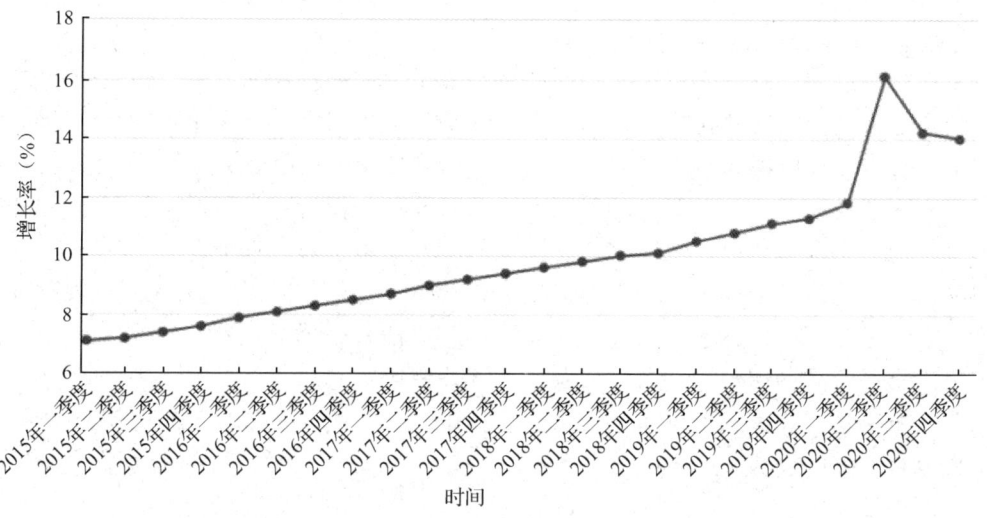

图 2-34 2015—2020 年美国零售电商年平均增长率

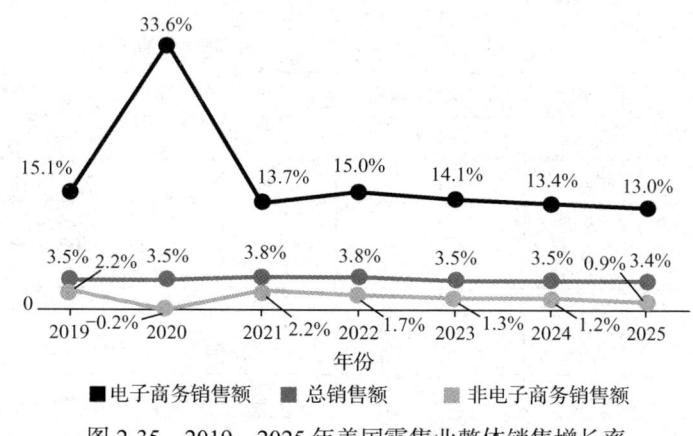

图 2-35 2019—2025 年美国零售业整体销售增长率

2. 美国网购客户概况

众所周知，美国是一个网购很受欢迎的国家，网上购物几乎成了他们无法丢弃的生活习惯之一。美国人均 GDP 居于世界领先地位，消费者购买欲和消费能力强劲，为电商发展提供了巨大的增长潜力。2019年，美国人居GDP为65 300美元；2020年，美国总人口达3.3亿，其中有2.9亿人口可以上网，互联网渗透率为86%；线上购物人数为2.56亿，占总人口的77%，比上一年增长了4%。

据调查，美国消费者每月平均购物两次，平均花费103美元，其中有79%的购物开支被用在网购上。美国电商消费者平均年龄为50岁，其中女性消费者占了很大的比例，住在郊区的消费者也更有可能网购。

对美国而言，2017年是电子商务里程碑的一年，因为有超过一半的互联网用户会通过智能手机完成购物体验。根据eMarketer的统计，2017年，有9 510万名美国客户会至少在智能手机上完成一次购买，占整个互联网用户的比重为51.2%，这一比重在2020年达到了84.5%。

eMarketer的零售业分析师约瑞·沃尔姆泽（Yory Wurmser）说："以前很多消费者只是经常性地在手机上浏览和研究商品，不一定购买。随着移动网站不断得到优化及手机屏幕越来越大，消费者更容易在手机端完成购物体验。这也将驱动未来几年移动商务的发展。"

3．美国电商市场热销品类

自新冠肺炎疫情暴发以来，居家和宅经济改变了全球消费者的居家出行生活方式和消费方式，美国零售电商消费变化数据显示，在756个品类中，有224个呈现销量下降的趋势，而有177个品类在疫情期间有了大幅度的提高，以下4个品类表现尤为突出：

（1）家用健身产品：热爱健身的美国人，居家隔离也保持健身习惯，所以他们网购了家用的健身器材：小型踏步机、哑铃、臂力器等品类，消费趋势也在上升；

（2）家用办公用品：很多美国人习惯把工作和生活分开，所以家里会缺少办公的硬软件设施，为了满足在家办公，不少人选择了购买办公桌椅、办公显示器、扫描仪和打印机等；

（3）厨具类产品：切菜神奇、打蛋器、空气炸锅等；

（4）儿童用品：在家的不仅有大人，还有孩子，相关的儿童玩具、教育类产品和游戏拼图等销量也有上涨的趋势。

4．美国电商平台

亚马逊（Amazon）是美国电商平台的老大（见图2-36），该网站的每月访问量超过20亿次，远超其他竞争对手。

排名	电商平台	销售地区/国家	品类	月访问量（亿次）
1	Amazon	全球	全品类	23
2	eBay	全球	全品类	6.38
3	Walmart	美国	全品类	4.46
4	Target	美国	全品类	2.50
5	Etsy	全球	工艺品、礼品	1.70
6	Wayfair	北美、欧洲	家居用品	0.87
7	Overstock	美国	全品类	0.26
8	Wish	全球	全品类	0.25
9	Newegg	美国、加拿大	电子产品	0.23
10	Sears	美国	全品类	0.18

图2-36 美国电商平台排行榜

易贝（Ebay）排名第二，每月访问量约为6.4亿次。亚马逊的月访问量远远领先易贝，要知道易贝只是一个纯粹的第三方电商平台，而亚马逊的业务则非常广泛，亚马逊第三方平台仅占其总销售额的一半多一点儿。

接下来是零售商沃尔玛（Walmart）和塔吉特（Target），虽然两家排名接近，但电商策略却大不相同。收购Jet.com使沃尔玛的电商业务蓬勃发展。而Target推出的名为"Plus"的电商平台则比较新，规模也不大，暂时还不是Target增长的主要动力。

美国市场实力强大且深厚，各种小众利基电商平台都在美国获得成功。Etsy是一家实力雄厚的电商平台，其主要销售手工工艺品品类；Wayfair是一家出售家具和家庭用品的电商平台；Newegg专门从事数码科技品类电商销售；Poshmark是美国最大的二手交易平台，主要销售服装和配饰；其他的平台还有GunBroker、Reverb、The RealReal等。

小型电商平台在世界各地经常会遇到发展难题，但是在美国市场则不会如此，小众利基平台在美国似乎更容易建立忠诚的客户群。

（二）美国客户的生活习惯

美国是世界上市场容量最大的国家之一，也是世界上最大的消费品市场之一。美国市场的接纳性强，因为美国是一个移民国家，又是一个民族大熔炉，需求多样化。美国市场重质量、讲品牌，尤其重视产品安全。美国市场销售的季节性强，销售旺季为2—5月、7—9月、11—12月。美国消费者注重购物体验，对服务特别是售后服务要求较高，平时购物使用信用卡消费较多。美国的网购人群在逐年增长，网购年龄段也趋于增大。

1. 美国人的生活习惯有着浓郁的本地特色

（1）饮食。美国人的饮食十分简单单一，他们不会因为饮食占用自己大量的时间。注重营养而不是口味，食品种类很少。

（2）住房。美国人的房子基本都是自己设计和装修的，个性化十足。一般会把厨房和卧室设计得很宽敞，每家都有小院子作为花园，并进行户外活动。

（3）衣饰装扮。美国人不像英国人那样喜欢仪表堂堂，他们更喜欢宽松舒适的衣服，所以美国人的穿衣风格并不是时尚感十足，而是偏向于休闲风格。

（4）电子通信。美国人很喜欢通过电话、短信和朋友及家人分享自己的心情，他们对手机非常依赖。社交网络发达的今天，更增加了他们对手机的黏性，而且美国的手机特别便宜，通话费也不高。

（5）运动和户外。运动和户外是美国人非常看重的两种生活方式，他们愿意花大量金钱去做运动和进行户外活动。当美国的联邦假日来临的时候，美国的海滩、健身房、旅游景区都人满为患，可见美国人对自己的健康还是非常重视的。

（6）文娱生活。美国每年都有很多明星演唱会、大型的体育比赛及大制作的电影。很多美国人愿意把这些活动作为生活放松的主要方式，他们也愿意购买一些周边产品留作纪念，如动漫手办和毛绒玩具等。

（7）宠物。很多美国人会养宠物，并且会把宠物当作家人来看待。美国家庭每年会把一笔可观的费用花在给宠物看病，以及购买宠物食品、营养品和日常用品上。

2. 美国人的消费习惯与中国人有着本质的不同

以下是美国人比较典型的消费习惯。

（1）赚10元钱花20元。美国人基本不存钱，有多少钱就花多少，甚至喜欢透支消费。美国人这样做的主要原因是，要保持现有的生活品质，不希望因为收入低而降低生活品质。因此，美国的银行都鼓励美国消费者分期付款，并且有些银行提供45天的透支免息期。美国人活在当下，享受生活。

（2）注重精神消费，如锻炼、健身、养生、旅游、营养品。美国会把大量的钱投入健身、户外、养生和营养品上。他们更注重精神方面的投资，他们认为只有健康和享受生活才是生活的真谛。因此，美国的健身房总是爆满，户外用品市场火爆，保健品热销。这和美国人的生活习惯息息相关。

（3）喜欢在品牌店里淘便宜的衣服，注重质量和品质。美国人很看重品牌，他们最喜欢的卖场是品牌折扣卖场。美国人认为品牌是质量的保证，他们宁愿选择价格高的品牌，也不会选择没有品牌的便宜货。这点对速卖通卖家的提示是，如果有条件，应尽量注册自己的品牌并且适当地推广。有一定的品牌认知度，那么商家针对北美市场的开拓会相对容易一些。

（4）对产品的关注是质量第一、包装第二，最后才是价格。包装在美国人心里占有很大的比重。在他们的眼里，包装和产品的品质是等同的，好的产品一定要有好的包装，否则购物体验会有落差。希望速卖通卖家针对美国市场在自己的产品品质和包装上多下功夫。

（5）如果按照月来划分，根据美国的购物习惯，跨境卖家可以参考以下建议。

1月：冬装促销季（新年，清仓冬装）。

2月：以情人节为主，推荐饰品、珠宝、手表、箱包及春装。

3月：户外产品开始升温，推荐服装、美容化妆品、园艺产品、户外用品。

4月：天气回暖，很多新人开始举办婚礼，推荐婚纱、园艺产品、礼服、女鞋、装饰品。

5月：以母亲节为主，推荐时尚饰品、珠宝、箱包、贺卡。

6月：毕业季，推荐小电器、手机、消费电子、水上运动用品、户外用品。

7月：家居类会比较热门，推荐家具用品、婚礼用品、夏装和户外用品。

8月：学生返校高峰，推荐鞋服、手机、消费电子、办公用品、运动用品。

9月：户外活动偏多，推荐服装、美容化妆品、户外用品。

10月：适合开展体育用品促销，推荐体育用品、毛绒玩具、Cosplay服饰。

11月：推荐毛绒玩具、礼品、家用电器、美容化妆品和电子产品。

12月：以"超级星期六"、新年为主，推荐鞋服、园艺产品、取暖设备、时尚饰品、珠宝和手表、滑雪设备、消费电子。

（三）美国客户的购买行为

1. 物流

目前在跨境电商整体交易环节中，物流成本在跨境电商卖家所有成本支出中占比约为25%，仅次于采购成本。卖家想要获得更大利润，在节省物流成本上下功夫不失为好的选择。

国际邮政小包、国际EMS、国际快递、国际专线、海外仓等都是卖家向美国发货常用的物流方式，卖家可以根据自己的物品特点、物流需求、目的国政策，有针对性地选择适合自己的物流渠道。

然而，美国电商也面临一些挑战。人口密度小和大城市之间相隔太远，这些都导致美国国内运输与其他发达国家相比速度慢且价格昂贵。此外，美国各州之间的营业税和相关法律差异很大，从而形成了各州之间的贸易壁垒。

> **案例**
>
> 物流：路边取货和本地交付
>
> 在新冠病毒疫情暴发初期，路边取货和本地交付已成为美国零售商的生命线，并在今年的"黑五"网一旺季继续发挥举足轻重的作用。消费者不仅希望在舒适的家中安全购物，还希望避免运输成本和收货延误。
>
> 所谓路边取货，是美国目前很受欢迎的一种消费者购物提货方式，通常指购物者自行取货。具体来说，它是指买家在线完成下单后，开车到商家指定的自提点，由商家将购买的商品送到顾客的车上（往往是放在后备厢里），从而完成商品的交付。
>
> 根据 Shopify 在 2020 年 5 月至 2020 年 8 月进行的研究，购物者选择当地取货和送货时，结账时购物车的容量要增加 25%。
>
> 在"黑五"，路边取货订单的平均购物车价格在美国为 78.60 美元（见图 2-37），本地送货在美国的平均购物车价格为 62.70 美元（见图 2-38）。
>
>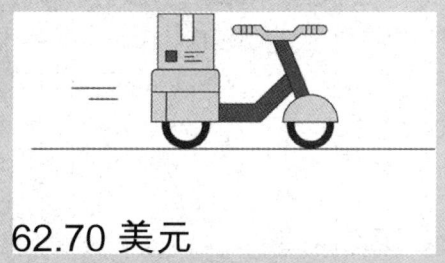
>
> 图 2-37 "黑五"期间路边取货的平均费用　　图 2-38 "黑五"期间本地交付的平均费用
>
> 由此预计，当购物者在购买最后的节日礼物时，路边取货和本地送货将继续普及。

2. 售后

在退货方面，有超过 1/4（26%）的美国电商消费者在收到商品 3 个月内退过货，近 2/3（66%）的消费者表示如果零售商的退货体验太差，那么他们可能不会从该零售商处购买。

案例解析

一、案例背景

在美国，新年来临之际绝大多数商店会在清晨就开门，迎接蜂拥而至的消费者。随着电商的盛行，越来越多的美国消费者选择线上购物，而实体商店也变得越来越冷清。根据 Adobe Analytics 2020 年的数据，新年来临一周，美国消费者在网上消费达到了 343.6 亿美元，高于去年同期的 284.9 亿美元。

购物旺季如此重要，以至于绝大部分卖家把这段时间当作一年的重中之重。那么，卖家们应该如何最大限度地利用年终旺季完成丰收和满意的一年？

二、操作步骤

1. 了解美国人喜欢买什么

根据 Periscope 的调查，2020 年美国人最爱买的产品是家用健身产品、家用办公用品、厨具类产品和儿童用品。

由 Adobe 的数据可以得知，"黑五"的热卖商品包括风火轮车模（Hot Wheels）、乐高玩具、Apple Air Pods、Apple Watch、Amazon Echo 设备和三星电视。

2. 了解美国人喜欢怎么买

移动端购物已然成为大趋势，美国也不例外。越来越多的消费者舍弃实体商店，而选择在线购物。在线上购物中，移动端购物方便快捷，并且可以随时随地进行，因此越来越受到消费者的青睐。根据 Adobe 的统计，2020 年美国在智能手机上的支出同比增长 25.3%，达到 36 亿美元，占线上总支出的 40%。

3. 采取有效的促销方式

说了这么多美国人的消费习惯，那么旺季来临之际要怎么做才能进一步促进销量？通过对"黑五"期间流量来源研究发现：邮件营销依然是主要流量来源渠道，其次是搜索引入。除电邮、广告等常见的促销方式外，购物引导型网站和社交平台宣传越来越流行。据调查，2020 年美国总人口为 3.2 亿，社交媒体渗透率为 66.8%。美国在线消费者参考的社交媒体有 YouTube、TikTok 及 Facebook，另外 Twitter、LinkedIn、Pinterest 和 Google Plus 等社交网站的用户量也非常大。因此，想要加大流量和成交量，可以考虑在社交媒体上做广告。

三、案例总结

美国作为电子商务最活跃的国家之一，蕴含很多商机，需要跨境卖家不断通过数据、调研和信息捕捉来了解这个国家的客户特点。了解消费者的生活习惯、购买行为，并采取相应的营销手段来吸引客户，从而提高客户的黏度，才能赢得更大的市场发展空间。

 课后延伸阅读

DX 营销案例

案例背景：

在外贸电商领域潜伏着这样一条"见尾不见首"的"神龙"：19 岁从易贝起家，23 岁上线了 B2C 独立网站 DealExtreme.com（简称"DX"），27 岁成功让自己的公司上市，此后便不再参与公司的经营管理活动。

这条"神龙"名叫陈灵健，1983 年出生，曾就读于加拿大西蒙菲莎大学（Simon Fraser University），并获得工商管理学士学位。他创立的外贸 B2C 网站 DX 用四年左右的时间便达到两亿美元的销售额，而且有几千万美元的盈利。对此，坊间还有这么一段有趣的故事：

几乎人人都知道，中国做垂直电商的，几乎没有一家盈利的。一位天使投资人就曾放言："如果现在谁能给我找出一家赚钱的电子商务 B2C 公司，我就叫他爷爷！"于是，DX 的高层便想办法找到了这位天使投资人，并陪同他参观了 DX。据说这位天使投资人一边参观，一边不停地说："我真是在看电子商务 B2C 的爷爷啊！"

可见，与当当、凡客等垂直电商比较，当时的DX可谓独树一帜。从2006年成立到2010年上市，DX仅用了四年的时间，同样是定位于B2C电商的当当网则花了十年才上市。可见这条"神龙"真的不是徒有虚名，它的"神"体现在很多方面，其中特别值得一提的是它的"神"营销。

DX的营销很"神"。花钱购买流量的事，谁都会做，但真正高明的营销是不花钱或者花费很少的钱来获取流量。陈灵健在推广时积极活跃在各大论坛，把"论坛营销"做到了极致。通过和论坛合作，用一种间接手段曝光自身网站的产品信息、打折优惠信息，不仅不会招来消费者对广告的反感，反而让消费者觉得"DX满足了我对廉价电子产品的需求"。此外，论坛一般都有一个主题，聚集的都是某个领域里面的发烧友或对此感兴趣的人，因此论坛营销有很强的"精准性"，极大地提升了网站的点击率和订单的转化率。为了不被各大论坛绑架，DX还自己独立运营着一个论坛，上面活跃着大批早年追随陈灵健（英文名为Sonny Chen）的买家。虽然这个论坛由DX运营，但所有版主都是消费者，而且DX不允许员工删除论坛上的任何一句评论。这种富有互联网自由精神的论坛赢得了外国人的认可：他们积极讨论电子产品、游戏等宅男们热衷的话题，对DX的产品服务或赞美或"吐槽"……良好的口碑使得DX论坛持续不断地吸引了越来越多的新客户，而这一切，几乎不产生任何营销费用。后期，DX也开展了社交网络等其他营销手段。但总体来看，DX把整体营销费用控制在营收的2%左右，而同期（2012年）兰亭集势的营销费用则占比达26.7%，营销能力高下立判。如此"神"的营销，让其他B2C大佬艳羡不已。

课后启发

习题演练

一、单选题

1. 以下不属于跨境客户消费需求特点的是（　　）。
A. 自由"吐槽"的需求　　　　　　B. 参与的需求
C. 购买个性化产品的需求　　　　D. 购买廉价产品的需求
2. 巴西人首选的支付方式是（　　）。
A. Boleto　　　　B. PayPal　　　　C. 信用卡　　　　D. 银行卡转账
3. 购物风格多以智能、新奇特、时尚、运动、年轻、造型为主的国家是（　　）。
A. 俄罗斯　　　　B. 巴西　　　　C. 西班牙　　　　D. 美国
4. （　　）是巴西最受欢迎的跨境网购市场。
A. 美国　　　　B. 中国　　　　C. 日本　　　　D. 德国
5. （　　）是全球最大的经济体，是电子商务最发达、市场成熟度最高的国家之一。
A. 俄罗斯　　　　B. 英国　　　　C. 西班牙　　　　D. 美国
6. 俄罗斯人忌讳的动物是（　　）。
A. 黑猫　　　　B. 马　　　　C. 公鸡　　　　D. 熊
7. 以下不属于巴西跨境客户退货率高的原因的是（　　）。
A. 海关被卡，直接退回　　　　　B. 关税太高，客户弃货
C. 时间太久，客户不想要了　　　D. 商品质量问题
8. 在物流偏好上，英国的线上消费者最喜欢（　　）。

A. 日间送货上门服务　　　　　　B. 邮箱投递
C. 夜间送货上门服务　　　　　　D. 运输点自取

二、判断题

1. (　　) 目前在英国跨境交易方面，易贝占据绝对的主导地位。
2. (　　) 巴西消费群体熟龄化，经济稳定，重视生活品质。
3. (　　) 人们购物已经摆脱了时间、地点的局限，无须前往实体店或守候在计算机前，只需要一部能上网的手机就可以了。
4. (　　) 西班牙人在制定购买决策时会参考朋友和Facebook的推荐。
5. (　　) 巴西海关不会对所有进口包裹进行逐一查验。
6. (　　) 美国市场重质量、讲品牌，尤其重视产品安全。
7. (　　) 俄罗斯夏短冬长，长时间气候寒冷，因此俄罗斯女性不喜欢穿裙装。
8. (　　) 在社交媒体方面，英国15~25岁的年轻人群体最喜欢的是Twitter。

三、简答题

1. 跨境客户有哪些消费心理特点？
2. 俄罗斯客户在穿衣风格方面有哪些习俗？
3. 请简要介绍巴西当地的电商生态环境。
4. 相对于中国客户，美国客户比较典型的购物习惯有哪些？
5. 影响西班牙客户制定购买决策的因素有哪些？

实践操作

完成以下实训任务：调研中东跨境客户的特点，并形成调研报告。

中东该市场跨境客户特点分析报告

操作1. 中东客户的网购情况

_____
_____
_____

操作2. 中东客户的生活习惯

_____
_____
_____

操作3. 中东客户的购买行为

_____
_____
_____

情景三

跨境客户的开发

【习语典读】
　　中国式现代化是全体人民共同富裕的现代化。共同富裕是中国特色社会主义的本质要求，也是一个长期的历史过程。我们坚持把实现人民对美好生活的向往作为现代化建设的出发点和落脚点，着力维护和促进社会公平正义，着力促进全体人民共同富裕，坚决防止两极分化。

——习近平

子情景一　跨境客户开发的流量思维

 学习目标

知识目标
- 能明确描述流量的基本概念。
- 能理解流量的思维逻辑。

能力目标
- 在跨境电商平台上能从流量角度出发进行客户开发。
- 在实际客户开发中能从流量的思维逻辑出发进行客户开发。

素质目标
- 具备跨境电商基本流量逻辑素养。
- 具备跨境电商客户开发流量导入意识。

思政目标
- 引导学生思考共享是中国特色社会主义的本质要求。

微课抢先看

 项目背景

知识导入

　　跨境客户开发本质上是一个针对 C 端跨境客户的引流过程，卖家需要具备流量思维。就像一句行话所描述的一样："无流量，不电商"。这对于初入职场的艾伦来说理解起来比较困难。他需要进一步学习流量的基本概念和应用，从而更好地适应跨境电商的运营逻辑。

任务实施

步骤1：学习流量的概念。

步骤2：学习流量的结构。

步骤3：学习SNS等营销分享特点进行跨境客户开发。

步骤4：引导学生深入思考共享发展注重的是解决社会公平正义问题，必须坚持全民共享、全面共享、共建共享、渐进共享，不断推进全体人民共同富裕。

知识铺垫

一、流量的概念

流量是互联网对于人流量的描述。比如店门口走过100个人，可以说其流量为100。在网络上，一个跨境店铺有1 000个人点击访问，可定义其流量为1 000。

在互联网时代，流量是一切的基础，没有流量就不可能有转化，更加不可能有销售。这可以理解为，流量就是有多少客户看过商品和店铺，商家才有机会抓住这些客户进行营销。通过以上的流量解释，只有吸引足够多的跨境客户来点击商家的商品链接、进入店铺，商家才有机会达成交易，完成订单。因此，商家要做的第一件事就是增加商品的曝光、提高流量。我们在后面会详细介绍如何做到这一点。

二、跨境电商流量的结构

当跨境卖家在看速卖通流量数据的时候，需要知道自己的流量来自哪里。一般而言，跨境电商流量结构包括自然流量、广告流量、交互流量和其他流量。

跨境电商流量的公式为：跨境电商流量=自然流量+广告流量+交互流量+其他流量，如图3-1所示。

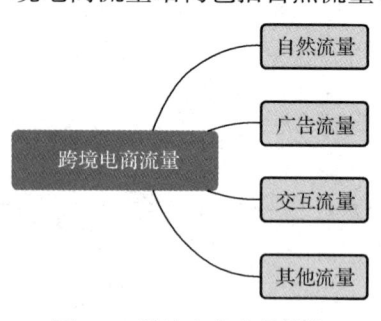

图3-1　跨境电商流量结构

（一）自然流量

自然流量也称搜索流量，指跨境客户在搜索自己关注的产品时产生的流量。例如，一位跨境客户在搜索手机时，当他输入"手机"这个关键词时，平台会弹出相关产品，跨境客户点击了就产生了搜索流量。购买意愿明确的跨境客户通过搜索进入店铺更容易提高交易的成功率。自然流量主要包括以下十点影响因素：

（1）爆款数量。店铺的爆款数量越多，平台越会将更多的流量分配给店铺所属的产品。

（2）商品丰富度，即上新。平台鼓励卖家多上新产品，而且每个新的产品都会被平台给予新品自然流量扶持。

（3）关键词优化。跨境卖家可以通过速卖通的"生意参谋"去看关键词的展现效果，这样可以更好地从数据端进行反馈，从而改进关键词广告投放，提高关键词质量。

（4）基础销量评价。产品在被销售出去后都有可能收到买家的评价，好的评价非常重要，不仅可以提高产品的转化率，而且可以提高产品的曝光度，得到流量扶持。

（5）类目搜索。产品的类目必须准确，这样才能使跨境客户更容易找到心仪的产品。

（6）产品优化。产品优化，关系到产品上架能否吸引跨境客户，从选品把控，到产品详情页和主图等的设计能否抓住跨境客户的眼球，使跨境客户停留在页面的时间增加。

（7）店铺活动。营销活动"组合拳"要能够吸引跨境客户，迎合跨境客户的喜好。

（8）平台活动。积极参与平台活动也是最大化获取自然流量的途径之一。

（9）橱窗推荐。橱窗推荐是商品后台的一种推广工具，可以把商品添加进橱窗推荐，增加商品的自然排名，提供商品搜索加权。然而橱窗推荐是不可以通过购买实现的，需要通过卖家各项指标才能获得。例如，在速卖通里面的运营能力层级为高级店铺可获得每月3个橱窗，高潜店铺可获得每月2个橱窗，新入驻的银牌商家可获得每月2个橱窗，通过新品奖励（新发商品并且被平台打上"new"标识就可以获得相应的奖励橱窗）获得，类目"铺货数量"前50名的商家可获得1个橱窗。

（10）海外仓。在拥有海外仓后可获得相应的流量扶持。一是，"×日达"，又称"承诺达"，海外仓"承诺达"是速卖通为使用第三方商家仓库（非菜鸟认证/官方仓）提供的"×日达"权益升级服务。二是，免费退换（Free Return）/AE plus（旨在在俄罗斯推出更高级的快递物流模式），参与则会有标识，同时意味着会有更好的展现和流量扶持。如图3-2所示，有 Free Shipping 和 Free Return 标注的就是可免运费及退换货的。

图3-2　Free Shipping 和 Free Return

（二）交互流量

交互流量为跨境卖家通过站内外的交互软件或功能而产生的流量。例如，跨境卖家在 Feed 上发帖，跨境客户看到帖子后进入店铺产生的流量就是交互流量。

（1）Feed 发帖。速卖通 Feed 频道主要展现在两个地方：速卖通 App 首页底部，一级店铺内的 Feed 标签是非常重要的流量来源。

（2）金币优惠券。可以在金币兑换招商活动里使用，当店铺参加这个活动时会有流量。

（3）直播流量。店铺开直播是当下非常热门的方向，直播期间平台也会有流量扶持，是非常重要的流量渠道。

（4）营销活动。其中的互动活动模块，包括关注店铺有礼活动、互动游戏和拼团活动，可引导用户产生转化，增加店铺的流量。

（5）关联营销/搭配套餐。这两种可以将自然流量进行扩展，使得跨境客户在关注一个产品的同时有机会去看店铺内其他的产品。

（6）其他平台导入流量。可从其他的平台导入流量，如抖音（Tiktok）、微信（Wechat）等。

（三）广告流量

广告流量是跨境卖家通过付费方式获取的流量，例如，在速卖通中可通过直通车里的推广管理投放广告。

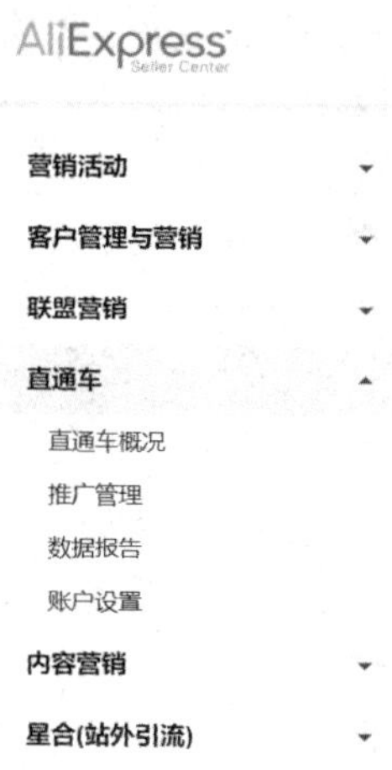

（1）直通车流量。在速卖通里，可以从页面左边列表里面找到直通车。在直通车里，可以点击推广管理进行产品的推广设置，如图 3-3 所示。

（2）通过"烧"关键词增加曝光和带来流量。这里注意要尽量少"烧"大词。例如，在电竞椅行业最热的词就是"Gaming Chair"，且也是相对而言的大词。如果投广告在"Gaming Chair"这个词上，我们的投资回报率就会非常低，因为如果没有良好的转化以及产品质量分为基础，大词的投放效益会非常低。因此，要"烧"精准关键词，要等有销量、有好评的时候再"烧"大词。

正所谓"用得好春风得意，用不好欲哭无泪"，在选择关键词投放广告的时候，要多测试，根据数据反馈精准投放。

图 3-3 速卖通直通车

（四）其他流量

（1）客户关系管理（Customer Relationship Management，CRM）流量，在速卖通里可以通过 CRM 营销来获得流量，比如可以通过客户进行人群分析、客户分组、场景营销等方式来获取客户的关注，从而提高流量。

（2）社交网站（Social Network Site，SNS）流量，指的是利用社交网络建立产品和品牌的群组，利用 SNS 分享特点进行"病毒式"营销等的营销活动。商家可以通过 SNS 营销来提高自己店铺和产品的流量。

（3）网红粉丝流量，即商家可自己打造网红 IP 进行粉丝营销引流，也可聘请或与其他网红合作进行粉丝引流和营销。

案例解析

一、案例背景

艾伦目前打算制订一份营销推广计划，进行跨境客户开发。他需要查询店铺流量，如图 3-4 所示，可以点击速卖通里的"生意参谋"中的"流量"，其中包括"流量看板""店铺来源""商品来源"。

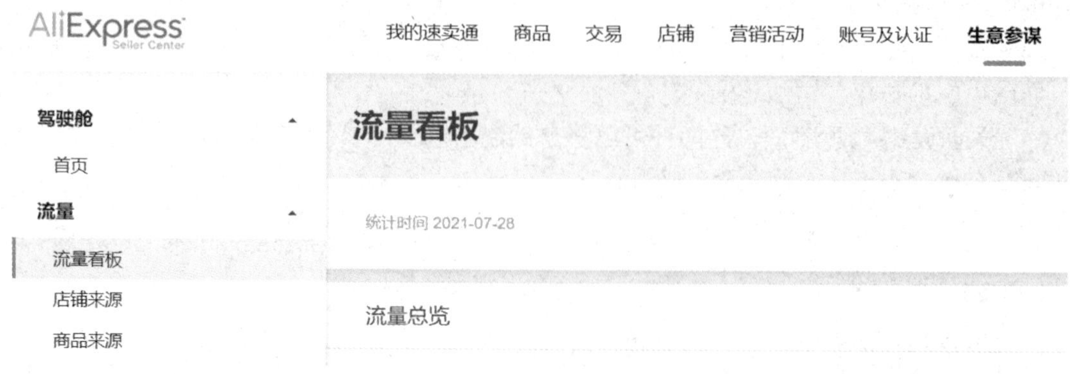

图 3-4 速卖通"生意参谋"

二、操作步骤

（一）流量看板

当进入"流量看板"时，可以根据自己的需求勾选店铺指标、查看店铺的流量数据。

可以看到有如下指标：访客数、浏览量、跳失率、人均浏览量、平均停留时长、新访客数、新访客占比、商品访客数、商品浏览量、商品收藏人数、商品加购人数。通过以上这些指标可以综合去看流量来源和流量的结构特征，从而制订出下一步的流量营销计划，如图3-5所示。

图 3-5　速卖通"流量看板"

（二）店铺来源

当看店铺流量来源的时候，可以进入"店铺来源"进行查看，这个模块一共有两个部分。可以看到页面来源的趋势，分为两个维度：①从国家维度查看各国家跨境客户浏览店铺的趋势。②从 App 端和非 App 端浏览店铺的趋势。现阶段，跨境电商客户使用 App 端也就是手机移动端来进行网购的频率越来越高，速卖通也会对 App 端数据进行采集，便于跨境卖家进行 App 端的营销导流。可以看到，在"页面来源趋势"中有非常多的流量来源渠道，从中要分析和观察对我们贡献最大的流量渠道，然后制订相应的引流计划。

跨境卖家也可以结合自己的营销侧重来选择维度查看趋势。然后可以从"页面来源构成"去看，参考以下指标进行分析：访客数、新访客数、下单买家数、下单转化率、下单金额、支付买家数、支付转化率、支付金额、客单价、UV 价值（平均每个进店的客人产生的价值）、商品点击收藏人数、商品点击加购人数。每次只可选择 5 个指标进行查看，根据不同指标以及营销策略，可进行针对性的复盘和制订下一步引流计划。

（三）商品来源

当进入"商品来源"时，可以通过输入商品 ID 查看最近 3 天的商品表现。从图 3-6 可以看到，"商品来源健康度"中显示了商品访客下跌和上涨超过 30%的来源数据。在"商品访问列表"中可以查看不同国家以及是否为 App 来源的商品数据。因此，可以进一步从商品层面去具体查看流量来源，从而制定客户开发策略。

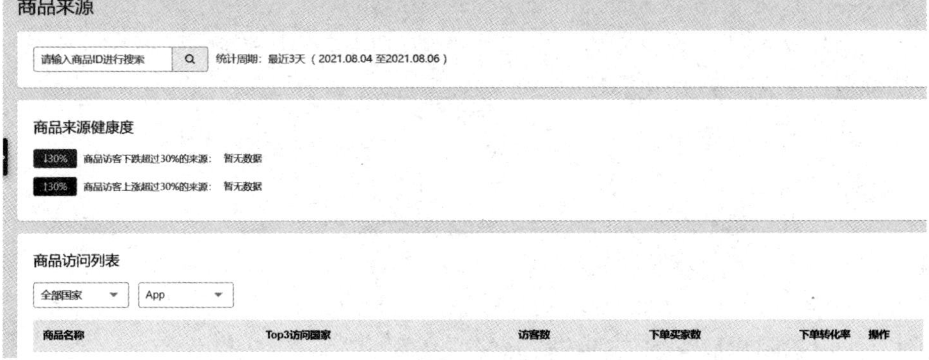

图 3-6　速卖通"商品来源"

三、案例总结

在进行跨境电商客户开发的过程中，必须形成自己的跨境客户开发流量思维，并且结合自己店铺和产品的特性，根据各项流量数据反馈，制定出行之有效的跨境客户开发策略。

子情景二　跨境客户开发策略

学习目标

知识目标
- 能够描述跨境客户开发策略。
- 能够掌握跨境客户开发的工具和方法。

能力目标
- 能良好运用跨境电商平台工具实施开发策略。
- 能在实践中运用跨境客户开发策略来进行营销活动设计。

素质目标
- 善于从跨境平台数据变化中找到跨境客户开发的策略。
- 树立以数据为支撑的跨境电商运营理念。

思政目标
- 引导学生思考开放是国家繁荣发展的必由之路，开放发展注重的是解决发展内外联动问题。

微课抢先看

项目背景

知识导入

在了解跨境客户的流量来源和概念后，跨境卖家需要通过数据驱动来进行流量的提升和跨境客户的开发。作为职场菜鸟的艾伦来说，他还需要学习更多的引流营销手段，全方面地提升自己的数据化跨境客户开发能力，将自己的理论知识应用到实际工作中。那么，他将进一步学习跨境客户引流的数据化方法。

任务实施

步骤1：学习跨境客户开发的策略。
步骤2：学习跨境客户开发的数据化应用。
步骤3：运用不同数据化工具进行跨境客户开发。

步骤 4：引导学生深入思考，开放发展必须发展更高层次的开放型经济，以扩大开放，推进改革发展。

知识铺垫

在跨境电商里以速卖通平台为例，进行跨境客户的开发其实就是提高产品和店铺的曝光、点击率和转化率。从提升流量和点击的角度出发，开发客户可以分为三个步骤。第一，提高流量，也就是提高产品和店铺的曝光，让更多的跨境客户看到。第二，提高点击率，就是当跨境客户看到产品的时候有更多意愿去点击进入页面。第三，提高转化率，就是当跨境客户进入产品页面后更愿意下单购买。通过以上三个步骤的优化可以极大地提升跨境客户开发的能力。要注意的是，在实现提高点击率和转化率的时候，应注意有区别性地运营推广，分析不同客户数据从而制订更高效的跨境客户推广计划。

在跨境客户开发上主要从两个方面进行：第一，营销策略开发。第二，跨境客户维护。可以将这理解为对新客户的开发和对老客户的二次开发，因为在我们实际经营店铺的时候会不断进行营销活动来开发我们的潜在客户，而在做活动的时候必须根据数据反馈来进行总体的跨境客户维护和开发，不然跨境卖家往往会在一次次的营销活动中迷失自我，最后变成为做活动而做活动，这样活动的质量会大打折扣。

（一）营销策略开发

1. 营销工具使用策略

在营销工具使用策略中，主要以速卖通里的营销活动去操作。其中常用的营销活动集中在店铺活动中，如图 3-7 所示，包含：单品折扣、满减活动、店铺优惠券、搭配活动、互动活动、店铺优惠码。这里将逐一根据每种活动的特性、应用场景和客户开发效果进行说明。

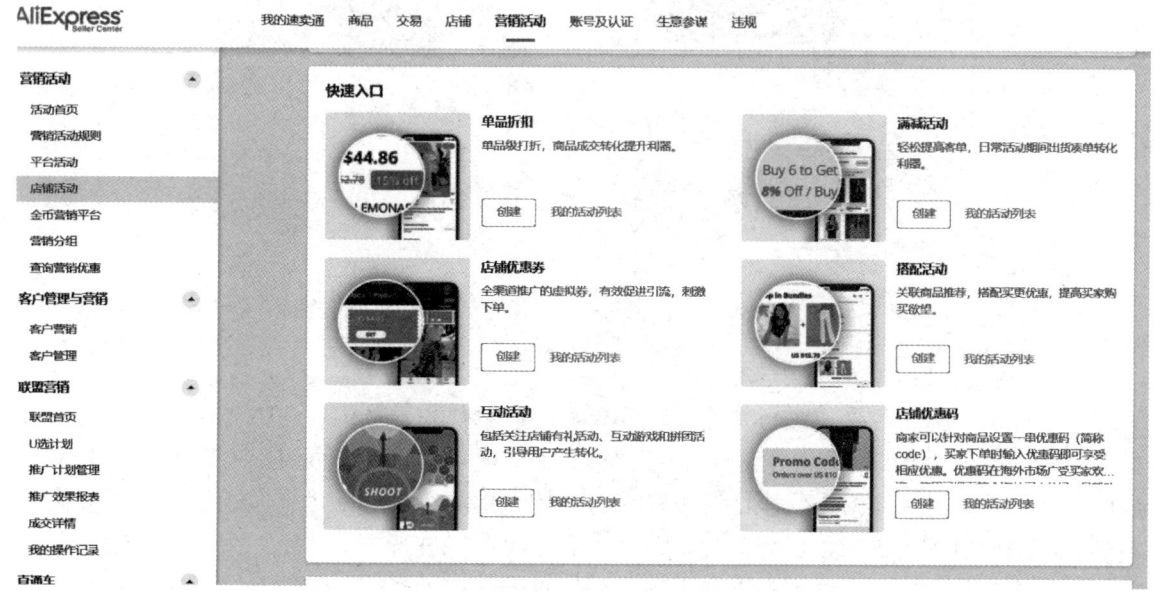

图 3-7　营销工具

（1）单品折扣。

首先，要理解作为商家为什么要有单品折扣这个活动，并且明白这个活动如何才能帮助引流。从图3-8可以看到在买家页面出现折扣是如何显示的，图中男士短袖有54%的优惠，也就是四六折。假设作为买家在挑选衣物的时候，整个页面都是无折扣的，而有一个商家是有折扣的，买家大概率会优先点击有折扣的进一步查看，这样就增加了商品被点击的机会。反之，如果衣物类的商品大多数都有折扣，唯独有一家店铺是没折扣的，这样也很容易引起消费者的不满，因为消费者大部分都喜欢买到物美价廉的产品。

其次，在这里商家也要注意，不是什么产品都适合有折扣的，一般可以打比较大折扣的产品，其单价一般不高。此外，价格比较稳定且在跨境客户认知中性价比比较高的产品，可以打折。对于客单价高的店铺，建议适用满减会更加有视觉冲击力。

（2）满减活动。

在做满减活动的时候，要知道为什么要做满减。

要牢记商家做满减不是为了让利，是为了赚钱。一方面，满减和折扣活动一样可以提高流量。另一方面，满减有一个比折扣活动更加有利的优势，就是可以提高客单价。如图3-9所示，买2个垃圾桶享受95折就是一个满减的例子。当然，在客单价高时使用满数量减金额会效果更好。比如客单价在100元以上，满2个产品就可以减20元，比享受9折更加具有视觉冲击力。因此，要根据我们的产品属性以及利润空间来选择适合的满减活动方式。

图3-8　销售折扣图标　　　　图3-9　满减图标

（3）店铺优惠券。

在采取店铺优惠券形式进行引流的时候要理解店铺优惠券的内在逻辑。要知道店铺优惠券就是商家赠送优惠券给跨境客户的一种营销行为。这种形式一方面可以全渠道进行引流，刺激客户下单；另一方面可以激活沉睡跨境客户的二次消费。店铺优惠券通常是让新跨境客户进入店铺后看到，进行领取后消费。当然，商家也可以进行主动营销，主动发放优惠券给跨境客户。让我们一起来学习一下速卖通店铺优惠券的三种形式：领取型、定向发放型、互动型。

① 领取型。这种类型优惠券的设置条件有：名称、活动时间、常规领取/领券中心、领券对象、适用范围和国家、面额、领券门槛（金额或不限）、发放数量、使用时间和领取数量。设置完这些条件，活动开始后，设置的优惠券信息会在店铺内、商品详情页、买家购物车等地方展示，买家可通过单击"领取"按钮领取优惠券。

② 定向发放型。这种类型优惠券的设置条件有：直接发放/买家会话、即时生效、活动结束时间、活动名称、优惠券使用范围（商品）、订单金额门槛、发放数量、每人限领数量、是否同时在Feed（该平台为速卖通的社交互动平台）频道资源位曝光。活动开始后，需要将相应的用户添加到发放列表中，只有添加到发放列表中的用户才能收到优惠券。

③ 互动型。这种为金币抵扣活动，需设置活动名称、活动起止时间、面额、订单金额门槛、发放总数、每人限领数量。活动开始后，买家可以在金币频道进行相应兑换。该方式利于店铺引流、提升店铺人气和用户黏性。

金币抵扣的优势有：

a. 平台提供领金币、抵折扣/兑换、互动等玩法工具给消费者。

b. 消费者获得和使用权益时，可在查看商家广告和购买商家商品时获得折扣。

c. 商家获得流量、成交、品牌传播。买家花费的金币，30%作为平台佣金，70%发放给商家，在花费金币功能上线前，流量免费补贴，不需要置换均有机会展示在金币频道，后续花费功能上线后，商家可使用赚取的金币置换金币频道流量。

d. 参与金币抵扣的商品，在搜索列表、商品详情页会有折扣标志。

e. 金币频道会针对金币抵扣的商品进行个性化推荐。

（4）搭配活动。

搭配活动也被称为关联营销，我们要理解其本意是为了促进跨境店铺内产品的动销、曝光和提高客单价。我们可以利用搭配活动以搭配的价格来吸引跨境客户，形成多买更划算的购物感知来刺激跨境客户下单，从而成功开发跨境客户。同时，跨境客户在看一个商品的同时会有其他商品在商品页面展示，这个时候也许搭售的商品反而能激发跨境客户消费的欲望，这样可以一举多得。跨境商家根据店铺内的商品搭配进行设置，可选择一个主商品搭配多个其他商品。

（5）互动活动。

互动活动可以增加跨境客户的购物趣味性，增加跨境客户的转化，主要有"翻牌子""打泡泡""关注店铺有礼"三种游戏类型。跨境商家可以根据自己的需求进行相应游戏的设置。发放的奖励为优惠券。

（6）店铺优惠码。

店铺优惠码与优惠券的用途类似，主要比较受海外买家的欢迎，也比较符合海外买家的消费习惯。其主要目的是吸引跨境客户消费和满足占便宜的心理。

在速卖通等跨境电商平台里都有类似的营销工具，在使用每一种营销工具的时候要根据自己的跨境店铺运营情况，以及近期数据变化来有针对性地使用，万不可在没有营销目的和计划的情况下胡乱使用营销工具。一方面，每一种营销工具的使用都有其成本的投入，无论是人力还是财力都会有相应的付出，需要珍惜每一次的营销投入；另一方面，在使用营销工具的时候必须做到每次活动有计划、有监督、有结果、有复盘。这样进行跨境客户开发才能更好地总结经验，吸取教训，形成跨境客户开发闭环。

2. 直通车营销

速卖通直通车，又称竞价排名、P4P（pay for performance）/PPC（pay per click），是速卖通平台的全球在线推广服务，可以让产品在多个关键词的黄金位置免费优先排名展示，只有当跨境客户对该产品产生兴趣并点击进入产品页面才会向卖家收取费用；反之如果跨境客户只是浏览，没有点击进入产品页面查看，则不收费。可以看出，关键词推广是跨境客户开发环节中很重要的一部分，这直接关系到潜在跨境客户能否搜索到跨境店铺。关键词的优先排名与卖家的出价高低有关，而产品的展示不仅要根据关键词所在的搜索排名，而且要根据产品的自然排名和店铺排名等综合平台排名来决定。如图 3-10 所示，可以在直通车这个板块里根据关键词来运用不同形式、渠道和场景进行产品推广。

图 3-10　直通车推广管理

（1）节省试错成本。在设置关键词推广的时候记得要降低自己的试错成本，大致 3 天一轮看关键词的投放效果，然后有的放矢地进行关键词的推广。在选择关键词投放之前，我们要先选择产品所在类目。系统会推荐许多关键词，当然我们也可以自行定义关键词。可以选择与自身产品相似的关键词以及系统推荐的关键词。在选择好关键词后，可以使用选定的关键词到平台上进行逆向搜索，确认是否出现与选定相似的关键词，可以初步剔除一些错误关键词，节省试错成本。

（2）设置关键词出价。每天都需要跨境商家设定一个预算，建议跨境商家根据自己的运营情况以及大促的时间节点进行灵活调整。出价设置可分为 PC 端设置和 App 端设置。由于跨境客户的消费习惯多以使用 App 为主，所以我们建议 App 端的出价略高于 PC 端，大致高 20%左右比较合适。如果需要调整出价来提高投放效果，也建议在 20%的幅度比较合适。为什么 App 端出价高于 PC 端？在之后的营销策略中也要有这个理念。这里因为现在消费者的消费场景在 App 端大于 PC 端，要适应消费行为的改变来调整自己的营销策略。

关于关键词的展示位置，共有 PC 全场景、App 购中场景、App 购后场景、App 购前场景这几种。总体溢价设置建议为：购中>购前>购后，App 端>PC 端。价格设置可以参考系统建议溢价，一般略高于系统建议价格的 10%左右，会相对具有较高的竞争力（见图 3-11）。

（3）人群溢价设置与确认。速卖通后台会自动筛选出本店（加购、购买、收藏、访问）、店铺认知和兴趣人群、同类店铺（加购、购买、访问、收藏）进行投放。同时，也能自行添加人群标签去自定义人群特性来进行投放。我们可以根据推广的侧重点进行人群溢价设置，100%则相当于没有溢价（见图 3-12）。设置人群溢价后，卖家需要进行溢价的确认。

情景三 跨境客户的开发

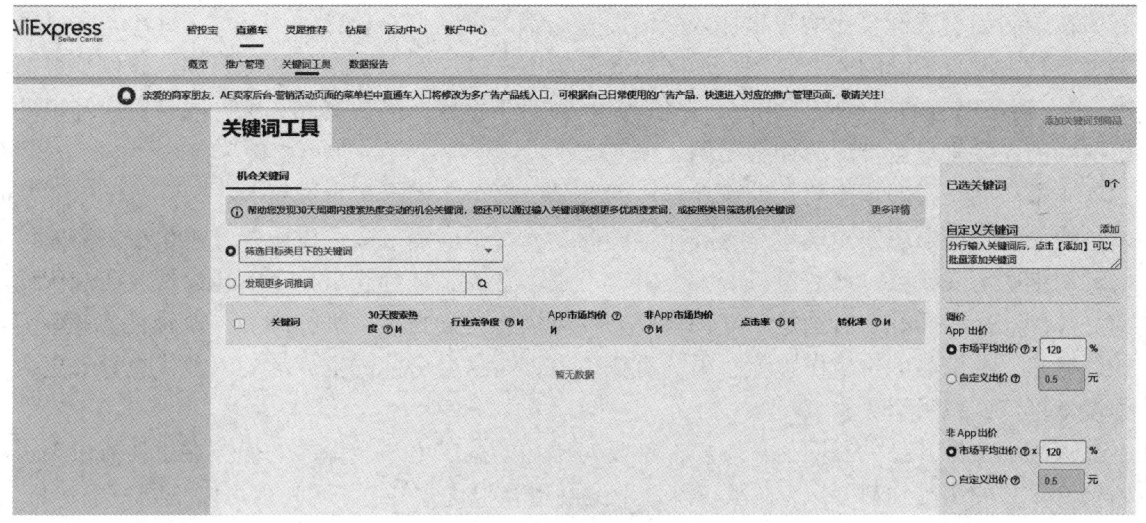

图 3-11　关键词工具

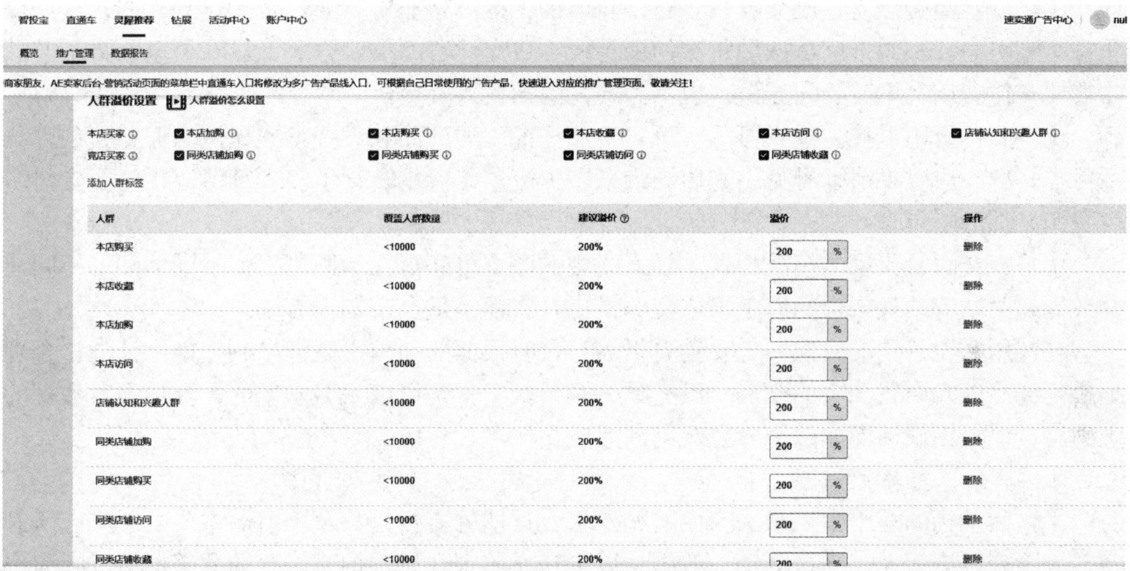

图 3-12　人群溢价设置

（4）选择合适的商品展示图，目的为吸引更多点击与进店。

使用直通车进行多渠道推广的营销可以为跨境店铺和商品带来较大的流量，并且能快速开发潜在客户。然而，还是要提醒新手卖家，在初期尽量少资金多渠道地进行测试，效果好再按部就班地进行跨境客户的开发引流，并且要形成自己的引流营销组合，制订好营销计划，从数据反馈中去纠偏。每一种营销方法一定都有其独到之处，但是适合自己的才是真正的良策。切记，没有绝对的正确，只有相对的适合。

3．联盟营销

联盟营销是速卖通里帮助商家做站外推广引流的营销产品，即按成交计费（Cost Per Sales，CPS）。也就是说，只有买家通过联盟推广的链接进入店铺购买商品并且交易成功，商家才需要支付佣金。

联盟支持按全店铺、类目、单个产品（主推产品、爆品）设置佣金比例进行重点推广。

79

其中按全店铺设置佣金比例是指加入联盟后整店铺的默认佣金比例，为 3%。这里是指针对某个类目去设置不同的佣金比例，不同行业门槛不一致。例如，箱包的类目佣金比例门槛值为 5%，消费电子的类目佣金比例门槛值为 3%。对于主推产品或爆品，则可以针对店铺里的某些商品去设置重点推广的佣金比例。

主推产品是指商家想要长期重点推广的商品，每个店铺最多可设置 60 个。

爆品是指商家想要短期重点提高销量的商品，每个店铺最多可以设置 1 000 个。商家可以针对推广情况设置，该数量仅表示上限，不表示必须添加到 1 000 个。建议选取店铺优质商品（即商品品质好、有销量、好评率高、商品描述质量高等）进行添加，设置具备竞争力的佣金率，在商品的价格设置上也需要有竞争力，再结合店铺的推广活动以及优惠券等更大力度地推广，以吸引买家。

爆品和主推产品的异同是：本质上都是对单品的推广方式。爆品的优势在于在流量渠道后台有单独的爆品物料专区，在承接阵地上爆品也会被优先推荐。两者也可以是同一个商品。

速卖通联盟主要具备三大优势：

优势一：免费曝光，成交收费。对于新店铺，推广是非常需要免费流量曝光的，这一点非常有吸引力。联盟推广是按照每次的销售成本成交计费的推广方式，只有买家购买了商品才需要支付费用，不需要先充值，也不需要先前期投入资金。

优势二：费用可控，效果可见。可自主选择推广的商品和设置不同比例的佣金，预算灵活可控。推广后效果清晰可见，为店铺带来多少流量、流量转化了多少订单、预计要支付多少费用，都清晰可查。

优势三：海量买家，精准覆盖。加入联盟的商家可获得在不同国家、不同 App、不同社交或导购网站等站外渠道的海量推广资源，提升店铺销量及市场占有率。

在使用联盟营销的时候一定要勤看报表，及时根据营销数据反馈来调整推广计划，合理地搭配商品以及设置佣金的比例。没有哪一样营销工具是可以一劳永逸的，要加强对数据的敏感度，以数据说话而非以个人主观判断为准。

4．平台活动推广策略

平台活动指的是平台工具买家的购物要求、近期的流行趋势及平台的主要发展方向所制定的一系列推广活动。平台活动一般围绕以下几点需求开展：构建平台的营销框架、吸引客户、开拓卖家端的营销能力、聚拢流量、进行客户分层。

不同活动有不同的客户群体，要根据每场活动针对的客户群体去选品，平台筛选卖家报名的产品，卖家筛选不同等级的客户，从而过滤客户群体。平台活动是增加买家群体的重要途径。如图 3-13 所示，可以看到主要的平台活动形式有：Flash Deals、金币频道、品牌闪购频道、拼团频道、试用频道、俄罗斯低价频道。我们需要根据自己的营销计划和营销侧重点进行平台活动的申报。

5．SNS 等站内外营销

在跨境客户逐渐成为重度社交媒体用户的时候，跨境卖家也一定要随着跨境客户消费行为的变化而变化。尤其值得注意的是新冠肺炎疫情暴发，极大地催生了跨境客户使用社交媒体的需求。而短视频和直播的广告投放越来越成为商家重要投放渠道的选择。因为，我们可以看到跨境客户更愿意花时间在抖音等软件上。这类短视频平台成为流量的主要集中地，也是未来做站外营销的重点。

情景三 | 跨境客户的开发

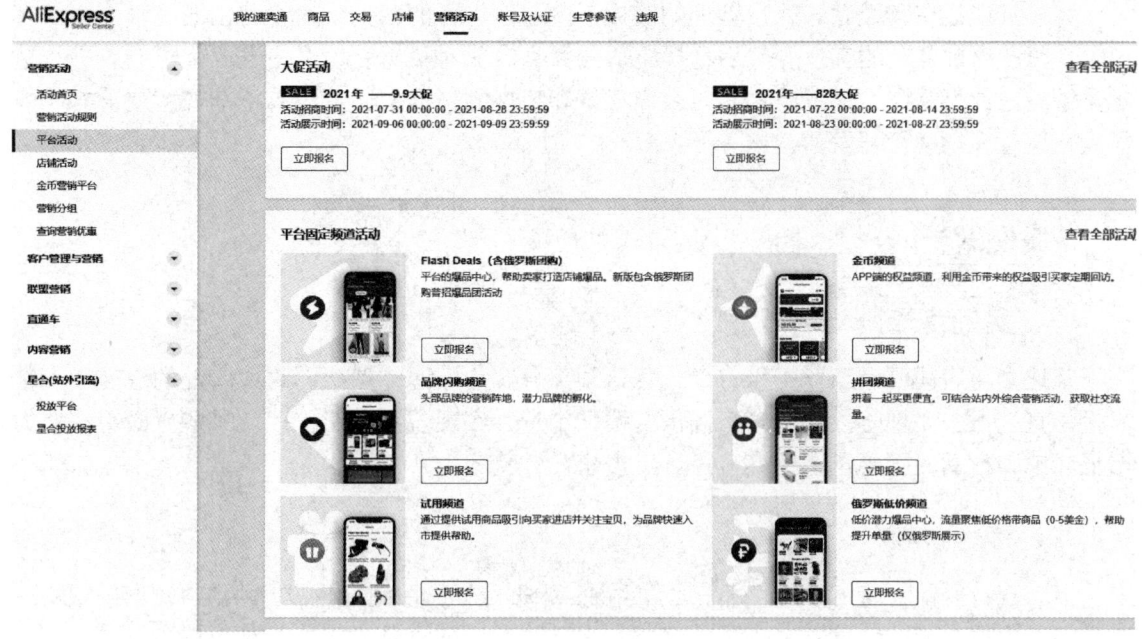

图3-13 平台活动

（二）跨境客户维护

跨境客户维护是跨境客户开发的保障，没有对跨境客户进行精细化的维护，是无法做到精准跨境客户开发的。我们在速卖通平台上可以根据跨境客户留痕的不同特性和数据进行精准的维护。卖家可以通过对人群进行过滤条件的筛选，比如生日问候、活动礼物、新品开发、重大促销通知等，进行有针对性的维护。如图3-14所示，我们可以从不同维度对数据进行过滤和分析：最近天数、国家/地区、是否粉丝、年龄、性别、身高、停留时长、商品页浏览数、店铺所有页面浏览数、下单数、加购数、加收藏数、下单金额、支付金额。根据这些人群分析因子数据化分析潜在客户，然后对自己的客户进行分组分类管理，从而有针对性地进行跨境客户维护。

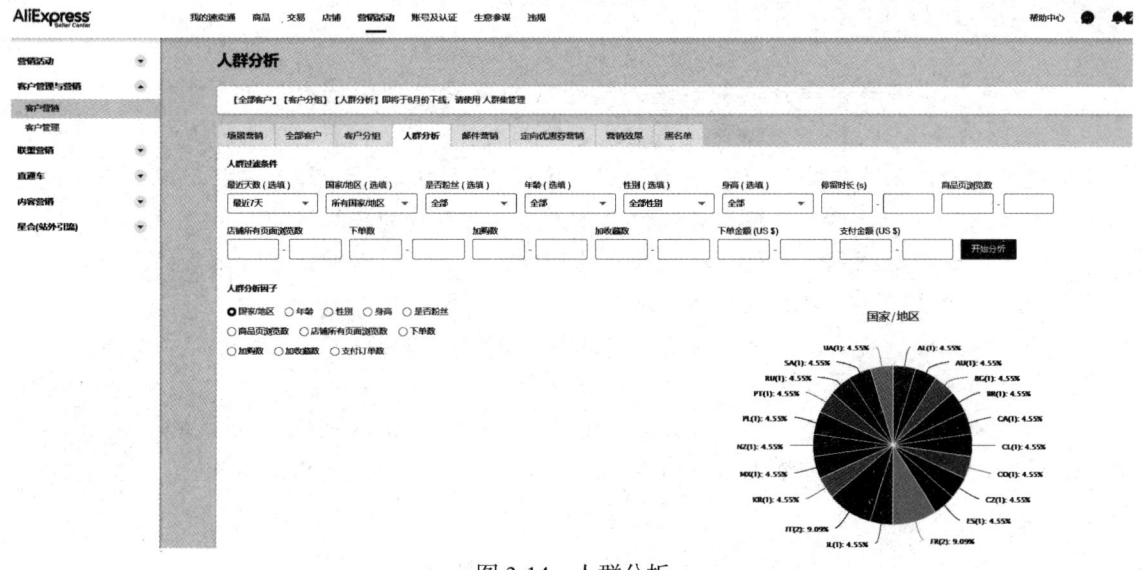

图3-14 人群分析

81

客户营销是在已经做好客户管理的前提下才可以进行的营销。这里营销的逻辑是根据客户管理筛选出被营销的客户，然后选择合适的商品定向对目标跨境客户发放优惠券、进行精准营销。这种营销极大地考验我们对客户喜好和特性的精准把握，只有精准握客户喜好才能最大化地对客户进行开发和营销。

案例解析

一、案例背景

某速卖通店铺已经经营 1 年有余，积累了部分客户资源，然而，跨境店铺的成交量和曝光量一直上不去。现阶段该跨境店铺需要增加销量、实现盈利。艾伦该从哪些方面着手努力增加店铺和产品的曝光量，提高流量、点击率和转化率？

二、操作步骤

（1）查看后台店铺流量以及商品运营情况，根据数据反馈制定相应的跨境客户开发策略。

（2）根据不同的跨境营销工具的使用，提升跨境店铺流量，优化商品，提高点击率，从而进一步根据数据反馈提升转化。

（3）根据跨境客户的不同特性进行日常跨境客户的维护，从而提高跨境客户的贡献值和黏性。

三、案例总结

在做跨境客户开发的时候，务必要以数据为支撑才能更加准确地制订出跨境客户开发计划。灵活使用各种引流工具，找到符合自己的营销组合，形成有计划、有监督、有管理、有反馈、有总结的闭环式跨境客户数据化开发。

课后延伸阅读

跨境客户开发新玩法，抖音成为跨境电商引流新模式

自 2019 年底开始，在新冠肺炎疫情席卷全球的大背景下，抖音的热度逐渐攀升，到 2021 年已经达到月活跃用户突破 10 亿。抖音利用其短视频带货的天然优势，即将引领一个跨境电商大爆发时代。我们一起来看看抖音为什么能成为海外带货的超级风口。

第一，抖音短视频越来越受到跨境客户的喜爱，以其吸引人的视频和浓缩的剧情反转，使得跨境客户产生情感共鸣和视觉精神享受，拥有海量活跃用户基础。

第二，以内容创作出发，激发跨境客户的购物欲望，将传统的电商模式变得更加活泼和有趣。打造边刷边购的购物场景，购物体验更加自然。

第三，网红名人背书，关键意见领袖（Key Opinion Leader，KOL）模式的购物，使得跨境客户更加愿意去为商品买单，也使得跨境购物更加轻松和愉快。

课后启发

习题演练

一、单选题

1. 下列对自然流量描述正确的是（　　）。
   A. 广告流量　　　　B. 推广流量　　　C. 搜索流量　　　　D. 其他流量
2. 下列不属于交互流量的是（　　）。
   A. Feed发帖　　　　B. 直播流量　　　C. 关联营销/搭配套餐　D. 直通车流量
3. 下列描述错误的是（　　）。
   A. 访客数越多越好
   B. 浏览量越多，下单的人越多
   C. 跨境客户页面停留时间越长，购买概率越大
   D. 跳失率越小越好
4. 下列不属于提升跨境客户开发能力核心三步骤的是（　　）。
   A. 提高流量　　　　B. 提高营销策划　C. 提高点击率　　　D. 提高转化率
5. 下列属于营销策略开发的是（　　）。
   A. 直通车营销　　　B. 自然流量　　　C. 推广流量　　　　D. 交互流量
6. 下列不属于跨境客户的营销策略开发的是（　　）。
   A. 直通车营销　　　　　　　　　　　B. 联盟营销
   C. 客户维护与营销　　　　　　　　　D. 营销工具使用策略
7. 下列对满减活动描述正确的是（　　）。
   A. 满减活动的目的是让利于跨境客户
   B. 满减有一个比折扣活动更加有利的优势，就是可以提高客单价
   C. 满减不可以提高流量
   D. 在客单价高时使用折扣会更有效果
8. 下列不属于店铺优惠券形式的是（　　）。
   A. 领取型　　　　　B. 店铺优惠码　　C. 定向发放型　　　D. 互动型

二、多选题

1. 速卖通中的直通车营销中，关于关键词推广的步骤包含以下哪些？（　　）
   A. 确定关键词　　　　　　　　　　　B. 关键词出价设置
   C. 关键词展示地域　　　　　　　　　D. 设置关键词溢价
2. 下列不属于提高客单价的方式有哪些（　　）。
   A. 满减活动　　　　B. 折扣券　　　　C. 店铺优惠券　　　D. 搭配活动
3. 下列关于跨境客户开发说法正确的是（　　）。
   A. 跨境客户开发就是要多打广告、多做推广
   B. 跨境客户开发应根据自身店铺的运营情况进行跨境客户开发策略制定
   C. 跨境客户开发应根据不同跨境客户制定不同的开发策略
   D. 跨境客户开发对客户应该一视同仁，采用广撒网模式

4. 下列能提高客单价的方法是（　　）。
A. 折扣活动　　　　B. 满减活动　　　C. 搭配活动　　　　D. 灵犀推荐

三、判断题

1.（　　）满减活动比折扣活动更加具有吸引力。
2.（　　）在做关键词推广时要合理控制溢价，有针对性地设置溢价。
3.（　　）联盟营销是速卖通里帮助商家做站外推广引流的营销产品，按成交计费。
4.（　　）速卖通联盟是免费曝光、成交收费、费用可控、效果不可见的。
5.（　　）平台活动指的是根据平台工具买家的购物要求、近期的流行趋势及平台的主要发展方向所制定的一系列推广活动。
6.（　　）客户管理是客户营销的基础，没有对客户进行精细化的管理，是无法达到精准营销之目的的。
7.（　　）客户营销是在已经做好客户管理的前提下才可以进行的营销。
8.（　　）现在消费者的消费场景在App端大于PC端，要适应消费行为的改变来调整自己的营销策略。

四、简答题

1. 描述流量的结构。
2. 速卖通联盟有哪些优势？
3. 谈谈你对满减活动的认识。

实践操作

假定你运营的某速卖通店铺近期要开展一次引流活动，主要通过直通车的方式进行推广，请你制订出本次活动的营销计划。

操作1. 选定一款营销产品

操作2. 设置广告预算和出价

操作3. 设置人群溢价

操作4. 设置展示推广的主图

情景四

跨境客户信息的收集与管理

> 【习语典读】
>
> 我们要坚持走中国特色社会主义法治道路，建设中国特色社会主义法治体系、建设社会主义法治国家，围绕保障和促进社会公平正义，坚持依法治国、依法执政、依法行政共同推进，坚持法治国家、法治政府、法治社会一体建设，全面推进科学立法、严格执法、公正司法、全民守法，全面推进国家各方面工作法治化。
>
> ——习近平

子情景一　跨境客户信息概述

 学习目标

知识目标

- 能够理解跨境客户信息的重要性。
- 能够掌握跨境客户信息的内涵。

能力目标

- 能够收集跨境 B 端客户信息。
- 能够收集跨境 C 端客户信息。

素质目标

- 认识到跨境客户信息对企业的重要性。
- 养成重视跨境客户信息的职业素养。

思政目标

- 培养学生树立从实际出发、实事求是的工作态度。
- 培养学生数字法治思维。

微课抢先看

 **项目背景**

跨境电商逐渐意识到，要在市场中占有有利位置，仅靠自身压缩成本是不够的，真正的利润源泉是客户资源。因为跨境客户是跨境电商实现交易且最终获得现金流入的口径，所以如果企业失去客户这一资源，就意味着其产品不能实现价值交换和市场收益。于是，市场由卖方市场转变为买方市场，企业重心由产品中心转变为客户中心，企业的经营活动以客户的需求为导向。这也就意味着，谁能抓住跨境客户资源谁就能抓住市场。

知识导入

跨境客户是决定跨境电商命脉的重要资源，跨境客户的信息也就成了企业重要且极其珍贵的资源，是跨境电商赖以生存和发展的基础。跨境客户的信息包括跨境客户的各种需求、基础信息、咨询、建议、投诉信息等。然而，21世纪是信息大爆炸的时代，每天充斥的大量信息使得跨境店铺的工作人员容易忽视有效信息，从而导致有效的客户信息缺失。因此，跨境电商需要对跨境客户的信息进行梳理、归类，才能有效地利用所收集的客户信息拓展业务。浙江英卡顿网络科技有限公司的跨境客服专员艾伦在吴经理的要求下，开始整理跨境客户信息。

任务实施

步骤1：能够意识到跨境客户信息对企业的重要性，重视客户留下的有用信息。

步骤2：尝试通过访问记录追踪和挖掘跨境客户信息。

步骤3：根据客户是跨境个人客户还是跨境企业客户，收集和记录信息。

步骤4：通过学习跨境客户信息的重要性，引导学生从实际出发，实事求是地进行信息的收集，从而为企业制定决策提供客观依据，而非主观臆断。

知识铺垫

一、跨境客户信息的重要性

（一）跨境客户信息是企业的无形资产

随着跨境电商市场的成熟发展，同业之间的竞争日趋激烈，企业之间在人才和市场上展开了全方位的争夺，而对跨境客户资源的争夺更成为取得胜利的关键。跨境客户信息不同于固定资产那样容易计量，但跨境电商可以从跨境客户的数据信息中发现给企业带来收入的跨境客户在哪里、客户的最大贡献价值是多少、客户价值的消耗和再生是如何进行的，同时还能通过客户数据的发展变化来识别和了解跨境客户的资源占有量、流失情况、消亡和再生情况。基于此，越来越多的跨境电商意识到客户信息对企业的生存和发展起着至关重要的作用，并将其视为重要的无形资产悉心维护。

（二）跨境客户信息是企业生产和营销的导向

客户的信息能够反映客户的消费特征和消费行为。作为跨境电商的卖家，可根据跨境客户的信息制定有针对性的营销策略，并根据客户信息反馈的市场需求和对产品的特性要求寻找最能够打动客户、最受客户欢迎的货源。也就是说，跨境客户信息成了企业生产的导向，指导企业生产什么功能、性能、价格的产品，以及采用什么样的包装。

（三）跨境客户信息是企业决策的基础

信息是决策的基础。如果跨境电商想要做"事前诸葛亮"，就要维护好不容易与跨境客户建立起来的关系，就必须充分掌握跨境客户的信息，了解跨境客户及其变化。

任何一个跨境电商都是在特定的客户环境中经营发展的，有什么样的跨境客户环境，就应有与之相适应的经验战略和策略。如果跨境电商对跨境客户的信息掌握不全、不准，判断就会失误，决策就会有偏差，而如果跨境企业无法制定出正确的经营战略和策略，就可能失去好不容易建立起来的客户关系。因此，跨境企业必须全面、准确、及时地掌握跨境客户的信息。

（四）跨境客户信息是对客户分级的基础

跨境电商只有收集全面的客户信息，特别是他们与企业的交易信息，才能知道自己有哪些跨境客户；才能知道他们分别有多少价值；才能识别哪些是优质客户、哪些是劣质客户；才能识别哪些是贡献大的客户、哪些是贡献小的客户；才能根据带给企业价值的大小和贡献的不同，对跨境客户进行分级管理。

（五）跨境客户信息是与客户沟通的基础

大众营销、大众广告、大众服务都不能实现有针对性地与客户沟通，实际上还扩大了企业与客户之间的距离。随着市场竞争的日趋激烈，跨境客户情报越显珍贵。拥有准确、完整的跨境客户信息，既有利于了解客户、接近客户、说服客户，也有利于与客户沟通。

如果跨境电商企业能够掌握详尽的跨境客户信息，就可以做到"因人而异"地进行"一对一"的沟通；就可以根据每个客户的不同特点，有针对性地实施营销活动，如发函、打电话，从而避免大规模的广告投入，使跨境电商企业的营销成本降到最低点，而成功率却达到最高点。一般来说，大面积地邮寄宣传品的反馈率只能达到2%~4%，但是，在了解客户"底细"的基础上经过筛选，有针对性地邮寄宣传品，反馈率就可以达到25%~30%。

（六）跨境客户信息是使客户满意的基础

在竞争激烈的市场中，跨境电商要满足现有、潜在以及目标客户的需求、期待和偏好，就必须掌握跨境客户的需求特征、交易习惯、行为偏好和经营状况等信息，从而制定和调整营销策略。

如果跨境电商能够掌握详尽的跨境客户信息，就可以在把握跨境客户需求特征和行为偏好的基础上，有针对性地为跨境客户提供个性化的产品或服务，满足跨境客户的特殊需要，从而提高他们的满意度，这对于保持良好的跨境客户关系、实现客户忠诚起到十分重要的作用。

如果跨境电商能够及时发现跨境客户订货持续减少的信息，就可以赶在竞争对手之前联系该客户，采取必要的措施进行补救，从而防止他们的流失。

如果跨境电商能够及时掌握跨境客户对企业的产品或服务的抱怨信息，就可以立即派出得力的人员妥善处理和解决，从而消除他们的不满。

如果跨境电商知道跨境客户的某个纪念日，就可以在这个日子送上适当的礼物、折扣券、贺卡或电影票；或者在知道跨境客户正为失眠困扰时，寄一份"如何治疗失眠"的资料给他。这些都会给跨境客户带来意外的惊喜，从而使跨境客户对企业产生依赖感。

总而言之，跨境客户信息是跨境电商企业决策的基础，是对跨境客户进行分级管理的基础，是与客户沟通的基础，也是使客户满意的基础。因此，跨境电商应当重视和掌握跨境客户的信息。

二、跨境电商企业应掌握的客户信息

（一）跨境 C 端客户的信息

当一个客户与你完成了交易，他留给你的是什么？不仅仅是钱（货款），还有手机号码、地址、邮箱和他的生日。同时，我们还要注意收集客户的年龄、收入状况、性格、兴趣爱好、家庭状况等个人档案信息。对一个客户的资料掌握得越准确，后期的管理就越有成效。跨境 C 端客户的信息应当包括以下几个方面的内容。

（1）基本信息：姓名、血型、身高、体重、出生日期、家庭住址、手机、电子邮箱、所在单位的名称、职务、单位地址、电话、传真等。

（2）消费情况：消费的金额、消费的频率、每次消费的规模、消费的档次、消费的偏好、购买渠道与购买方式的偏好、消费高峰时点、消费低峰时点、最近一次的消费时间等。

（3）事业情况：以往就业情况、单位名称、地点、职务、年收入，在目前单位的职务、年收入，对目前单位的态度，对事业的态度、长期事业目标、中期事业目标，最得意的个人成就等。

（4）家庭情况：已婚或未婚，结婚纪念日，如何庆祝结婚纪念日，配偶姓名、生日及血型、教育情况、兴趣专长及嗜好，有无子女，子女的姓名、年龄、生日、教育程度，对婚姻的看法，对子女教育的看法等。

（5）生活情况：喜欢在何处用餐、对生活的态度、有没有座右铭、休闲习惯是什么、度假习惯是什么、喜欢哪种运动、喜欢聊的话题是什么、最喜欢哪类媒体、个人生活的中期目标及长期目标是什么等。

（6）教育情况：高中、大学、研究生的起止时间，最高学历，所修专业，主要课程，在校期间所获奖励、参加的社团、最喜欢的运动项目等。

（7）个性情况：曾参加过什么俱乐部或社团、目前所在的俱乐部或社团、是否热衷政治活动、宗教信仰或态度、喜欢看哪些类型的书、忌讳哪些事、重视哪些事、是否重视他人的意见、待人处事的风格、自己认为自己的个性如何、家人认为他的个性如何、朋友认为他的个性如何、同事认为他的个性如何等。

（8）人际情况：亲戚情况、与亲戚相处的情况、最要好的亲戚，朋友情况、与朋友相处的情况、最要好的朋友，邻居情况、与邻居相处的情况，对人际关系的看法等。

（二）跨境 B 端客户的信息

跨境 B 端客户的信息内容应当由以下几个方面组成。

（1）基本信息：跨境企业的名称、地址、电话、创立时间、组织方式、业种、资产等。

（2）跨境客户特征：规模、服务区域、经营观念、经营方向、经营特点、企业形象、声誉等。

（3）业务状况：销售能力、销售业绩、发展潜力与优势、存在的问题及未来的对策等。

（4）交易状况：订单记录、交易条件、信用状况及出现过的信用问题、与客户的关系及合作态度、跨境客户对企业及竞争对手的产品服务评价、客户建议与意见等。

（5）负责人信息：所有者、经营管理者、法人代表及其姓名、年龄、学历、个性、兴趣、爱好、家庭、能力、素质等。

案例解析

一、案例背景

一家速卖通饰品店铺打算把店铺中的两款产品作为爆款主打,薄利多销以积攒客户资源。于是店铺投放了广告,设计了网页,做了针对这两款产品的宣传海报,并对这两款产品的信息做了优化以提高访问量。很快,店铺的精心打造为店铺带来了大量的访客。有些访客写了邮件咨询客服饰品的材质等细节信息,还有些访客直接下单购买。当然,还有些访客只是进入店铺后就离开了。面对这种情况,卖家接下来应采取哪些行动?

二、操作步骤

(1)卖家记录已下单的跨境客户信息,并予以发货。
(2)卖家收到访客邮件之后,先弄清楚邮件意图,整理跨境客户留下的信息。
(3)对于只是访问了店铺的访客,卖家要尝试通过访问记录实施客户信息追踪,挖掘客户信息,以主动向客户推销。
(4)根据客户是B端客户还是C端客户,整理跨境客户信息,建立客户信息档案。

三、案例总结

卖家要意识到客户信息的重要性,并记录跨境客户留下的信息。例如,对于跨境C端客户,收集其基本信息,包括姓名、户籍、籍贯、血型、身高、体重、出生日期、性格特征等,以及消费情况、事业情况、家庭情况、生活情况、教育情况等信息。对于跨境B端客户,收集基本信息、跨境客户特征、业务状况、交易状况、负责人等相关信息。

子情景二　跨境客户信息的收集渠道

学习目标

知识目标

- 了解跨境客户信息收集的困难与挑战。
- 能够描述跨境客户信息收集的原则。

能力目标

- 能通过多渠道收集跨境客户信息。
- 能选择正确的跨境客户信息收集方法。

素质目标

- 培养跨境业务人员收集客户信息的能力,使其具备相应的职业能力和素养。

微课抢先看

思政目标

- 培养学生树立"守法"意识，树立法治观念，合理合法收集跨境客户信息。

知识导入

项目背景

跨境客户信息对企业极其重要，因此跨境客户信息的收集和利用成为企业发展不可或缺的重要环节，也是企业在市场竞争中制胜的法宝。在收集跨境客户信息时，我们常用的方法有访问法、问卷法、观察法等。这些调研方法可能在企业面对消费者市场收集市场信息时更有效，而面对跨境电商市场时，我们的方法需要多变，例如可以使用网站访问法、搜索引擎法，以及通过各种海外社交网站等收集客户信息。浙江英卡顿网络科技有限公司的跨境客服专员艾伦在吴经理的要求下，开始收集客户信息。

任务实施

步骤1：明确跨境客户信息收集的原则，先里后外、由近及远地利用现有资源开始收集跨境客户信息。

步骤2：通过店铺访问信息收集跨境客户信息，如通过批量导出订单、实时营销界面收集跨境客户信息。

步骤3：通过搜索引擎收集跨境客户信息。

步骤4：通过其他国家的本土电商网站收集跨境客户信息。

步骤5：通过海外社交网站收集跨境客户信息。

步骤6：对跨境客户信息收集要取之有道，避免对消费者信息的过度索取。

知识铺垫

一、跨境客户信息收集的困难与挑战

虽然越来越多的企业意识到了客户信息对企业的重要性，但是在信息收集的过程当中，依然存在困难与挑战。这些挑战包括：

（1）信息量过大，易忽视有效信息。21世纪是信息大爆炸时代，每天都充斥着大量的信息，这让客户信息收集人员无法有效地辨认跨境客户信息，导致有效的跨境客户信息缺失。

（2）收集方法较为单一。在收集跨境客户信息时，我们常用的方法有访问法、问卷法、观察法等，但这些方法已不能满足多样化的消费者市场，尤其是对于跨境市场来说，以上方法已不能应对。我们需要寻找更多的途径来收集能够给店铺带来销量的跨境客户信息。

（3）信息保护意识导致跨境客户信息收集工作难以开展。目前严重的信息流失现象给越来越多的人带来了较大的生活困扰，因而人们的信息保护意识变得越来越强。在强烈的信息保护意识下，客户信息收集工作也面临巨大的挑战。

二、跨境客户信息收集的原则

1. 有的放矢

明确客户来源，了解目标客户。在收集跨境客户信息前，跨境业务人员应确立营销项目的预期目标，清楚公司商品或服务的定位，分析公司的目标客户群体，有针对性地收集客户信息，进而从目标群体中挖掘公司的潜在客户。在分析目标用户时，跨境业务人员需要了解：目标客户在哪些国家和地区？目标客户有哪些文化习惯？目标客户群体经常浏览哪些网站？目标客户通常用哪些方法寻找他们需要的产品和服务？目标客户在各个购买周期关注的要点是什么？分析透这些问题之后，收集到的客户信息就会更有价值，也能够为后续的商品推广工作打好基础。

2. 先里后外

先里后外，即信息的收集和利用应遵循由内部资料检索到外部资料的原则进行。先充分利用公司内部通过客户交易记录、访问记录、交谈记录等方式收集的客户信息资料，再通过各种途径搜索新的客户信息。客户有过交易记录、访问记录、交谈记录，说明客户对店铺的商品或店铺有一定的兴趣。这些客户对店铺有很大的价值，因为他们很有可能再次购买或由潜在客户变为现实客户。

3. 由近及远

由近及远，即在寻找潜在客户时，应先充分利用自己的现有资源——利用自己现有的客户，让其帮忙推荐新客户，继而收集到更多的潜在客户信息。

4. 合理合法

取之有道，不能收集与自身业务无关的信息，避免"超范围"收集和对消费者信息的过度索取。

三、跨境客户信息收集的渠道和方法

（一）通过店铺访问信息收集

在跨境电商平台上，通过店铺后台我们可以查看最基本的客户资料，如手机号码、邮箱、地址等信息，但更多的客户资料，如生日、兴趣、爱好、肤色等信息需要客服工作人员在和客户聊天的过程中不断地收集和整理。

卖家可以点击"会员管理"下面的"会员详情"，输入查询条件，系统会显示符合要求的会员。卖家通过后台的会员资料即可查看会员的详细信息。点击"交易详情"，系统会显示会员在卖家店铺的交易情况。卖家还可以在会员资料里面手动维护会员的等级和备注信息，方便卖家对买家进行全方位的了解，便于双方更好沟通。

这里以速卖通平台为例，介绍如何收集客户信息。

1. 通过订单批量导出客户信息

收集路径如下：速卖通后台→交易→管理订单→订单批量导出→设置需要导出的订单条件。

收集客户信息时，需注意，订单导出时段只支持3个月，若需要3个月以上时间的数据，需要分批导出。

订单导出后，我们可以利用 Excel 表格工具对客户信息进行整理，有针对性地筛选出客户信息，如客户 ID、买家邮箱、订单金额、产品信息、收货地址、国家、联系电话等。打开订单详情，还可以看到客户的地理区域、资金详情。

如果想针对特定客户进行再次营销，就需要挖掘更多的信息，这可以通过他之前的购买记录或评价信息等渠道获得。

2．通过速卖通实时营销界面收集客户信息

在速卖通平台上，还可以进入实时营销界面，随时观察客户动向。在该界面及时与客户互动可以提高转化率和客户黏度，此外还可以查看、查询访问客户的信息。

进入"数据纵横"中的"实时营销"页面，可以观察到实时访客的信息，包括访客 ID、会员等级、访客类型、访客行为、首访时间、浏览量、添加收藏次数、添加购物车次数、下单订单数、下单金额等。

此外，还可以进入"营销活动"→"客户管理与营销"→"客户管理"页面。在"所有客户"里可以看到店铺成立以来所有的客户类型，通过"客户类型"的筛选可以区分已交易的客户、加购物车的客户、加收藏夹的客户。此外，也可以自定义筛选条件。

（二）通过搜索引擎收集

搜索引擎是外贸企业海外推广的有效手段之一，同时也是搜索买家资料时很重要的一个工具。下面介绍利用谷歌（Google）搜索引擎寻找客户资料的一些方法和技巧。

1．直接在 Google 首页输入关键词

一个产品可能有很多个关键词，如产品 projector，我们可以搜 electronics 找到它，同时也可以将其归入 home cinema 或 home theatre。而同一产品往往有不同的英文名称，如鞋子，其名称有 shoe、footwear 等，把这些不同的关键词输入 Google 的搜索框，每个关键词的搜索结果都不一样。用每个关键词都会搜出很多国外相关公司的网站等信息，然后打开它们的网站，就能看到公司的相关信息及联络方式了。

此外，还可将同一关键词翻译成不同的语言再去搜索，或者用关键词加上 importer、distributor、buyer、wholesaler、agent 等进行搜索，搜索的结果也都不一样。利用搜索引擎的"爬虫"原理，在一般情况下，排在前几页的搜索结果都比较有效，因为其网站内容基本都是最近更新的。

2．在各国本地的 Google 首页输入关键词

Google 在世界上的多个国家都有分公司，因此可用当地的 Google 输入关键词进行搜索。输入关键词，这样很容易找到当地的客户信息，搜索的结果也更精确。不过，如果用各国当地的 Google 进行搜索，最好是通过使用翻译软件，将关键词翻译成当地语言再去搜索。例如，想要找德国的客户，你可以将"鞋子"翻译成德文，再在德国当地的 Google 上进行搜索，如此可找到更多当地公司的信息。之后，你如果还想进一步了解客户，还可以继续搜索客户公司名称和客户名称，来了解其过往的询盘及求购信息，或者查看与客户有关的视频，如产品广告、公司宣传视频等。

3．用"关键词+公司后缀"进行搜索

一般情况下，每个国家的公司其名称后缀都不一样，如中国公司的名称后缀习惯是 Co. Ltd.，美国的是 INC、LLC 等，意大利的是 S.R.L，西班牙的是 S.P.A。将产品名称或产品所

属的大范围的名称作为关键词，输入 Google 的搜索框中，然后加上要搜索的国家的公司名称后缀，也会出现不同的结果。

4．用公共邮箱后缀进行搜索

很多国家的买家都用一些公共邮箱系统，如意大利的@libero.it。这时就可以将"@"标志及要找的商品名称输入 Google 的搜索框。例如，如果要寻找手机的意大利买家，就可以输入"@libero.it.mobile"，幸运的话，他会找到很多买家。下面是一些常用的邮箱系统：

（1）印度的@vsnl.com；
（2）巴基斯坦的@cyber.net.pk；
（3）阿曼的@omantel.net.om；
（4）南非的@webmail.co.za；
（5）新西兰的@xtra.co.nz；
（6）新加坡的@pacific.net.sg。

最常用的还有@yahoo.com、@hotmail.com、@aol.com、@gmail.com 等。

5．巧用 Google 地图搜索

利用 Google 地图搜索关键词，也会有不一样的收获。国外很多公司都会在 Google 地图上标出自己公司的地理位置，所以用地图搜索也可以找到一些相关客户的信息。通过这种方式，可以查看客户的公司所在地是市中心还是郊区、是工厂还是高层写字楼，从而判断客户是属于生产型的公司还是贸易型的公司。另外，还可以根据地图测量功能推断对方公司的规模和实力。

6．巧用 Google 图片搜索

当客户发来一款产品，卖家不知名称、需要查找或想要了解产品在国外的售价时，可以用 Google 图片的搜索功能。除此之外，还可以在图片搜索框中搜索产品的关键词，从而查找到目标客户的网站，进入网站搜索客户信息。

7．通过国际展览会、博览会网站搜索

全球各地每年都会举办各种各样的展会，尤其是在发达国家，每年都有不少专业展览，如德国的杜塞尔多夫国际鞋展、美国的拉斯维加斯国际服装展览会等。国内外大型的、固定办展的进出口商品展览会或博览会往往都有相应的官方网站，并且拥有大量的世界范围的参展客户名录。登录这些网站，能够找到国外展商的名录及联系方式（一般都会有展商列表）。若该网站上没有联系方式，可以将展商名称直接复制到 Google 搜索框中去找它们的邮箱。查询展览会、博览会网站的方法比较简单，在搜索引擎中输入博览会的名称，即可找到其官网。例如，输入"中国-东盟博览会官方网站"，就可以看到该网站的页面和网址了。如果需要搜索本行业的展会，输入产品关键词+tradeshow/exhibition/trade fair/show/fair，就能够找出与该产品相关的展会网站。另外，有些展会网站也会有其他相关展会的链接，可直接点击链接，从而找到更多展会的网站。

8．通过网络黄页（企业名录）搜索

网络黄页（企业名录）是跨境贸易人士获取商业信息的主要途径之一，是外贸人员了解境外客户的直接渠道。传统黄页是以纸面形式印刷企业电话号码的黄页广告，内容包括公司地址、电话、公司名称、邮政编码、联系人等基本信息。网络黄页中不仅提供包括企业邮箱、产品动态、数据库空间、买卖信息、企业简介等在内的信息，还有即时留言、短信互动等功

能。通过网站页面上行业地区的划分，可以在线查找所要找的企业。例如，进入巴基斯坦黄页之后，点击"business catalogue"，进入后输入产品名称搜索。搜索结果中会有很多客户，耐心地一个一个地点击进去查询这些客户，会发现有很多都留有邮箱。当然，如果没有邮箱，也可以将其公司名称输入 Google 再次搜索。有的网站没有客户信息，这时只要输入"www.×××.com email"，部分客户的信息就会显示出来。如果不行，就把"www"去掉，用".×××.com email"进行搜索。

其他国家的黄页网站有：英国黄页、西班牙引擎、阿拉伯引擎、瑞典引擎、以美元为重点辐射的部分国家引擎、比利时黄页。

（三）通过其他国家的本土电商网站收集

访问境外的电商网站，除可以查看在相应国家或地区的产品流行趋势外，还可以找到相关产品的客户信息。主动给这些客户发送信息，推送一些广告及优惠活动，对开展业务也是非常有帮助的。下面列举了一些其他国家的本土电商网站。

1. 美国电商网站

美国有一些大型的以线下为基础向电商发展的平台，也是美国买家的主要网购平台。

（1）Walmart，即沃尔玛百货，是美国最大的线下零售商，经营连锁折扣店和仓储式商店的美国跨国零售公司。

（2）Best Buy，即百思买，是美国跨国消费电子公司，专注消费电子类产品。

（3）Macy's，即梅西百货，是美国中档连锁百货公司，以消费类产品为主，产品涵盖种类丰富。

（4）Sears，即西尔斯，是美国著名的连锁百货公司，和梅西百货类似。

2. 俄罗斯电商网站

（1）Ulmart，为俄罗斯最大的电商平台，成立于 2008 年，销售 12 万种商品，囊括家电、手机、计算机、汽配、服装、母婴、家装、图书等品类。

（2）Ozon，为俄罗斯老牌电商平台，1998 年上线，主营业务为在线销售图书、电子产品、音乐和电影等。

（3）Wildberries，为时尚类电商平台，成立于 2004 年，是俄罗斯本土的鞋服及饰品在线销售平台。

（4）Citilink，为 3C 家电电商平台，成立于 2008 年，为客户提供数码下载、计算机、家电等产品。

（5）Lamoda，为时尚服装电商平台。

3. 巴西电商网站

（1）Mercado Livre，为巴西本土最大的 C2C 平台，利用好这个平台有利于了解巴西各类物价指数、消费趋势、付款习惯等市场信息。

（2）Lojas Americanas，为巴西本土的连锁零售商店，1929 年成立于里约热内卢，目前该公司在巴西的 25 个州及首都巴西利亚拥有 860 家实体商店。

4. 西班牙电商网站

Elcorteingles，为西班牙最大的百货集团，同时也有电商平台，在这里可以看到西班牙本土品牌的产品。

5. 法国电商网站

（1）Cdiscount，为法国排名靠前的购物网站，拥有 1 600 万名买家，平台经销范围涉及文化产品、食品、IT 产品等诸多品类，商品销往南美、欧洲、非洲等地。

（2）Fnac，为法国老牌的图书和电子产品零售商，拥有数百家实体店。

（3）PriceMinister，为欧洲地区流量较高的电商平台，总部在法国，主营 3C、时尚及家居品类。

（4）La Redoute，即乐都特，法国时尚品牌，1995 年开始从事网络营销，现覆盖 120 多个国家，拥有 70 多个品牌。

（四）其他收集客户信息的方法

除上述介绍的跨境客户信息收集途径和方法外，我们还可以利用一些通用的参考资料搜寻潜在客户的信息。这些通用的参考资料包括新闻、报纸、杂志、广告、股东名册、俱乐部会员名册、其他公司的客户名单、招聘资料表等。收集信息要充分利用日益成熟的信息技术，如计算机网络、多媒体技术等。获取信息的渠道可以是多种多样的，包括客户与企业各个部门接触所使用的电话、信函、传真、邮箱、网络等。除此之外，还可以使用连锁法，即从一位客户那里认识更多的人，通过连锁式的方法或繁衍式的方法让客户为我们介绍客户。当与某些跨境客户交易比较顺畅、联络比较愉快时，就可以请该客户帮助推荐其他潜在客户。此潜在客户也是购买率高的客户，在卖家推销时，他们的戒心也会较低。

案例解析

一、案例背景

一家新开业 3 个月的主营休闲鞋的速卖通店铺，前期做了很多店铺广告和引流工作，给店铺带来了一定的访客，并且有部分访客表现出对店铺产品的兴趣，做了相关咨询。然而，真正成交的客户却比较少。为拓展客户，该新开速卖通店铺急需搜索客户信息，以主动出击联络客户，推销产品。

二、操作步骤

（1）先里后外、由近及远地按照已经发生交易、有过邮件往来、访问过店铺的顺序收集客户信息。例如，通过导出已有订单、实时营销界面等方式搜索客户信息。

（2）通过搜索引擎收集跨境客户信息。例如，把公司产品的关键词"casual shoes"或"casual footwear +importer/distributor/buyer/wholesaler/agent"输入 Google 搜索框进行搜索。

（3）通过其他国家的本土电商网站收集客户信息。例如，可以到沃尔玛百货、梅西百货和西尔斯百货网站上寻找美国相关客户的信息，到 Wildberries 电商网站搜索俄罗斯相关客户的信息。

（4）通过海外社交网站收集客户信息。通过 Facebook、Pinterest 等社交网站搜索相关客户信息。

（5）根据搜索到的客户信息，主动联络客户，推荐店铺和产品。

三、案例总结

客户信息是跨境电商业务人员宝贵的资源，要增加资源或保护资源都得靠平日积累和留意。搜寻客户信息的渠道有很多种，业务人员可以结合店铺的实际情况选择对其行之有效的搜索方法，并将搜索到的客户信息记录在客户档案中，以便日后运用。

子情景三 跨境客户信息管理

 学习目标

知识目标

- 能够理解客户信息管理的概念和内涵。
- 能够描述跨境客户信息管理的作用。
- 能够描述跨境客户信息管理的步骤。

能力目标

- 能根据跨境客户信息管理的步骤对跨境客户信息进行实操管理。

素质目标

- 培养跨境业务人员管理客户信息的能力，使其具备相应的职业能力和素养。

思政目标

- 引导学生奋发有为，不断践行初心使命。

微课抢先看

 项目背景

知识导入

要想把收集到的跨境客户信息变为切实有效的资源，就需要对信息进行管理，借助有效的管理方法和管理体系更好地分析客户的要求和受众的想法，从而挖掘客户价值，有针对性地、更精准地进行营销。而且，对跨境客户信息进行管理能够帮助跨境电商与客户建立良好的关系，使跨境客户有更愉悦的购买产品和享受服务的过程。浙江英卡顿网络科技有限公司的跨境客服专员艾伦在吴经理的要求下，需要对收集到的跨境客户信息进行管理，并对有价值的客户进行有针对性的营销。

任务实施

步骤1：将现有跨境客户信息归类，删除重复信息，进一步挖掘需要却还没有获得的信息。

步骤2：对跨境客户信息予以整合和处理，建立客户信息档案。

步骤3：对跨境客户信息进行分析，了解各种客户为企业带来的利润；对客户进行细分，划分不同的客户等级，以便进行跨境客户分类管理。

步骤4：对不同等级的跨境客户实施关怀与营销。
步骤5：找准跨境客户信息收集管理的着力点。

# 知识铺垫

一、跨境客户信息管理的概念和内涵

跨境客户信息管理是跟随跨境客户关系管理应运而生的管理方式之一。在经济学中，客户信息管理有以商业哲学和企业战略两方面为基准的解释。商业哲学定义认为，跨境客户信息管理是企业将客户置于决策出发点的管理；企业战略定义认为，跨境客户信息管理是企业对跨境客户之间关系进行引导，从而使利益最大化的商业行为。从市场营销的角度来看，大部分学者倾向于企业战略的定义。具体来说，跨境客户信息管理是对跨境客户进行积极有效的沟通和关怀，与客户建立稳固、相互信赖的长期商业关系。其本质是提升客户购买及再次购买的次数，以客户为中心，对跨境客户信息进行搜索和分析，并融合营销、管理、数据、软件等辅助，主动且有选择地建立客户关系，以营销思想为支撑来维护客户。

跨境客户信息管理的内涵应该包含以下两个方面：一方面，跨境客户信息管理是先进的管理策略。作为企业策略，其目标是以跨境客户需求为导向的，帮助企业降低销售成本、增加收入、探索开拓新市场和新渠道，提高跨境客户的价值，以及提高客户满意度和忠诚度。另一方面，跨境客户信息管理是一项新技术。跨境客户信息管理应用整合了多种先进的信息技术，包括互联网、多媒体、数据挖掘、人工智能网络及相应的硬件环境。这类系统，帮助企业自动化了跨境客户关系相关的活动。

综上所述，跨境客户信息管理就是凭借现代信息技术，识别、筛选、发展和保持客户的商业过程。基于跨境客户的信息进行深入分析，挖掘客户潜在需求，提高客户满意度，增加客户黏性，是有利于提高运营效益的一种手段。而跨境电商的客户信息管理更具有空间感，它需要卖家以产品作为媒介，挖掘潜在跨境客户的信息及需求，塑造店铺或品牌形象，赋予店铺活力，以此来提高店铺的效益。

二、跨境客户信息管理的作用

（一）促进跨境电商的可持续发展

围绕客户生命周期发生、发展的信息归集，跨境客户信息管理对客户的详细资料进行深入的分析，可以有效地帮助企业了解客户需求，提供个性化服务，发掘市场潜力，提高客户满意程度，从而提高企业的竞争力并进行可持续发展。跨境电商应该以高度的市场敏锐力对客户信息予以分析，以便更好地获得客户需求，把握市场变化，进行经营决策。在分析结果的基础上选择和开发目标客户，并根据客户价值细分客户，然后运用一对一的营销策略提供个性化服务，从而极大地满足客户的个性化需求，以此提高服务质量、提高客户忠诚度和保有率，实现客户价值的持续贡献，全面提升企业盈利能力，促进企业的可持续发展。

（二）促进跨境电商推广产品和服务

如果一个企业拥有高效优质的信息管理系统，那么企业的营销人员能够根据有效的信息

通过样本抽取、调研和定性定量分析概括出什么样的消费者会对他们的产品或服务有兴趣、哪些人会成为潜在客户、客户的年龄分布、客户在产品选择上的共性、客户的消费习惯及客户倾向的营销方式。跨境客户信息与跨境客户关系管理相辅相成，互为前提和结果。双方的更新与进步能够互相促进对方的优化，最终促进企业推广产品和服务，扩大跨境客户群体，引导客户购买或增加购买数量，提高客单价，从而收获更多的经济利益。

（三）帮助跨境电商提升客户体验

通过分析跨境客户对服务的应用频率等指标来判断跨境客户的忠诚度，从而对忠诚客户提供优惠服务；通过对交易数据的详细分析来鉴别哪些是企业希望保持的具有吸引力的盈利客户，从而确保这些跨境客户可以享受一流的服务；通过对跨境客户所需服务的倾向分析，跨境客户关系管理还可以帮助企业开展适应跨境客户需求的新服务，从而提升跨境客户体验，为企业争取跨境客户提供有力的保障。

（四）帮助跨境电商挽留客户

通过跨境客户信息管理，企业可以具体分析每个跨境客户的详细状况，以此来鉴别其是否已转移到别的店铺。然后企业可以分析原因，及时找出自己与其他企业的差距，并做出相应的调整，及时挽留客户，从而提高跨境客户黏性，提高老客户回头率，防止客户流失，稳定客户群和销售业绩，降低营销成本。

对于跨境电商店铺的客户，需要了解他们的性别、年龄、收入状况、性格、爱好、家庭状况、购物时间、购买记录等，并进行统一的数据库管理，然后才能对他们进行有针对性的关怀和营销。现在大部分跨境电商还没有自己的客户关系管理系统，有的只是厚厚的发货单、记账单，客户信息杂乱，完全无法维护。然而，一些大型的店铺和B2C企业已经建立起了完善的跨境客户信息管理系统，极大地提升了客户回头率，利润成倍增长。

三、跨境客户信息管理的步骤

跨境客户信息管理可分为跨境客户信息收集；整合和处理跨境客户信息，建立跨境客户信息档案；跨境客户信息利用——跨境客户维护；跨境客户关怀与营销等几个方面。

（一）跨境客户信息收集

收集各种有用的跨境客户信息（如客户基础信息、客户的咨询、建议、投诉等）是建立完善客户关系管理体系必不可少的环节。收集资料的直接目的是统计跨境客户的需求、要求，以及在使用产品或享受服务中遇到的问题，从而有助于企业采取相应的策略为客户解决问题。同时，在收集和统计客户信息的过程中，要将具有统一诉求和问题的群体归为一类，分析其特征，从而帮助企业确定目标市场与主要客户群，方便接下来实施营销策略。

首先，信息管理人员要确认跨境客户信息是真实有效的。在数据最终集结之前，删除无用无效的信息，避免造成数据冗余，并且及时更新信息。其次，要有专门的人员对数据和信息进行管理和分析，以使客户信息发挥更大的效用。最后，还要选择合适的信息存储平台或载体（是选用纸质方式进行登记在册，还是硬盘存储或云系统存储），并建立备份系统，以防万一。

在收集完信息之后，需要建立跨境客户信息档案以备提取信息时用。例如，可以利用 Excel 表格工具对客户信息进行整理，有针对性地筛选出客户信息，如客户名称、客户邮箱、订单金额、产品信息、收货地址、收货国家、联系电话、客户等级、下单时间、付款时间、兴趣爱好等，如表 4-1 所示。

表 4-1　跨境客户信息登记表

客户名称	客户邮箱	订单金额	产品信息	收货地址	收货国家	联系电话	客户等级	下单时间	付款时间	兴趣爱好	其他

如果想对特定客户进行再次营销，就需要挖掘更多的信息。可以通过对方之前的购买记录或评价信息等渠道得到更多的信息，如买方评价、购买频率、经常购买的产品等。从中我们还能够判断对方是批发客户还是零买客户，是喜欢购买高价产品还是低价产品。

在跨境客户信息管理中，信息的整理不仅需要对显性的信息进行及时整理，更需要对客户的购物行为做尽可能多的了解和归纳。

（二）整合和处理跨境客户信息，建立跨境客户信息档案

跨境客户信息档案是跨境电商在与客户交往过程中所形成的客户信息资料，是反映客户本身及与客户有关的所有信息的总和。跨境电商结合自身的信息内容要求建立客户信息档案是客户信息管理的基础性工作，是进行客户开发和维护的依据。建立档案，有利于将各部门与跨境客户接触过程中收集的客户信息进行整合，有利于企业更有效地进行客户管理工作。在信息处理阶段，主要是对跨境客户信息收集层所收集的信息进行筛选、比较、分析，以及迅速对客户咨询做出反馈等处理，这要求企业有较先进的信息处理手段和处理工具（软件），对客户信息进行及时有效的整合和处理，对客户的各种基本信息和业务信息进行详细的筛选、比较，以提炼出对企业有价值的信息。

系统应完整地记录客户的消费行为，通过分析其行为，逐渐了解跨境客户的各种特征，如消费金额、消费频度、喜好种类、消费决定因素、关心问题之间的内在联系；掌握其行为模式及特有偏好，如客户要求的物流速度、价格承受能力等；从数据中挖掘有效的信息进行针对性的主动服务，如跨境客户具有什么偏好。对消费习惯做主动的识别并提供个性化的服务正在成为新的营销优势。

相比于国内电商，跨境电商的客户信息管理更具有挑战性，因此跨境客户的信息管理还存在一定的局限性，但我们可以通过一定的方法去管理和维护客户。例如，如果我们通过社交网络收集跨境客户信息，虽然能快速地收集到跨境客户信息，但垃圾信息也很多。如果对于全部信息我们都去关注，只会浪费企业资源且没有必要，此时我们需要关注的是真正相关的信息。而在进行客户维护和管理之前，我们需要把跨境客户的信息与已有的客户信息管理数据进行整合。例如，将一个客户在 Facebook、Twitter、新浪微博的账户，与在跨境电商平

台的账号予以整合。只有客户信息得以整合，我们才能始终如一地为客户提供统一的客户服务体验，具体可以通过客户的注册邮箱来绑定，也可以通过客户姓名来绑定，或者多种条件联合使用。另外，对跨境客户做好相应的分类也是非常关键的一步。此时，可以按不同的标准进行多种划分。例如，我们可以根据跨境客户的社会属性、行为属性及价值属性进行分类管理维护。

1. 社会属性

社会属性不同的根源主要是地理位置，不同的国家拥有不同的文化背景和消费需求。以订单中导出的客户地址为基础，按照国家分类，可以直观地得出自身店铺的主要客户群体在哪里、地区分布情况如何。例如，对于销量较好的运动鞋，我们会发现来自美国的买家对产品的评价非常高，而来自巴西的买家对产品的评价则不那么理想。那么，可以究其原因对该产品进行调整，或者针对巴西买家在葡萄牙语页面进行详细介绍。

2. 行为属性

行为属性是指买家的消费行为。每个买家的消费行为不尽相同，体现出的消费方式也不同。在经营过程中，我们会发现大部分买家喜欢购买打折商品、免运费商品等，但也有部分客户偏向选择高价的同类商品。有选择不同快递方式的客户，也有容易给差评的客户。我们在客户维护过程中，需要以不同的方式对待客户。选择高价产品和特定快递方式的客户关注的是产品质量和服务体验。对于容易给差评的客户，我们需要了解客户真正的需求点在哪里，以便我们为其他客户提供更愉快的购物体验。

对于客户行为属性，我们除了在档案中加以备注外，还可以给客户自定义标签。这些标签可以比较个性化、容易记忆、体现客户特点，例如某些网店将购买频率比较高的客户设置为"购物狂"，把喜欢给差评的人设置为"职业差评师"等。如果之后要针对不同标签的客户进行营销，可以通过搜索功能将所有的这种标签属性的会员全部搜索出来。

3. 价值属性

一个跨境电商店铺拥有大量的、多样的客户。然而，并不是每一个客户都能给店铺带来丰厚的利润。管理实践表明，企业80%的利润往往来自其20%的客户，区分这两类客户，保持和发展这20%的客户对企业来说就显得尤为重要。因此，我们可以分析出客户对企业的贡献度大小（价值属性），使公司可以按客户的具体情况划分客户等级，找出真正带来利润的VIP客户群。然后，根据不同级别的客户特性，充分利用现有资源，有针对性地对客户进行维护。

（1）会员等级设置。目前大多数跨境电商平台都有会员等级设置功能，我们可以将会员分为普通会员、高级会员、VIP会员、至尊VIP会员四个等级。登录店铺后台，进入会员关系管理，选择"等级设置"选项卡，可以根据消费金额和消费次数进行会员等级设置。

普通会员：只要拍下商品并完成付款，就可以成为普通会员。

高级会员：在拍下商品确认收货的基础上，同时符合所设定的高级会员条件。

VIP会员：在拍下商品确认收货的基础上，同时符合所设定的VIP会员条件。

至尊VIP会员：在拍下商品确认收货的基础上，同时符合所设定的至尊VIP会员条件。

（2）根据客户经济贡献价值细分客户。在设置会员等级时，我们可以依据分析型客户关系管理理论区分不同的客户。分析型客户关系管理是按照帕累托原则（企业80%的利润往往来自其20%的客户，又称"二八法则"，在进行客户管理时，通常将80%的精力放在这20%

的优质客户身上)对其所掌握的客户资料信息进行分析和整理,根据客户对企业贡献的大小,将其划分为最有价值客户(也称黄金客户,数量少,但能为企业创造大部分的边际贡献)、普通客户(数量占绝大多数,能为企业创造少量的边际贡献)和负值客户(数量不大,企业在其身上的投入大于其相应的价值产出)。基于成本效益的原则,最有价值客户因其对于企业而言边际贡献价值大,企业当然会集中最好的资源为其提供最好的产品和服务,并尽最大的可能建立并维持与此类客户的关系;对于普通客户,则按其需要提供大众化的服务;而对于负值客户,由于其边际收益为负值,企业就应该本着成本效益的原则采取必要的措施断绝与负值客户的客户关系。当然在具体措施的选择上应该具有一定的技巧,以避免产生不必要的公关危机。

通过对客户经济贡献价值的细分,跨境电商企业能够找到关键的利润来源,可以将有限的资源更好地用于与黄金客户发展长期的友好关系。增加黄金客户对企业的边际利润贡献,并发现和培养与终身价值大的客户的关系,同时切断与负值客户的关系,这样可以节省一部分企业资源,避免资源的浪费。通过跨境客户行为分析,可以制订更有针对性的营销方案,进一步发展客户关系,促进客户购买。通过客户忠诚度和满意度的分析,全面评价与客户的关系,并据此制定相应的关系维持策略。

(3)根据客户 RFM 值细分客户。按照客户的经济贡献度对跨境客户进行分类,这样的会员等级设置是否科学?会员等级设置应遵循什么样的规则?跨境客户的价值由哪些因素才能确定?在这里需要给大家介绍一下客户信息管理的 RFM 模型。

在众多的客户信息管理分析模型中,RFM 模型被广泛提到。RFM 模型是衡量客户价值和客户创利能力的重要工具和手段。该模型通过一个客户的近期购买行为、购买的总体频率及花了多少钱三项指标来描述该客户的价值状况。

在 RFM 模型中,R(Recency)表示客户最近一次购买距现在的时间,F(Frequency)表示客户在最近一段时间内购买的次数,M(Monetary)表示客户在最近一段时间内购买的金额。RFM 模型强调以客户行为来区分客户。

最近一次消费(Recency)意指上一次购买的时间。理论上,上一次消费时间较近的客户是比较好的客户,他们对提高即时的商品或服务质量最有可能给予反馈。要吸引一个几个月前刚上门的客户购买,比吸引一个一年多以前来过的客户要容易得多。因此,最近才购买你的商品、服务或光顾你的商铺的消费者,是最有可能再次向你购买东西的客户。

消费频率(Frequency)是客户在限定的时间内所购买的次数。可以说,最常购买的客户也是满意度最高的客户,其忠诚度也最高。增加客户购买的次数意味着从竞争对手处截取市场占有率,从别人的手中赚取营业额。

消费金额(Monetary)是所有数据和报告的支柱,也可以验证"二八法则"——公司 80%的收入来自 20%的客户。通常一个网店排名前 10%的客户所消费的金额比下一个等级者多出至少 2 倍,占公司所有营业额的 40%以上。

例如,我们可以把 RFM 模型中的三个指标分为 5 个等级,把客户分成 5×5×5=125 个类别,对其进行数据分析,然后制定我们的维护策略。我们把一年作为会员分类的考核期,将三个指标的打分标准做如下规定,如表 4-2 所示。

表 4-2　RFM 模型分值结构

分　值	R（最近一次消费距现在的时间）	F（一年内消费的频率）	M（消费的金额）
5	$R \leqslant 90$ 天	$F \geqslant 5$ 次	$M \geqslant 1\,000$ 美元
4	90 天 $< R \leqslant 180$ 天	$F=4$ 次	500 美元 $\leqslant M < 1\,000$ 美元
3	180 天 $< R \leqslant 360$ 天	$F=3$ 次	200 美元 $\leqslant M < 500$ 美元
2	360 天 $< R \leqslant 720$ 天	$F=2$ 次	100 美元 $\leqslant M < 200$ 美元
1	720 天以上	$F=1$ 次	$M < 100$ 美元

根据确定的 RFM 模型框架，我们可以针对每个客户对其 RFM 值进行打分，如客户安娜（Anna）最近一次消费的时间距现在是 80 天，对应的 R 值得分为 5；消费次数是 1，对应的 F 值得分为 1；消费金额是 22 美元，对应的 M 值得分为 1，则客户安娜的 RFM 值总得分为 7。客户蒂娜（Tinna）最近一次消费的时间距今是 320 天，对应的 R 值得分为 3；消费次数是 2，对应的 F 值得分为 2；消费金额是 734 美元，对应的 M 值得分为 4，则客户蒂娜的 RFM 值总得分为 9。对客户玛丽（Mary）也按照此种方法统计，具体如表 4-3 所示。

表 4-3　RFM 模型应用示例

客户名称	R 值	F 值	M 值	R 得分	F 得分	M 得分	RFM 总得分
安娜	80	1	22	5	1	1	7
蒂娜	320	2	734	3	2	4	9
玛丽	600	3	280	2	3	3	8

计算出客户的 RFM 总分值之后，我们就可以根据客户的 RFM 总得分对客户进行会员等级设置，然后根据不同会员等级管理维护客户了。

当然，除根据客户的 RFM 值设置会员等级外，还可以自己手动更改会员的等级。例如，有的会员虽然购物金额并不高，但是非常愿意给我们写评价和分享，并且通过他的宣传给店铺带来了流量与成交，对于这样的会员，我们可以直接手动将其设置为 VIP 会员。这样的优质买家我们可以主动进行联系，破格给予他们 VIP 会员资格，给予相应的优惠折扣或特权，从而将他们发展成为忠实的客户。

（三）跨境客户信息利用——跨境客户维护

客户信息利用是客户信息管理的重要组成部分，是实现客户价值的重要手段之一。客户信息可以被用作决策者制定营销策略、公司战略和各种客户决策的参考依据，从而吸引新客户，保留老客户，使企业在市场中保持优胜地位。

在对收集的客户信息进行相关整合和处理之后，对信息进行分析可以使企业掌握客户的基本情况和业务往来情况，了解各种客户为企业带来的利润和贡献的大小。然后可以根据客户分布及购买的金额、频次、周期、客单价等对客户进行细分，分类进行管理。此外，还可以了解现在的客户是不是休眠客户，划分客户等级，设置不同的客户等级制度和有效期、不同等级制度的门槛与优惠政策等。客户信息还可以作为各种数据分析的资料来源，如客户业务数据分析、客户分类、客户忠诚度及满意度分析、客户利润分析、客户前景分析等。

跨境客户维护包括"维"和"护"两个层面，即维持双方关系不被客户遗忘，呵护双方情感信任,增加客户的忠诚度。其主要思想是在对跨境客户信息进行分析之后,以产品为载体,有的放矢,维系双方关系,促使购买。在维护的过程中,我们需要加强跨境客户对店铺的认知度,提高客户的满意度,赢得客户的忠诚度,使得客户再次购买。在掌握和了解了所有跨境客户的信息之后,就要利用这些信息与客户进行互动和交流。客户是用来关怀的,不是用来骚扰和推销的,只有和客户建立起情感上的信任与交流,客户才会成为我们的忠实客户。

1. VIP 会员维护

VIP 会员是我们最大的财富,他们的人数虽然不多,但购买力强大,将这些客户群体维护好,使其成为我们忠实的客户是客户信息管理中的头等大事。为了和 VIP 会员之间建立起直接的联系,我们可以建立一个 VIP 会员的交流群,通过这个群来交流感情、传达促销信息,维护 VIP 会员群体。为了让 VIP 会员有更加尊贵的感觉,让他们更加重视这个 VIP 会员资格,除跨境平台系统提供的折扣优惠外,我们还可以为他们发放专门的会员卡,并且每年都进行一次评估,使他们在符合 VIP 会员的情况下,能够享受除平台优惠外的店铺优惠。

2. 生日与节假日关怀

客户信息维护的核心是关怀,对客户进行生日关怀、节假日关怀是拉近客户关系、提升黏度与品牌影响力的重要手段。

在跨境客户生日的时候发送生日祝福的短信或邮件;在节假日来临之际,给客户发送节假日短信;在跨境客户购买、发货后发短信提醒客户;在客户收到货使用 2 周后询问客户的产品使用效果;在会员卡快到期时发送短信或邮件提醒客户……这些都是非常有效的客户关怀方式。

如果我们使用的客户信息管理系统功能足够强大,在之前准确收集客户信息的基础上,可以开展更加深入的客户关怀。例如,某母婴网店通过了解客户小孩的大小和购买奶粉的数量,能够较准确地计算出该客户下次需要购买的时间,并且在奶粉即将吃完的时候,自动给客户发送提醒再次购买的信息,这样的关怀与营销效果会特别好。

当我们对跨境客户进行维护时,需要注意维护的内容和频率,不要急功近利,不能频繁地发送邮件,以免对客户造成干扰。根据人的记忆周期规律,我们抓住 1、2、4、7、15 这几个时间点,结合与客户接触的事件进行维护。例如,当客户下单后,我们在第 1 天发出相关产品推荐,第 2 天告知货物状态及定向优惠券,第 4 天发送货物照片及店铺活动,第 7 天告知物流状态及优惠券使用提醒,第 15 天更新物流状态及节假日问候。

(四)跨境客户关怀与营销

企业收集客户信息、分析客户信息的最终目的是帮助企业营销,确切地说就是帮助企业保留客户、开拓市场,从而提升销售额和市场份额,在激烈的市场竞争中占一席之地。企业可以根据经过分析了的客户信息有针对性地主动与客户沟通,从而建立合作关系。跨境电商卖家可以通过邮件、Facebook、短信、电话、电子邮件营销(E-mail Direct Marketing,EDM)等方式进行客户关怀和精准营销,包括生日与节假日关怀、使用售后关怀、购买提醒、精准的促销活动推送等,从而建立长久的客户关系。

(1)电话回访。电话回访是客户感受度最好的营销方式之一,准确率和转化率也非常高,也是平均成本最高的一种方式。这种方式使用率比较低,适合与 VIP 会员老客户之间沟通,会让客户感觉受到了重视。但在跨境电商中，由于存在时差，买家接电话可能不太方便，而且由于双方语言的差异，口头沟通未必顺畅，因此一般较少采用电话回访的形式。

（2）短信营销。短信营销的成本较低，且准确度较高。一般短信的到达概率及客户查看的比率在营销方法中也是偏高的，但整体的转化率偏低，具体转化率需看活动力度。短信营销需要注意控制字数，所有信息尽量在一条短信内写完，如果分成两条发送，成本就会提升一倍。另外，发送频率不要过高，否则会被视为骚扰短信。

（3）电子邮件营销（EDM）。在这类营销中，企业可以通过使用EDM软件向目标客户发送EDM邮件，建立同目标客户的沟通渠道，向其直接传达相关信息，以便促进销售。EDM软件有多种用途，可以发送电子广告、产品信息、销售信息、市场调查、市场推广活动信息等。此种营销方式成本较低，客户可以直接点击页面，因此客户查看的概率比较高，活动转化率也比较高。在跨境电商平台，可以通过客户信息管理工具的信息通道给不同等级、不同标签和条件的客户发送站内信息和优惠券。采用此方法，我们需要先进入后台设置需要进行营销活动的会员条件，对于系统显示符合条件的会员，我们再设置营销内容，通过消息通道系统发送到对应会员的邮箱。在设置营销内容时，可以直接选择商品，由系统自动生成内容，也可以自己编写，设置漂亮的营销活动页面发送给自己的会员。EDM是成本最低、监测效果较好、信息包含量最大、应用范围最广泛的营销方式。EDM需要进行详细的活动策划、页面设计，并建立专门的邮件服务器和监控反馈系统。

（4）SNS营销。SNS专指旨在帮助人们建立社会化网络关系的互联网应用服务，包含Facebook、Twitter、YouTube、Pinterest、Google+等社交平台。作为一种新兴的营销方式，SNS营销可以满足企业不同的营销策略，有效降低企业的营销成本，可以实现目标用户的精准营销，维护客户多、互动性强，是现代很多企业用来传播企业文化、进行推广营销的重要工具。互联网上的SNS社区越来越多，最具影响力的有Facebook、新浪微博。现在，越来越多的企业都在Facebook上注册信息，并建立官方微博，与客户和网民互动，一方面可以传播企业文化；另一方面也可以进行客户信息管理与营销。通过对微博的关注，客户可以了解企业动态、文化背景、最新促销，并且发表意见。通过这些社交平台，跨境电商企业和客户之间的沟通可以更加透明、平等，并且更具有传播性和趣味性。

案例解析

一、案例背景

某主营休闲鞋的速卖通店铺已经经营了近2年，积累了不少跨境客户资源，回头客也比较多，其中有些客户还与店铺有着频繁的互动。当然，也有部分访客表现出了对店铺产品的兴趣，做了相关咨询，但并没有购买。为有效维护和拓展客户，该速卖通店铺计划对客户信息进行管理，以实现对不同类别的客户实施不同服务，并进行精准营销。

二、操作步骤

（1）对已经成交的跨境客户，从订单系统中导出客户信息，并统计好客户成交金额、成交频率等信息；对于还未成交的客户，收集客户访问记录，以及在交流平台等地方留下的信息，并将这些信息进行归类。

（2）对跨境客户信息予以整合和处理，删除重复信息；对于需要却没有获取的信息进行进一步挖掘，并建立客户信息档案。

（3）对跨境客户信息进行分析，了解各种客户为企业带来的利润；对客户进行细分。划分不同的客户等级，以便进行客户分类管理。

（4）对不同等级的客户实施不同频率及不同类型的客户关怀，维护客户关系。并根据客户信息，对有购买需求及购买能力的客户实施精准营销。

三、案例总结

跨境客户信息管理对于跨境电商企业的良性发展和营销规模的壮大具有重要的作用，能够帮助企业实施个性化服务、提高客户满意度和回头率，并能够帮助跨境电商实施精准营销。对客户信息进行管理的时候，要抓取有用信息。除利用这些信息进行市场分析外，还可以对客户进行分层，对不同层级的客户提供个性化的服务，并进行客户关怀和精准营销，从而扩大企业的销售规模。

课后延伸阅读

被胡萝卜汁留住的客户

一个客户说，十年前他在香港丽晶饭店用餐时无意识地说他最喜欢胡萝卜汁，大约六个月后，当他再次住进丽晶饭店时，在房间的冰箱里意外地发现有一大杯胡萝卜汁。十年来，不管这个客户什么时候住进丽晶饭店，丽晶饭店都为他准备胡萝卜汁。他说，在最近的一次旅行中，飞机还没在香港国际机场降落，他就想到丽晶饭店为他准备好的胡萝卜汁，顿时兴奋不已。十年间，尽管丽晶饭店的房价涨了三倍多，但他还是住这个饭店，就因为丽晶饭店每次都为他准备了胡萝卜汁。

丽晶饭店之所以能培养出这样忠诚的客户，重要原因之一就是它详尽地掌握了客户的信息(如收集和保存客户爱喝胡萝卜汁的信息)。丽晶饭店建立了一个信息量够大的客户数据库，它将客户的姓名、生日、家人情况、工作单位、工作性质、爱吃的东西、爱听的歌、喜爱的颜色、什么时间来的饭店、住了几天、每次住宿的价位是什么范围、每次都住什么类型的房间、房间是向阳还是背阳、喜欢的温度和湿度是多少、喜欢什么样的环境等信息输入客户数据库里，这样丽晶饭店就对客户的信息了如指掌，进而为客户提供更好的服务，使客户满意。

课后启发

习题演练

一、单选题

1. 通过订单导出客户信息的方式收集客户信息属于（　　）。
A. 通过店铺访问信息收集　　　　B. 通过搜索引擎收集
C. 通过社交网站收集　　　　　　D. 通过电商网站收集

105

2. 可以通过（　　）查看客户的公司所在地是市中心还是郊区，是工厂还是高层写字楼，从而判断客户是属于生产型的公司还是贸易型的公司。

A. Google 图片搜索　　　　　　　　B. Google 地图搜索

C. 关键词+公司后缀　　　　　　　　D. 网络黄页

3. Best Buy，即百思买，是（　　）。

A. 美国跨国消费电子公司，专注消费电子类产品

B. 美国最大的线下零售商，经营连锁折扣店和仓储式商店的美国跨国零售公司

C. 俄罗斯老牌电商平台，主营业务为在线销售图书、电子产品、音乐和电影等

D. 时尚类电商平台，是俄罗斯本土的鞋服及饰品在线销售平台

4. 从用户量和网站流量来看，目前，（　　）是全球最大的实名制社交网站。

A. Facebook　　　　　　　　　　　B. Instagram

C. Pinterest　　　　　　　　　　　D. iTao

5. 以下对跨境客户信息管理的作用，说法错误的是（　　）。

A. 能够帮助企业提高服务质量和自身竞争力

B. 能够帮助企业可持续发展

C. 帮助企业挽留客户，防止客户流失

D. 跨境客户信息管理对企业发展并无帮助

6. 在客户信息管理中，需要先将收集的客户信息进行（　　）。

A. 整合和处理　　　　　　　　　　B. 建立客户信息档案

C. 利用客户信息　　　　　　　　　D. 客户关怀与营销

7. 每个买家的消费行为不尽相同，体现出的消费方式也不同，这是指（　　）。

A. 客户社会属性　　　　　　　　　B. 客户行为属性

C. 客户价值属性　　　　　　　　　D. 客户习惯

二、多选题

1. 以下对跨境客户信息的说法正确的是（　　）。

A. 跨境客户信息是跨境电商企业的无形资产

B. 跨境客户信息是企业生产和营销的导向

C. 分析跨境客户信息对企业发展并没有用

D. 跨境客户信息是企业客户服务的基础

2. 收集跨境客户信息的困难与挑战包括（　　）。

A. 信息量太大，收集过程中容易忽视有效信息

B. 目前收集客户信息的方法较为单一

C. 信息保护意识让客户信息收集工作难以实施

D. 常用的访问法、问卷法、观察法等信息收集法已不能满足跨境电商多样化的消费市场

3. 收集客户信息的原则包括（　　）。

A. 明确客户来源，了解目标客户

B. 先里后外

C. 由近及远

D. 收集信息时先通过客户交易记录、访问记录、交谈记录等方式收集

4. 有代表性的社交网站包括（　　）。
   A. Facebook　　　　B. Instagram　　　C. Pinterest　　　D. iTao
5. 对于 Pinterest，下列说法正确的是（　　）。
   A. 可以依据目录、关键字找到你想要找的相关的群
   B. 可以查找竞争对手的粉丝
   C. 可以搜索 Pinterest 的红人
   D. 是兴趣类的社交网站
6. 下列关于客户信息管理的说法，正确的有（　　）。
   A. 客户信息管理是跟随客户关系管理应运而生的管理方式之一
   B. 客户关系管理，为英文 customer relation management 的直译，简写为 CRM
   C. 客户关系管理是先进的管理策略
   D. 客户关系管理是凭借现代信息技术，识别、筛选、发展和保持客户的商业过程
7. 跨境客户信息管理的作用包括（　　）。
   A. 能够帮助企业提高自身竞争力、服务质量和可持续发展
   B. 促进企业产品和服务的推广
   C. 帮助企业挽留客户，防止客户流失
   D. 跨境客户信息管理对企业发展并无帮助
8. 客户信息管理可分为（　　）等几个方面。
   A. 客户信息收集、整合和处理　　　　B. 建立客户信息档案
   C. 客户信息利用　　　　　　　　　　D. 客户关怀与营销

三、判断题

1. （　　）跨境客户信息和跨境电商的发展没有直接关系，因此跨境客户信息不重要。
2. （　　）跨境客户信息是跨境电商企业决策的基础，是对跨境客户进行分级管理的基础，是与客户沟通的基础，也是实现客户满意的基础，因此跨境电商应当重视和掌握跨境客户的信息。
3. （　　）跨境电商在收集跨境个人客户信息和企业客户信息时，侧重点不一样。
4. （　　）跨境个人客户的消费情况，如消费金额、消费频率、消费档次、消费偏好、最近一次消费时间等是跨境电商在收集客户信息时需要关注的。
5. （　　）在收集跨境企业客户信息时，除了需要收集其基本信息，如跨境企业的名称、地址、电话、创立时间、组织方式、业种、资产等，还需要收集跨境客户的业务状况和交易状况等信息。
6. （　　）跨境电商掌握详尽的客户信息，并对客户信息进行系统分析，不能帮助企业不断地提高客户服务质量、提高客户服务的满意度。
7. （　　）信息的收集和利用应遵循由内部资料检索到外部资料的原则进行。先充分利用公司内部通过客户交易记录、访问记录、交谈记录等方式收集的客户信息资料，再通过各种途径搜索新的客户信息。
8. （　　）我们可以通过搜索引擎收集跨境客户信息，也可以通过社交平台收集跨境客户信息。
9. （　　）我们可以根据客户的社会属性、行为属性及价值属性对跨境客户信息进行分

类管理维护。

10. （　　）根据价值属性，即客户对企业的贡献度大小，可以将客户划分为不同的等级，从而找出真正给企业带来利润的 VIP 客户群。

11. （　　）当我们对客户进行维护时，可以频繁地给客户发送邮件。

12. （　　）进行客户关系维护的核心是关怀，对客户进行生日关怀、节假日关怀是拉近客户关系、提升黏度与品牌影响力的重要手段。

四、简答题

1. 为什么说跨境客户信息对跨境电商至关重要？
2. 跨境客户信息收集的原则有哪些？
3. 试列举跨境客户信息收集的渠道和方法。
4. 跨境客户信息管理的作用有哪些？
5. 试描述跨境客户信息管理的步骤。

实践操作

跨境客服艾伦在速卖通上经营一家童鞋网店。经理要求每位跨境客户服务人员要为自己联系过的客户进行资料建档，以便制定相应的服务策略。请帮艾伦建立客户信息档案。

操作要点：

操作 1. 对已经成交的跨境客户如何建立客户信息

_____
_____

操作 2. 对于还未成交的客户如何建立客户信息

_____
_____

操作 3. 对跨境客户信息予以整合和处理

_____
_____

操作 4. 对跨境客户进行细分

_____
_____

情景五

跨境客户的分级分类管理

【习语典读】
中国将推动跨境电商等新业态新模式加快发展，培育外贸新动能。
——习近平

子情景一 跨境客户分+级的内涵与意义

 学习目标

知识目标

- 了解跨境客户分级的意义。
- 了解跨境客户分级的必要性。
- 了解跨境客户分级的内涵。

能力目标

- 能对买家信息进行有效的管理。
- 能对跨境店铺客户进行初步分级。

素质目标

- 培养以互联网思维管理客户信息的能力。
- 培养良好的沟通能力。

思政目标

- 树立正确的客户信息管理伦理观。

微课抢先看

 项目背景

知识导入

浙江英卡顿网络科技有限公司的跨境客服专员艾伦的日常工作中有一项重要的任务就是管理邮件。具体工作内容包括发送营销邮件、回复客户邮件等。一般跨境电商平台中店铺的营销邮件有两种发送渠道，一种是通过第三方网站的个人邮箱发出；另一种是通过速卖通平台发送。显而易见，通过速卖通官方平台发送的营销邮件，相较于第三方渠道邮件更加具有说服力与吸引力。然而，速卖通平台的站内营销邮件并不是无限量发送的，平台会根据"卖家星级"每月给予卖家一定数量的营销邮件发送权。"卖家星级"越高，可发送的营销邮件数量就越多。跨境电商店铺的营销对象众多，但平台营销邮件数毕竟是有限的，艾伦应该如何选择这部分邮件的发送对象，以达到最优营销效果？

任务实施

步骤1：通过对"已完成订单"的买家信息的管理，对买家进行甄选分级，利用第三方软件或自制表格进行备注。

步骤2：根据买家的不同级别，确定营销邮件发送目标。

步骤3：要树立正确的客户信息管理伦理观，在进行客户信息整理分级的过程中，注意保护客户的地址、联系方式等隐私信息，杜绝泄露客户隐私行为。

知识铺垫

每一个经营者都遵循这样一个行为准则——"以客户为中心"。但我们需要知道的是，每一位客户给企业带来的收益是不同的，所以我们是否应该对所有的客户提供一模一样的标准化服务？"二八法则"在经济与社会生活中无处不在。例如，对于一家百货商场而言，25%的客户为其创造的年利润占其总利润的82%；一家在速卖通平台上出售渔线的店铺，76%的销量来自其21%的客户。也就是说，少量的客户会为商家带来大量的利润，剩余的客户则仅能为商家的店铺带来薄利甚至负利。

在跨境店铺运营过程中，面对浏览平台的海量客户，一视同仁的结果是与真正优质的客户擦肩而过，那我们又应如何有效甄选将为我们带来收益的客户，并进行精准化营销与服务？

一、跨境客户分级的内涵

客户分级是指企业打破对所有客户一视同仁的固有模式，通过技术手段，根据客户对企业的价值贡献，以有效的划分方式将现有客户与潜在客户进行分级区分的客户管理方式。要找出哪些客户更有价值、需要重点服务、谁是潜在客户、客户的需求是什么。在进行有效分级后，针对不同级别的客户制定差异化的服务策略，对高级别客户提供价值更高的服务，对低级别客户减少服务投入。

当前很多企业使用CRM系统对客户进行分级，这不仅可以完成企业对客户的统一识别，而且可以将其用于指导企业进行客户管理的战略性资源配置与战术性服务营销对策应用，支撑企业以客户为中心的个性化服务与差异化营销。例如，客户分级既可以对客户的消费行为进行分析，也可以对客户的消费心理进行分析。企业可以针对拥有不同行为模式与消费习惯的客户提供不同的服务内容，也可针对具有不同消费心理的客户提供不同的促销手段等。客户分级也是进行其他客户行为分析的基础，运用分级后的数据进行深度解析，可得到更有意义及有针对性的结果。

> **案例**
>
> IBM 公司曾经对所有客户提供标准化服务。不论是大宗采购商还是个人购买客户，均可享受精英服务团队的销售及维修服务。尽管 IBM 的品牌服务有口皆碑，但高昂的服务成本带来了利润的严重下滑。痛定思痛，IBM 公司在 20 世纪 90 年代后开始对客户进行分级，调整了对不同级别客户的服务投入，主要是降低了对一些小客户的服务投入。例如，取消了原先对所有客户提供的免费修理旧机服务，转而对一些于企业盈利贡献较小的客户适当收取一定的服务费用。而对大宗采购客户及高端客户则提供更为高效优质的售后服务以提高客户忠诚度及品牌美誉度，由此带来的效益提升显而易见。

尽管基于企业的逐利本质，企业针对不同级别客户提供的差异化服务已普遍为客户所接受，但对于低价值客户却仍应保持服务质量，毕竟这部分客户为企业提供了"基数贡献"。例如，高铁集团为购买"商务座"的乘客提供宽敞的乘车环境、舒适的座椅及一次性拖鞋、免费的茶点及饮品，也并未忽略对"二等座"乘客提供基本的旅行服务。如若过于追求分级服务，忽略对于大量"小客户"的基础服务，反而不利于企业的发展。

二、跨境客户分级的意义

（一）合理调配有限资源

即使在情感上，企业应当重视每一位客户，但毕竟现实可使用的资源有限，因此把企业资源平均分配给每一个客户的做法是不明智的，是一种资源的浪费。无论是跨国集团还是沿街商铺，抑或跨境平台店铺，经营者的客户群体中必然会有一部分带来主要盈利的大客户和一部分根本无法带来盈利甚至可能会造成亏损的小客户。如果对其一视同仁，会让大客户有被忽视的不满，从而失去品牌忠诚度，转而投向别的为优质客户提供高端服务的品牌的怀抱。而以牺牲大客户为代价的同等服务却未必能让小客户为企业创造更多的价值。这是因为，即使部分现有的低级别客户有成长为大客户的购买力，但这部分客户对成为大客户并没有兴趣，因为他们为企业贡献再多，享受的也是无差别服务。因此，对客户进行有效分级并提供差异化服务，有利于企业有限资源的分配，且可以集中精力为高端客户提供全方位的优质服务。

> **案例**
>
> 某五星级酒店根据消费时间、消费频次等信息对曾入住的用户进行客户分级，分出主力客、回头客、"僵尸"客、团队客等，然后选取主力客与回头客进行精准维护。首先，在客人住店消费期间，提供贵宾专属休闲服务，如免费的下午茶、免费的健身课程等。其次，进行针对性的客情关系维护，增加与客人的互动。例如，保洁人员在做完清洁后，留下手写字条征求客人意见；酒店经理赠送果盘或小礼品等。最后，在非住店期间进行关系维护。例如，在客户生日时邮递一份礼物或在节假日时送上祝福等，让客户体验到酒店对他的重视。
>
> 又如，更多的银行开始重视对客户群的细分，它们主要以客户能为银行带来的利润大小来决定客户得以享受到的服务级别。第一层次是所有客户都能享受到的基本的必不可少的服务；第二层次是在基础服务上增加一些附加的并非对所有客户都提供的服务，如理财

产品到期时，电话知会客户等；第三层次是提供让客户明显感受到优待的服务，如服务大厅设置专门的VIP区及贵宾服务窗口，配备专门的业务引导员提供产品介绍及服务咨询等。

对于跨境贸易平台运营者来说，更需要形成一套划分方法，将客户进行分级并区别对待，从而将有限的人力资源进行更有效的分配。只有筛选了"随口问问"及"三心二意"的客户，才能把大部分时间放在对高级别客户进行精准化的维护及营销上。

（二）维护现有客户，实现客户满意

由于每个客户为企业做出的贡献及给企业带来的价值不同，其对企业的服务需求和预期待遇也会不同。通常，自认为给企业带来了较多利润的客户更期望能得到不同于普通客户的服务。例如，假日酒店的白金卡客户期待在入住时可以免费升级房型；银行大额存款客户希望在贷款时能有更优惠的利率折扣。对客户进行分级管理，根据不同的客户选取不同的沟通策略，根据客户的贡献度和价值选择不同层级的维护策略，为高级别客户提供更贴心的服务及优惠的产品，能更好地提高客户满意度。

曾有学者提出，客户保持率的增加与行业平均利润增加幅度成正比，且影响非常大。其原因是维持现有客户的成本要远远低于获取新客户的成本。当然，维护现有客户也需要一定的投入，并非所有的客户都会与企业发展长期合作关系。因此，如果盲目地以所有老客户作为维护对象，同样也是一种资源浪费，故而区分客户价值后进行有效的客户分级势在必行。

（三）甄别潜在客户，获取新客户

对于一个企业而言，老客户维护是客户关系管理工作的重点，但新客户的开发工作也不容忽视。由于很多企业在进行新客户的开发时采取的是广泛撒网之法，缺乏针对性，因此开发对象反馈率低，导致新客户的获取成本往往高于老客户的维护成本。因此，跨境电商运营人员应对潜在客户进行分级识别，判断最有可能成交的对象，有针对性地开展推广活动，以尽可能少的投入获取更多的潜在客户，以便最大限度地节省新客户的获取成本。

 案例解析

一、案例背景

艾伦在管理一个经营太阳眼镜的店铺，12月初，经理告诉艾伦，公司决定在新年来临店铺活动期间回馈老客户，并将活动安排相关工作交由艾伦完成。Facebook是众多跨境卖家与粉丝互动的主要社交平台之一，艾伦打算在Facebook上发布活动信息。那么艾伦应如何安排此次营销活动，才能达到更好的老客户维护效果，以提高客户满意度？

二、操作步骤

（1）在Facebook上发布面向所有老客户的节庆优惠活动方案。

（2）给一些认真发布过好评的客户发新品推荐私信及针对这部分客户的赠品活动。

（3）向有过回购行为的老客户介绍此次店铺活动的核心优惠并说明优惠券领取方式或直接寄送小礼品等。

三、案例总结

针对不同价值的老客户给予不同的服务与待遇，能极大缩减客户维护成本，起到事半功倍的效果。需要特别注意的是，亚马逊官方禁止所有通过有偿报酬诱导买家给出好评的行为。因此，随货物寄送的小卡片切忌有类似好评返现的语句，随赠的小礼品价值也不应过高，否则会被亚马逊认定为有贿赂客户的嫌疑而遭受惩处。

子情景二　如何进行跨境客户分级

  学习目标

知识目标

- 掌握跨境客户分级的方法。
- 掌握客户分级标准。

能力目标

- 能对跨境客户进行分级。
- 能分析各级别客户特点。

素质目标

- 培养进行有效客户分级的能力。
- 培养与不同级别客户进行沟通的能力。

思政目标

- 培养学生养成"抓主要矛盾和矛盾的主要方面"的哲学辩证思维。

 微课抢先看

项目背景

 知识导入

浙江英卡顿网络科技有限公司的跨境客服专员艾伦在成功上架了一款新产品后，几天内收到了70多封站内信，且大部分是客户对产品相关情况的咨询。由于工作繁忙，艾伦无法做到一一回复，那么他该如何处理这么多的邮件？

任务实施

步骤1：明确客户分级标准，根据客户对企业的价值进行分级。

步骤2：针对不同级别的客户提供对应的服务。对于有多笔交易且交易额较高的客户信件优先回复并附上详细的优惠方案。

步骤 3：通过学习企业对关键客户需进行重点维护的分级管理思路，培养学生树立"抓主要矛盾和矛盾的主要方面"的哲学辩证思维。

 知识铺垫

一、现有客户分级

跨境平台店铺运营商应根据客户给店铺创造的利润和价值的大小塑造一个"客户金字塔"模型。给企业创造利润和价值最大的客户位于"客户金字塔"模型的顶端，给企业创造利润和价值最小的客户位于"客户金字塔"模型的底部。企业可将"客户金字塔"模型进行三层级划分，分别是关键客户、普通客户和小客户，如图5-1所示。

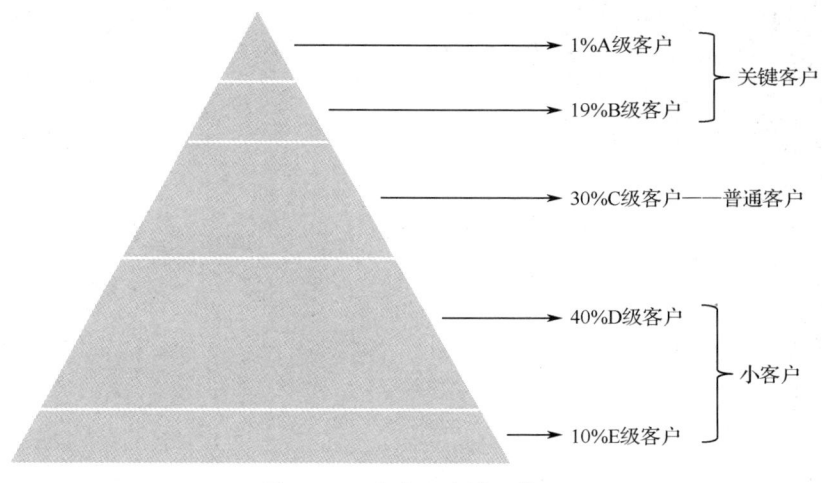

图 5-1 "客户金字塔"模型

（一）关键客户

关键客户由位于"客户金字塔"顶端的 A 级客户与 B 级客户组成，可以说是一个企业的核心客户群体，通常占企业客户总数的 20%。如前文所说，这部分客户往往向企业贡献了总利润的 80%，应成为企业重点维护的对象。

1. A 级客户

A 级客户是指在"客户金字塔"顶层，仅占整个企业客户群体的 1%，却能为企业带来最大价值的客户。

A 级客户也是跨境电商卖家产品的重度用户，对商家和产品有较高的忠诚度，是商家客户资源中最稳定的一部分。这部分客户对产品的价格升降敏感度不高，对新品有一定的好奇，有兴趣试用且乐于帮商家推荐商品，为商家节省了开发新客户的成本。他们为商家创造了绝大部分利润，并且能保持较好的长期合作关系，还有较高的增值潜力。他们有多次回购行为，而且只要卖家上了新品，他们常常是第一批关注并下单购买的客户，甚至不需要咨询客服。同时，他们热衷于在评论页面分享自己的使用心得、商品实物图等，认真地留下好评，给后来者以正面的参考信息。因此，A 级客户是最有价值的一类客户。卖家拥有 A 级客户的数量，决定了其在跨境贸易平台上的竞争力。

2．B级客户

在给企业带来最大价值的前20%的客户中，除1%的A级客户外，剩余的19%可列为B级客户。

B级客户通常对卖家的产品使用量较大，但相较于A级客户而言，他们对商品价格的敏感度会更高一些，因此为商家创造的利润和价值没有A级客户那么高。而且他们会同时关注、购买、使用多家同类店铺的商品，如在购买发饰时，会固定在速卖通上的两三家饰品店里选择而不是执着于同一家店。因此，尽管他们也会积极地将喜好的商品推荐给新客户，但他们对于店铺及商品的忠诚度不如A级客户。这部分客户的购买行为更加理性，会对常购的几家店铺进行比较，选择性价比较高的一家下单；有一定的回购行为，并且在收货后也能及时确认收货并同意放款；愿意留下带一定正面表述的好评；很多时候基于对常购店铺的信任，普遍存在自主购物行为。对这类具有一定提升潜力的客户，企业也应当投入相当的资金保障。

关键客户对卖家相对比较体谅，遇到跨境电商交易中一些不可抗力带来的交易问题，也能积极友好地与商家进行沟通解决。因此，他们对商家的市场战略具有重大影响，也能为商家带来最大的盈利。对于这部分客户的管理目标就是尽一切可能维护这部分客户群体，与他们保持一种长期稳定的战略合作关系。

（二）普通客户（C级客户）

C级客户是指在为企业创造价值的前50%的客户中，除关键客户外的客户群体，通常占客户总数的30%，即普通客户群体。普通客户的购买行为具有一定的偶然性，即只是偶然进入店铺，偶然产生购买行为，如受打折或优惠活动吸引。这部分客户多是对产品有较为明确的需求导向，基本是冲着产品而来。因此，他们可能会与客服有一定程度上的交流，以进一步了解产品相关信息。如果卖家在货物中留下邀请留评的信息，他们在收货后也会留下好评。普通客户通常是较为理性的消费者，如遇物流延迟、货损等问题也会接受卖家的沟通建议。这部分客户虽然在购买力、忠诚度及价值创造方面远不及A级客户与B级客户，但客户数量较大，所以卖家即使不进行特殊对待，也应给予一定的重视，因为他们有可能发展成为关键客户，进而为卖家带来可观的利润。对于普通客户的管理应以提高其在店铺购买产品的频次为目的。

（三）小客户

小客户群体数量占客户群体总量的50%，在"客户金字塔"中位于最底层。这部分客户总购买量不多，忠诚度也较低。

1．D级客户

在为跨境电商卖家贡献价值较低的小客户中，有近40%的客户可能仅进行此一次购买，在购买前由于对店铺与卖家不了解，常需要客服与其进行较长时间的沟通，咨询次数多，下单慢，并且一般不会在收货后第一时间进入平台确认收货及同意放款，卖家通常要等平台放款规则时限到期才能收到款项。并且这部分买家未必会主动为商品留下好评，常是一次交易结束后即消失，再也联系不上。遇到物流延迟、货损等问题时会比较着急、焦虑，出于对卖家的不信任，可能会直接向平台申诉，也会要求一定程度的赔偿。卖家对这类贡献度较低的客户，不需要进行特殊的关照。

2．E 级客户

这部分客户可以说是跨境电商卖家的噩梦。前期的各种咨询、对商家的不信任、对商品的质疑让客服哭笑不得；下单后不断催货；收货后各种挑剔，要求退货甚至拒绝付款却不退货，以差评要挟卖家返现或补寄礼品等。这部分客户经常提出苛刻的服务要求，消耗卖家资源，也是问题客户，会向他人抱怨，破坏店铺形象。这是会让商家蒙受损失的客户，过多占用资源却不能为其带来利润，甚至在很大程度上侵蚀了商家的利润。商家可以通过一定方式给予剔除，以降低客服人员的工作量，也保护店铺信誉及收益。

二、潜在客户分级

（一）新的潜在客户

新客户的开拓是非常必要的，无论是传统外贸还是跨境电商，一名好的外贸业务员，必然需要不断地挖掘新的潜在客户。新的潜在客户的来源主要依靠网络，传统外贸企业常常选择登录与自身经营范围相符的专业网站，在上面发布供货信息并留下企业联系方式，同时搜索客户发布的需求信息，主动与有需求的客户取得联系，以积累客户资源。一些业务员会选择使用阿里巴巴商务通进行新客户的挖掘与开发。也有许多企业为公司与品牌建立网站，以发布更为全面的产品宣传信息，吸引新客户。除上述几种方法外，当前跨境电商店铺的潜在客户主要依靠流量引入。亚马逊招商规模的持续扩大使其商户数量呈现井喷式增长，而亚马逊是一个极度保护会员的跨境电商平台，在平台流量"僧多粥少"的情况下，卖家站内引流的成效有限，所以越来越多的亚马逊卖家开始重视 Facebook、Twitter 等站外引流工具的使用。

（二）曾经有过优质购买行为的客户

所谓优质的购买行为，是指购物目的明确，不需要与客服沟通或与客服咨询时态度友好，下单非常干脆，收货后及时确认，即使遇到问题与困难也是积极主动地与卖家共同商讨解决方案，并且在使用后认真留评的客户。而对于曾经有过优质购买行为却没有再次回购或许久未曾联系的客户，也可将其作为潜在客户。

（三）因某些原因未下单的客户

这类客户是指曾经与客服有过比较友好的沟通、对商品表现出较大兴趣却未下单的客户。这部分客户可能是在多家店铺之间对比后，根据需求选择了性价比最高的一件产品，也可能仅仅因为价格的原因而迟迟未下手，所以这部分客户也属于潜在客户。

（四）现在的客户

跨境电商卖家也应将现有客户作为潜在客户，与新的潜在客户开发一样给予重点关注。有过交易行为的客户，更容易信任卖家对于产品的描述，认可卖家的服务。把现有客户作为潜在客户对待，可以增加回购率。

情景五 跨境客户的分级分类管理

案例解析

一、案例背景

艾伦接手公司一个销售女式泳装的速卖通店铺。经理交给他一个任务，让他好好管理一下已成交订单的客户。后台数据显示，该店铺历史订单达 5 000 多笔，艾伦应如何管理这些订单客户？

二、操作步骤

为帮助卖家管理好自己的客户，以识别其中诚信且有较强购买力的优质买家并进行针对性营销，提高销售额，速卖通平台推出了买家管理营销工具。其中的客户管理功能具体如下：

登录"我的速卖通"，点击"营销活动"→"场景营销"（如图5-2所示），进入客户管理营销页面。场景营销是商家私域营销触达的新工具，可选择智能推荐方案也可自定义。

图 5-2　场景营销客户管理界面

在该页面可以管理所有对店铺有过操作行为的客户信息，比如活跃老客人群、领券人群、潜力访客、收藏人群、待支付订单催付、店铺粉丝、加购人群等，以为不同的客户群体制订有针对性的营销计划。

三、案例总结

跨境电商平台的卖家也可以使用 Excel 表格对现有客户的订单进行整理分类。根据每个买家所在的国家（地区）、购买金额、购买频次、购买喜好、购买周期、沟通程度、评价情况等信息，划分关键客户、普通客户与小客户，以减少维护客户的成本。

子情景三　如何有效管理各级跨境客户

学习目标

知识目标

- 掌握对现有客户进行分级管理的方法。
- 掌握对潜在客户进行分级管理的方法。

能力目标

- 能制订分级管理方案。
- 能对各级客户进行区别管理。

素质目标

- 培养良好的沟通协调能力。
- 培养处理各级跨境客户关系的能力。

思政目标

- 培养学生树立对客户以诚相待、以客户为中心的服务理念。

微课抢先看

知识导入

项目背景

浙江英卡顿网络科技有限公司的跨境客服专员艾伦利用速卖通后台的买家管理营销工具对已成交订单客户进行了初步的分级。经理要求他给出一个针对不同级别客户的维护方案。

任务实施

步骤 1：区别对待为店铺贡献不同价值的客户，将工作重点放在为店铺提供 80% 的利润的关键客户上，给予特殊关照，提供最佳服务，提高满意度，维系他们对企业的忠诚度。

步骤 2：合理分配客户管理成本资源，积极提升各级客户在"客户金字塔"中的级别。

步骤 3：以客户为中心有效合理地分配企业服务资源，对每个层级的客户都做到以诚相待。

知识铺垫

客户分级管理是指跨境电商卖家在依据客户带来利润和价值的多少对客户进行分级的

基础上，为不同级别的客户设计不同的维护项目。

一、现有客户分级管理

（一）关键客户的管理

由 A 级客户与 B 级客户组成的关键客户创造了商家近 80%的利润，是店铺发展的基石。维护这部分客户成功与否，对整个店铺的经营业绩起到决定性的作用。而乐于试用新品，对价格敏感度低，并积极进行产品推荐的优质客户往往是众多商家争抢的对象，其他卖家可能会以更优的条件去吸引这部分优质客户。因此，卖家应将关键客户的维护工作当成一项持久战，认真提升与关键客户的良好关系。同时，关键客户与店铺之间的关系是动态的，即现在的 A 级客户有可能因为自身原因或店铺原因流失，现在的 B 级客户可能会成长为新的 A 级客户。同样，现在的普通客户也有机会发展为关键客户。因此，卖家应对关键客户的动向做出及时反应，不仅要避免现有关键客户的流失，又要对新成长的关键客户进行积极维护。

1．设立专门服务团队

对于小卖家来说，关键客户群体总人数有限，由店铺负责人亲自处理这些客户关系也无不可。但如果是跨境电商平台上的大卖家，这种做法势必会分散管理层的精力。因此，现在一些传统外贸企业管理者一般选择给特别重要的关键客户安排一位客户经理长期保持关注、沟通与服务，其他关键客户则是几个客户安排一个客户经理。对于跨境电商店铺卖家来说，客户群体分散，个体数量庞大，因此需要设立一个专门为关键客户服务的团队，使整个店铺的关键客户管理规范化、标准化。

关键客户服务团队要对归于"客户金字塔"顶端的 A 级客户与 B 级客户进行准确的信息收集，利用客户数据库分析每位关键客户的交易历史，包括买家的采购次数、累计采购金额、最近一次采购时间、买家的国籍等信息；再根据客服在沟通过程中对买家的了解情况填写相关备注，包括客户的购买需求、购买习惯、购买频率、购买类型等，以了解关键客户的需求和采购情况，及时与关键客户就市场趋势、合理库存量进行商讨，为管理者提供准确的关键客户信息，协调技术、生产、销售、物流等部门根据关键客户的要求设计不同的产品和服务方案。关键客户服务团队还应关注关键客户的动态，强化对关键客户的跟踪管理，对出现流失动向的关键客户更要深入分析及沟通。

2．整合资源，重点服务

既然 20%的客户为店铺带来了 80%的利润，那么我们也应向这部分客户投入 80%的服务资源，因为关键客户对店铺的价值贡献最大，他们自身也会对服务有更高的要求。如果商家心安理得地享受关键客户带来的利润却不进行特殊关怀，关键客户可能会滋生不满情绪，出现流失现象。有些商家选择直截了当的价格优惠，作为对关键客户贡献的奖励；当然也有部分关键客户在价格优惠之外更为重视商家为其提供的超值服务。例如，银行业往往会设置贵宾服务窗口，机场会设置贵宾休息室与服务通道，酒店会安排贵宾服务区等，这些服务都会使关键客户产生一种优越感。

跨境电商卖家应根据关键客户服务团队提供的客户信息及情报，准确预测关键客户需求，于客户提出要求之前服务，如主动提供售前、售中、售后的全程、全面、高档次服务。也可邀请关键客户为产品的研发、设计、定价等提供意见，以便更好地满足关键客户的需求，提供更为精准化的服务。例如，在速卖通平台上经营 T 恤的店铺客服在与关键客户沟通时，可以强调对方是特殊贵宾，店铺为其推出了一项定制化服务，可以根据客户提供的照片为客户印制专有图案。在服务力度和产品资源方面，也应向关键客户倾斜。例如，店铺在参加速卖通平台的俄罗斯团购、巴西团购、印度尼西亚和西班牙团购活动时，由于流量庞大，订单量可能面临井喷状态，卖家应备好足够的货物，协调生产与配货、发货等部门，保证在销售旺季对关键客户的供应。在供货紧张时，应优先保证关键客户的需要，以免因缺货而引起关键客户的不满。对于部分关键客户而言，直接的财务利益也是他们乐于接受的。传统外贸公司可能会采取适当调整付款时间、约定让买方资金周转较为宽松的付款方式，以奖励关键客户的忠诚。而跨境电商店铺则可以考虑直接给予优惠的价格与折扣，或者为优质的关键客户提供灵活的支付条件和安全便利的支付方式。

3．保持密切联系，加强情感交流

跨境电商卖家应加强与关键客户的沟通与交流，让关键客户感受到商家对其重视与认可，体会到自身价值的升华。

与关键客户进行定期沟通非常重要，无论是通过网络社交平台、跨境电商平台站内信，还是邮件或电话。商家应针对关键客户制订一个沟通计划，以便更新关键客户的需求，及时发现问题并解决问题。其频率应远远高于与普通客户的沟通，而对小客户则无须着重进行一对一沟通。经常对关键客户进行意见征询有利于提升关键客户的信任度。例如，传统外贸公司会选择每年邀请关键客户与企业高层进行会面，听取关键客户对企业产品开发、设计、生产、包装、服务、营销等方面的意见与建议，同时会向关键客户介绍公司下一阶段的发展计划与产品计划。这些方法有助于企业与关键客户建立长期、稳定的战略合作伙伴关系。而对于跨境电商平台店铺运营商来说，关键客户个体多，分布于不同国家与地区，且多为零售客户，面对面的座谈显然不可行。此时，网络社交平台的社区功能成为群体沟通的首选。

关键客户对卖家相对比较体谅，在遇到跨境电商交易中一些不可抗力带来的交易问题时，能积极友好地与商家进行沟通解决，但这并不意味着卖家可以忽视关键客户遇到的问题。关键客户无论是对产品本身，还是后续的物流服务提出的投诉或怨言，卖家需要第一时间启动售后服务应急方案，优先、认真、迅速并且专业地解决问题。简言之，当关键客户遇到问题时，卖家应当更为重视并进行最为及时有效的处理。因此，他们对商家的市场战略具有重大影响，也能为商家带来最大的盈利。对于这部分客户的管理目标就是尽一切可能维护，并与其保持一种长期稳定的战略合作关系。

（二）普通客户的管理

普通客户即 C 级客户，这部分客户虽然在购买力、忠诚度及价值创造方面远不及 A 级客户与 B 级客户，但客户数量较大，所以卖家即使不进行特殊对待，也应给予一定的重视，因为他们有可能发展成为关键客户，进而为卖家带来可观的利润。因此，根据其创造的利润与价值，企业对普通客户的管理，应侧重于提升客户级别与控制成本两个方面。

1．甄别并培养有升级潜力的普通客户

跨境电商平台上的卖家面临的每一个客户都有第一次进入店铺、第一次与客服沟通、第一次下单、第一次留评的行为。这些客户在最初都属于普通客户，那么我们需要做的就是甄选出有潜力升级为关键客户的普通客户，通过引导、创造、增加普通客户的需求，鼓励普通客户购买更高价值的产品或服务，来提升普通客户创造的价值，提高他们的贡献度。例如，在发送给普通客户的邮件中，可以适当展示店铺为贵宾客户或回购客户的价格优惠或更全面的服务，激发普通客户向关键客户成长的愿望。这也是线下零售行业常用的客户级别培养方法。

也有不少企业根据普通客户的需要扩充产品线，为普通客户提供"一条龙"服务以满足他们潜在的需求，增加普通客户的购买量，提升客户层级。

> **案例**
>
> 经营发饰的店铺，可以设计一套鼓励普通客户增加消费额的计划。例如，对一次性或累计购买达到一定标准的客户设置初级 VIP 会员身份，每次购物金额折算成 VIP 会员积分，达到一定积分可以升级 VIP 会员级别，购物时可以得到一定的折扣，还能参加抽奖或积分抵扣购物金；再高一级的 VIP 会员可以获得定制饰品或在指定饰品上镌刻姓名的服务等，以刺激普通客户购买更多的产品或服务。

2. 减少对无升级空间的普通客户的服务投入

对于剩余的没有升级潜力的普通客户，卖家不需要像对关键客户那般给予特殊对待，也无须像对有升级潜力的普通客户那般进行引导与沟通，基本可以采取"维持"策略，仅提供常规服务。例如，不耗费人力去提供附加服务，缩减为他们服务的时间、服务的内容，即无论在人力、物力和财力上都不增加投入，以降低服务成本。

（三）小客户的管理

对于传统外贸企业而言，它们遵循"二八法则"，着重关注 20%的关键客户无可厚非，跨境电商平台卖家却不可盲目地放弃剩余的价值贡献较小的那部分客户。这是因为随着电子商务的发展，传统意义上的产品存储与流通渠道发生了变化，而只要基于互联网进行销售的产品的存储和流通的渠道足够多，原先销量低、市场需求少、无法打造成爆款甚至比较冷门的低市场份额产品，其共同占据的市场份额有可能达到甚至超过爆款或主流产品所占据的市场份额。正如"长尾理论"所言：众多小市场可以汇聚成与主流大市场相匹敌的市场能量。而在互联网经济时代，小客户基数庞大，且群体有不断扩展的可能，卖家在为关键客户提供特殊照顾的同时，也要重视普通客户与小客户贡献的整合价值。也许相对于 A 级、B 级与 C 级客户来说，小客户的个体购买量不多，忠诚度也较低，下单前常需要与客服进行较长时间的沟通，咨询次数多，下单慢，付款延迟，评价不主动等。然而，大量的小客户是跨境电商平台店铺维持销量、提升信誉和提高店铺评分的有效手段与数据支持。如果我们直接放弃对这部分客户的维护，任其流失，则有可能失去销售规模，销量的降低必然对企业利润产生影响。换言之，如果将小客户全部集中起来，也有可能创造出不可忽视的巨额利润。因此，企业也应尝试用更为合理经济的方法来管理小客户。

1. 挖掘可提升客户层级的小客户

卖家应该帮助有升级潜力的小客户成长，给予其一定的照顾，将其培养成普通客户甚至关键客户。小客户的成长必然带来店铺利润的提升。例如，通过速卖通平台的俄罗斯团购、巴西团购、印度尼西亚团购和西班牙团购活动可以看出，活动期间的大部分订单来自陌生的新客户。这些客户可能以目前的划分标准来看，应暂归于小客户，但在这些小客户中，必然有具备升级潜力的群体，卖家应在最初就给客户留下精产品、重服务的好印象。而且在初次购物行为后，可能有些客户会存在"买家自责"，即由于团购活动的热潮和网站的各种营销刺激使得其做出了购买行为，但下单后会对交易感到不自在，这时候客服对其购买行为的鼓励及对未知产品和服务的不安情绪的安抚就显得非常重要。只有在最开始就重视客户满意度，有购买力的小客户才有可能对产品及品牌产生信任，出现回购行为，增加购买频次和使用量，慢慢提升客户层级。

2. 对没有升级潜力的小客户减少服务投入

对于没有升级潜力的小客户，卖家也不应选择直接放弃，更不应该怠慢客户而让其产生不满。在网络时代，信息传递迅速，一旦一个客户对卖家的产品、品牌乃至服务产生不良口碑，会对企业形象造成巨大的影响。因此，对这类小客户不应简单地采用淘汰、放弃等方法，而是可以参考一些服务行业的做法。例如，广东发展银行对其信用卡用户实行的是首年免年费、次年开始刷满六笔免年费的政策。这样一来，从次年起，未达到刷卡笔数的客户需要根据卡片类别缴纳不同金额的年费。企业还可限制为小客户提供服务的内容与范围，以节约企业资源。银行会鼓励客户在ATM上完成小额资金的存取，以降低柜面人员的人力服务成本。航空公司会在售票时告知旅客，不同级别的舱位可以享受不同的服务，让旅客提前有差别待遇的认知。在航行过程中，头等舱可以享受更为优质高级的免费服务，而经济舱客户可能需要出钱购买餐食及饮料。这种在时间或空间上将不同级别客户区分开来的做法，可以在很大程度上避免小客户发现自己的待遇与关键客户或普通客户存在差异时产生不满。

3. 淘汰劣质客户

可以明确的一点是，并不是所有客户都值得卖家竭尽全力去服务及费尽心思去维护。总有这么一批劣质客户，他们不仅不能为卖家带来利润及价值，还会侵蚀其他客户给卖家带来的利润。例如，拒绝沟通、恶意给差评的客户，不停骚扰客服却迟迟不下单的客户，对产品各种挑剔、中伤品牌与店铺的客户，拒绝付款以差评威胁卖家的客户。一旦这些客户做出破坏店铺与品牌形象的行为，卖家应率先向运营平台提出申诉，而不是受制于人，被迫消耗资源。事后可直接建立劣质客户黑名单，将这些客户列为拒绝往来客户。

总之，针对不同级别的客户采取不同的管理与维护政策，能使关键客户为了享受尊贵的待遇与优质的服务尽力保持自己在"客户金字塔"中的地位；也能刺激并引导着普通客户向关键客户层级方向努力，鞭策有提升潜力的小客户向普通客户乃至关键客户级别发展；劣质客户的淘汰更是从根本上杜绝了资源的浪费，从而使卖家的客户群体以良性态势成长，达到管理资源分配的合理化及效益最大化。

二、潜在客户分级管理

（一）新的潜在客户的管理

前文提到，越来越多的跨境电商卖家选择网络社交平台作为引流渠道。目前来看，Facebook是速卖通、亚马逊、Wish、敦煌网等跨境电商平台站外引流渠道中较易操作的一个社交平台（其他社交平台的例子见图5-3、图5-4）。除能对产品、服务、第三方店铺进行推广外，它还能根据客户的性别、年龄、所在地区、喜好、日常关注习惯做到精准推送。而通过Facebook引流亦有"二八法则"，即卖家在Facebook上分享的内容，50%应与粉丝即新潜在客户的兴趣相关，30%为开放式互动，最后20%才是与产品相关的。也就是说，单纯与产品有关的内容不应过多，应把精力放在制作与目标客户的兴趣、需求、生活习惯相关的内容上，以免引起潜在客户的反感。

图 5-3　李子柒 Youtube 引流

图 5-4　李子柒 Twitter 宣传视频

亚马逊可以说是一个流量为王的平台，商家的销售额提升与流量增长是成正比的。商家通过第三方平台引入的流量越多，销量自然越高，销售额的增加亦会带来商品在搜索页面的排名提升。排名越靠前，平台自然流量的转化率就越高。因此，除 Facebook 外，另一站外引流的"网红明星"——Twitter 也是许多卖家的主要引流阵地之一。与 Facebook 一样，拥有2亿庞大用户的 Twitter 平台也忌讳直接刷广告的行为，容易被认定为营销号而拉黑。为了开发潜在客户，许多卖家会特聘专人运营社交账号。好的社交账号运营人员并不会一上来就刷广告，而是忽略营销广告、推广任务，先以交友的心态去打理账号。首先，完善个人资料是建立公众信任度的必要环节，也是以图片或个人简介进行自我推销的关键一步。其次，卖家可以通过对目标客户的定位，发布他们感兴趣的信息，慢慢聚拢粉丝，建立目标客户小社群。例如，销售帐篷的卖家，可以发布一些野营经历或转发分享一些知名驴友的文章，文章贵精不在多，要用心撰写，切忌敷衍了事，以期引起粉丝共鸣，之后再发布与自己产品相关的文章，提供如产品图片、使用方法、产品优势等信息，吸引粉丝关注。如若有粉丝是购买过帐篷并且已经在户外使用过的客户，他们发布了野营文章，那么一定要及时地去关注并转发。这不仅能让潜在客户对产品产生进一步的信任，而且能让卖家在已购买客户那儿保持了活跃度和存在感。

（二）曾经有过优质购买行为的客户的管理

曾经有过优质购买行为却没有再次回购的客户，也可将其作为潜在客户。可通过向这些客户发送站内信或邮件等方式，了解这部分客户未有后续交易的原因，了解其是否对商品、物流及服务有进一步的需求，并挖掘出符合这部分客户需求的产品向其推荐。

（三）因某些原因未下单的客户的管理

对于此类客户，可以采用上述面向有过优质购买行为却未回购的客户的方法，不过第二类客户通常更具有购买力。这类客户迟迟未下单有可能是价格原因，可以告知客户店铺进行优惠促销的时间，吸引客户届时购买。也有部分客户是因对产品尚存疑问而未下单，此时卖家除优化完善货物描述外，还应关注客户评价，这也是许多潜在客户在选购商品时的重要参考因素。

在亚马逊上有买家反馈（Feedback，见图 5-5）和商品评论（Review，见图 5-6）两套评价体系。Feedback 是客户对已购买商品做出的关于产品品质、服务水平、物流服务等方面的评价。换言之，只有与商家发生真实交易的客户才能发布 Feedback。而 Review 则是对商品本身的评价，只要是在亚马逊有购买记录的会员，可对任何商品写 Review。在进入店铺之前，Review 是进入平台的客户选品的主要参考因素之一。

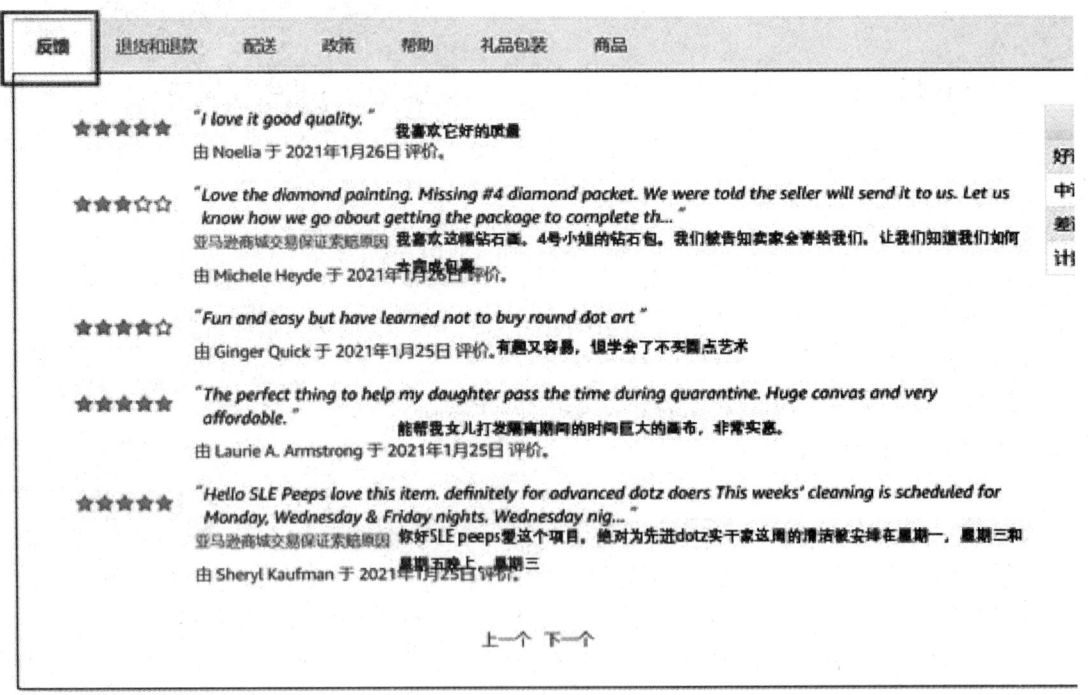

资料来源：亚马逊船长 BI.

图 5-5　亚马逊 Feedback 页面

Feedback 是店铺考核指标之一，会在店铺首页及店铺评价详情里清晰地显示。Feedback 的评分会影响店铺绩效和排名，过低的评分甚至可能导致店铺被亚马逊取消销售权限。

亚马逊的部分新卖家总是热衷于向顶级评论员（Top Reviewer）索要 Review，但并不是所有的 Top Reviewer 都接受邀请。此时，无区别复制粘贴的邀评邮件，可能会面临被系统当成垃圾邮件处理，或者被收件人直接当成无用邮件删除。因此，为了有更好的曝光量和销量，让一些犹豫不决的潜在客户能对产品有更加直观的认知并产生信任感，让他们在面临选择时毫不犹豫地挑选卖家的商品，卖家需要好好地经营 Feedback 和 Review 两套评价体系。

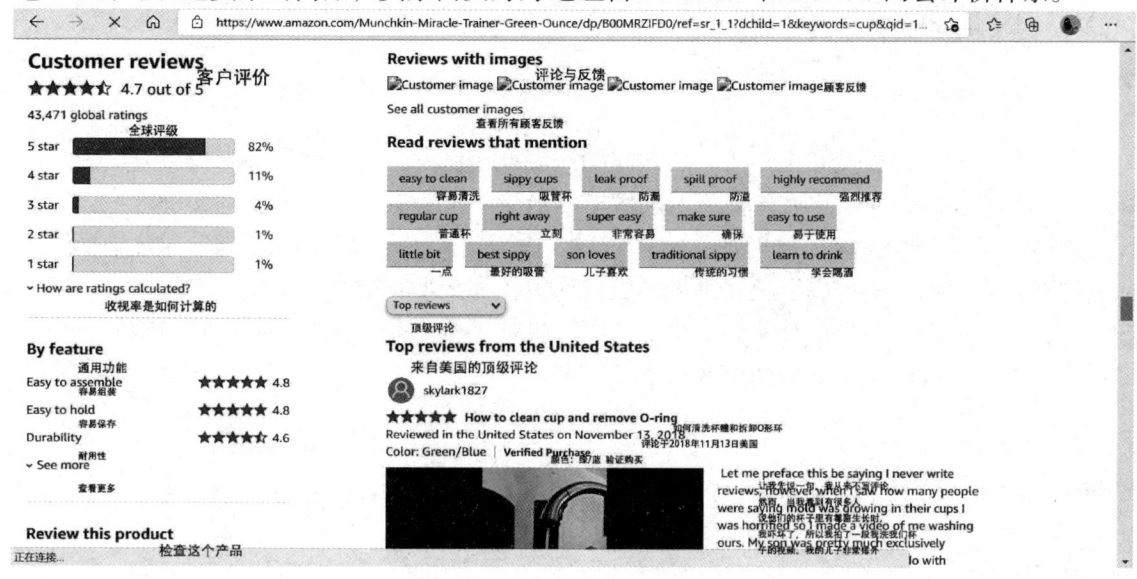

图 5-6　亚马逊顾客 Review 页面

（四）现在的客户的管理

当将现有客户作为潜在客户对待时，卖家需要做的就是针对优质客户开展二次营销。例如，在换季清仓时把部分产品特价销售，并通知客户店铺即将开展的让利活动；在最新产品上市前，可以邀请客户试用；在新品上市时，向客户发送广告宣传新品；在"黑色星期五"、"网购星期一"和元旦等西方国家重要节日或购买高峰期时推出爆款与回馈老客户的特价产品组合等。把现有客户也作为潜在客户对待，主动开展针对现有客户的二次营销，可以增加回购率，获得稳定的交易量。

案例解析

一、案例背景

艾伦按照经理的要求，通过速卖通平台的买家管理营销工具对订单客户进行了信息管理，根据其购买需求、购买习惯、购买频率、购买类型等信息，将其划分为关键客户、普通客户与小客户。目前这个店铺的卖家服务等级是良好，根据速卖通平台规则，店铺每个月可以发送 200 封营销邮件。在识别客户的基础上，他应如何分配每个月的营销邮件发送对象及内容？

二、操作步骤

（1）通过客户管理营销工具识别需要维护的重点买家，向其发送新品上架情况及打折与促销的信息，或者对售后满意度进行调查。

（2）对于曾有过优质交易行为却许久未再下单的客户，向其发送新品上架情况并了解其流失原因，再有针对性地改善自己的产品与服务。

（3）对于劣质客户，可以选择直接拉进黑名单，不仅无须向对方发送营销邮件，还可拒绝回复对方的骚扰邮件。

三、案例总结

需要注意的是，尽量避免在短时间内向同一客户多次发送营销邮件，以免有过度骚扰之嫌，引起客户反感。对于忠诚度高、对品牌非常热爱、极为关注新品情况的关键客户，可以保持每月发送1~2封邮件。同时应了解客户过往的历史购买记录与偏好，有针对性地推荐产品：如果该客户以往的订单以色彩鲜艳的服装为主，那么推荐的产品也应投其所好；如果客户一直以来购买的商品总价都不高，就尽量向其推荐平价产品。同时针对不同级别的客户，可以发送不同程度的优惠券，邀请客户下单回购。

子情景四　跨境客户分类管理

 学习目标

知识目标

- 了解客户分类管理的必要性。
- 掌握跨境客户分类的方法。

能力目标

- 能对客户进行有效分类。
- 能根据客户分类制订管理方案。

素质目标

- 培养分析客户行为特征能力。
- 培养实施客户分类管理能力。

思政目标

- 培养学生树立尊重客户的价值观。

微课抢先看

 项目背景

浙江英卡顿网络科技有限公司的跨境客服专员艾伦对其负责店铺的现有客户进行了分级，并为各层级客户制订了对应的服务与维护方案后，又接到了另一项任务：经理要求艾伦

知识导入

考虑从客观属性分析不同客户的需求,然后进行归类,并制订推广方案。

任务实施

步骤1:收集客户的购买记录、消费习惯、浏览特征等信息。
步骤2:判断客户需求、消费水平、购买能力并进行归类。
步骤3:"己所不欲,勿施于人"。(《论语》)通过学习根据不同客户类别制订对应推广方案,使学生在跨文化交往中,学会尊重和包容不同文化背景、不同消费水平的客户需求。

知识铺垫

20世纪50年代,美国学者温德尔·史密斯认为每类产品的客户群体需求及特性并不是统一标准的,在群体里,可以因为文化差异、收入差别、生活习惯、消费喜好等因素细分出若干个类别。基于这一原理,温德尔·史密斯提出可以根据目标客户属性划分、以客户特征及反应为依据的客户细分方法,助力企业根据不同客户类别制定不同的营销策略。客户细分既是客户关系管理的重要理论组成部分,又是其重要管理工具。它是分门别类研究客户、进行有效客户评估、合理分配服务资源、成功实施客户策略的基本原则之一,为企业充分获取客户价值提供理论和方法指导。

客户分级管理着眼于客户对企业的价值贡献,在"客户金字塔"中将客户分为若干个层级,并针对不同级别的客户制定差异化的服务策略。而客户分类管理则更侧重于从客户的外在属性、内在属性或消费行为分类,参考不同的变量分类的结果也不同。跨境电商平台卖家可考虑从诸如性别特征、所属区域、浏览特征、性格特点、下单习惯、留评行为等角度判断客户需求、消费水平、购买能力后对客户进行归类并制定相应的管理对策。

一、按网购客户下单习惯分类管理

(一)狂热爱好者

网络购物比起线下实体店购物而言,少了许多时间和空间的限制。无论客户身居北半球还是南半球,无论当地时间是白天还是深夜,客户都能通过跨境电商平台购买到心仪的商品。对于商业发展程度较低的国家和地区的人们来说,跨境电商平台购物更为他们开启了一扇通往新世界的大门。只需有网络和电子终端就可以足不出户购物的便捷性培养了一批网购的狂热爱好者,他们流连于各大跨境电商平台,既为了消遣与打发时间,也为了满足购物欲望。他们热衷于下单与接收快递包裹,购物频率非常高,购物行为未必全都是理性的,对每个常购平台的优惠活动了如指掌,对与商品相关的信息敏感度高,在社交平台上的购物性群组中一般占主导地位。对于这类客户,可在向其推介产品时,多提供商品的图片与文字信息,必要时附带一些使用视频,也可多邀请他们提出一些个性化的产品建议并试用新品,以刺激他们的购买欲。

(二)目标明确者

有一类客户,他们逛网店不是为了打发时间,而是因为清晰地知道自己的需求,明确了欲购买的商品范围。他们有自己的购物理念和购物行为标准，不会毫无目的地在各个平台或各个店铺之间闲逛，会以比较明确的关键词搜索符合自身需求标准的商品信息，一旦找到了合适的产品，就会下单购买。而他们在抉择的过程中，主要参考的就是产品描述，以及其他客户对产品的评价。有时候，他们还会向客服提出一些详细的咨询问题。对于这类客户，卖家需要投其所好，根据他们的需求提供最直接明了的真实产品信息，向他们展示其他购物者的购物体验与评价。如果是电子产品，还需要配备有丰富专业知识的客服，以免无法解答客户疑问。

（三）低价淘货者

这类客户在购物时只有一个行动标准，就是低价。他们在输入关键词后，会选择价格排序来浏览商品页面，即使有些低价在很多人看来很不合理，他们也会受价格吸引点击产品链接。他们没有品牌忠诚度，对价格非常敏感，购物时间多花在价格的比较上，在挖掘低价商品方面不厌其烦。当不得不购买单价较高的商品时，更是会多方比价，有些时候即使明知不可能，也会希望通过和客服的讨价还价以获得更优惠的价格。对于这类客户，要多向其推荐特价商品。当他们对一件商品犹豫不决时，提供折扣及优惠券会成为将他们留下的法宝。

（四）谨慎购物者

这类客户对于跨境贸易平台和网络购物都有一定的不信任。他们不仅担心跨国网购买到的商品/货物与描述不符，而且担心通过这些平台进行购物会导致个人信息的泄露。这类客户最开始可能购买意向并不是非常明显，向客服提出的问题往往会侧重于产品是不是真货、是否与描述一致，是否可以退货等，而且在面临两家店铺出售相同产品时往往会有选择恐惧症，下单后甚至会出现"买家自责"，即后悔下单的不适感。面对这类客户，客服应积极肯定地向其说明卖家对产品和服务的负责态度，以及卖家在售前、售中和售后的服务政策，承诺会向客户提供最优质的服务，让客户认可自己的购买决策。店铺服务等级的提高也能让客户对卖家更加信任。

（五）跨境初购者

这类客户可能有过网购行为，但却是第一次通过跨境电商平台从其他国家的卖家手中购买商品。他们中有一部分和上述的"谨慎购物者"比较像，因为地域相异、语言沟通障碍等，对跨境电商平台和卖家都有一定程度的不信任感，耐心的解说和对自家产品的正面介绍就显得非常重要，积累到一定程度的好评也会成为他们主要参考的因素。而另一部分则会更容易进入状态，清晰便捷的操作页面、详细明了的产品介绍和照片对这类客户下单能提供更有效的帮助。

二、按网购客户性格特点分类管理

（一）外向健谈型

这一类型的客户很多来自社交平台，因为关注和喜爱卖家分享的产品故事或推文，进而对产品产生兴趣。他们喜好交友与聊天，最初对和社交媒体的账号主人进行交流和分享可能更有兴趣。聊得多了，成了朋友，客户出于对朋友的信任，下单也会比较爽快。因此，对于这些热情健谈的客户，卖家可以重点关注，保持真诚热忱的服务态度。

（二）理智友好型

这类客户情商比较高，咨询过程有礼貌，尊重客服，不会提出苛刻的服务要求，即使遇到物流延迟、货物损毁或货不对板等事件，也能够理智地与卖家进行沟通解决，而不是口出恶言或直接奉上差评。正因为这类客户非常难得，卖家更应该为他们提供更为优质的服务。卖家应主动承担责任，宁愿自己承担损失也要尽量避免给客户造成损失，而不是因对方的宽容和理解放松对自身的要求。这类客户享受到最好的服务后，更容易增加忠诚度，产生回购行为，并且向他人夸赞卖家的产品和服务。

（三）干脆利落型

这类客户比较自信，对产品有自己的一套判断标准。他们选中货物后，直接下单购买；收到货后，会尽快确认付款；使用后，会根据真实情况给予好评或差评。整个购物过程几乎不与客服沟通，即使你非常热情，他们也不会给予回应。对于这种客户，应用比较直接的方式对待，如在站内信中直接对其表示谢意，同时说明如果下次购物可以给予一定优惠。之后，最好不要再发营销邮件，以免被认定为骚扰。

（四）热衷谈判型

这类客户无论面对哪种程度的优惠与折扣，都难以满足，总是希望通过讨价还价再得到一些让利。他们会在与客服沟通时，以其他店家同类产品的价格、产品本身可能的不足、包装方面的欠缺等一系列理由，要求降价。这类客户坚信只要纠缠客服，一定能得到优惠。面对这种客户，商家最好还是不要轻易妥协，否则他们很有可能不满足，会一再要求多降一点。只有从一开始就坚定地表达价格不可能退让，并且坚持到最后，才可能让他们信服自己受到的和所有客户是一样的待遇，做出购买决定。

（五）固执自我型

这类客户常以自我为中心，不会站在他人的立场考虑问题，仅关注自身的利益得失。在遇到问题后，一般拒绝沟通，不接受他人的意见与建议。客服未对邮件及时回复，可能会引来他们的投诉。交易过程出现问题，他们可能直接就给差评。遇到这类客户，还是需要有足够的耐心，理智地与对方进行沟通，尽量让对方感受到足够的尊重，而不是争吵或放弃。

三、按网购客户留评行为分类管理

（一）晒单"狂魔"型

这类客户（见图 5-7）是跨境电商卖家的最爱，他们不需要引导与提醒，总是第一时间发布最兴奋的文字，还会将精心处理的图片上传到买家评价。一旦产品得到他们的喜爱，他们甚至会在社交网站上公开分享自己的使用心得。这个过程是他们的乐趣所在，如果看客有兴趣向他们请教产品相关的问题会让他们更有成就感。

注：该播主喜欢在 Instagram 上晒各种各样的好物，受到了很多粉丝关注。她的其中一篇分享护肤工具的文章写道：今天我用了 hello_lassie_家的洗脸海绵和化妆刷，然后爱上了它们。我用我的清洁膏和海绵洗脸，我的天哪，真的是太柔软了！然后我用笔刷使用了面膜泥，比我的手指好用多了。面膜泥能够更均匀地分布在脸上。

图 5-7　Instagram 某博主的首页

面对这类客户，卖家所需要做的最重要的事，就是将产品做到最好。只有好的产品才能得到好的评价，如果产品质量不过关，这类客户的真实宣传将给卖家带来负面影响。同时，卖家应感谢他们的分享，也可以邀请他们对产品理念与功能设计提意见，这类客户将会非常乐于参加这些项目。

（二）理性留评型

这类客户对网购流程及自身需求非常明了，但是一般不会在收货后立即给予好评。他们认为自己的评价会对后来者起到一定的参考作用，所以会在真正使用产品后，写下使用心得（见图 5-8）。可能不会有太精彩的文字，但一般措辞比较真实，更能让观评者信服。对于这类客户，不需要催评，可以多与对方沟通产品使用感受，对对方提出的问题及时解决，避免因产品问题或服务的不到位出现负面评价。

（三）忽略评价型

这类客户没有主动留评的习惯（见图 5-9），在他们的观念中，交易行为到收货付款为止就结束了。或者说，他们认为自己没有必要花时间去主动留评，常常是遇到问题了，才想起评价这回事。还有一类是新手买家，他们可能并不知道卖家期待在交易结束后得到他们宝贵的评价。

情景五 —— 跨境客户的分级分类管理

图 5-8 亚马逊上顾客的理性评价留言

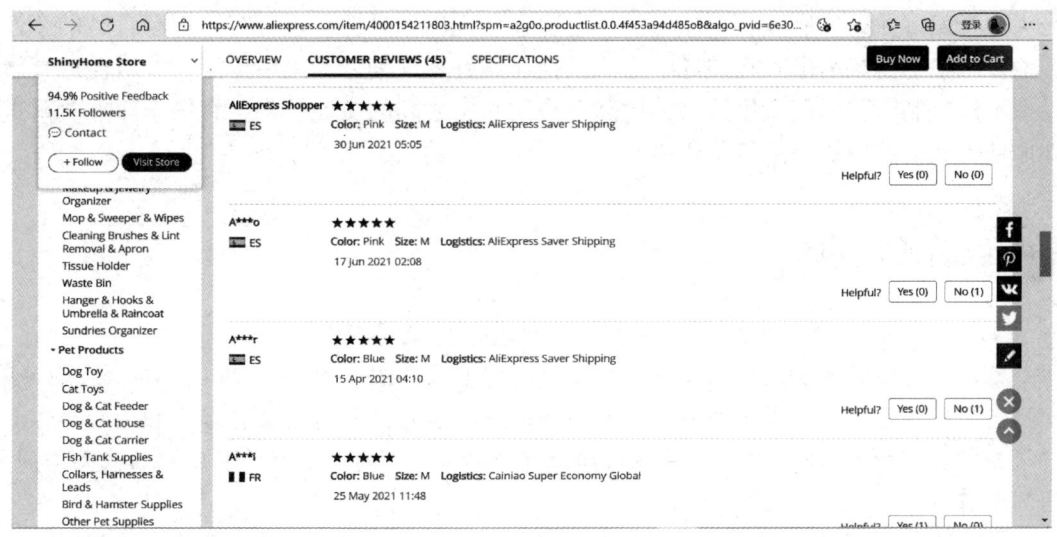

图 5-9 速卖通上自动好评

131

对于这类客户，卖家在提供高性价比产品的同时，可以采取一些方法引导他们给出评价，如发站内信进行交流，或者在货物包裹里放上卡片，真诚地表示为让后来的客户能有更多的参考信息，邀请他们在使用商品后给出评价，并将留评的操作步骤截图印制在卡片上。

总之，无论对客户进行分级还是分类管理，都是一项事半功倍的工作。它可以帮助我们节约资源，使其将更多的精力投入为更有价值的客户的服务中去。当然，所有工作的前提是，我们要为客户提供高性价比的产品和最优质的服务。

 案例解析

一、案例背景

艾伦遇到了一个美国客户凯特（Kate），她对艾伦负责的速卖通泳装店铺里的泳装非常感兴趣，但是相似的商品在她所在城市的商店里标的价格是艾伦店里标价的三倍。凯特想，是不是价格低的产品质量不好？而且她发现，同样的产品有好多家店在出售。她该选哪家？同时，她也不知道，到底多久才能收到货。通过这个平台进行的交易安全吗？可以退货吗？

二、操作步骤

（1）通过上述描述，可以看出凯特是一个谨慎购物者，艾伦应针对她对产品质量的疑惑，向其展示交易记录、买家评价、店铺信誉评分等信息。

（2）针对凯特的选择困扰，艾伦应向其说明自家产品在品质、服务方面的优势。

（3）艾伦应向凯特保证在规定时间内发货，并为其查询在通常情况下的到货时间，同时也说明物流的不确定性；然后详细介绍平台交易的安全性，并且承诺店铺在售后服务等方面的保障。

三、案例总结

天下没有难做的生意！跨境电商店铺卖家面临的多是终端消费者，由于客户需求、欲望及购买行为是多元的，所以客户需求的满足也会呈现出差异性。每个客户都有自己的个性特征、消费习惯与购买需求。在差异中寻找共性，做好客户细分，集中资源，针对性地开展分类管理工作，制定科学的竞争策略，提高客户与卖家之间的交流效率，有助于双方关系进入良性循环，从而获得更大的竞争优势。

 课后延伸阅读

案例一　关键客户管理之社交平台交流

一家经营中端时尚女装的亚马逊店铺，目标客户是年轻、时尚、个性、有一定消费实力的女性。商家在社交平台上先与关键客户成为好友，再建立与自己目标客户相似的群组。然后邀请关键客户加入，建立圈子，并在群组里保持活跃度，随时了解关键客户的意见与问题，提高沟通有效性。

Instagram 中亚马逊店铺 amazonthedrop 首页（见图 5-10）会及时告知粉丝店铺网址及展

示一些女装时尚单品。只有充分运用社交平台、邮件等有效沟通渠道保持与关键客户的交流，才能真正了解他们的购买需求、服务需求乃至会影响他们购买行为的群体偏好，才能够保证想客户所想、急客户所需，精耕细作地将产品和服务做到极致。

图 5-10　一家经营中端时尚女装的亚马逊店铺 amazonthedrop 首页

案例二　普通客户的管理

瑞典宜家集团已成为全球最大的家具家居用品企业之一，主要销售包括座椅/沙发系列、办公用品、卧室系列、厨房系列、照明系列、纺织品、炊具系列、房屋储藏系列、儿童产品系列等约 10 000 种产品（见图 5-11）。宜家不仅提供广泛、设计精美、实用、低价的适合小户型的产品，而且在一定范围内提供适用于大户型的精致高端产品。在每一个卖场内不仅有由宜家产品组成的具有设计感的实用性家居功能区，还设置了客户设计博览区，用于展示宜家的真实客户使用宜家品牌产品布置的家居设计。来自真实客户的设计更容易让客户产生共鸣。而且宜家还为客户提供了可能需要的一切产品和服务，除所有的家居用品外，还包括送货服务、安装服务、装修设计甚至旧装修拆除等。宜家打造美好生活的"一条龙"服务增加了客户对企业的需求，也提升了客户层级。

不少企业根据普通客户的需要扩充产品线，以为普通客户提供"一条龙"服务来满足他们潜在需求的方式，增加普通客户的购买量，提升客户层级。

小米公司也通过不断扩充产品线，从手机、电视、笔记本、小米盒子、路由器到体温计、电磁炉、扫地机、净化器、电饭煲、无人机乃至太阳镜等，在让客户接受小米智能家居的理念后，有效地增加了普通客户的购买量，提高了客户的品牌忠诚度，从而实现了客户层级的提升（见图 5-12）。

图 5-11 宜家官网

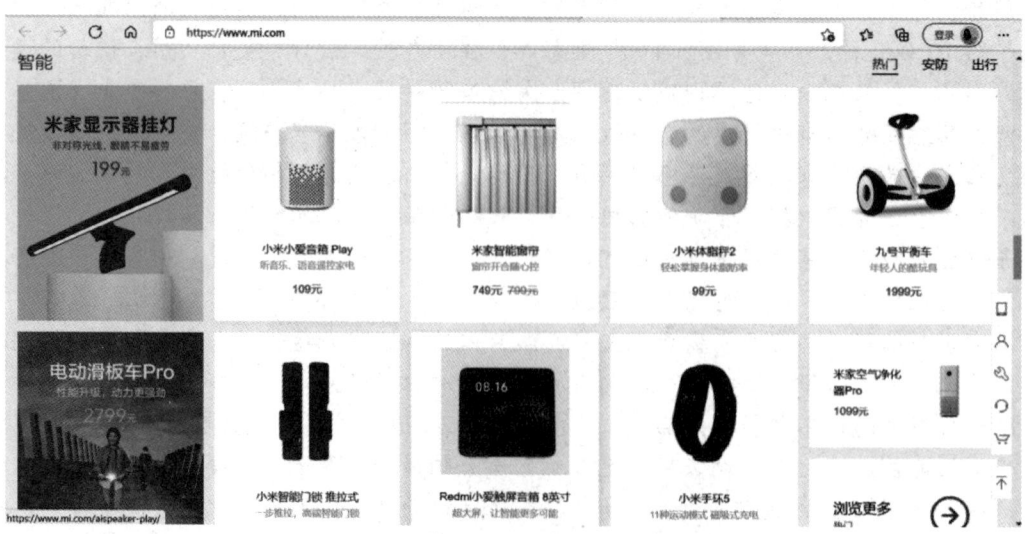

图 5-12 小米官网智能家电展示页面

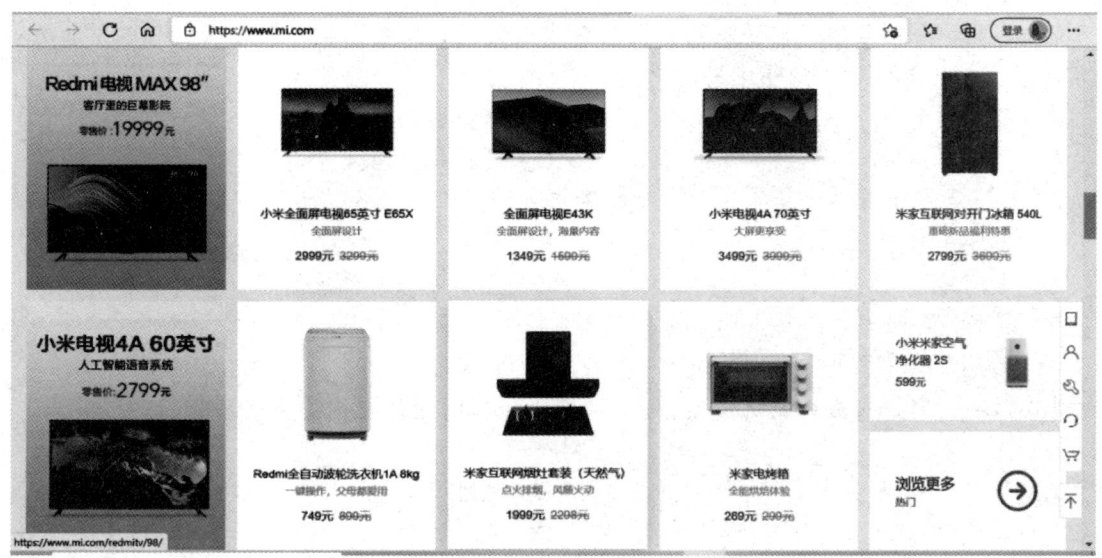

图 5-12　小米官网智能家电展示页面（续）

课后启发

习题演练

一、单选题

1. （　　）是客户分级的主要参考因素。
   A. 消费习惯　　　　　　　　B. 为企业贡献的价值
   C. 个性特征　　　　　　　　D. 购买次数
2. 客户分级的主要目的是区分出（　　）以重点关注。
   A. 普通客户　　　　　　　　B. A 级客户
   C. 关键客户　　　　　　　　D. 小客户
3. 跨境电商卖家可以通过（　　）促使理智客户留评。
   A. 承诺好评返现　　　　　　B. 直接发送优惠券
   C. 真诚邀请　　　　　　　　D. 承诺赠品
4. （　　）对于更好地维持关键客户没有帮助。
   A. 不断发送促销广告邮件
   B. 更高的折扣率
   C. 了解其对产品或服务提出的意见与建议
   D. 区别于其他客户的 VIP 会员待遇
5. （　　）是跨境电商卖家最喜欢的客户。
   A. 热衷谈判型　　　　　　　B. 理智友好型
   C. 干脆利落型　　　　　　　D. 固执自我型
6. 下列情况需要进行客户分级管理的是（　　）。
   A. 客户数量暴涨　　　　　　B. 客户数量超出管理者能掌控的范围
   C. 客户数量达到 1 000 名　　D. 客户增长幅度超出管理者能掌控的范围

7. 热衷于下单与接收快递包裹，购物频率非常高，购物行为未必全都是理性的，对每个常购平台的优惠活动了如指掌的客户属于（　　）。
   A. 狂热爱好者　　　　　　　　B. 谨慎购物者
   C. 目标明确者　　　　　　　　D. 低价淘货者

8. 以下不属于跨境电商店铺开发潜在客户可使用的方法的是（　　）。
   A. 发布需求信息　　　　　　　B. 发邮件
   C. 上门拜访　　　　　　　　　D. 主动联系有需求的客户

9. 以下符合小客户的特点的是（　　）。
   A. 回购　　　B. 合作稳定　　　C. 订单量少　　　D. 信任卖家

10. 第一时间发布最兴奋的文字，还会将精心处理的图片上传到买家评价，这符合（　　）客户的特征。
    A. 晒单"狂魔"型　　　　　　　B. 理性留评型
    C. 忽略评价型　　　　　　　　D. 拒绝评价型

二、多选题

1. 根据"客户金字塔"模型，可将客户分为（　　）。
   A. 关键客户　　　　　　　　　B. 大客户
   C. 小客户　　　　　　　　　　D. 普通客户

2. A级客户的特点包括（　　）。
   A. 合作稳定　　　　　　　　　B. 价格敏感度低
   C. 持续回购　　　　　　　　　D. 价格敏感度高

3. 对于店铺来说最有价值的客户有（　　）。
   A. 普通客户　　B. A级客户　　C. B级客户　　D. C级客户

4. 以下可以为维护关键客户发挥作用的措施包括（　　）。
   A. 设立专门服务团队　　　　　B. 整合资源，重点服务
   C. 保持密切联系，加强情感交流　D. 减少服务投入

5. 以下适用于小客户管理的措施包括（　　）。
   A. 挖掘可提升客户层级的小客户
   B. 对没有升级潜力的小客户减少服务投入
   C. 淘汰劣质客户
   D. 保持密切联系，加强情感交流

6. 以下按网购客户性格特点进行分类管理的是（　　）。
   A. 热衷谈判型　　　　　　　　B. 理智友好型
   C. 干脆利落型　　　　　　　　D. 固执自我型

7. 以下属于热衷谈判型客户特点的有（　　）。
   A. 主动沟通　　　　　　　　　B. 喜爱讲价
   C. 无优惠不下单　　　　　　　D. 纠缠客服

8. 针对普通客户的有效管理措施有（　　）。
   A. 甄别并培养有升级潜力的普通客户
   B. 减少对无升级空间的普通客户的服务投入

C. 淘汰部分客户
D. 设立专门服务团队

三、判断题

1. （　　）只有跨境电商大卖家才需要对客户进行分级管理。
2. （　　）卖家应将主要资源投入关键客户的维护工作中，对普通客户保持正常维护，基本可以放弃小客户。
3. （　　）客户分级管理的主要理念是企业应为对其利润贡献最大的关键客户配置最强大的资源。
4. （　　）无论在何种情况下，亚马逊都不允许卖家诱导买家做出虚假评论。
5. （　　）在使用社交平台进行站外引流时，应该尽可能多地发布一些产品信息，以便粉丝对产品有充分的认识与了解。
6. （　　）客户分级管理侧重于从客户的外在属性、内在属性或消费行为分类。
7. （　　）狂热购物者对价格非常敏感，在挖掘低价商品方面不厌其烦。
8. （　　）谨慎购物者在面临两家店铺出售相同产品时往往会有选择恐惧症，下单后甚至会出现"买家自责"的不适感。

四、简答题

1. 什么样的企业需要进行客户分级管理？
2. 客户分级与客户分类的区别是什么？
3. 如何进行客户分级？
4. 如何对待没有升级潜力的普通客户和小客户？
5. 如何让忽略评价的客户留下好评？

实践操作

速卖通店铺运营专员艾伦在成功上架了一款单价为15美元的儿童泳装后，几天内收到了70多封站内信。站内信的内容有这么几类：有的客户提出大额采购的意愿，有的客户咨询产品品质，有的客户关注产品有哪些优惠等。大部分咨询针对的是产品的相关情况。艾伦应如何处理这些邮件？

操作1. 筛选诈骗信件，判断诈骗信件有哪些特点

操作2. 处理正常邮件，根据前期整理的客户分级资料，确定处理邮件的顺序与方法

情景六 跨境客户的品牌管理

> 【习语典读】
> 我们提出并贯彻新发展理念,着力推进高质量发展,推动构建新发展格局,实施供给侧结构性改革,制定一系列具有全局性意义的区域重大战略,我国经济实力实现历史性跃升。
> ——习近平

子情景一　跨境客户的品牌定位

学习目标

知识目标

- 掌握品牌的概念及跨境电商品牌化的原因。
- 掌握跨境品牌定位的概念。
- 掌握跨境品牌定位的原则。

能力目标

- 能深刻理解跨境品牌定位对企业的影响。
- 能合理应用跨境品牌定位策略对跨境品牌实施定位。

素质目标

- 培养学生跨境品牌意识。
- 培养学生跨境品牌定位的能力。

思政目标

- 引导学生思考高质量发展的经济观念。

微课抢先看

项目背景

浙江英卡顿网络科技有限公司的跨境客服专员艾伦,近日准备与经理一起在速卖通平台上售卖女鞋。这是公司重点打造的一个女鞋品牌店铺。经理告诉艾伦,要想在竞争中让消费者知晓这个跨境新品牌,并且让该品牌日后受到消费者认可,必须实施跨境品牌运营管理。跨境品牌运营的第一步就是品牌定位。艾伦此时陷入思考,应该如何实施跨境品牌定位?

知识导入

任务实施

步骤1：意识到品牌及跨境品牌定位的内涵及重要意义。
步骤2：明确实施跨境品牌定位的原则。
步骤3：实施跨境品牌定位策略。
步骤4：通过中国全球化品牌50强中对跨境品牌的介绍，引导学生思考高质量发展的经济观念。

知识铺垫

过去的跨境电商行业，习惯以价格竞争的方式争夺海外市场，如今红利期已过。中小卖家要想在激烈的市场中站稳脚跟，必须从粗放运营向精细化运营过渡，从"卖货"思维向"品牌"思维转变，才能避免陷入价格战。同时，跨境品牌的培育和运营对产品树立口碑，提升跨境客户满意度和忠诚度，也非常重要。跨境品牌定位是跨境品牌运营成功的前提，是企业制定市场发展战略最为关键的内容。成功的跨境品牌定位，能够在跨境客户心目中树立鲜明的品牌形象，为建立跨境品牌在市场上的竞争优势打下坚实的基础。

一、品牌的概念及跨境电商品牌化的原因

（一）品牌的概念

品牌是企业为了识别其产品，并区别于其他竞争者，所用的一种具有显著特征的标记。

品牌可以是一个名称、一个术语、一种记号、一种象征或设计，也可以是以上若干因素的组合。品牌是用以辨别不同企业、不同产品的文字、图形或文字、图形的有机结合。品牌名称、品牌标志和商标，都是品牌或品牌的一部分，是企业加在商品上区别于其他企业商品的标志。其中，商标是按法定程序向商标注册机构提出申请，经审查予以核准，并授予商标专用权的品牌或品牌的一部分。商标受法律保护。

品牌是一种精神象征、一种价值理念，是品质优异的体现。培育和创造品牌的过程也是不断创新的过程。企业自身有了创新的力量，才能在激烈的竞争中立于不败之地。图6-1是全球最大的传播服务集团WPP和Kantar联合谷歌在线发布的"2020年BrandZ™中国全球化品牌50强"榜单的节选。本次榜单上榜的跨境电商品牌包括安克、SHEIN等，说明中国跨境电商品牌在国际上的知名度正在稳步提升。

（二）跨境电商品牌化的原因

1. 顺应平台发展趋势

目前的第三方平台，都在着力培养跨境电商品牌。以速卖通平台为例，在2016年入驻条件调整之后，持商标入驻一直都是硬性条件。目前速卖通平台90%的产品需要商标才能开通类目。因此，在平台的引导和要求下，中国卖家必须深耕品牌，以前大肆铺货的策略，已经没有任何竞争力了。

	品牌logo	品牌名	类别	品牌力得分	成长率
1	HUAWEI	华为	消费电子	1,938	+4%
2	Lenovo	联想	消费电子	1,881	+11%
3	Alibaba Group 阿里巴巴集团	阿里巴巴	电子商务	1,666	+3%
4	ByteDance	字节跳动	内容型App	1,368	+56%
5	mi	小米	消费电子	1,098	+3%
6	Haier	海尔	家电	835	+8%
7	Hisense	海信	家电	821	0%
8	1+	一加手机	消费电子	771	+20%
9	AIR CHINA 中国国际航空公司	中国国际航空	航空	713	-2%
10	TSINGTAO 青岛啤酒	青岛啤酒	酒类	674	NEW
11	ANKER	安克	消费电子	546	-10%
12	OPPO	OPPO	消费电子	518	+51%
13	SHEIN	SHEIN	线上快时尚	490	+4%

图 6-1 "2020 年 BrandZ™中国全球化品牌 50 强"榜单（节选）

2．满足企业产品自身发展的需要

从产品生命周期理论来看，一个产品会经历从导入期、成长期、成熟期直至衰退期的过程。随着技术进步、消费者需求的变化，产品被迅速地更新换代。然而，品牌一旦建立，只要进行恰当的品牌延伸及合理的管理，其生命周期将会远远大于产品自身。

3．掌握定价权，摆脱价格战

中国拥有全球最强大的供应链体系，但是如果仅仅做代工，没有品牌，则外贸利润非常低。因此，拥有自己的品牌才能有定价自主权。品牌作为企业的无形资产，给予了跨境客户更多的信赖感，降低了跨境客户对价格的敏感度，从而帮助企业摆脱价格战的泥潭。

4．提升跨境客户满意度和忠诚度

跨境客户习惯使用某种品牌的产品后会形成品牌依赖。跨境客户对品牌的忠诚会形成美誉度的传播，从而拓展企业与跨境客户之间的关系。在顾客对产品和服务的消费体验过程中培养跨境客户忠诚度。

同时，品牌所具有的象征意义，如品质卓越、服务周到、企业声誉等信息，有助于跨境客户在较短的时间里形成对该品牌产品的认知和判断。这节省了选购商品所需要花费的交易费用和时间成本，使得跨境客户满意度和忠诚度进一步提升。

二、跨境品牌定位的概念

"定位"一词是由艾尔里斯和杰克特劳特提出并流行起来的。他们把定位看作对现有产品的创造性实践——定位就是对品牌进行设计，从而使其能在目标消费者心目中占有一个独特的、有价值的位置的行动。

基于此，本教材将跨境品牌定位总结为：让自己的品牌在跨境市场上树立一个明确的、有别于竞争对手品牌的、符合消费者需要的形象。定位目的是在消费者心中占领一个有利的位置。

三、跨境品牌定位的意义

（一）有助于目标受众识记跨境品牌所传达的信息

跨境客户面对信息化时代的海量信息，尤其是广告信息，常常无所适从。在网络多元化的媒介环境下，对毫无个性的跨境品牌信息，几乎没有任何印象。为避免推广成本的浪费，跨境电商企业必须尽量压缩信息，实施正确的跨境品牌定位，努力为品牌塑造出个性化、令人印象深刻的跨境品牌形象，以使目标消费者能够识记本品牌的差异化信息，使跨境品牌在激烈的竞争中占据有利的位置。

（二）有助于跨境企业扩大品牌知名度

任何旨在扩大跨境品牌知名度的传播活动都必须依据跨境品牌定位策略。跨境品牌定位的相关信息通过一系列的营销活动，传递给跨境客户。只有以跨境品牌定位为核心策划营销传播活动，才能在目标消费者的心目中留下整体的、一致的、独特的跨境品牌印象。

（三）有助于跨境企业提升利润

跨境电商行业，如果产品同质化严重，则盈利来源主要是价格差，卖家很容易陷入价格战。因此，企业只有通过跨境品牌定位，塑造自己在海外市场上的独特形象，避免产品同质化，才能摆脱价格战，获得利润。大量事实表明，跨境客户在多数情况下更愿意为购买知名品牌而支付更高的费用。

四、跨境品牌定位的原则

（一）洞悉市场，明确产品

任何一个市场、任何一类产品都有其成长周期。选择一个处于上升期阶段的产品才更容易成功。如果选择了一个处于衰退期的产品，再多的营销手段也是徒劳。选对产品，找到风口，是跨境品牌定位首先要考虑的问题。对有发展前途的行业的产品，应提高其市场占有率，推动其发展；对市场领先而增长趋势不大的领域的产品，应维持其市场占有率；对产品进入衰退期的则应主动收缩；对没有发展前途且不能盈利的产品则应坚决放弃。

（二）切中目标市场，满足跨境客户需求

只有品牌定位针对目标市场，目标市场才能成为特定的传播对象。跨境品牌定位须站在满足跨境客户需求的立场上，也就是找到跨境客户最迫切的需求点或痛点。如果大家都选择了同一个需求点，那么还可以采用一个新的角度，为跨境品牌定位找到突破口。例如，福建省尚飞制衣有限公司就是一家由传统外贸逐步向跨境电商转型的公司。在亚马逊上，有一条被年轻消费者诟病款式陈旧的"高腰"样式裤子，却在70多岁的老年群体中大受欢迎。因此，同样的产品，只有切中合适的目标市场，才能在跨境客户心目中占据一个有利的位置。

（三）分析竞争对手，形成竞争差异

竞争者是影响跨境品牌定位的重要因素。在市场竞争十分激烈的情况下，几乎任何一个细分市场都存在一个或多个竞争者，某一商品可以垄断的细分市场越来越少。因此，企业要分析市场中的同类跨境品牌采用了哪些定位，以和竞争者相区别，突显自身的竞争优势。盲目跟进和模仿只会失去个性，容易陷入"价格战"。例如，大家都在售卖蓝牙耳机，企业可以定位于"防水蓝牙耳机"，等竞争对手都在跟风"防水蓝牙耳机"时，企业可以尝试支持水下十米的蓝牙耳机，找到属于自己的蓝海，与竞争对手形成差异。

（四）利用现有资源，实施有效整合

跨境品牌定位要充分考虑自身资源条件，对企业在经营管理、技术开发、采购、生产作业、品牌营销、财务、产品及服务方面的优势和劣势进行分析和比较，做到扬长避短。将自己的各种资源进行优化配置、合理利用。极翼机器人是一家做无人机飞行器的企业。依托跨境电商，其产品远销美国、德国等20多个国家及地区。之所以选择无人机行业，是与公司创始人陈壮坚的个人经历息息相关的。他有多年互联网行业经历，善于挖掘数据进行分析。此外，他从小学三年级开始就喜欢航模、飞行。正是将自己的兴趣和经历结合，他才将极翼做成了继大疆之后，全国为数不多的无人机核心部件飞行控制器研发企业之一。

五、跨境品牌定位策略

对于企业来说，运用跨境品牌定位策略的目的是建立所希望的、对本细分市场的跨境客户有吸引力的竞争优势。品牌定位策略多种多样，跨境电商领域常用的有以下几种：

（一）最优定位

最优定位是指将跨境品牌定位于本行业中的领导者。据调查，一般跨境客户能回想起同类产品的个数不超过七个，而名列第二的产品，其销量往往只及名列第一的一半，所以"先入为主"是行之有效的跨境品牌定位策略。例如，lotsofbuttons.com是一家中国香港的垂直时尚跨境电商企业。图6-2为该企业的网站首页。作为全球最大的在线纽扣商店，其品牌受众主要是针线、缝纫工作者，服装生产商、服装设计师、DIY手工艺人。其实纽扣作为普通消费品，在跨境电商各平台都有售卖。然而，该企业却凭其超全的品类，满足了世界各地客户的需求，使之在跨境客户的认知里成为纽扣线上第一品牌。跨境客户在网站上可以按需挑选和购买26 000多种不同类型、大小、形状、颜色、价格和设计的纽扣。

（二）感官定位

感官定位是指通过视觉设计的手法来树立产品的风格，从而影响跨境用户的感觉。在跨境电商领域，买家无法看到真实的产品，只有通过图片和视频进行了解。因此，图片和视频是产品描述至关重要的一部分。受跨文化交流所限，跨境电商企业可能没有办法完全摸透海外跨境客户的消费心理，但是无论是哪国跨境客户，都可以轻松查看网页。企业可以通过视觉这样的无声语言，传播跨境品牌文化，引导销售，树立跨境品牌形象。

图 6-2　lotsofbuttons.com 网站首页

以速卖通上售卖的手机壳为例。图 6-3 是纯色的手机壳，样式简单，是典型的商务风格。图 6-4 的手机壳则颜色丰富，色调深沉，一股浓浓的艺术复古感扑面而来。这就是用设计的手法，把感官的不同定位塑造出来。两种产品虽然都是手机壳，但是目标人群显然不一样。

图 6-3　商务风格手机壳

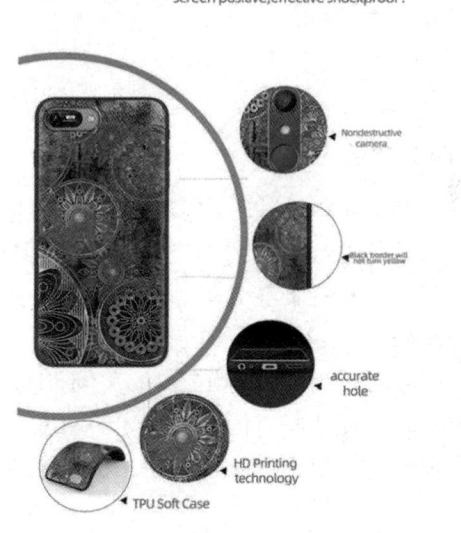

图 6-4　艺术风格手机壳

（三）故事定位

故事定位是指从品牌文化角度，用跨境品牌的理念和故事去打动消费者，引起受众共鸣。旨在向目标受众传递跨境品牌价值，建立情感上的连接和认同，获取消费者的信任和支持。故事定位要围绕跨境品牌的价值、精神，以产品、创始人、客户等为切入点，为跨境品牌讲一个真实可信的故事。

eatingtools.com 是一个在线销售手工定制、工艺精良、别具一格的餐具用品的网站。他们把每一个有故事的、像艺术品一样的餐具用品，分享给对吃饭用具有艺术品位的食客，如图 6-5 所示。网站上售卖的每一个用餐工具，都是一些有名的手工艺工匠所制作的。其售卖的不仅仅是餐具，而是一件件有故事的艺术品。

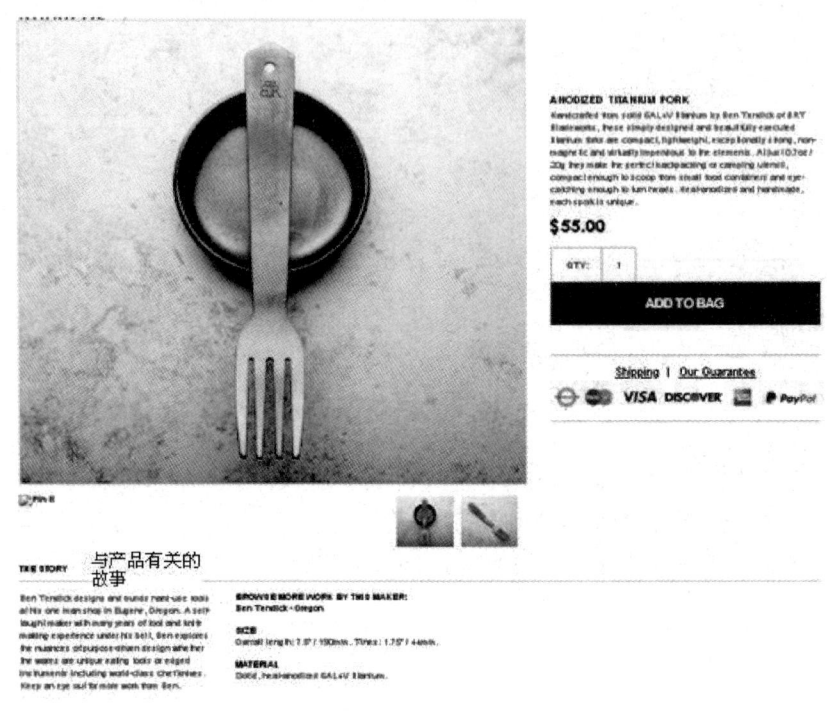

图 6-5　eatingtools.com 产品详情页

（四）特色定位

特色定位是指寻找为许多跨境客户所重视的，但尚未被占领的细分市场。如果某一跨境品牌商品具有独特的使用功能，能够给消费者带来特殊的利益，满足其特别的需求，则该跨境品牌商品就具有了与竞争品牌较为明显的差异点和竞争优势。

yellowberrycompany.com 是美国一家专注为年轻活泼、运动时尚的低龄女孩打造的内衣品牌。创办者是当时只有 17 岁的美国人马根。本来她想带着 13 岁的妹妹购买属于她们的内衣，结果却失望而归。因为市场上林林总总的内衣几乎都是为发育成熟的女性准备的。于是马根发现了这个处于生长发育阶段的低龄女孩内衣需求市场。

案例解析

一、案例背景

艾伦所在的速卖通店铺，专门售卖手工刺绣的布鞋，并注册了商标"绣美"。因为选择了具有中国风特色的刺绣图案，因此非常受海外消费者欢迎。为了扩大产品影响力、继续提高店铺利润率，艾伦准备对"绣美"牌手工刺绣布鞋实施跨境品牌定位，为日后推行跨境品牌化运营打下基础。

二、操作步骤

（1）明确目标客户。艾伦希望通过合理的跨境品牌定位，为跨境品牌运营打好基础。他希望未来继续提高客单价，店铺利润能有大幅度提升，打造更多的手工刺绣爆款。绣美布鞋的主要刺绣元素和图案都以中国风为主，且手工刺绣相比于计算机刺绣，花费的时间相对较长，人工成本较高。因此，它的目标消费者是对中国文化感兴趣、追求精致生活、有品位、对价格不太敏感的跨境客户。

（2）确定跨境品牌定位。绣美布鞋的亮点在于纯手工刺绣花纹，虽然工期相对较长，但是做工精致。每一双鞋都倾注了绣娘的全部心思。因此，艾伦决定从中国传统文化角度，用每位绣娘的故事去打动消费者，实施"故事定位"，把每位绣娘的生活背景、刺绣的创作灵感、创作意图、创作工艺和创作过程等分享给跨境客户，向跨境客户传达出，他们购买的不仅是一双穿在脚上的手工刺绣布鞋，还是一件有故事的艺术品。

（3）实施有效传播。明确绣美的"故事定位"后，一方面将"绣美"品牌每一种不同的刺绣工艺及背后绣娘的故事，通过产品详情页，介绍给消费者；另一方面，在海外社交媒体上开展最美绣娘评比活动，被点赞最多的绣娘所刺绣的产品，艾伦准备以八折价格售卖，以此吸引跨境客户对品牌的关注和热情。

三、案例总结

有效的跨境品牌定位，是跨境电商企业品牌整合营销传播的基础。绣美布鞋希望通过在消费者心目中塑造一种独特的市场形象，将工匠精神和产品背后的文化故事传达给跨境客户，与他们产生精神上的共鸣。自然，跨境客户会忽略价格因素，避免了企业陷入"价格战"的泥潭中。

子情景二　如何打造跨境品牌

 学习目标

知识目标

- 理解跨境品牌形象设计。
- 掌握跨境品牌产品规划。
- 掌握跨境品牌定价策略。
- 理解跨境品牌推广策略。

微课抢先看

能力目标

- 能合理设计跨境品牌形象。
- 能打造爆款，合理规划跨境品牌产品。
- 能合理制定跨境品牌价格策略。

- 能灵活使用社交媒体推广跨境品牌。
- 能综合应用技巧和方法进行跨境品牌打造。

素质目标

- 培养学生跨境品牌意识。
- 培养学生打造跨境品牌的能力。

思政目标

- 培养学生不怕失败、勇于尝试的探索精神。

**项目背景**

知识导入

浙江英卡顿网络科技有限公司的跨境客服专员艾伦近日发现在速卖通平台上售卖的夏季女士连衣裙在产品刚上架时，因为有新品折扣活动，销量较好。然而一旦活动取消，商品几乎无人问津。如何让消费者记住自己店铺的品牌，产生指名购买，提升客户的忠诚度和满意度？经理告诉他，其中一个重要的方面，在于产品本身的品牌运营与打造。

任务实施

步骤1：设计跨境品牌形象。
步骤2：打造爆品，规划跨境品牌产品。
步骤3：实施合理定价。
步骤4：重视社交媒体营销，实施跨境品牌推广。
步骤5：进行跨境品牌测评。
步骤6：通过对产品进行反复市场测试，培养学生不怕失败、勇于尝试的探索精神。

知识铺垫

一、跨境品牌形象设计

印象深刻的品牌名称和标志、漂亮的包装、产品精致的细节、完美的网页设计都能最大化抓住跨境客户眼球，提升跨境品牌的价值空间。

（一）跨境品牌名称

一个容易被跨境客户记住并有调性的跨境品牌名称是非常有价值的。消费者会快速被吸引，降低跨境品牌传播成本。品牌名称最好比较短。针对海外消费者，使用3~7个英文字母构成的名称较适宜。品牌名称太短没有记忆难度，容易被遗忘，太长则难记。通过品牌名称，企业能够将企业精神、产品特点等快速准确地传递给跨境客户。大多数成功的跨境品牌，都有一个适当的、被消费者认可的品牌名称。

例如，Eatingtools.com 的品牌名称用的是网站名。这样的名称简洁、直接，消费者一眼就可以记住它是一个经营餐具用品的品牌，节省了很多的广告费用。通过这样的跨境品牌名称，企业向跨境客户传达了自己所处的行业或服务的目标用户等相关信息。此外，也可以从带给跨境客户丰富联想的角度进行产品命名，通过名称形象地表达想给消费者带去的体验和价值。例如，ternbicycles.com 是一个专注为城市人定制的自行车品牌。品牌名称 tern 即燕鸥，让跨境客户产生了一种骑车时如同鸟儿在天空中自由翱翔、身轻如燕的美好联想，从听觉上让受众感受到产品优势和品牌文化。

（二）跨境品牌标志

跨境品牌标志旨在从图像上让品牌区别于其他品牌，让跨境客户从视觉上对品牌特征加以感受。品牌标志如果能够深刻反映品牌的精神，准确表达品牌特征，并与消费者的心理相契合，产生共鸣，则能够对跨境品牌起到积极的推动作用。一个优秀的跨境品牌标志往往简洁、富有灵性，在视觉上具有强烈的可识别性或冲击力。

Lotsofbuttons.com 的标志是一个由针线、裁缝和衣物纽扣等元素组合成的图像，符合 Lotsofbuttons.com 自身品牌定位，见图 6-6。这种以实物自然形态为构图原型的跨境品牌标志，便于目标受众对跨境品牌内涵进行识别、理解和记忆。

图 6-6　Lotsofbuttons.com 的品牌标志

ORICO 是深圳市元创时代科技有限公司旗下的品牌（见图 6-7），目前是国内最具影响力的硬盘存储外设领军企业。在跨境电商市场，其产品已出口美国、澳大利亚、德国、韩国等全球数十个国家。其品牌标志采用文字和图像的组合，将品牌名称 ORICO 作为字体符号，识别力强，容易被消费者理解。品牌标志下面有一行小字"Leading Technology"，意为引领科技。企业希望通过原创的产品引领行业市场，旨在表达自身品牌的核心价值和利益。

图 6-7　ORICO 品牌标志

（三）包装设计

在包装设计上形成突破点，是投入相对较低但收效明显的跨境品牌打造策略之一。企业通过创新的包装设计能快速吸引跨境客户，促使消费者进行尝新和体验。尤其是海外买家，他们在经过对跨境物流的漫长等待，拆开包裹的那一刻，如果看到富有新意的包装，一定会既惊喜又兴奋，客户满意度将大大提升。

在进行包装设计时，重点针对审美、喜好等方面分析跨境品牌目标客户。一般来说，消费者会从包装上对产品功能和价值行预判。尤其是女性消费者，她们更重视产品的颜值，容易被好看的设计俘获芳心。

> **案例**
>
> 知名市场研究公司凯度（Kantar）发布的"2020年BrandZ™中国全球化品牌50强"榜单显示，安克（Anker）排名第11位。其充电宝和数据线等常年占据亚马逊单品类销量前十。作为跨境电商龙头企业，我国出海品牌的领军者，安克已达千亿市值，并在海外成为网红品牌。其第一个爆款产品是针对女性的"口红充电宝"，如图6-8所示。女性的包普遍较小，因此更喜欢轻便的充电宝。针对这一特点，安克在国内有工厂做出了口红形状的小充电宝的基础上，自行研发设计，推出了这款小巧、轻便、新颖的自有产品。这款产品在亚马逊上连续畅销三年，深受女性消费者喜爱。

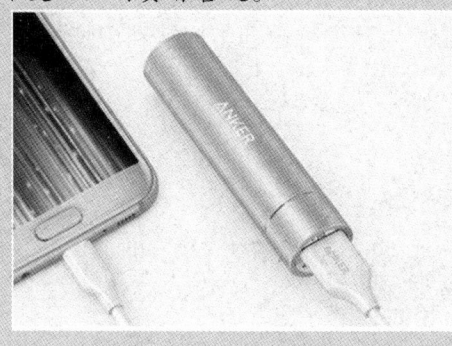

图6-8　安克口红充电宝

此外，联名款和礼盒类的产品销售包装还可以制造社交话题，带来更多的流量。消费者收到包裹，第一次打开包裹的过程，都是品牌传播的重要步骤。如果消费者愿意对产品及其包装拍照，并在社交媒体上进行分享，包装就成了该品牌营销的重要内容。因此，优秀的包装设计不仅突出了商品形象，而且也成了品牌无声的"代言人"。

（四）网页设计

跨境品牌的网页，是跨境电商卖家最直接的品牌形象展示窗口。网页上既要具备电子商务功能，又要包含清晰的跨境品牌内容。因此，我们需要准确传达品牌产品信息，对跨境客户进行清晰的购买引导。以界面设计为例，从浏览产品详情页到加入购物车、付款、订单确认、订单物流跟踪，每一步都要保证清晰顺畅，符合跨境客户浏览习惯，以实现跨境客户良好的购物体验。

二、打造爆品，重视跨境品牌的产品规划

如果产品没有市场占有率，品牌就是空谈。中小跨境电商卖家可以通过爆款产品，奠定跨境品牌的市场基础。

（一）打造爆品

在跨境电商品牌运营初期，很多中小企业往往缺乏足够的资金和能力，不可能像大品牌商那样，每年在广告营销上投入巨额资金。因此，采用打造爆款单品的方式，可以迅速抢占目标用户心智的某一个聚焦点，以实现破局，迅速建立起自己的品牌声誉。安克第一个爆款产品是口红充电宝，这款针对女性的小众产品，在亚马逊上一经上架，销量很快就达到了100万件，很好地实现了对安克的品牌引流。SHEIN 作为中国快时尚出海第一品牌，由婚纱这个单品切入。之后不断进行横向延展，扩充品类，目前已经覆盖配饰、泳衣、女装、女鞋等类目，缔造了属于自己的快时尚帝国。

当然，企业在自己的核心跨境品牌单品或某个商品细分类目增长之后，还要坚持继续投入，深挖市场。例如，在爆款品牌的基础上，通过礼盒、联名款、节日款等方式进行对外衍生。

（二）合理配置资源，规划其他产品

产品规划除设计爆品外，还包括以下几种产品。

第一种，旗舰产品。可以选择具有黑科技的产品，实施高端定位。以此建立企业跨境品牌高度，高举高打。第二种，潜力新品。当跨境品牌立足市场、进入成长期时，要提前挖掘未来有可能爆发的新产品，走在竞争对手前面。第三种，促销产品。该种产品主要通过低价取胜。

三、跨境品牌定价

如果在相同的品类中，商品具备更明显的价格优势，那么就很容易促成跨境客户购买。DEKO 连续数年获得速卖通十大出海品牌之一。它是一家经营五金工具的速卖通千万美金级卖家。在品牌出海的数年间，DEKO 获得无数海外用户的反馈，"物有所值"是对 DEKO 产品的忠实评价。海外发展中国家的跨境客户虽然厌倦了低价易损的五金工具，但是也往往买不起质量好且能够长期使用的"高价位"工具。面对这样的市场痛点，DEKO 为跨境客户提供了一系列价格合理且质量高的工具用品。

当然，公司也可以实施"立高端"的运营模式，但高端意味着跨境品牌要带给消费者更多的价值感。安克品牌创始人杨萌曾经说过，"我不接受差的东西，安克从一开始就没卖过便宜货"。也正是秉持这一理念，靠卖充电类产品起家的安克作为我国跨境电商龙头企业，目前已登陆创业板，达到上亿市值。

四、重视社交媒体营销，实施跨境品牌推广

打造跨境电商品牌，借助海外社交媒体进行"内容营销"，是一种成本较低、效果较好的营销模式。相较于传统渠道的转化率而言，海外社交媒体平台通过病毒式的传播，能快速吸引粉丝，并获得其反馈。

企业通过建立自身跨境品牌的社交媒体账号与粉丝进行互动，将与品牌相关的、有价值的、新奇有趣的内容真诚地分享给粉丝，以调动粉丝资源，产生商业价值。具体可以从产品描述、产品场景故事、品牌故事、品牌评测、品牌获奖活动等方面进行内容营销。

此外，企业也可以直接获得意见领袖的支持，利用他们的示范效应来引导跨境客户。例如，跨境品牌通过网红直播带货的方式，将消费者与主播的情感交流转化到品牌认同上。

除以社交媒体为代表的站外推广外，跨境电商还可以利用第三方平台实施站内引流。以速卖通为例，站内推广包括平台活动、店铺活动、直通车等。

五、跨境品牌测评

选出几款数据不错的产品，小额度、多渠道地进行测试，这是跨境电商新品牌立足市场，必须要经历的阶段。

（一）专业人士测评

以亚马逊平台为例，Amazon Vine 计划是亚马逊官方推出的唯一合法、有效的快速积累评论的手段。参加 Amazon Vine 计划的卖家需要给 Amazon Vine 的专业评论者提供免费商品。这些评论者在使用商品后，会对企业本身以及所售产品质量、外观要求、与众不同的亮点、产品的缺点、卖家服务态度以及物流收货体验等一系列服务，进行优质真实的综合评价。评论内容，即 Vine Customer Review of Free Product 的绿标会永久地留在列表页面上，亚马逊不会干预。因为评论者都是亚马逊严格筛选的优质的、具有公信力的评论人，因此，其评论可信度高、权重大。专业人士的测评反馈一方面大大增加了转化率，另一方面可以帮助企业进行科学的品牌决策。

（二）市场测评

企业也可以通过少量上架试销的方式对新产品进行市场测评。结合试销阶段退换货率和跨境客户评论中的颜色、尺码等产品细节反馈，对产品实施改良。例如，新产品上架测试，如果收到跨境客户反馈产品尺寸问题，企业需要核实是新产品需要改善尺寸还是发错了尺码。如果是后者，必须对上架产品从工厂出货到入库进行严格查验，杜绝串码现象，保证品控过关。

通过打造和简单运营跨境品牌，其流量能够带动一定的销售量，但有时会出现经过一段时间以后，跨境客户的复购率逐步下降的情况。因此，企业还必须以跨境客户为中心，除强化品牌运营能力外，在成交能力、物流履约能力、服务售后能力、精细化运营能力等方面，全方位增强跨境客户的品牌体验。

 案例解析

一、案例背景

艾伦在速卖通店铺售卖平价美妆产品，因其产品使用方便、性价比较高，销量一直不错。为了进一步打开美国市场，艾伦想采用网红直播的方式，提升品牌知名度。那么，他应该如何开展网红营销？

二、操作步骤

1. 确定目标

艾伦需要先确定网红推广的目标消费群体。他的店铺目前主要针对年轻消费群体，定位是 18~24 岁的人群，采用平价策略，学生是主要消费群体。在平台选择上，YouTube 是美国也是全球最大的视频网站。因此，艾伦决定通过这个平台进行产品推广。在产品的选择上，他准备将现在店铺的爆品——眼影，用于网红推广以获得更多的流量。他希望通过此次推广，销售量能提升 50%。

2．选择网红

在 YouTube 上搜索 "makeup aliexpress" 或 "beauty aliexpress" 找到给速卖通卖家做过美妆产品推广的网红。

3．开展合作

看到合适的网红，艾伦进入其个人主页。在网红的自我介绍区域一般会有接收商业合作的邮箱地址。通过邮件，艾伦可以与该网红取得联系。在写邀约邮件时，艾伦明确了需要推广的商品是眼影。因为预算有限，艾伦希望以店铺内美妆商品赞助的形式合作，以抵扣部分需要支付的推广费用。另外，艾伦也在邮件中明确了可以支付的佣金比例。

4．跟踪效果

网红推广以后，艾伦还要实施跟踪，衡量此次推广效果。除对自己速卖通店铺后台数据进行分析外，艾伦还要对视频网站的订阅者、评论数、点赞、中差评、观看次数等数据进行测评，因为"粉丝"群的互动活跃性对推广效果有很大的影响。

此外，除社交媒体外，艾伦在速卖通店铺等级达到 A 级或 B 级时，也可以在速卖通后台的"达人任务平台"模块发布任务。"达人"网红们领取任务后，会按照艾伦的要求，制作宣传素材并通过各种渠道向"粉丝"推广。

三、案例总结

借助海外社交媒体进行品牌营销是打造跨境电商品牌行之有效的方法之一。网红以其品位和眼光为主导，对产品进行视觉推广，依托其庞大"粉丝"群体，定向营销，可以获得"粉丝"的进一步消费，提升跨境品牌知名度。

子情景三　如何管理跨境品牌

学习目标

知识目标

- 掌握跨境品牌管理的价值。
- 熟练掌握不同跨境品牌管理策略的优缺点。

能力目标

- 能深刻理解跨境品牌管理对企业的影响。
- 能合理应用跨境品牌管理策略实施跨境品牌管理。

微课抢先看

素质目标

- 培养学生品牌意识。
- 培养学生跨境品牌管理能力。

思政目标

- 培养学生树立"辩证统一"的思维方式。

 项目背景

知识导入

浙江英卡顿网络科技有限公司的跨境客服专员艾伦所在的速卖通店铺,为迎接夏季销售旺季,最近上架了不同款式的女士新品服装,有休闲风格的裙子、T恤、碎花衬衫等,也有商务风格的夏季套装,还有夏季居家服。有的同事提出所有的夏季服装产品应使用同一个跨境品牌,因为这样有助于节省营销费用,统一的跨境品牌形象有助于跨境客户增强对店铺产品的可识别性。然而,有的员工则认为,休闲系列、商务系列和家居系列针对的是不同目标群体,因此商品在设计、材质和风格上完全不一样,应该分别使用三种跨境品牌,有利于突显不同的产品特性。到底哪种跨境品牌管理策略比较适合公司?大家陷入了激烈的争论。

 任务实施

步骤1:意识到跨境品牌管理的重要意义。

步骤2:选择合适的跨境品牌管理策略。

步骤3:每种跨境品牌管理策略都既有优点又有不足,使学生领会到任何事物都具有两面性,培养学生树立"辩证统一"的思维方式。

知识铺垫

跨境品牌从建立、维护到巩固的过程,都需要跨境品牌管理对其进行长期的监督和改良。只有通过跨境品牌管理的不断创新与发展,跨境品牌才可能保持强大而稳定的生命力。

一、跨境品牌管理的价值

(一)推动跨境品牌影响力不断壮大

任何一个跨境品牌的发展都要经历一个由弱到强,从初创到强盛的过程。

1. 初创期

初创期,是一个品牌从无到有的阶段。要打造成功的跨境电商品牌,需要先把一款产品做到极致。一旦有了爆品,跨境品牌的知名度就会快速提升,为企业后期发展壮大带来更多的机会。因此,对初创期的爆品品牌进行细致、缜密的跨境品牌管理非常重要。

2. 成长期

通过爆品打开市场之后,跨境品牌进入成长期。此时,一方面,企业要继续以产品为中心，不断加强创新和研发，否则，一旦出现了比自身产品更加适合海外消费者的新产品或者旧有竞争对手的改良产品，本品牌的发展就将面临无法挽回的失控局面；另一方面，企业要加强营销、服务等，提升消费者对跨境品牌的整体体验。例如，为了更好地与全世界用户沟通、为跨境客户服务，安克除线上营销外，也会在全球多个市场举办线下发布会，建立属地办公机构，使用本地团队。与当地媒体建立关系，建设本地化的销售队伍，用本地的语言去跟当地的消费者交流。

3. 成熟期

跨境品牌在发展的成熟期，市场占有率稳定。因此，一方面，企业需要维护现有的品牌，保证产品的持续销售，加强对供应链的管理；另一方面，企业需要持续输出跨境客户喜欢的产品，即在已有知名跨境品牌的基础上，利用其品牌号召力，更好地推广企业全新的导入期产品，最大限度地发挥现有跨境品牌的力量。安克从充电设备起步，在2011年创立之初注册单个充电品牌"安克"，之后逐步拓展，进入音箱、耳机、扫地机、智能投影等不同领域。在每个单一品类中做品牌深耕，目前已经形成了自己的跨境多品牌矩阵。

（二）保持跨境品牌持久活力

跨境品牌的长远发展要依靠具有创新意识的跨境品牌管理。只有不断创新才能保持产品的永久吸引力和活力。ZAFUL 是目前位居第二的中国快时尚出海品牌，连续三年登上"BrandZ™中国全球化品牌50强"榜单。Zara 作为国际快时尚代表之一，其四周到六周的上新速度以令人称叹。而 ZAFUL 更快，从设计到上架平均周期只要一周到两周，且能每日保持50～100款产品上新。因此，通过跨境品牌管理推动产品的不断创新，消费者会由衷地对品牌产生充满活力的心理感知效应。

（三）实现跨境品牌资产增值

品牌资产是指消费者对品牌认知度的综合评价，包括品质形象、品牌联想、品牌忠诚度、品牌知名度等，是企业的无形资产。通过有效的跨境品牌管理，对自身品牌加以正确开发和利用，可以给企业带来品牌资产的不断增值。例如，企业对已成功的跨境品牌，通过一定的品牌管理策略不失时机地扩展到其他产品上，增大了跨境品牌的影响力，提升了跨境品牌价值。

（四）提高跨境品牌抗风险能力

变幻莫测的市场环境、激烈的市场竞争、企业错误的决策、低水平的品牌管理是诱发跨境品牌风险的重要原因。要做到对风险有效的防范、妥善的解决，跨境品牌管理势在必行。

要提高企业跨境品牌抗风险能力，除了树立危机意识，平时做好防范和跨境品牌保护工作，还需要通过有效的管理工作，在品牌部门内部设立应付危机的常设机构，并建立风险预警系统。ZAFUL 曾是跨境通旗下子公司环球易购的自有品牌，过去受母公司业绩下滑拖累，表现较为低调。2021年，跨境通宣布环球易购的服装事业部以子公司身份独立运营。新公司名为深圳飒芙商业有限公司。独立后，新公司对 ZAFUL 品牌的运营更自主、管理更灵活，抗风险能力也更强了。

二、跨境品牌管理策略

（一）单一跨境品牌管理策略

单一跨境品牌管理策略指企业管理的跨境品牌只有一个品牌名称，即企业经营的所有产品全部统一使用同一个跨境品牌。例如，智能手机品牌 Realme，荣获阿里巴巴全球速卖通 2020—2021 年度"十大出海品牌"奖项。截至 2021 年 4 月，Realme 全球用户数量突破 7 000 万，品牌销量稳居全球第七位，已经成功覆盖全球 61 个手机市场。其品牌定位于科技潮牌形象，主要针对全球年轻消费者，目前是速卖通平台上智能手机最受欢迎的品牌之一。除手机外，该品牌还涉及蓝牙耳机、智能电视、智能手表、箱包甚至卫衣帽子等潮流时尚单品，虽然产品繁多，但是都采用 Realme 这一品牌。

1. 单一跨境品牌管理策略的优势

第一，避免耗费大量财力去设计和推广多品牌，节省了费用。第二，企业通过集中资源向目标受众展示统一形象，有助于增强跨境品牌产品的可识别性。第三，新产品利用深厚的跨境品牌形象资源，消除消费者对其不信任感，有利于迅速将新产品推向市场。

2. 单一跨境品牌管理策略的劣势

其一，如果同一跨境品牌下的某一种产品发生了个别、偶然的问题，将导致其在跨境客户心目中的地位下降，可能会累及其他类型的产品。其二，单一跨境品牌策略使跨境客户难以识别各个产品的品质特征和使用档次，产品无法满足不同消费者的需求。

3. 单一跨境品牌管理策略的使用原则

单一跨境品牌策略对于企业是一把双刃剑，应该注意掌握以下几个基本原则，尽可能发挥优势、避开劣势。

第一，这种跨境品牌必须在市场上已经获得了一定的信誉。

第二，各种产品要具有相同的品质，否则会因某产品质量不佳而影响整个企业的形象，使跨境客户放弃对跨境品牌的偏好与忠诚。

第三，使用单一跨境品牌战略的企业，各种产品应该具有大致相同的目标消费者，否则会破坏品牌定位，失去既有跨境客户。以 Realme 品牌为例，其主要针对年轻消费群体。基于年轻人希望获得更多的智能潮玩体验这一情感诉求，Realme 一方面在智能科技领域探索智能手机、智能家居等系列产品，另一方面又开发卫衣、帽子、健身包等潮流单品。从手机、蓝牙耳机到服装箱包，虽然其产品品类大相径庭，但是都围绕着"为全球年轻人构建万物互联的智能潮玩生活"这一企业使命。

（二）多跨境品牌管理策略

多跨境品牌管理策略指企业对于所生产的不同产品，使用不同的跨境品牌名称。多跨境品牌战略在很大程度上是针对单一跨境品牌战略的缺陷而制定的战略。

1. 多跨境品牌管理策略的优势

（1）有利于市场占有率的扩大。多跨境品牌管理策略有助于企业全面占领某个大市场，满足不同偏好消费群的需要。一种品牌有一个恰当定位，可以赢得某一消费群；多个品牌各有特色，就可以赢得众多消费者，广泛占领市场。智能手机品牌小米作为国内消费者耳熟能详的品牌，在跨境电商领域同样表现活跃。借助速卖通平台，小米品牌在俄罗斯曾达到销量同比增幅超过 700%的业绩。目前小米实行双品牌策略，拥有小米和红米两个品牌。小米手机主打中高端市场，而红米手机则主打低端市场。

（2）有利于分散企业风险。采用多跨境品牌管理策略的公司，赋予每种产品一个跨境品牌，而每一个跨境品牌之间又是相互独立的。因此，个别跨境品牌的失败不至于殃及其他跨境品牌及企业的整体形象。

2. 多跨境品牌管理策略的劣势

（1）费用开支较大。为每个跨境品牌分别做广告宣传，会造成营销资源分散，费用开支较大。现实中采用此种战略的大多是实力雄厚的公司。

（2）实施多跨境品牌管理策略，既要保证每个品牌能独立发展，又要能产生 1+1>2 的市场效应，还要防止不同跨境品牌之间自身竞争导致资源浪费，因此对企业的跨境品牌管理机制、人员素质都提出了较高要求。

3. 多跨境品牌管理策略的使用原则

（1）市场需求发生平行裂变。

多跨境品牌策略的前提条件是，市场平行地出现两个或两个以上的不同需求。以跨境电商龙头企业安克为例，旗下品牌包括移动充电品类安克，智能家居和安防品类 Eufy、无线音频品类 Soundcore，智能投影品类 Nebula 等。产品覆盖面广，满足消费者的不同需求。

（2）市场需求发生纵向裂变。

这是指根据消费者的收入水平、生活质量和审美品位，将市场细分为若干不同档次的市场。由于各品牌市场定位不同，消费者对跨境品牌形象不会混淆。2020 年追觅科技年销售额已破亿元人民币，相比于去年同期增长 390%。其品牌追觅目前是速卖通平台上吸尘器品类中的标杆品牌，也是唯一入选 2021 全球速卖通"G100 出海计划"的中国智能家电品牌。2020 年下半年，它又推出了全新品牌——大未，该品牌主打性价比和体验感。新品牌对消费群体进行细分，瞄准以年轻白领群体为代表的目标用户，与追觅的定位形成差异化。通过两个品牌的运营，追觅科技希望占领不同档次的市场。

（3）企业资源雄厚。

只有当企业拥有足够的资源、目标市场的发展趋势比较明显、所有细分市场的容量均足以支持企业对应品牌产品的发展时，才能运用这种策略。

（三）主副跨境品牌管理策略

这是指产品使用一个跨境主品牌名称（一般是企业跨境品牌名称），再根据各种产品的不同性能和特点，分别使用不同的跨境副品牌的策略。

1. 主副跨境品牌管理策略的优势

这种策略既有同一跨境品牌战略和多跨境品牌战略的优点，又避开了上述两种策略的劣势，其优势具体表现在以下方面：

（1）能够突出跨境品牌的正统性。该策略始终将企业品牌作为主跨境品牌进行传播，从而使跨境客户对企业所生产的其他产品都能产生一种信任感。这样有利于企业借势已有跨境品牌资源推出新的子品牌或副品牌，并涉足新的业务领域。

（2）有助于彰显产品个性。使用主副跨境品牌策略，可以在不影响企业整体主品牌形象的前提下突出产品的特色和个性，极大地方便了消费者识别与选购差异化产品。

2. 主副跨境品牌管理策略使用原则

主副跨境品牌策略虽然有许多优势，但是企业应该注意处理好主跨境品牌与副跨境品牌之间的关系并掌握以下几个原则，才能获得成功。

（1）主副跨境品牌主次有别。企业宣传的中心是主品牌，副品牌处于从属地位。因为消费者对企业新产品的认知源自对企业的信任。因此，企业必须最大限度地利用已有成功跨境品牌的形象资源，否则就相当于推出一个全新的跨境品牌，难度很大。

（2）副跨境品牌应表现出个性。副跨境品牌要尽可能直观、形象地表现产品的特点和个征，并有助于消费者对产品的功能性产生利益联想。2020年6月，智能扫地机器人制造商ILIFE智意科技有限公司，再次荣获全球速卖通十大出海品牌。ILIFE 智意智能扫地机器人目前畅销俄罗斯、美国等全球30多个国家和地区。其主品牌为ILIFE 智意，副品牌包括扫地机器人天耀、天目等，这些副品牌都栩栩如生地把产品特点和优势表现了出来。洗地机器人水吉星，则形象地向消费者展示了该产品定位，即用水来洗地的智能拖地细分市场。

此外，注释跨境品牌策略、合作跨境品牌策略与主副跨境品牌管理策略相似，都是使用两个或两个以上的品牌，因此被统称为复合跨境品牌策略。

注释跨境品牌策略是指在同一种产品上同时出现两个或两个以上的品牌，其中一个是主导品牌，另外一个是注释品牌。主导品牌说明产品的功能、价值和购买对象；注释品牌则为主导品牌提供支持和信用。例如，众多计算机品牌无论是在跨境电商平台还是线下实体店售卖，只要采用英特尔的芯片，其产品除了计算机本身品牌名称，都有英特尔的品牌。

合作跨境品牌策略是指两个或两个以上的企业通过合作、联营、合资等方式，共同开发和生产产品，并使用合作企业双方的品牌。

 案例解析

一、案例背景

艾伦所在的速卖通店铺，近日接到客户的一封站内信。客户称之前在网店为自己购买的一款品牌为"可儿"的牛皮女鞋，打八折销售。收到商品后，非常满意。现在准备再回购一双，送给自己的母亲。于是选择了店铺内另一个老年样式的品牌"奈斯"。客户发现，两种不同的跨境品牌材质是一样的，都是牛皮，只是款式有所不同。他询问艾伦，既然都是同一家店铺的鞋子，可否同样以八折优惠售卖？

二、操作步骤

（1）接到客户站内信，艾伦第一时间进行回复，对客户愿意回购自己的产品表示感谢。然而，如果"奈斯"品牌艾伦八折出售，确实有违公司定价制度。

（2）真诚地向客户说明原因，因为商品是不同的跨境品牌，所以执行的销售政策是不一样的。虽然产品材质相同，但是款式不一样。品牌的定位也不同。"可儿"女鞋偏时尚，款式比较新颖。之所以上次将其八折出售，是店铺为了打造爆品所做的优惠活动。而老年样式的"奈斯"品牌，则主打舒适感和安全性。

（3）向客户推荐店内其他品牌的鞋子。做到既符合老年人的审美和穿鞋习惯，价位又相对"奈斯"品牌稍低，尽量做到让客户满意。

三、案例总结

店铺采用多跨境品牌战略，有利于扩大市场占有率。在不同的细分市场，应满足消费者的不同需求。然而，也会出现像案例这样的情况，这对企业的跨境品牌管理提出了更高的要求。因此，实施多跨境品牌策略，必须制定相应的跨境品牌管理制度，配备相应的跨境品牌管理人员。要使各个品牌都能协调发展，同时保持差异，以适应消费者的不同需求，防止跨境品牌之间的恶性竞争。

课后延伸阅读

国货品牌成功出海

2007年创立的时尚女装淘品牌Amii，有百余人的研发团队和实力供应链，在国内成长壮大后，2016年开始通过速卖通开拓海外市场，在俄罗斯、英国等地注册了商标。经过前期摸索后，2019—2020年，Amii调整团队和策略，针对海外需求开发了新款，迎来了销售额快速增长。2020年，其成交同比上涨600%。

智能清洁品牌追觅科技也是国货出海的典型代表，目前已通过亚马逊、速卖通、易贝等平台，触达美国、法国、波兰、德国、俄罗斯、西班牙、意大利、荷兰、韩国、日本等海外市场。

2020年在全球新冠肺炎疫情的冲击下，追觅科技海外销售额同比增长390%。在2021年全球速卖通"黑色星期五"大促期间，追觅旗舰店创下了清洁家电类目单店铺GMV第一的成绩。在2021年6月亚马逊的Prime Day活动中，追觅科技在美国站的单日销量较平日增长近10倍，旗下明星产品"扫拖机器人D9"登上亚马逊多个站点的畅销榜。

"中国品牌过去10年掌握了核心的研发技术，掌握了全球最好、最快的供应链集成、全球销售和品牌营销的能力。全球视角下的场景升级，能够帮助我们打造更新、更宽、更远的国际品牌赛道，同时也为新品牌、新品类创造了更多机会。"追觅科技海外市场负责人王恺谈道。

习题演练

一、单选题

1. （　　）是对品牌进行设计，从而使其能在目标消费者心目中占有一个独特的，有价值的位置的行动。

A. 市场细分　　　　　　　　　　B. 定位
C. 市场调研　　　　　　　　　　D. 环境分析

2. 将跨境品牌定位于本行业中的领导者，属于（　　）品牌定位策略。

A. 特色定位　　　　　　　　　　B. 故事定位

C. 最优定位　　　　　　　　　　D. 感官定位

3. 产品使用企业品牌名称，再根据各种产品的不同性能和特点分别使用不同的品牌的策略是（　　）。

A. 注释跨境品牌策略　　　　　　B. 合作跨境品牌策略
C. 多跨境品牌策略　　　　　　　D. 主副跨境品牌策略

4. 一个跨境品牌从无到有的阶段被称为（　　）。

A. 初创期　　　　　　　　　　　B. 成长期
C. 成熟期　　　　　　　　　　　D. 衰退期

5. 以下不属于单一跨境品牌管理策略优点的是（　　）。

A. 避免耗费大量财力去设计和推广多跨境品牌，因而节省了费用
B. 向目标受众展示统一形象，有助于增强跨境品牌产品的可识别性
C. 有利于迅速将新产品推向市场
D. 分散企业风险

二、判断题

1. （　　）跨境品牌标志主要让受众从听觉上来感受品牌特征。
2. （　　）寻找消费者所重视的、但尚未被占领的细分市场的定位属于竞争定位。
3. （　　）要根据跨境客户需求和跨境电商数据进行选品。
4. （　　）新品市场测试，要耗费企业的成本。因此，为节约开支，跨境电商企业可以不进行市场测试。
5. （　　）跨境品牌从建立、维护到巩固的过程中，都需要跨境品牌管理对其进行长期的监督和改良。
6. （　　）在成长期，企业需要维护现有的产品品牌，保证产品的持续销售，加强对供应链的管理。
7. （　　）实施多跨境品牌管理策略，既要保证每个跨境品牌能独立发展，又要能产生1+1>2 的市场效应，还要防止不同跨境品牌之间的自身竞争导致资源浪费。
8. （　　）当市场被细分为若干不同档次的市场时，可以考虑使用多跨境品牌管理策略。

三、简答题

1. 简述跨境品牌定位的意义。
2. 单一跨境品牌管理策略的使用原则是什么？
3. 多跨境品牌管理策略的使用原则是什么？

实践操作

浙江英卡顿网络科技有限公司的跨境客服专员艾伦所在的速卖通店铺经营男士服装。为了拓展产品品类，提升跨境客户满意度，公司最近准备推出一个男装的跨境新品牌，专门针对已经开始中年发福的男性海外消费者。对于这个跨境新品牌的打造，可以有哪些策略？

操作 1. 跨境品牌定位
_____
_____

操作 2. 跨境品牌形象设计
_____
_____

操作 3. 科学规划产品,打造爆款单品
_____
_____

操作 4. 产品定价
_____
_____

操作 5. 利用站外社交媒体,进行跨境品牌推广
_____
_____

操作 6. 利用平台站内工具,吸引流量
_____
_____

操作 7. 跨境品牌测评
_____
_____

情景七

跨境客户的满意度管理

【习语典读】

> 经济全球化是时代潮流。大江奔腾向海，总会遇到逆流，但任何逆流都阻挡不了大江东去。动力助其前行，阻力促其强大。尽管出现了很多逆流、险滩，但经济全球化方向从未改变、也不会改变。
>
> ——习近平

子情景一 跨境客户满意度的内涵

 学习目标

知识目标

- 了解跨境客户满意的概念。
- 了解跨境客户满意度的概念。

能力目标

- 能深刻理解跨境客户满意的特征。
- 能深刻理解跨境客户满意对企业的影响。

素质目标

- 培养学生让跨境客户满意的服务意识。
- 培养学生爱岗敬业、服务至上的职业操守。

思政目标

- 贯彻落实习近平新时代中国特色社会主义思想中"七个坚持"之坚持问题导向部署经济发展新战略。
- 树立经济全球化理念。

 微课抢先看

 项目背景

知识导入

浙江英卡顿网络科技有限公司的跨境客服专员艾伦定期要整理跨境客户的留言、站内信和邮件，并将遇到的问题分类归纳，及时反馈各部门。最近，经理要求艾伦根据留言、站内信和邮件，对店铺跨境客户的满意度进行分析。

任务实施

步骤 1：利用第三方软件或自制表格，将留言、站内信、邮件沟通中跨境客户遇到的问题及抱怨整理出来。

步骤 2：分门别类地对问题进行统计并分析。

步骤 3：产品或服务的任何一个环节出现问题都会引起跨境客户不满，要树立学生全局观和大局意识。重视问题，培养学生领悟习近平新时代中国特色社会主义思想中"七个坚持"之坚持问题导向部署经济发展新战略。

知识铺垫

一、跨境客户满意及满意度的概念

跨境客户满意是指跨境客户对一个商品可感知的效果（或结果）与期望值相比较后，形成的愉悦或失望的感觉状态。它是一种心理活动，是跨境客户的主观感受，是跨境客户预期被满足后的状态。

跨境客户的满意状况是由跨境客户的期望和跨境客户的感知两个因素决定的。跨境客户期望越低，就越容易满足；实际感知结果越差，越难满足。

据此，可用一个简单的公式来描述跨境客户满意状况的评价指标——跨境客户满意度。

$$跨境客户满意度 = \frac{跨境客户的感知结果}{跨境客户的期望值}$$

当满意度的数值小于 1 时，表示跨境客户"不满意"。当满意度的数值等于 1 或接近 1 时，表示跨境客户"满意"。当满意度的数值大于 1 时，表示跨境客户对一种产品或服务可以感知到的结果超过了自己事先的期望，这时跨境客户就会感到兴奋、惊奇和高兴，表现出"高度满意"或"非常满意"。跨境客户期望与跨境客户感知比较后的感受，如图 7-1 所示。

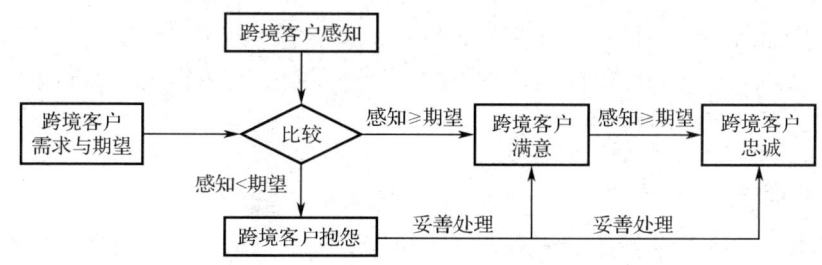

图 7-1　跨境客户期望与跨境客户感知比较后的感受

二、跨境客户满意的意义

（一）有利于获得跨境客户的认同

跨境客户满意会促使其重复购买，因此是形成跨境客户忠诚的基础。跨境客户满意能够使跨境客户体会到企业产品或服务所带来的舒适、美感。围绕跨境客户满意提供的特色服务，更能让跨境客户感受到企业的温情和诚信，有利于跨境客户识别和认同。

（二）有利于企业取得长期成功

研究表明，如果跨境客户不满意，他会将其不满意告诉 22 个人，除非其所购产品为独家经营，否则他不会重复购买；如果跨境客户满意，他会将满意告诉 8 个人，但该跨境客户未必会重复购买，因为竞争者可能有更好、更便宜的产品；如果跨境客户非常满意，他会将非常满意告诉超过 10 个人，并肯定会重复购买，即使该产品与竞争者相比并没有什么优势也是如此。可见，随着跨境客户满意度的增加和时间的推移，跨境客户的推荐将有助于降低开发新客户的成本，树立企业的良好形象，同时节省企业维系老客户的费用。尤其是当社交媒体被利用、通过用户进行口碑营销时，传播速度更快，效果更明显。因此，跨境客户满意是企业持续发展的基础，是企业取得长期成功的必要条件。

（三）有利于企业战胜竞争对手

满足跨境客户的需要，是企业成功的基础。随着市场竞争的加剧，跨境客户有了更加充裕的选择空间。如果企业不能满足跨境客户的需要，而竞争对手能够做到，那么跨境客户很可能就会选择竞争对手的产品。只有能够让跨境客户满意的企业才会在激烈的竞争中获得长期的、起决定性作用的优势。

三、跨境客户满意的特征

（一）主观性

主观性是指跨境客户的满意程度是建立在其对产品和服务的体验上的。感受的对象虽然是客观的，但感受结论是主观的。其满意程度与顾客的自身条件，如知识和经验、收入、生活习惯、价值观念等有关。跨境电商企业需要与跨境客户进行跨文化交流，这为提升跨境客户满意度更增加了不确定因素。

（二）层次性

跨境电商企业所面对的是海外顾客。他们的需求处于不同层次，发达国家和发展中国家的跨境客户对商品和服务的评价标准是不同的。甚至同一个跨境客户在不同条件下对某个商品或某项服务的评价也不尽相同。

（三）相对性

跨境客户对商品的技术指标和成本等经济指标通常不熟悉，他们习惯于把网上购买的商品和其他同类商品，或与在本国实体店购买的商品进行比较，由此得出的满意或不满意，具有相对性。

（四）阶段性

任何商品都具有寿命周期，服务也有时间性，跨境客户对商品和服务的满意程度来自过程的使用体验，是在过去多次购买和提供的服务中逐渐形成的，因而呈现阶段性。

案例解析

一、案例背景

艾伦在速卖通上经营一家女鞋网店,跨境客户在下单后发现产品降价了,提出投诉。请问艾伦将如何与跨境客户沟通?

二、操作步骤

(1)艾伦收到买家的反馈后,立即查看跨境客户反映情况是否属实。如果属实,他第一时间向跨境客户道歉,缓解跨境客户的不满情绪。

(2)真诚地向跨境客户解释降价原因。不是卖家随意修改价格,而是速卖通平台开展了情人节大促活动,从2月13日至2月15日为跨境客户提供九折优惠。

(3)提出退回差价,并赠送一张下次购买的优惠券,以消除跨境客户的不满。

三、案例总结

在本案例中,卖家对待跨境客户投诉的态度积极主动,第一时间回复跨境客户,在确认问题属实之后立即真诚道歉,并提出退回差价和赠送下次购买优惠券的补偿方案。这不仅有效安抚了跨境客户,还有可能为店铺带来新订单。跨境客户最终以合理的价格买到产品,获得了满意的购物体验。

子情景二　跨境客户满意度的测评

学习目标

知识目标

- 掌握衡量跨境客户满意度的指标及指标体系。
- 掌握跨境客户满意度测评调查的方法与步骤。

能力目标

- 能规范测评调查跨境客户的满意度。
- 能科学分析跨境客户满意度测评调查结果。

素质目标

- 培养学生让跨境客户满意的责任感。
- 培养学生的调查能力。

微课抢先看

思政目标

- 培养学生勤于思索、求真务实的探究精神。
- 培养学生掌握哲学的"矛盾分析"思维方法。

知识导入

项目背景

浙江英卡顿网络科技有限公司的跨境客服专员艾伦在成功上架一款新的手机壳产品后,收到了跨境客户关于该款产品的留言。有的跨境客户认为这款产品非常实用,能够对手机起到很好的保护作用,并强烈推荐朋友购买。有的跨境客户却发站内信,抱怨手机壳和自己的手机大小不匹配,要求退换货。艾伦看到跨境客户的反馈,既有非常满意的,也有不太满意的。艾伦希望通过满意度测评,帮助自己真实地了解跨境客户对产品和服务的整体满意程度。

任务实施

步骤1:构建跨境客户满意度指标体系。
步骤2:制订跨境客户满意度调查方案。
步骤3:设计问卷。
步骤4:实施跨境客户满意度测评。
步骤5:对跨境客户满意度测评结果进行分析、汇总。
步骤6:要客观、公正地分析跨境客户满意度,必须从第一手资料的收集开始,以此培养学生勤于思索、求真务实的探究精神。培养学生掌握哲学的"矛盾分析"思维方法。跨境客户投诉与纠纷看似增加了客服人员的工作量,其实是分析跨境客户满意度的重要途径之一。

知识铺垫

跨境客户满意是一种主观的、不稳定的心理状态。满意的标准也因人而异。因此,从个体角度出发,是否满意呈现随意性,没有规律可言。然而,如果将大量个体集结为一个整体来观察,只要个体(也就是统计学中所说的样本)数量足够多,就能体现出规律性来。因此,依据统计学原理对跨境客户进行测评调查,就能得到正确反映跨境客户群体满意状况的有用信息。

一、构建跨境客户满意度指标体系

(一)跨境客户满意度的衡量指标

跨境客户满意度是对跨境客户满意状况的评价指标。它会对跨境客户忠诚度造成直接影响,并最终影响企业的利润水平和竞争能力。通过该指标可以直接了解商家或商品在跨境客户心目中的满意程度。跨境客户满意度的测试指标通常包括以下内容:

1. 美誉度

美誉度是指跨境客户对企业的认可和赞赏的程度。对企业持积极肯定态度的跨境客户,自然对企业提供的产品服务满意。其满意的态度，或直接来源于过去的交易事项，或由其他满意者口传相告而建立。

2．指名度

指名度是指跨境客户指明消费某个企业的产品或服务的程度。若跨境客户对某种产品或服务建立了高度的满意感，则会在消费过程中放弃其他选择，专门指定消费该企业的产品。

3．回头率

回头率是指跨境客户消费了商品或服务之后再次消费，或愿意再次消费，或乐于介绍他人消费的比例。例如，中国快时尚服装出海品牌 ZAFUL，90 天复购率达到了 42%。跨境客户愿意再次消费，说明满意度是比较高的。

4．抱怨率

抱怨率是指跨境客户在消费了产品或服务后产生抱怨的比例。抱怨是跨境客户不满意的具体表现，统计抱怨率可以得知跨境客户对产品服务不满意的情况。

5．销售力

销售力是指跨境卖家的商品或服务的销售能力。通常来说，如果跨境客户对商品或服务比较满意，商品和服务就有良好的销售力。

（二）跨境客户满意度指标体系

1．建立跨境客户满意度指标体系的意义及目的

跨境电商卖家要想实现跨境客户满意，就必须有一套衡量、评价与提高跨境客户满意度的科学指标体系。建立跨境客户满意度测评指标体系是跨境客户满意度测评的核心部分，在很大程度上决定了测评结果的有效性和可靠性。通过指标体系，可以了解跨境客户的期望和要求，以及他们关注的焦点问题，达到有效测评。在建立过程中要注意必须以跨境客户为中心，选择可测量的指标，突出与竞争者的比较并迎合市场的变化。

2．跨境客户满意度指标体系构成

参照我国颁布的《商业服务业顾客满意度测评规范》（SB/T 10409-2007），商业服务业顾客满意度测评指标体系核心内容（一级指标）即跨境客户满意度指数。二级指标包括 8 个指标，用于测量跨境客户在接受特定服务前后的有关感受，其中跨境客户满意度的原因指标有 5 个，结果指标有 3 个。根据不同的产品、服务、企业或行业的特点，可将二级指标展开为具体的三级指标。由于跨境电商在网站设计、物流、支付方式等方面不同于传统商务，因此，本教材将跨境客户满意度指标体系的三级指标细化为 42 个，如表 7-1 所示。三级指标可以展开对应问卷中的问题，就形成了测评指标体系的四级指标。其中，一级指标和二级指标适用于所有的产品和服务。

表 7-1 跨境电子商务跨境客户满意度影响因素

一级指标	二级指标	三级指标	四级指标
跨境客户满意度指标	企业品牌形象	企业品牌总体形象、企业品牌知名度、企业品牌特征显著度	对应问卷中的问题
	跨境客户预期	总体质量预期、可靠性预期、个性化预期	对应问卷中的问题

续表

一级指标	二级指标	三级指标	四级指标
跨境客户满意度指标	跨境客户对产品质量的感知	总体产品质量感知、产品质量可靠性感知、产品功能适用性感知、产品款式感知、产品上新速度感知、是否与实物相符感知	对应问卷中的问题
	跨境客户对服务质量的感知	网店设计：网页结构评价、网页的易浏览性评价、网页的色彩组合评价、网页浏览的舒适性评价、页面的加载速度和响应速度评价	对应问卷中的问题
		支付方式：支付方式的多样性评价、支付方式流程简便性评价	
		跨境客户服务：客服人员的服务态度评价、客服人员的回应速度评价、退换货政策的合理性评价	
		安全隐私：网络平台的安全性评价、交易信息的安全性评价、跨境客户隐私的保护评价	
		物流配送：发货的速度评价、送达时间的准确性评价、包裹的完整性评价、配送方式的合理性评价	
	跨境客户对价值的感知	给定质量下对价格的评价、给定价格下对质量的评价、与同层次竞争对手相比之下对价格的评价	对应问卷中的问题
	跨境客户满意度	总体满意度、实际感受与服务水平相比的满意度、实际感受与预期服务水平相比的满意度、实际感受与竞争对手相比的满意度	对应问卷中的问题
	跨境客户抱怨	跨境客户抱怨与否、跨境客户投诉与否、投诉处理满意度	对应问卷中的问题
	跨境客户忠诚度	跨境客户重复购买的可能性、向他人推荐的可能性、价格变动忍耐性	对应问卷中的问题

二、制订跨境客户满意度调查方案

在具体开展测评工作以前，要根据测评的目的、对象，对各个阶段进行安排，提出相应的实施方案。这主要包括测评调查内容、调查对象、调查方法、调查样本、调查人员、调查进度和经费开支等内容。

（一）确定调查内容

不同群体的跨境客户，其需求侧重点是不一样的。有的侧重于价格，有的侧重于服务，有的侧重于产品性能和功能等。一般来说，调查的内容需要依据调查目的，按照跨境客户满意度三级测评指标体系的指标并结合企业实际情况加以确定。

（二）确定调查对象

在实践中需要根据调查目的来确定调查对象，尤其注意以下几种客户。

1. 现实跨境客户

已经体验过本企业产品或服务的跨境客户，即现实跨境客户，这类跨境客户一般是跨境电商企业进行跨境客户满意度测评的主要对象。由于企业已经有相关购买记录和信息，针对性较强，因此效果较为理想。

2. 使用者和购买者

一般而言，产品的使用者和购买者是一致的，但是在儿童用品市场或是在商品作为礼品使用的场合下，则会存在差异。因此，在进行跨境客户满意度测评时，要根据商品或服务的性质和用途，预先明确使用者和购买者。

3. 中间商

跨境电商目前包括 B2C、B2B、B2 小 B 等各种模式。跨境电商 B 端批发商与 C 端普通消费者相比，更重视卖家产品的丰富度、供货能力以及数量提升后，能否得到相应的折扣。因此，测评跨境中间商客户时，需考虑其特点，有针对性地进行。

4. 内部人员

企业内部各部门之间的相互协作程度、认可程度、满意程度直接影响企业的运作。只有各部门相互配合，才能最终给跨境客户提供满意的商品或服务。因此，测评对象也包括企业内部人员。

（三）确定调查方法

1. 跨境客户投诉和意见反馈

跨境卖家可以通过订单留言、站内信、电子邮件和顾客投诉等渠道，收集跨境客户意见。这种方法的优点是跨境客户可以随时将自己的感受告知卖家，使卖家能够及时了解跨境客户的满意状态和需求变化的方向，但也有一定的缺陷。一是这种方法依赖于跨境客户反映问题的主动性。有些跨境客户出现了不满意，也许不会告知卖家。只有一部分跨境客户会进行投诉。因此，跨境客户的投诉率不能真实地反映跨境客户的满意状态。二是通过这种方法收集的跨境客户不满信息和意见具有分散性，需要具备一定专业技能的跨境客户服务人员进行分解和统计，才能从中找到问题的实质。

2. 问卷调查

跨境客户满意度问卷调查可以在跨境客户收到产品或使用一段时间以后进行。具体调查的项目可以根据卖家自身的需要确定。一般来说，调查项目不宜太多。调查项目太多，容易造成跨境客户的烦躁和不配合。正因为项目有限，所以问卷项目的设计和选择必须十分慎重。

3. 深度访谈

为了弥补问卷调查存在的不足，有必要实施典型跨境客户的深度访谈。深度访谈是指针对某一问题或话题进行一对一的交谈，在交谈过程中提出一系列探究性问题，用以探究跨境客户的看法。

4. 神秘顾客调查

在企业内部人员不知情的情况下，跨境卖家可以雇用一些外部人员来体验跨境购买和接受服务的过程，以发现在产品销售流程、服务流程方面的优缺点与有效性。这些神秘顾客甚至可以故意提出问题或人为制造麻烦来试探企业是否能够妥善处理。

以上方法均属于跨境电商行业第一手资料的收集方法，另外也可以通过各种媒体的报道、行业协会的研究等二手资料的收集实施调查。

（四）选择调查样本

跨境客户满意度调查一般采用抽样调查的方法，以降低调查成本，提高针对性。

1. 随机抽样

随机抽样是指从调查总体中按一定规则抽取一部分单位作为样本，通过对样本的调查结果来推断总体。

2. 重点调查

重点调查是指选择跨境电商企业最重要的大客户、关键客户进行调查。根据"二八法则"，重点调查虽然从调查个体数量上而言较少，但通过对大客户的调查，可以帮助跨境电商企业清晰地分析出消费者对企业的满意度及具体的意见、要求，促进企业更好地发展。

3. 典型调查

与重点调查相区别的是，典型调查选取的往往是企业的中小跨境客户。这类跨境客户数量较大，单个跨境客户给企业带来的经济利益并不高。如何为众多中小跨境客户服务，使其满意，并最终提升他们的忠诚度，通过典型调查获取的数据更具有代表性。

（五）安排调查人员

跨境客户满意度调查可以由跨境电商企业内部客服人员完成。根据调查目标，挑选合适的员工并对其进行培训，以确保调查过程的公正性和客观性，提高有效答卷的比例。也可以将其外包给企业外部专业化的调查机构，或者企业内外部共同完成。在寻求外部机构进行调查时，需要注意保护自身的商业机密。

（六）预估调查进度和经费开支

在实际的调查活动中，根据调查范围的大小，每次的时间和费用都不同，不能一概而论。基本原则是要保证调查的准确性、真实性。尽早完成调查活动，在保证时效性的同时，也节省了费用。对调查时间的安排一般可以按照准备、实施和结果处理三个阶段来规划。

三、设计问卷

调查的具体开展，必须借助一定的媒介。问卷作为信息量充足、口径一致、便于统计分析的数据载体，在跨境电商卖家实践中有着广泛的运用。

按照已经建立的跨境客户满意度测评指标体系，将其中的三级指标展开，设计问卷上的问题。问卷设计是整个测评调查工作的关键环节，测评调查结果是否准确、有效，在很大程度上取决于此。

（一）问卷基本格式

问卷一般包括标题、引导语、问题和结束语。

1. 标题

标题要明确调查的对象、主题等。例如，××产品跨境客户满意度调查问卷。

2. 引导语

引导语主要在于引起被调查者的热情，消除顾虑，愉快合作。它包括调查目的、内容、填写问卷的主要规则、注意事项等。注意用语简洁、恰当，便于被调查者理解。例如：

> 尊敬的跨境客户：
>
> 您好！我们是×公司，于本月开展跨境客户满意度调查，目的是获得大家对本公司产品和服务的客观评价，以便我们持续改进，使用户真正满意。请在您认为合适的项目方框内打"√"，或在横线处填写文字。

3．问题

问卷中的问题可以分为封闭式、开放式和半开半闭式三种。

（1）封闭式。

① 是非题。由跨境客户根据体验判断其正误。由于结果为"是""否"或"有""无"，这样的主观判断直截了当，在操作中简便易行。然而，对于跨境客户满意度而言，极端结果（很满意、很不满意）在一般情况下不容易出现，所以此类题目的设计需慎重。

② 选择题。第一种为选择式，一般分为单选和多选。选择式提问的优点是易于理解、跨境客户乐于选择、可迅速得到明确的答案、便于统计处理。例如：

> 您在购买服装时，通常依据哪些因素？（在您认为合适的□内画√）
> 价格□ 款式□ 品牌□ 颜色□ 面料□ 做工□

第二种为矩阵式。同类若干个问题及答案排列成矩阵，以一个问题的形式表达出来。这种形式可以大大节省问卷的篇幅，将同类问题放在一起有利于被调查者阅读和填答。例如：

> 您对×商品质量的评价。（在您认为合适的□内画√）

	很满意	满意	一般	不满意	很不满意
外观	□	□	□	□	□
质量	□	□	□	□	□
功能	□	□	□	□	□
实物与描述相符	□	□	□	□	□

（2）开放式。

不给出答案，由跨境客户自由发表意见，即开放式。采用开放式的答题方式，可以让跨境客户充分发表见解，带来丰富的结论。但此类题目一方面对答案的辨析、统计比较难统一口径，同时跨境客户有可能不愿多花时间表述，或仅用很简单的语言表达，易造成信息失真。

（3）半开半闭式。

在封闭式的选择后面增加开放式的回答。例如：

> 您购买本店铺服装的原因是：（在您认为合适的□内画√，如有补充，请写在横线处）
> 价格合理□ 款式紧跟潮流□ 做工好□ 服装面料好□ 其他_____

4．结束语

结束语可有可无，一般是对合作表示感谢，同时可请被调查者进行复查。例如：

> 最后，再次感谢您的合作。如果您还有补充意见与看法，请写在下面。

（二）测评跨境客户满意级度设计

跨境客户满意级度是指跨境客户在消费相应的商品或服务后所产生的满足状态。在一般情况下，跨境客户满意度可以分成七个梯级，在问卷设计中应尽可能体现梯级之间的过渡。根据心理学的梯级理论，其参考指标如表7-2所示。

表 7-2　跨境客户满意程度七个梯级参考指标

梯级	情绪表现	详细表现
很不满意	愤慨、投诉、反宣传	找机会向平台投诉，还会利用一切机会进行反宣传以发泄心中的不快
不满意	气愤、烦恼	希望通过一定方法进行弥补，有时会进行反宣传，提醒自己的亲友不要去购买同样的商品或服务
不太满意	抱怨、遗憾	跨境客户虽心存不满，但也不会有过高的要求，得过且过
一般	无明显情绪	跨境客户对商品或服务的评价既说不上好，也说不上差，还算过得去
较满意	好感、肯定、赞许	跨境客户对商品或服务的感觉还算满意，但如果与内心的更高要求相比，还有很大的差距
满意	称心、赞扬、愉快	期望与现实基本相符，跨境客户不仅对自己的选择予以肯定，还乐于向他人推荐
很满意	激动、满足、感谢	跨境客户不仅完全达到期望、没有任何遗憾，而且产品大大超出了自己的期望，跨境客户会主动向他人宣传、介绍推荐，鼓励他人消费

四、实施跨境客户满意度测评调查

一方面，跨境客服将接到的跨境客户投诉意见进行登记、归类和处理；另一方面，根据测评调查方案，向跨境客户以链接或邮件的方式，派发跨境客户满意度问卷，落实调查的有关具体工作。

测评调查结果的收回，一要讲究时效性，即注意调查整体进度的合理展开，不应过于匆忙或冗长；二要注意回收率应得到保证，对跨境客户进行必要的答谢。

五、跨境客户满意度测评调查结果的分析、汇总

（一）信息处理

对于调查取得的第一手资料需要进行辨别、审核，以确定其真实性、有效性。要统计每个问题每类答案的回答频次，以及其所占被调查者总数的百分比。通过专业统计软件进行汇总，形成有关的数据表格、数据图形。

（二）资料分析

在跨境客户满意度测评调查的基础上，分析各满意指标对跨境客户满意度影响的程度，包括定性分析和定量分析两个方面。

1. 定性分析

通过对满意度调查中的开放性问题答案进行分析，确定各个满意度指标的评价和重要性，找出跨境客户满意或不满意的主要原因。

2. 定量分析

这既包括对各满意度指标百分率变化的描述性分析，也包括运用一定的统计方法来确定不同的满意度指标对整体满意度的重要性。同时，根据历史数据预测整体满意度，以及比较本企业与竞争对手在各满意度指标上的优势和劣势。

（三）调查报告

调查报告一般包括题目、报告摘要、基本情况介绍、正文、改进建议、附件等部分。其中，正文包括调查背景、调查指标设定、问卷设计检验、数据整理分析、调查结果及分析等内容。当发现跨境客户满意度下降、某些评估指标分值很低、跨境客户有明确投诉或建议时，还要制订详细的措施计划，以改进、纠正、预防不良后果的产生。同时，把报告中提出的措施建议落实到相关部门和责任人，以达到持续改进、提高跨境客户满意度的目的。

案例解析

一、案例背景

一位美国跨境客户留言称，"店铺的会员生日赠品每年都是一张电子贺卡，没有特色，不能制造惊喜感，而且毫无实用性"。面对这样的抱怨，跨境客服专员艾伦应该如何处理？

二、操作步骤

（1）看到留言后，第一时间回复跨境客户。对于跨境客户对会员生日赠品的不满意，表达自己的关爱和歉意。

（2）耐心地向跨境客户解释，因为跨境客服工作不细致导致会员生日赠品缺乏新意。同时补发优惠券，作为生日礼物补偿给跨境客户。这样在下次下单时，生日客户可以享受一定金额的优惠，而非生日跨境客户则无法享受这一"差别"优惠待遇。

（3）吸取教训，调整店铺会员生日礼物赠品策略。一方面继续发送电子贺卡，在精神上给予跨境客户关爱；另一方面根据会员等级，制定阶梯性优惠券发放措施，给会员以物质上的生日祝贺。

三、案例总结

通过跨境客户的留言可以推断，该跨境客户对于会员生日赠品这项服务有着较高的期望。会员客户在第一次收到店铺赠送的生日电子贺卡时可能感觉非常惊喜。然而，随着时间的推移，虽然服务的质量没有降低，但跨境客户已经对这项服务有了心理预期，单一的服务形式可能会导致跨境客户体验逐渐降低，最终导致跨境客户满意度下降，甚至产生抱怨。由此可见，跨境客户对商家服务的反馈意见是评估跨境客户满意度的重要信息。

子情景三　跨境客户满意度的提升

 学习目标

知识目标

- 掌握影响跨境客户满意的因素。

微课抢先看

- 掌握提升跨境客户满意度的方法。

能力目标

- 能合理应用提升跨境客户满意度的方法。
- 能够给跨境客户提供满意的产品、优质的服务。

素质目标

- 培养学生让跨境客户满意的服务能力。
- 培养学生的辩证思维。

思政目标

- 引导学生感悟中华民族的自豪感。

知识导入

 **项目背景**

浙江英卡顿网络科技有限公司的跨境客服专员艾伦刚刚接手公司在速卖通平台上运营的一个童装跨境店铺。他发现顾客回购率较低，近一个月销量下降明显。经理要求他从跨境客户满意的角度，给出一个提升顾客满意度的方案，以改变目前的不良局面。

 任务实施

步骤1：把握跨境客户期望。
步骤2：提升跨境客户的感知价值。
步骤3：2021年8月登上亚马逊新品榜第一的鸿星尔克为河南水灾捐款事件，使品牌树立了良好的形象。以此为例，引导学生感悟中华民族的自豪感。

 知识铺垫

从跨境客户满意的概念可知，跨境客户的满意状况是由跨境客户的期望和跨境客户的感知两个因素决定的。因此，如果企业能够把握跨境客户预期，并且让跨境客户感知价值超出其预期，就能够实现跨境客户满意。

一、把握跨境客户期望

跨境客户期望是指跨境客户在购买、消费商品或服务之前对商品或服务的价值、品质、价格等方面的主观认识或预期。人们在接受同一产品或服务的时候，往往有的人感到满意，而有的人感到不满意，很多时候是因为不同的人对该产品或服务的期望不同。也就是说，当产品或服务达到或超过跨境客户期望时，跨境客户就会满意或很满意；如果达不到跨境客户期望，跨境客户就会不满意。

因此，必须了解跨境客户期望的是什么、期望是多少。如果企业能够掌握甚至引导跨境客户的期望，那么只要超出期望，就能够让跨境客户满意。

（一）影响跨境客户期望的因素

1. 跨境客户自身因素

（1）习惯性。跨境客户在购买商品之前，主要凭借自己之前的购买经历和自己获得的市场信息，产生一定的期望值。跨境客户一方面会将产品质量、价格等与他所在的当地实体店产品进行对比，另一方面会结合本国电商的消费体验来评判中国卖家。

（2）信息。由于跨境客户在性格、个人知识、履历、获得信息的有限性等方面不同，因此他们对同样的产品或服务会产生不同的预期。例如，有的顾客认为用大的珍珠做成的珍珠项链是最具有价值的。然而，一个经验丰富、对珍珠了解比较全面的跨境客户，则还会根据珍珠的色泽、圆润程度、工艺等因素来评价珍珠项链的价值。

2. 企业因素

（1）企业的宣传。跨境卖家对外的形象展示、开展的线上活动、邀请的代言人等，都会让跨境客户对企业的产品或服务在心中产生一定的期望值。夸大宣传会让顾客产生较大期望。只有客观的宣传，才能使顾客预期较为理性。例如，相较于国内电商，跨境电商的物流时间更长、风险更大。一般跨境卖家会预先提醒顾客，可能需要较长时间的等待才能收到所购买的产品，使顾客做好心理准备，产生一个合理的预期。

（2）商品的定价、包装等有形展示。跨境客户凭借网页上展示的产品价格、销售包装、企业荣誉、资质、销量、产品生产现场等，形成对产品或服务的预期。例如，详情页上展示的大量五星好评，会让跨境客户形成对该产品的良好印象，产生较高的预期。

3. 他人介绍

消费者的消费决定总是很容易受到广告等商业来源、权威专家等公共来源、他人等个人来源以及自身经验的影响。其中，个人来源尤其是亲朋好友的介绍，影响力最大。如果跨境客户身边的人对企业进行负面宣传，则会使跨境客户对该企业的产品或服务产生较低的预期。

（二）把握跨境客户期望的措施

1. 了解跨境客户期望

可以通过满意度测评、跨境客户意见反馈及跨境客户投诉等方式收集跨境客户信息，了解他们对产品和服务方面的预期。这些信息能为开展跨境客户需求分析及跨境客户期望水平预估提供数据支持，使企业可以针对跨境客户满意有的放矢。

2. 引导跨境客户期望

如果跨境客户预期过高，企业没有达到跨境客户预期，跨境客户就会感到失望和不满。然而，如果跨境客户预期过低，可能就没有兴趣购买或者消费企业的产品或服务了。因此，企业必须主动出击，引导跨境客户期望。面对影响期望的跨境客户主观因素，企业很难控制，但是企业可以从自身做起，努力使跨境客户获得良好体验。

（1）企业宣传要留有余地，不要过度承诺。

企业要根据自身的实力对产品或服务进行适当的承诺，只承诺能够做得到的事情，以此在跨境客户心目中建立可靠的形象。如果宣传与承诺过度，跨境客户的预期就会被抬高，从而造成感知与预期之间的差距,降低跨境客户的满意水平。例如,跨境电商卖家在处理产品图片时,不能过分修图和美化。图片一旦失真,给跨境客户造成了假象,会提高顾客期望值。如果顾客收到的实际商品与图片差距太大,会引起顾客的不满。

(2)通过企业文化、价格、包装等引导跨境客户预期。

好的企业文化,能给跨境客户形成良好的预期。企业如果实施高价策略,会给人产生高档商品的印象。在产品详情页上,精美的包装、工厂现代化的设备展示,都能增强跨境客户的期望。此外,获得权威的国际认证,或者被权威人士使用,也能增强跨境客户预期。例如,深圳千岸科技以跨境电商B2C为核心业务,2020年核心品牌月营收突破4 000万美元。曾经,美国国家航空航天局(National Aeronautics and Space Administration,NASA)为了给机构里的每间办公室配备充电器,供在职科学家、工程师使用,曾主动联系千岸科技业务部。NASA作为世界上最权威的科技机构之一,在选择办公用品时在安全和性能方面极为严苛。它从市场上挑选充电器,经过初步筛选,包括美国知名品牌贝尔金(Belkin)和千岸科技在内的几款充电器入围。随后,经过性能评测与比较,NASA最终选择了千岸科技的充电器。虽然这笔订单的数额不大,但是意义重大。有了NASA的背书,更坚定了跨境客户对千岸科技产品品质的认可。当然,如果试图降低跨境客户预期,就不要将价格设定过高、把包装做得过好。总之,要做到实事求是,扬长避短,让跨境客户预期处于一个合适的水平。

3. 对跨境客户期望与需求进行分析

跨境跨境客户需求是多样的,即使是购买同一种产品,也存在多种需求和不同层次的期望,见表7-3。因此,卖家要认真研究跨境客户需求的实际内容,根据需求的合理性、合法性、重要性采取相应的措施加以解决。

表7-3 跨境客户需求划分及其特点

跨境客户需求层次	特点表现	示例
跨境客户基本的、必须被满足的需求	卖家明确承诺的或符合行业一般标准的需求,假如不能被满足,跨境客户会非常不满意	为跨境客户提供售后服务
跨境客户合理的、应该被满足且可以被满足的需求	希望卖家能提供的,但卖家对此没有做出明确承诺	跨境客户希望卖家能在规定的时间内对投诉进行回复和有效处理
跨境客户期望的、合理的、应该被满足但无法被满足的需求	可能是竞争对手能够提供但自己店铺无法提供的,或因店铺宣传表达不明确造成跨境客户产生的较高期望需求。这类需求部分可能是合理的,但基于现状,商家是无法满足的	和竞争对手一样的包邮服务、最快的发货速度
跨境客户期望的但不应该被满足的需求	需求不合理甚至是非法的,或满足跨境客户的需求会给店铺造成较大损失或危害	商品出现损坏,跨境客户提出十倍赔偿
惊喜需求	一般认为这类需求是无关紧要的,对商品或服务本身没有什么影响,但一旦被满足,跨境客户会非常高兴和满意	对会员跨境客户赠送生日礼物,会员跨境客户可以享受超值打折

4. 实施分级管理

针对不同跨境客户的需求层次,根据社会标准、行业标准和卖家自身能力,实行不同的跨境客户满意策略。对基本需求和期望,制定服务内容和流程的统一标准。对惊喜需求层次,控制服务成本、服务承诺水平不能过高，以免跨境客户产生较高的心理预期。此外，要控制信息公开的程度，否则会导致跨境客户产生攀比心理。例如，如果店铺大肆宣传会员跨境客户可享受的某些专属服务，如果其他非会员跨境客户了解到此消息，他们会觉得自己符合要求却没有得到同等的待遇，就可能产生不满。

5．开展动态管理

跨境客户的期望与需求不是一成不变的，随着时间的推移，随着角色身份的转换，会随时发生相应的变化，因此对跨境客户期望的管理也需要保持动态调整。以中国到俄罗斯的跨境物流为例，2013年货物送达的平均时间为70天。随着菜鸟等中国物流公司的进入，目前配送平均时间为10~15天。更迅速的是，由于菜鸟已在莫斯科本地租仓，中国到莫斯科的跨境包裹最快只需1个小时就能送到俄罗斯消费者的手里。因此，随着时间的推移和技术的进步，一些在当前看来可能合理但无法被满足的需求或惊喜，未来或许会变成跨境客户的基本期望需求。

二、提升跨境客户的感知价值

跨境客户感知价值是跨境客户在感知商品或服务的利益之后，减去其在获取商品或服务时所付出的成本，从而得出的对商品或服务效用的主观评价。

（一）影响跨境客户感知价值的因素

影响跨境客户感知价值的因素包括跨境客户总价值和跨境客户总成本两大方面。

1．跨境客户总价值

跨境客户总价值是指跨境客户从消费产品或服务中所获得的价值。跨境客户价值越高，越容易感到满意，它包括产品价值、服务价值、人员价值、企业形象价值等。通常，跨境客户选购产品时要考虑的首要因素是产品价值，如产品的功能、特性、品质、品种、品牌等。产品价值高，客户的感知价值就高。服务价值是指伴随着产品实体的出售，企业向跨境客户提供的各种附加服务，包括售前、售中、售后三个环节。人员价值是指企业从高层领导到基层员工，全体人员的经营思想、工作效益与作风、业务能力、应变能力等产生的价值。一个工作素质更高的员工，会让顾客感到更满意。企业形象价值是指企业及其产品在公众中的总体形象所产生的价值。它在很大程度上是产品价值、服务价值、人员价值综合作用的结果。良好的企业形象，有利于提升跨境客户的感知价值。

2．跨境客户总成本

跨境客户购买总成本越少越容易感到满意。总成本包括货币成本、时间成本、精神成本、体力成本等，如购买时花费的金额、等待的运输时间、交易时间、选购产品时耗费的精力等。在跨境网购中，跨境客户时常会担心个人资料是否泄露、支付环境是否安全等问题。尤其是在互联网还不太发达的发展中国家和地区，安全问题更为明显。这些都会增加跨境客户的精神压力，影响跨境客户的感知价值。

（二）提升跨境客户感知价值的措施

如果企业能够把握跨境客户预期，同时又为跨境客户提供超出预期的感知价值，则会对提高跨境客户满意度起到事半功倍的作用。因此，为了使感知价值超出预期，就要提高跨境客户的感知价值。我们可以从两个方面来考虑：一方面，提升跨境客户的总价值，包括产品价值、服务价值、人员价值、形象价值；另一方面，降低跨境客户的总成本，包括货币成本、时间成本、精神成本、体力成本。只有跨境客户获得的总价值大于其付出的总成本，才能提高跨境客户的感知价值。

1．提升跨境客户总价值

（1）提高产品质量。

第一，提升产品品质。产品品质是提高跨境客户感知、继而提升跨境客户满意度的基础。只有过硬的品质质量，才能真正树立企业的金字招牌。例如，北京派斯范科技有限公司是华北地区外贸 B2C 领域领军企业，主营户外渔具产品。其旗下品牌 Piscifun 已成为国外消费者喜爱度非常高的渔具品牌。为了找到合适的产品供应商，公司曾对七十多家工厂进行严格考察、筛选，探讨渔具的生产合作，最后确定七到八家工厂为派斯范科技生产产品。考察工厂的主要标准就是不论工厂规模大小，产品品质必须优质，必须拥有成熟和完善的质量控制体系。

第二，提供定制化产品。跨境电商使得海外消费者可以购买到无法从实体店铺买到的中国商品，尤其是根据消费者的个性需求开发的定制化产品，真正体现了以客户为导向的企业经营理念。例如，位于杭州的衣来科技是一家专门经营商务男装和商务休闲装的公司，可在线定制服装。他们完全按照跨境客户的要求和身材，真正地实现了一人一版，做工尽可能接近线下老师傅的水平，让跨境客户的着装更合身、更舒适。定制满足了跨境客户对于质量、款式、花色的要求，做到了适销对路。

第三，加强品牌建设。品牌形象是商品价值的浓缩，优良的品牌代表杰出的质量与服务，有利于形成跨境客户对商品价值的评判，帮助跨境客户节约选购商品的时间和精力。同时，消费者习惯某种品牌后会形成品牌依赖，这就要求企业努力提升品牌美誉度和知名度，增强跨境客户的"品牌消费"体验。

第四，重视产品创新。随着市场竞争的加剧、消费者需求的转变、技术的进步，原有的产品带给跨境客户的利益会越来越小，甚至逐渐被市场淘汰。因此，企业要满足跨境客户不断变化的需求，就必须研究和设计新的产品，提高跨境客户的感知价值，以提升跨境客户满意度。作为中国跨境电商领军企业之一，安克的研发岗位占了 54.22%，2019 年投入研发接近 3 亿元人民币。为了创新研发，安克还构建了一个相当规模的消费者认知国际化团队，每年拨付几十万美元专项预算，去理解和发现自己的品类领域内消费者未被满足或者没有表达出来的产品需求，以此来进行新产品开发。

（2）完善售前、售中、售后服务。

随着跨境电商市场的逐步成熟，跨境客户对服务的要求越来越高，能否提供优质的服务已经成为提高跨境客户的感知价值和满意度的重要因素。这就要求企业在售前及时向跨境客户提供充分的关于产品性能、质量、价格、使用方法和效果等方面的信息；售中提供优质的咨询服务，完成订单处理，及时进行包裹的物流配送并随时跟踪物流订单；售后重视信息反馈和收集跨境客户的意见，妥善解决与顾客的纠纷。

在整个过程中，要加强与跨境客户的互动，实现有效沟通，提升购物体验，进而增加跨境客户的感知价值。

（3）提升人员价值。

提升人员价值包括提升企业全体员工的经营理念、工作效益与作风、业务能力、应变能力及服务态度。例如，企业可以通过加强管理制度建设、业务培训等方式提高员工为跨境客户服务的娴熟程度和准确性，从而提高跨境客户的感知水平和满意度。中国跨境电商代表企业安克为更好地服务海外消费者，实现本地化的营销和触达，目前在美国、日本、欧洲都设有办公室。每个办公室都有专门负责当地品牌运营和销售的员工，他们必须使用本地语言与本地消费者进行沟通。

此外，要提高员工自身满意度，因为员工满意度的增加会促进员工提供给跨境客户的产品质量或服务质量提高。

（4）树立良好的公众形象。

良好的公众形象，会获得社会的广泛支持和合作，享有较高的声誉。由此提升跨境客户对企业的感知价值，增强跨境客户满意度。跨境电商企业树立形象，可以通过广告、新闻宣传、赞助活动等方式进行形象的提升。2020年净利润为-2.2亿元人民币的国产品牌鸿星尔克，在2021年7月却向河南暴雨灾区捐赠了价值5 000万元人民币的物资，引发了网友热议。这样的慈善行为，进一步提高了鸿星尔克的知名度，其国内销量激增。在国际上，凭借互联网信息的迅速传播，鸿星尔克也得到了美国华人的支持，该品牌虽然只在亚马逊上架了少量产品，但是却登上了女士休闲运动鞋新品销量榜第一名。

2．减少跨境客户总成本

想提升跨境客户感知价值，就要减少跨境客户的成本支出，包括不必要的货币成本、时间成本、精神成本和体力成本。

在降低货币成本方面，要合理制定商品价格。定价应以"客户满意"为出发点，并综合考虑市场形势、竞争程度和客户的接受能力。坚决摒弃追求暴利的短期行为，这样才能提升客户的感知价值，提高客户的满意度。例如，面对外汇汇率的大幅波动时，要及时调整商品价格，尽可能做到按照顾客"预期价格"定价。当然，降低客户的货币成本不仅体现在价格上，还体现在提供灵活的付款方式和资金融通方式等方面。例如，高价值商品允许跨境客户采用分期付款的方式，就显得尤其重要。在时间和体力成本的降低上，需要进一步优化购物便利性。跨境网络购物打破了时空的限制，省时省力。因此，要通过优化店铺购物环境、提升关键词匹配度、提高物流配送速度等方式，进一步突显网购给跨境客户带来的便利。在降低精神成本方面，较为常见的是：一方面，向买家做出承诺和保证；另一方面，采取有效的措施。例如，跨境物流路程长、风险大，商品会有丢包的可能性，因此，卖家可以为跨境客户购买运输保险，以降低跨境客户担心包裹丢失的精神压力。此外，妥善地处理跨境客户投诉，也能平息跨境客户的焦虑心情，降低精神成本。

案例解析

一、案例背景

艾伦作为速卖通新手卖家，为了扩大销售、吸引买家下单，采取了免邮的促销手段，并在标题上标注了"Free Shipping"。然而，他最近却遭到一位以色列跨境客户投诉。跨境客户认为产品包邮，在下单付款以后，就不会产生任何费用了，但是实际情况却是买家又多付了关税，才拿到货物。请问艾伦应该如何处理跨境客户的投诉？

二、操作步骤

（1）看到留言后，第一时间回复跨境客户。对于跨境客户多支付的费用，表示抱歉。

（2）耐心地向跨境客户解释。卖家确实已经支付了运费，额外费用的产生是因为海关对于高价值产品收取进口关税这一贸易政策造成的。

（3）吸取教训。对于价值较高的商品会被进口海关征收关税，要提前将这一情况与跨境客户沟通好。

三、案例总结

"卖家包邮"作为跨境电商的促销手段，在使用时不能滥用。一定要针对不同的物流方式，做出留有余地的承诺，引导顾客合理预期，否则就会像案例里出现的那样，跨境客户认为下单后不会再发生费用，结果却还要支付关税才能获得商品。多付的费用，造成了跨境客户感知与预期的差距，大大降低了跨境客户的满意度。此外，客服人员要随时关注进口国的关税政策。以以色列为例，其规定：对于价值不超过 75 美元的实物商品免征所有税款，购买不超过 500 美元的商品免征关税，但仍需缴纳增值税。客服人员一定要把这些会导致额外费用的情况提前告知买家，让他们的预期保持在一个合理的状态，以提升跨境客户满意度。

课后延伸阅读

国货 TO BE NO.1！鸿星尔克荣登亚马逊新品榜第一

一方有难，八方支援。2021 年 7 月，河南千年一遇的暴雨灾情让 14 亿中国人的心紧紧相连，也让更多人看到了中国人的"温情"，尤其是低调捐款 5 000 万元物资的鸿星尔克。

作为国内知名运动品牌，鸿星尔克相较于其他品牌盈利并不可观，2020 年净利润为-2.2 亿元人民币。它最贵的一双鞋竟不超 300 元，甚至连微博 12 元一个月的会员都舍不得买。因此，捐款举动一石激起千层浪，迅速登上微博热搜，直播间销量暴增。网友们纷纷表示，像鸿星尔克这种拥有民族大义、不忘初心的企业值得所有中国人追捧。

此前鸿星尔克在亚马逊美国站的销量一般，美国站新店铺反馈为 0。事件发生后，它却登上了亚马逊女士休闲运动鞋新品销量榜第一名。而且除第一外，鸿星尔克品牌产品还占据了该榜单的第二和第四。

在此次捐款事件后，不少境外华人买家也开始购买鸿星尔克的产品。他们发现鸿星尔克不仅价格便宜、穿着舒适，而且质量也非常好，纷纷在评论区对鸿星尔克表达了高度赞扬。

习题演练

一、单选题

1. 当跨境客户感知与跨境客户预期的关系是（　　）时，跨境客户就会感到"物超所值"，很满意。

A．跨境客户感知与跨境客户预期一致　　B．跨境客户感知没有达到跨境客户预期

C. 跨境客户感知超出跨境客户预期　　D. 两者没有关系

2. 以下不属于跨境客户满意的特征是（　　）。

A. 跨境客户满意的感受是在过去多次购买和接收到的服务中逐渐形成的，因而呈现出阶段性

B. 跨境客户是否满意，其感受对象是客观的

C. 跨境客户是否满意，其感受具有相对性

D. 跨境客户是否满意，其感受结论是较为客观的

3. 以下不能衡量跨境客户是否满意的是（　　）。

A. 跨境客户在消费了产品或服务后产生抱怨的比例

B. 跨境客户是否愿意再次消费

C. 跨境客户对企业的认可和赞赏的程度

D. 跨境客户在售前静默下单

4. 以下不属于跨境电商行业第一手资料的收集方法的是（　　）。

A. 媒体的报道　　　　　　　　　　B. 神秘顾客调查

C. 跨境客户投诉和意见反馈　　　　D. 问卷调查

5. 以下不一定出现在跨境客户满意度调查问卷中的是（　　）。

A. 标题　　　　B. 引导语　　　　C. 问题　　　　D. 结束语

6. "找机会向平台投诉，还会利用一切机会进行反宣传以发泄心中的不快。"按照心理学的梯级理论，这属于（　　）。

A. 不满意　　　　B. 很不满意　　　　C. 不太满意　　　　D. 一般

二、判断题

1. （　　）跨境客户满意是一种主观的、不稳定的心理状态。

2. （　　）跨境客户满意度测评调查对象是企业的外部跨境客户，企业内部各部门之间不包括在内。

3. （　　）跨境客户满意度测评调查与中小卖家无关。

4. （　　）在满意度测评调查中，问卷调查项目越多，越能反映问题，因此应尽量多地设置问题。

5. （　　）对于满意度测评调查中取得的一手资料需要进行辨别、审核，以确定其真实性、有效性。

6. （　　）商品出现损坏，跨境客户提出十倍赔偿，对于这样的要求，跨境客户虽然期望，但不应该被满足。

7. （　　）由于跨境客户的性格、个人知识、履历、获得信息的有限性，因此企业对跨境客户期望的引导和把握无能为力。

8. （　　）如果宣传与承诺过度，跨境客户的预期就会被抬高，从而造成感知与预期之间的差距，降低跨境客户的满意水平。

三、简答题

1. 简述跨境客户满意的意义。

2. 影响跨境客户期望的因素有哪些？
3. 如何提升跨境客户的感知价值？

 实践操作

艾伦所在的公司在速卖通上经营一家女鞋网店，最近上架了很多夏季凉鞋新款，因为产品定价合理、样式新颖，销量较为理想，尤其受到俄罗斯顾客的青睐。为了解消费者对这批新品和店铺服务的满意程度，经理计划让艾伦制订一份跨境客户满意度调查方案，为下一步实施调查做好准备。

操作 1. 建立夏季新品凉鞋及服务的跨境客户满意度指标体系
（一）一级指标_____
（二）二级指标_____
（三）三级指标_____

操作 2. 设计调查方案
（一）调查目的_____
（二）调查内容_____
（三）调查对象_____
（四）调查方式_____
（五）样本规模_____
（六）调查人员安排_____
（七）调查项目进度_____
（八）费用开支_____

情景八

跨境客户的忠诚度管理

【习语典读】

我们深入贯彻以人民为中心的发展思想，在幼有所育、学有所教、劳有所得、病有所医、老有所养、住有所居、弱有所扶上持续用力，人民生活全方位改善。

——习近平

子情景一 跨境客户忠诚的内涵

  学习目标

知识目标

- 理解跨境客户忠诚的含义。
- 掌握衡量跨境客户忠诚度的标准。

能力目标

- 能合理地使用指标衡量跨境客户忠诚。
- 能深刻理解维护客户忠诚的意义。

素质目标

- 培养学生形成有效维护跨境客户关系的服务意识。
- 培养学生形成提升跨境客户忠诚度的责任感。

思政目标

- 让学生深刻理解我国以人民为中心的经济发展思想。

微课抢先看

 **项目背景**

知识导入

浙江英卡顿网络科技有限公司的跨境客服专员艾伦，目前跟着张经理管理一个速卖通童装店铺。张经理每天都要花一些时间整理当日下单客户的相关信息，并对其中回购的老客户的购买信息进行备注。几天后，张经理将表格交给艾伦，让艾伦对跨境店铺客户的忠诚特征进行分析，并衡量跨境客户的忠诚度。

 **任务实施**

步骤1：理解跨境客户忠诚的含义。
步骤2：分析跨境电商背景下客户忠诚的意义。
步骤3：衡量跨境客户的忠诚度。
步骤4：培育跨境客户忠诚，必须以客户为中心。由此让学生深刻理解我国以人民为中心的经济发展思想。

 知识铺垫

客户群体的不断扩充是企业"开疆辟土"的必经之路，因此吸引新客户和维护老客户是企业赖以生存及发展的工作重心。然而，一个企业在大规模投入人力、物力和财力用于开发新客户时，切不可忽略对老客户的维护工作，否则即使不断有新客户加入，如果疏于管理或不善于维护，或者没有采取有效的实现客户忠诚的策略，导致没有留住新客户或使老客户流失，那么我们的客户基数就不能实现真正的增长。跨境电商同样应双管齐下，一方面要通过各种渠道挖掘客户资源，开发新客户；另一方面更要积极构建稳妥的客户关系，维护现有客户，培育忠诚客户。

> **案例**
>
> 在数码产品销售领域，有一群对某公司产品情有独钟的客户。他们最初从手机产品接触该品牌，通过对手机品质的认可与情感认同，延伸个人消费行为到公司出品的计算机、音乐播放器，再到平板电脑等产品。这群"铁粉"总是异常执着，热衷于购买该公司出品的所有新产品。除了让自己所有的电子产品都打上该公司的标签，他们还不遗余力地向周边人宣传产品品质与品牌服务，以期感染与带动周边人群认可该公司。这种对某一品牌或产品坚定的支持态度，就是高度的客户忠诚。

一、跨境客户忠诚的含义

（一）什么是跨境客户忠诚

跨境客户忠诚是指客户对某一跨境电商或某一品牌的产品或服务表现出一种依赖及认可，并且一再地重复购买该品牌或该店铺的产品，甚至对同一品牌的系列产品或服务也进行重复购买的一种行为方式。这种行为方式是客户在长期购买店铺产品、享受品牌服务的过程中所表现出的思想方面与情感方面的信任及忠诚，客户忠诚能体现客户对该店铺或该品牌的综合评价，并不会受同类产品或品牌的竞争性营销的影响。

> **案例**
>
> 艾伦经营的速卖通童装店铺有一批这样的客户（如图8-1所示），每到换季时他们都在这家店铺里为自己的孩子采购新装，即使有时候店铺的优惠与折扣力度低于平台上的其他

童装品牌，这些客户依然毫无疑义地进行重复购买。还有不少客户热情地帮店铺宣传，发动自己的亲朋好友过来购买。

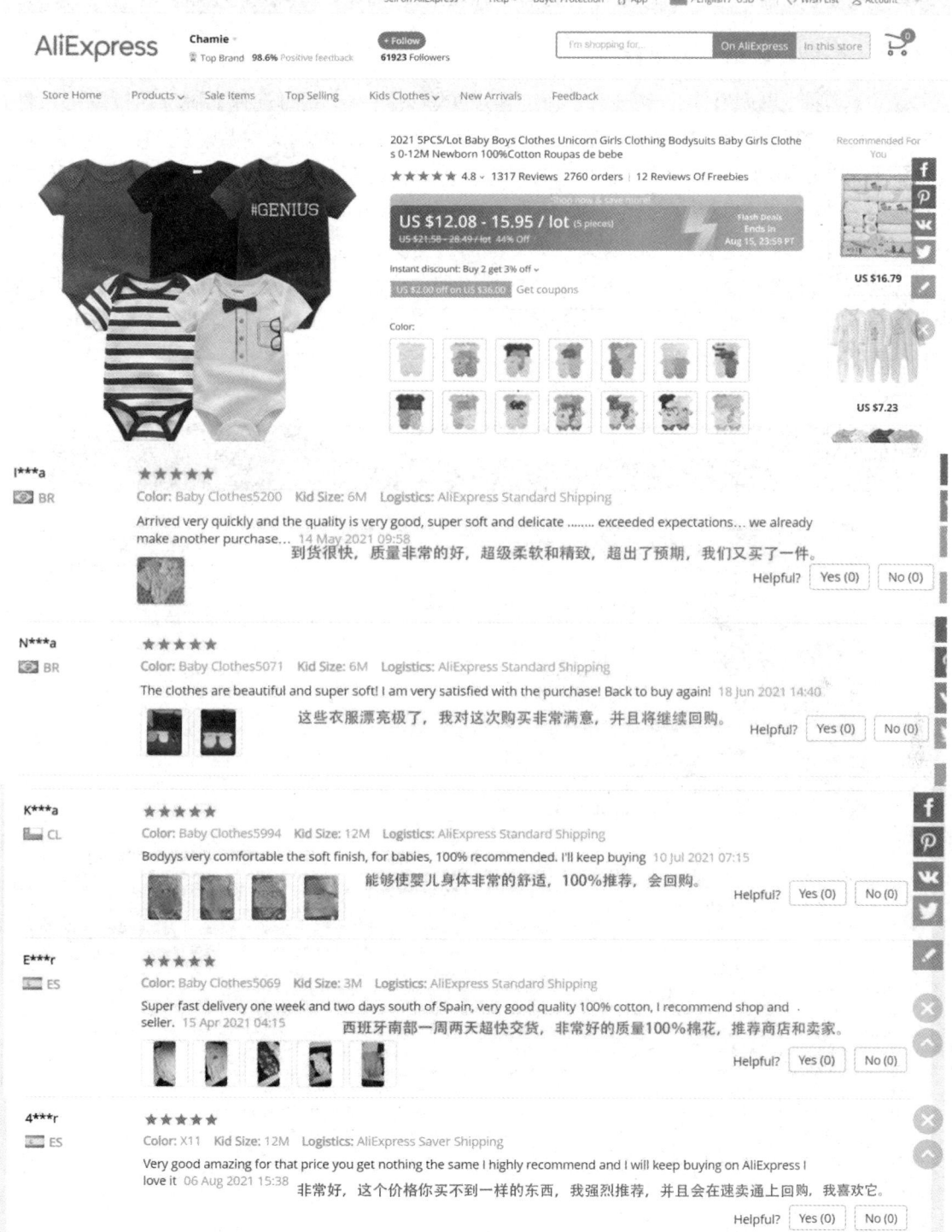

图 8-1 客户评价表达复购意愿

由此可见，忠诚的客户能对一家店铺或店铺中的一个品牌产生重复、持续、长期的购买行为，是一个跨境电商最值得依赖与重视的客户。而要正确判断客户是否忠诚，我们需要对"品牌（店铺）忠诚行为"和"品牌（店铺）忠诚态度"两个概念进行了解。

（二）品牌（店铺）忠诚行为

品牌（店铺）忠诚行为主要被用于确定客户在购买同一产品时选择品牌或店铺的一致性，即购买最为频繁的品牌（店铺）的购买次数和除以这类产品的购买次数。例如，一个有家养宠物猫的客户，在亚马逊上购买猫湿粮时只选择Whiskas这一个品牌，这位客户就属于"品牌忠诚客户"。有客户关系管理专家提出了以下五种品牌忠诚的行为类别。

（1）完整忠诚。这类客户在购买一类产品时完全只认定一个品牌，基本上非它不买，甚至会因为对品牌的喜爱而入手该品牌出品的其他相关产品。例如，上面提到的养猫客户，除购买Whiskas猫湿粮外，还会购买Whiskas出品的猫干粮、妙鲜包、猫零食等，是Whiskas的坚决拥护者（如图8-2所示）。

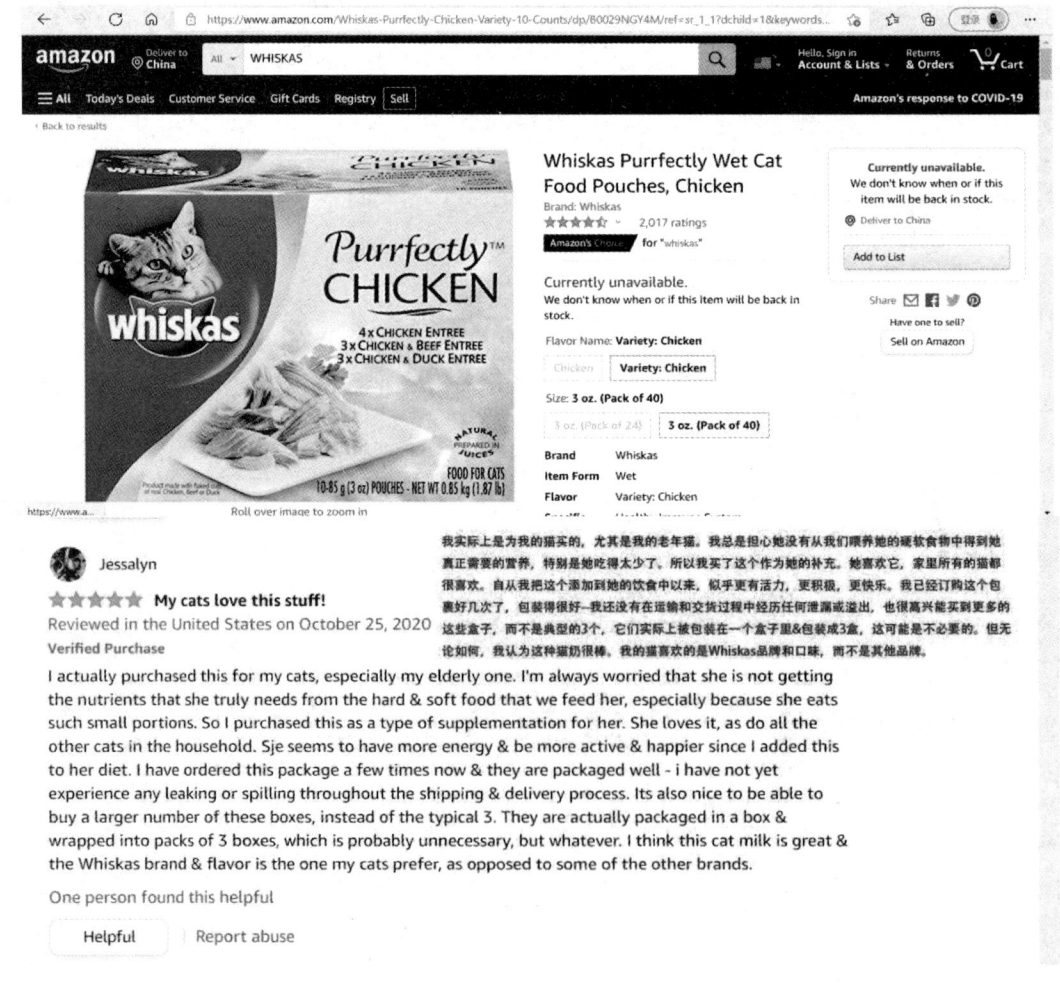

图8-2 亚马逊平台Whiskas品牌的客户忠诚

（2）偶然变换。这类客户在购买一类产品时通常认定一个品牌，但偶尔可能会想要更换一下，或者在面对脱销的情况时，不得不更换购买的品牌。例如，有些养宠物猫的客户在亚马逊上除了关注 Whiskas 的产品，偶尔会想为自己的宠物猫购买几款 MIO9 的猫湿粮尝尝鲜，但其首选依然是 Whiskas 的产品。

（3）转换忠诚。这类客户对品牌并没有较高的忠诚度，但在某些情况下，发生了心态或品牌喜好转变。例如，有些养宠物猫的客户原先并不执着于 Whiskas 的猫咪食品，但可能在某次购物行为中，享受到了 Whiskas 与众不同的服务，还得到了客服妥帖的回访与寄送的赠品。在一系列的情感攻势下，这些客户将逐渐成长为 Whiskas 的忠诚客户。

（4）分割忠诚。这类客户是跨境电商平台上比较常见的消费者，他们往往忠于多个品牌，当需要购买一类产品时，会在多个品牌之间徘徊、选择。例如，在亚马逊上为自己的宠物猫选择猫罐头时，这类客户每次都会反复对 Whiskas、Frisian、Massimomo 几个品牌进行对比，并不固定选择某一品牌。

（5）无忠诚。这类客户也被称为品牌冷漠客户，他们基本没有忠诚度可言，因为在他们看来，各种品牌都没有差别，能够决定他们购买行为的主要因素是产品的价格。这也是一类让跨境电商比较头疼的客户，很可能商家投入再多的精力，如做一次接近亏本的低价促销，这些客户也只会有一次偶然的购买行为。

（三）品牌（店铺）忠诚态度

品牌（店铺）忠诚态度这一概念，主要是为了说明"忠诚"不仅指客户有重复性的购买行为，而且还应该体现出客户对一个品牌或店铺的认可、信任、情感依附水平、购买趋势感知及对品牌的偏好程度，而这一部分信息仅从购买频次上是体现不出来的。品牌（店铺）忠诚态度分为以下三类。

（1）无忠诚态度。持这种态度的客户重复购买的可能性比较小，对产品的价格较为敏感，总是倾向于购买优惠力度更大或看起来更划算的商品。也就是说，无论任何品牌的产品，只要价格够低，或者折扣力度够大，就有可能争取到这类客户。

（2）伪忠诚态度。持这种态度的客户其实对产品的品牌、供货商、销售的店铺并没有深入的了解，也未将同类产品的多个品牌进行区分，他们的购买行为可能只是习惯使然。例如，一个讲究效率的美国客户会为了节省时间，在需要购买袜子时，习惯性地从上次下单的商品链接直接点击再次购买。他们即使有多次重复购买行为，却并未对品牌表现出强烈的非其不可的忠诚态度，这是一种惯性忠诚。

（3）潜在忠诚态度。持这种态度的客户与伪忠诚态度者正好相反，他们可能没有那么高频次的购买行为，却对品牌有着强烈的态度，特别满意且有明确的购买意向与购买欲望。这类客户有可能因为购买能力不足，而无法进行持续重复的消费。例如，许多学生在面对高端美妆产品时，或许对品牌有明确的偏好与极高的忠诚，却没有经常购买的消费能力。

二、跨境客户忠诚的意义

（一）降低客户服务成本

1. 节约开发新客户成本

跨境电商的终端购物者除了有网络购物者的特征，还因为与卖家分属于不同国家而更缺乏安全感。当前各大跨境电商平台之间及各平台的店铺之间，都为争夺客户资源使尽浑身解数。然而，新客户由于之前并未接触过卖家的产品，一开始通常会有较长的观察期，因此卖家需要投入更多的成本去争取这些新客户。

传统外贸企业的竞争对手之间更容易察觉彼此的动态，也更易分析对手的实力，因此可以有选择有针对性地进行新客户开发。而跨境电商平台卖家每天都可能在自己的店铺里进行操作，各个卖家对于新商情往往无法做出及时的反应，这就需要卖家把握各大跨境电商平台提供的所有可能挖掘新客户的方法与渠道。例如，在速卖通平台上，需要进行联盟营销、参加平台活动、购买速卖通直通车推广、参加平台大促、进行 SNS 即社交网站营销等，而这些都需要大量人力、时间及资金成本的投入。由于前期的投入较多，新客户可能给店铺贡献的利润在很长时间内低于开发新客户的成本。

相较于开发新客户的投入，店铺维护老客户的成本则低得多，只需要保证产品品质、做好售后服务、保持联系，以及定期回访或进行有效沟通等就有可能留住他们。而维护好一个稳定、忠诚的老客户群体，本身也是对店铺产品或品牌的一种宣传，尤其是一些忠诚度高且热心的老客户，他们会主动通过好评或网络社交平台分享使用体验，吸引新客户的关注。

2．降低交易成本

忠诚客户对卖家的店铺、产品或品牌已经有了较为深入的了解，认可卖家的产品品质、接受卖家的品牌理念，对卖家的店铺有较高的信任感。尤其是关键客户，无论售前、售中、售后都是最省心的一部分客户群体，高忠诚度使他们对卖家的产品、品牌及卖家服务高度认可，基本不会和客服进行讨价还价，也不需要和客服进行多次沟通，而是选择直接下单，这在很大程度上降低了卖家的交易成本。

3．降低服务成本

从卖家的交易平台站内信、社交媒体私信都可以发现，新客户的关于产品的咨询、疑问、纠纷会比老客户多得多，因为新客户对卖家的产品或服务不如老客户熟悉。许多新客户因为对产品不熟悉、对卖家不信任而缺少安全感，遇到类似产品使用疑问、货物漏发、物流延迟、包裹遗失等订单问题时更容易质疑卖家的服务，需要卖家较高的服务成本投入。忠诚度高的老客户对产品和卖家比较信任，会积极地协调沟通以解决遇到的问题，卖家熟悉老客户的预期和接受服务的方式，能更有针对性、更顺利地为老客户提供服务，极大地提高服务效率，从而降低店铺的服务成本。

（二）树立良好口碑，壮大客户队伍

B2C、C2C 等跨境电商平台面对的购物者大部分是终端消费者，也就是说他们购买产品的行为是基于自身的使用需求的。大部分消费者都是理智的，或者说现在越来越多的消费者不再盲目地相信广告，而是更相信"口碑"。许多消费者在进行购买决策时，会受到周边亲朋好友或明星推荐的影响，因此，良好的品牌或产品口碑的树立将是最有说服力的宣传。忠诚客户常常会将使用产品或服务的满意体验通过好评或社交媒体途径向周边的人进行宣传，也会主动地向亲朋好友进行推荐，当周边的人处于考虑阶段时，甚至会极力地说服其完成交易。忠诚客户无疑是跨境电商最有利的宣传者，优质的口碑使店铺的知名度和美誉度大幅度提升，从而树立良好的企业形象。

(三)降低经营风险,为企业增收

如果企业不断地流失客户,会使企业经营过程中面临的不确定因素增加,带来更高的经营风险。尽管跨境电商面对的零售客户比传统贸易的大客户管理起来要复杂许多,但是相对稳定的客户群体和良好的客户关系同样能够帮助卖家排除一些不确定的干扰因素。卖家不再需要花费太多时间应付不断变化的客户群体,可以集中精力和资源为稳定的忠诚客户群体提供更完美的服务。卖家熟悉忠诚客户的品质要求与服务需求,可以高效而熟练地为他们提供服务,更容易提升客户满意度,并且降低经营风险。

(四)有助于店铺发展进入良性循环

拥有忠诚客户越多的店铺,利润增长速度越快,店铺回收资金越快,生产销售速度越加快,店铺规模也会随之扩展,员工待遇得以增加,员工对企业的满意度和忠诚度也会进一步提升,更能激发员工士气。员工干劲十足,工作效率更高,也能为客户提供更令人满意的产品与服务,有利于跨境贸易企业稳定忠诚客户资源,强化客户忠诚。而忠诚客户群体的不断增加,将为企业带来更多的经营收益,使企业发展进入新的良性循环。

三、客户忠诚度的衡量

(一)客户重复购买次数

客户重复购买次数是指在一定时期内,客户重复购买某一跨境电商店铺内产品的次数。客户对某一店铺出售的产品或店铺内某一品牌产品进行购买的次数越多,说明其对这一店铺(品牌)的忠诚度越高,反之则越低。为了更好地识别忠诚客户并进行有效管理,跨境卖家可以根据自身产品的特点,例如是耐用品还是快消品,而选择特定购买次数作为忠诚客户的量化标准。

(二)购物金额的高低

客户在某一店铺或某一品牌支付的购物金额与购买同类产品支付的总金额的比值也可作为衡量客户忠诚度的重要指标。这个比值越高,则说明客户忠诚度越高,反之,则客户忠诚度越低。例如,一位西班牙客户一个月内一共在速卖通平台花费了300欧元购买服装,其中180欧元的商品来自A店铺;另一位客户一共在速卖通平台花费了160欧元置装,所有商品均来自A店铺。那么虽然从购物金额的绝对数来说,前者更高一些,但就比值来说,后一位客户对于A店铺的忠诚度要更高。

(三)择品时间的长短

由于对店铺或品牌的信任度不同,客户挑选商品的时间也有所不同。如果客户对某一店铺或品牌有足够的忠诚度,表示其对店铺服务或品牌品质有足够的信任,则挑选时间会比较短。反之,挑选时间越长,则说明其忠诚度越低。

(四)客户对价格的敏感程度

因原材料、技术、人力、营销等各种因素的变化,商品价格极难做到一成不变,所以客户对价格变动的敏感程度也可以作为衡量客户忠诚度的指标之一。如果对于店铺里的某一品牌商品，客户对其价格变动的承受能力强，则说明他的价格敏感度低，同时也能体现他有较高的忠诚度。反之，若客户对商品价格变动的承受能力弱，即价格的变化会影响他的购物决策，那么他的价格敏感度则较高，也说明该客户对这一店铺品牌的忠诚度低。

（五）客户对产品质量的承受能力

买卖双方最不愿看到的就是产品出现质量问题，但即使再高端再昂贵的品牌，其产品也无法做到完美。那么当客户发现质量问题时，积极主动地配合客户处理问题是卖家首先应有的姿态。其次，在卖家主动承担责任的情况下，客户对问题的处理态度可以反映其忠诚度。如果客户的忠诚度高，则他们会更容易接受卖家的协商和解决方案，处理问题态度宽容，且在问题得到满意解决后，不会失去对品牌的忠诚度。若客户的忠诚度低，则他们会更加介意产品问题给自己带来的损失，面对客服更容易情绪激动，强调正当权益的受损，并且极可能从此拒绝选择这家店铺或品牌的产品。

（六）客户对同类产品其他品牌的态度

如果客户在选择商品时，对平台上出售同类产品的竞争对手的品牌产品感兴趣并且更有好感，则说明他们的品牌忠诚度低；若客户对竞争品牌的产品没有兴趣，甚至带着一种排斥的态度，则说明他们对该店铺或品牌的忠诚度较高（见图 8-3）。

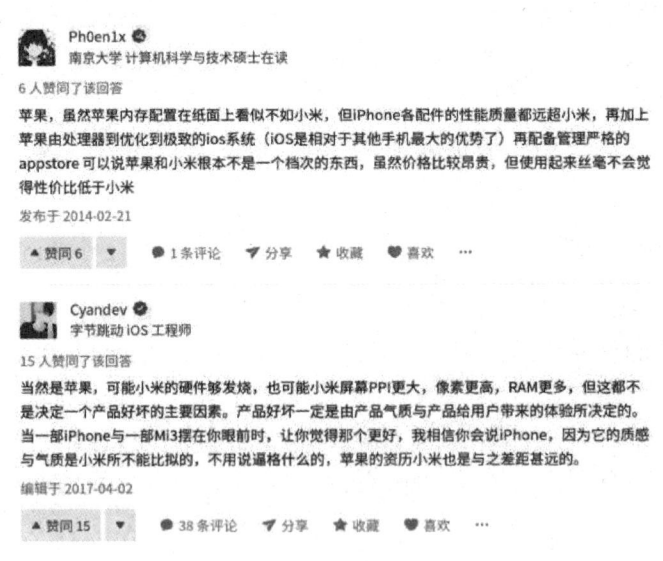

资料来源：百度贴吧。

图 8-3　果粉对小米及苹果电子产品评价

案例解析

一、案例背景

艾伦在进行跨境电商店铺客户忠诚度分析时，发现有些客户回购率很高，并且热衷分享；

有些客户对产品表现出很大的兴趣，也会给予较高的评价，但是购买次数不多；有些客户有几次回购行为，但似乎对产品评价并不高；有些客户只是一次购买，之后再无音信。张经理让艾伦对不同客户进行归类，并概括出最理想的客户群体。

二、操作步骤

（1）区分忠诚客户与无忠诚客户。
（2）细分忠诚客户为行为忠诚、意识忠诚和情感忠诚。
（3）理想的客户忠诚是行为忠诚、意识忠诚和情感忠诚合而为一的。

三、案例总结

对于跨境电商卖家来说，有一部分虽然没有意识忠诚或情感忠诚却有行为忠诚的客户，他们给店铺带来了实实在在的销量，应尽量去培养他们的意识忠诚与情感忠诚，以期达到真正长久的行为忠诚。如果只有意识忠诚或情感忠诚，但是没有行为忠诚，则无法给店铺带来直接利润。应该通过深入了解与交流，提供更优质的产品和完善的服务，以刺激他们的购买欲望，从而达到行为忠诚、意识忠诚和情感忠诚合而为一。

子情景二　客户忠诚与客户满意的关系

 学习目标

知识目标

- 了解客户忠诚与客户满意的关系。
- 掌握客户满意对客户忠诚产生影响的因素。

能力目标

- 能合理使用提升客户满意的方式，实现客户忠诚。
- 能有效针对不同忠诚度的跨境客户采用不同的服务策略。

素质目标

- 培养学生构建跨境客户忠诚与跨境客户满意的关联思维。
- 培养学生具备让跨境客户满意的服务能力。

思政目标

- 培养学生具备全局观的哲学思维。

微课抢先看

 **项目背景**

浙江英卡顿网络科技有限公司的跨境客服专员艾伦收到了一位来自俄罗斯的新客户发

知识导入

来的站内信，信件内容是向艾伦咨询店铺里刚刚上新的某一款儿童冬装外套内衬的材质。艾伦认真地做了解答后，没多久客户就下单了。后来这个客户有了多次回购行为，几乎每个月都会在店铺内产生消费，购买的商品从外套、内衫到裤子、袜子，不一而足。在后期与这个客户的沟通中，艾伦了解到：该客户原先在速卖通上的另一家店铺购买过两次童装，但是那家店的客服基本不会回应站内信中关于产品的详细咨询。在多次询问未果后，客户觉得自己不被重视，对服务非常不满，所以到平台上找到了出售同类产品的店铺，在得到艾伦的回应后，下单购买了商品。这位客户的行为给了我们什么启示？

任务实施

步骤1：认识到"不满意"有可能导致客户流失。

步骤2：明确客户满意是形成客户忠诚的基础，是保持老客户的最好方法。

步骤3：通过分析跨境客户满意与跨境客户忠诚的关系，培养学生从全局观角度处理客户关系。

知识铺垫

在跨境电商交易中，客户与卖家对于"满意"的认知立场不同。客户更关注的是自身对企业的产品或服务是否满意，并不会将自己局限于仅对单一店铺或品牌忠诚；而对于卖家来说，客户忠诚会给自己带来更稳定的购买群体，让店铺经营更为顺利，也就是前文我们提到的：行为忠诚的客户都是卖家需要的。

必须明确一点，客户满意并不等同于客户忠诚，满意只是一种心理状态，仅仅满意并不能决定客户的购买决策。也就是说，一个客户即使有了一定程度的满意也不意味着他一定会有多次重复的购买行为，因为任何一家出售同类产品的跨境店铺都有可能实现客户满意（见图8-4）。

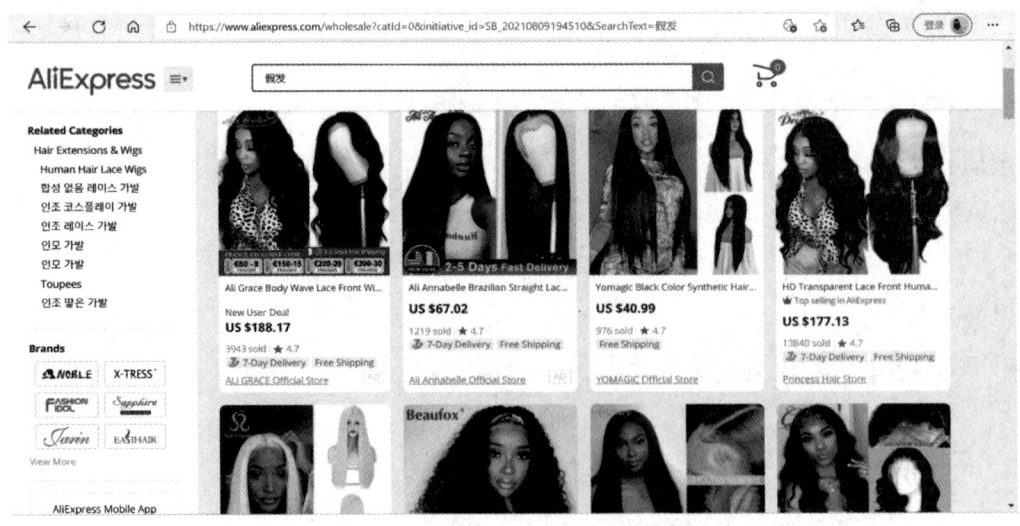

图8-4　速卖通平台提供假发同质产品的卖家

例如，一位巴西客户想购买一顶假发用于参加派对，那么速卖通平台上大部分出售假发的店铺提供的产品可能都让他感觉到满意。也就是说，你的店铺能让客户满意，竞争对手也能做到，甚至可能让客户更满意，由此可见，培养客户忠诚才是目标。只有忠诚的客户才有可能长期持续地购买卖家的产品或服务，为店铺贡献利润并带来长久的利益。但跨境店铺卖家应认识到客户满意是培养客户忠诚的基础，也是推动客户忠诚的重要因素之一。

一、满意者有可能忠诚

如果一个客户不断地出现重复购买行为，那么在大部分情况下，他对所购的产品应该是满意的，因为满意的客户必然比不满意的客户更愿意继续购买同一个店铺的产品或服务。根据客户满意程度可以将客户忠诚情况归纳为以下两种。

（一）信赖忠诚

信赖忠诚是指客户在完全满意的基础上，对一个店铺或品牌的产品或服务进行长期持续的重复购买，即客户对一个店铺或品牌的产品及服务达到完全满意的程度而对这一店铺或品牌的产品及服务表现出信赖忠诚。

> **案例**
>
> 法国作为垂钓大国，有上千万名钓鱼爱好者，近年来不少垂钓者开始在跨境电商平台上购买渔具及其配件。客户在跨境店铺中购买到价优而实用的渔具后，以更低成本获得的垂钓乐趣会让他们产生较高的满意度，进而产生信赖忠诚。信赖忠诚的客户往往会在以后购买渔具时具有明显的品牌指向性，在思想上对一个店铺或品牌的渔具有较高的精神寄托，当卖家在社交网络平台上建立垂钓爱好者沟通群组时，这些客户非常乐于在群组中沟通与分享产品使用经验及垂钓趣事。他们信任并依赖卖家，对卖家服务中偶尔的失误也较为宽容，甚至会主动为卖家提出改进渔具的一些方案与建议。当有钓友对他们购买到的物美价廉的渔具感兴趣时，他们也非常乐意为卖家进行免费的宣传（见图8-5）。

图8-5 客户在社交平台上对产品使用情况的正面分享

信赖忠诚的客户由于对产品或服务有较高的满意度，除主动重复购买产品外，他们的购买行为还有明显的排他性。也就是说，除他们完全信任和中意的那家店铺外，他们一般不会在需要产品或服务时去寻找其他店铺进行比对与选择，即使其他店铺在价格上有更多的优惠也是如此。因此，信赖忠诚的客户对店铺有持久可靠的忠诚度，他们是店铺忠诚度最高的客户群体，是店铺最重要的资源。

（二）利益忠诚

前文提到的信赖忠诚是客户对产品或服务达到了完全满意的程度，那么当客户对一个店铺或品牌的产品或服务并未完全满意，而是对其中一个方面满意的时候，则可能表现出利益忠诚。利益忠诚往往不是真心实意的忠诚。利益忠诚的客户对企业并非全心全意信任与依赖，他们对企业的忠诚基于某些既得利益，一旦利益这一诱因不存在，他们的忠诚也将荡然无存。简言之，这些客户因为某些好处选择对产品或服务进行重复性购买，一旦竞争对手提供更优惠的方案，他们很容易被挖走。

例如，利益忠诚的客户在亚马逊上购物时，相较于自选物流发货更偏向于使用 FBA（一种亚马逊代发货的服务）发货的卖家，因为 FBA 发货对于买家来说更为快捷安全，他们的忠诚是因为物流方式让他们满意；利益忠诚的客户最关注定价最诱人的店铺，他们的忠诚是因为便宜价格的诱惑；利益忠诚的客户对店铺里正在进行的折扣、返现、赠品等优惠活动极为敏感，他们的忠诚是基于各种购物补贴的吸引的（见图 8-6）。

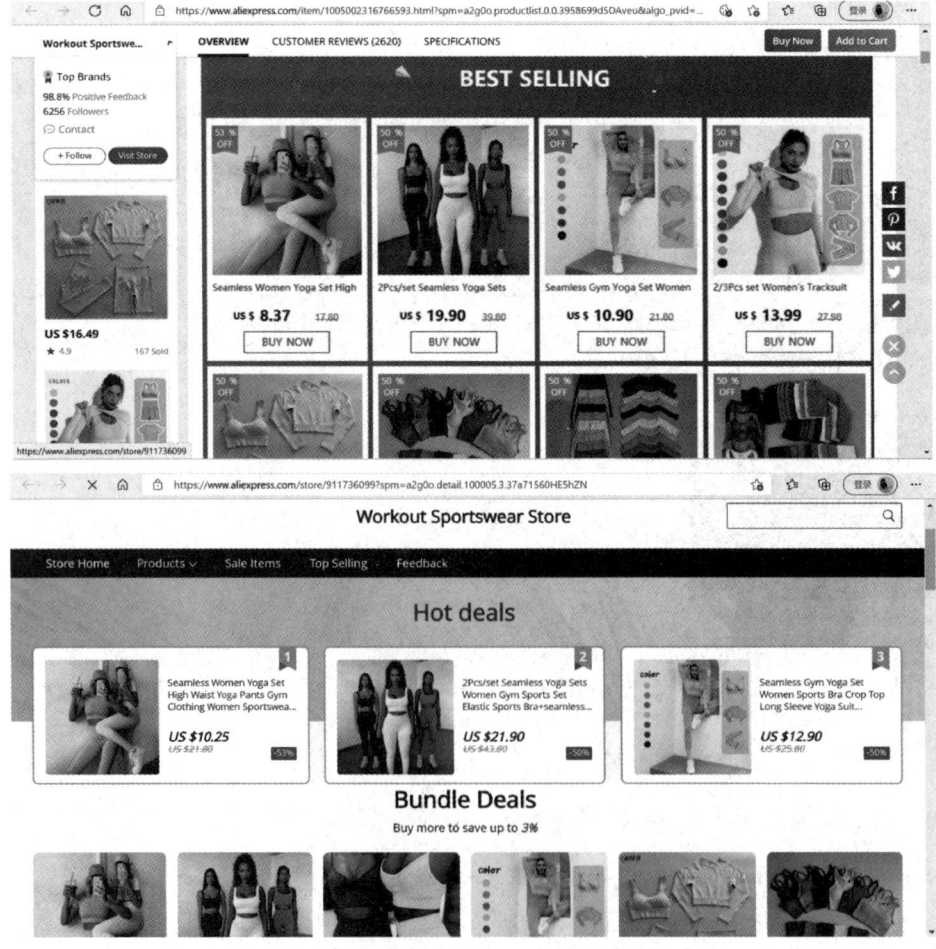

图 8-6　速卖通常见营销活动

尽管利益忠诚的客户不如信赖忠诚的客户那么可靠，但是对于跨境电商卖家来说，信赖忠诚更难实现和维护，那么同样能带来回购行为并为店铺贡献利润的利益忠诚的客户一样值得重视。

二、满意者也可能不忠诚

有不少跨境电商卖家认为，只要客户对产品满意，那么他们就一定是忠诚客户。然而实际上，我们会发现有时候即使客户对产品或服务是满意的，他们也未必会有回购行为，且有可能在下次购物时选择其他的店铺或品牌。

> **案例**
>
> 一家出售丝巾的速卖通店铺，元旦节时在包邮的基础上实行了购买丝巾赠送丝巾扣、购物金额达到 50 美元加赠精致胸针的大力度促销活动方案。活动期间的单日订单量达到了往常的 3 倍，在售后回访时客户满意率超过了 95%，但促销活动结束后，日销量又回到了节前的水准。由此可见，有时候满意者未必是绝对忠诚的，满意之外，还有许多决定客户是否忠诚的因素，因此卖家需要做的不仅仅是把注意力放在客户满意上。

三、不满意一般不忠诚

在正常情况下，如果一个客户对某个店铺或品牌的产品及服务感到不满意却又保持忠诚的可能性是非常小的。整个订单履行过程有太多的环节可能会降低客户的满意度。例如，客户的咨询迟迟得不到解答；下单后发现卖家未按时间发货；物流延迟；收到货后客户发现货不对板，或者纯粹只是货物没有达到心理预期；收到货后客服不断催促买家确认收货并付款；不断发送营销广告邮件；等等。一旦觉得不满意，不少客户在后期再进行跨境平台购物时可能就会直接更换目标店铺或品牌。

四、不满意也有可能忠诚

当客户对某个产品或某次服务并不满意的时候，会因为以下两种情况出现长期持续购买该产品或服务而表现出表面"忠诚"。

（一）惰性忠诚

惰性忠诚是指客户对产品或服务并不是非常满意，但是因为自身惰性，懒得去重新挑选新的店铺，当有购买此类产品或服务的需要时，会为了省时省力而直接选择购买过的店铺进行回购。惰性忠诚的客户在遇到其他卖家主动出击后会非常容易流失。

> **案例**
>
> 一个日常工作比较忙碌的客户在速卖通平台上某家店铺购买了一盒白色的棉质袜子，收到货后发现并不是自己期待的雪白色而是稍稍有点偏暗的米白色，但由于袜子在着装上属于较不显眼的一部分，所以在不影响舒适感的情况下，他也懒得退货。当下一次又需要购买袜子时，为了节省时间，他会直接选择已经购买过的店铺。然而，一旦有店铺通过一些引流措施将自己的产品放到了他的面前，并且提供了更优惠的交易条件，这位客户会毫不犹豫地选择新的店铺。

（二）垄断忠诚

垄断忠诚是指客户对产品或服务并不满意，但因为产品或服务的提供方在整个市场占绝对的主导地位，客户无法找到可替代品，别无选择只能"忠诚"。

> **案例**
>
> 在我们的生活区域没有其他通信公司的基站时，我们即使觉得现有通信公司的信号再让人不满和抓狂，也只能选择继续使用。在这种情况下，客户满意与否并不能改变客户的购买行为，但是垄断市场下换得的表面"忠诚"是非常脆弱的，一旦市场里出现了其他竞争者，客户会快速流失。

由此可见，客户忠诚与否在很大程度上取决于客户对产品或服务是否满意及满意的程度，忠诚的客户基本上来源于满意的客户，但同样有行为忠诚的客户事实上对产品或服务并不是很满意，也有许多满意的客户却未必忠诚。因此，除做到客户满意外，我们还应探索影响客户忠诚的其他因素，为提升客户忠诚而努力。

案例解析

一、案例背景

近年，瑞典市场成为跨境电商卖家竞相争夺的新舞台，但自 2018 年 3 月 1 日起，瑞典海关对所有境内非欧盟电商物品（含邮件）征收增值税。一个瑞典客户在速卖通平台一家常购店铺里购买了一双价值 30 欧元的男式休闲皮鞋，在入境时被要求缴纳 7.5 欧元的增值税（瑞典增值税税率为申报价值的 25%）。该客户向卖家艾伦发站内信，表达了对额外缴税的不满。艾伦从字里行间也感受到了一个忠诚的老客户不愿意缴税却又不好意思提出退件的顾虑。面对这种情况，艾伦应如何处理才能让回购客户不被增值税吓退而流失？

二、操作步骤

（1）向客户说明对于瑞典海关加收增值税给客户带来的损失表示遗憾；再说明瑞典邮政对货值低于 150 欧元的包裹收取 7.5 欧元的服务费，货值高于 150 欧元的包裹收取 12.5 欧元的服务费，所以本单货物物流成本也已经提高，但为了让客户能有满意的购物体验，店铺依然选择发货。

（2）向客户说明增值税征收的普及性，即客户只要通过跨境电商平台购买商品必然需要缴纳，但店铺未来将会通过从欧盟境内转运等方式对增值税进行规避。

（3）向客户承诺一些补偿服务。如果客户本次交易顺利完成，店铺将在后续的交易中给予较大力度的折扣、优惠或与产品可搭配使用的赠品以弥补客户此次的损失。

三、案例总结

很多时候，跨境电商卖家并不是做好自己的产品就能让客户满意并忠诚。在面对危机时，更不能仗着忠诚客户与我们有情感基础而不闻不问。要维护忠诚客户，更应该为客户提供贴心到位的服务。

子情景三 跨境客户忠诚度的影响因素

学习目标

知识目标

- 掌握影响跨境客户忠诚度的因素。
- 了解削弱跨境客户忠诚的因素。

能力目标

- 能合理分析影响跨境客户忠诚度的因素。

素质目标

- 培养学生形成有效维护跨境客户关系的服务意识。
- 培养学生形成提升跨境客户忠诚度的责任感。

思政目标

- 培养学生树立"诚信"的社会主义核心价值观。

微课抢先看

知识导入

项目背景

浙江英卡顿网络科技有限公司的跨境客服专员艾伦刚刚接手公司在速卖通平台上的一家店铺，该店铺销售时尚耳环、耳钉等饰品。有一天，他突然收到好几封近两日刚刚下单的客户发过来的要求取消订单、退回款项的站内信，问其原因，有客户让艾伦去看看自己产品的评价。在店铺首页，艾伦看到了一条刚刚发布的评价，发布者是一名刚购买了两对耳钉的新客户。她在评论里说，自己在店里新购买的耳钉，佩戴以后耳部过敏，所以提出退货并要求卖家做出相应赔偿。卖家一开始回复过一封邮件，拒绝退货并请她提供过敏是由于耳钉引起的证明后，再无音信，所以她选择在评价里进行曝光。艾伦应如何处理？

任务实施

步骤1：第一时间核实诉求。
步骤2：认识到客户信任对培养忠诚客户的重要性。
步骤3："人无忠信，不可立于世"。（宋·程颐）通过学习构建跨境客户忠诚的核心因素之一——信任，培养学生树立诚信的社会主义核心价值观。

知识铺垫

根据前文所述,要维护客户关系,提升忠诚度,首要的是尽可能地提高满意度,但仅仅如此是远远不够的,客户忠诚有时候是单一因素影响的结果,有时候又受多种因素的影响。因此,我们需要对可能影响客户忠诚的各个因素进行有效解析,避免可能削弱客户忠诚的事由发生,以提升客户忠诚度。

一、明确的客户利益

任何一个跨境电商卖家都不可能做到让客户无条件地对自己的店铺或品牌提供的产品及服务忠诚。客户在对卖家表现出忠诚时,无论是时不时地进行回购,还是积极主动地向周边人推荐,以及与卖家保持良好沟通等,从根本上来讲都是希望从高忠诚度行为中得到卖家的优惠或另眼相待等实际利益。而如果卖家对高忠诚度客户视若无睹,没有任何特殊照顾,对忠诚客户与新客户一视同仁,那么忠诚客户必然会失去继续"忠诚"的动力。

有许多跨境电商卖家觉得老客户是使用过他们的产品的,只要老客户认可他们的产品,自然就会保持忠诚度,反而应该以最大力度的投入去吸引新客户。长此以往,老客户会逐渐流失,而新客户因为看不到成为忠诚老客户的优待,也不愿成为老客户,所以是否有忠诚奖励会影响客户是否忠诚。

由此可见,一个理智的卖家应该摒弃一切妨碍及不利于客户忠诚的因素,为老客户提供尽可能多而合理的实惠及权益,让他们切实感受到作为老客户受到的重视,从而激励老客户保持对产品及服务的忠诚。而新客户因为可以预见成为老客户后可收获的权益,其忠诚度亦会有所提升。

二、与客户之间的情感纽带

加拿大营销学教授杰姆·巴诺斯(James Barnes)通过调查研究指出,客户关系与人际关系有着一样的基本特征,包含信任、信赖、社区感、共同目标、尊重、依赖等内涵。客户关系的本质是建立客户与企业之间的情感联系,企业只有真正站在客户的角度,与客户建立超越经济关系的情感关系,才能赢得客户的心,赢得客户的忠诚。

鉴于当前越来越多的客户在进行购买决策时情感化倾向越来越明显,情感对客户忠诚的影响也应引起我们的重视。许多客户对一个店铺出售的产品或运营的品牌拥有高忠诚度要么是极度喜爱这个产品,对产品拥有好感;要么是对这个品牌比较认同,有一定程度上有情感依附。在此基础上,客户与客服之间、客户与品牌管理者之间,甚至客户与客户之间都有情感纽带维系着。我们可以给客户提供某些利益,竞争对手或许也能做到,甚至可能提供更多的优惠,但是如若我们与客户之间有了情感联系,他们将不会轻易从我们的店铺流失。对我们的品牌与服务有高度认同感与忠诚度的客户在我们的品牌受到负面信息攻击时,甚至会站出来为品牌正名。

因此,客户忠诚的实现也离不开情感纽带的维系,我们应超越理性客户的看法,与客户建立情感与亲密感,进而获取客户信任。

三、信任因素

信任，往往与前文提到的情感纽带相关联。在交易过程中，当一方有信心并且愿意去依赖另一方的时候，双方就产生了信任。信任感可以说是构成客户忠诚的核心因素，因为信任，所以客户对店铺产生依赖；因为信任，所以客户愿意进行长期的重复购买行为（见图8-7）。

图8-7　速卖通某产品首页及顾客回购评价

信任在跨境电商购物行为中的重要性更应引起高度重视。对于通过跨境网络平台进行购物的买家来说，交易风险是他们最为担忧的一点。而网购的虚拟性使得交易双方不能同传统贸易那般进行面对面的沟通，客户只能通过交易平台上的信息对店铺的诚信进行判断。

> **案例**
>
> 汤姆（Tom）是一个有三年跨境网购经验的老买家，从最初在速卖通上尝试性地购买一副太阳眼镜，到现在发展成孩子的玩具、家人的服装、家居用品甚至手机等电子产品也从速卖通上购买。他说自己有需求时喜欢到购买过并且体验比较良好的店铺回购，因为可以省去很多对陌生店家产品品质、售后服务等方面的担忧。

可见，客户为了避免和减少跨境网购履约过程中的风险，总是倾向于从自己信任的店铺购买产品与服务。因此，构建信任机制对于建立客户忠诚度来说意义重大。只追求眼前利益、不顾及客户感受的卖家必将失去客户的信任，得不到客户的满意与忠诚。

四、转换成本

在商品交易过程中，既有货币成本，也有转换成本。转换成本是指跨境客户在有需求时，从一个店铺更换到另一个店铺需要增加的成本及付出的代价总和。它主要分为这样几类：第一类转换成本是客户在时间和精力上的投入，包括学习成本、时间成本和精力成本等；第二类转换成本主要是经济上的支出，主要包括利益损失成本和金钱损失成本等；第三类则是情感上的转换成本，包括个人关系损失成本及品牌关系损失成本。

例如，客户在对某一类产品有购买需求时，要重新寻找一家新店铺进行消费，那么对比各店铺产品优劣花费的时间和精力就是转换成本。再如，对于一些使用起来比较复杂的产品，客户更换店铺后可能面临花时间和精力去学习一套新的使用方法的境况，那么他们同样会重新审视自己更换店铺及产品的行为是否有必要。

> **案例**
>
> 正在进行老客户回馈计划的速卖通某护肤品卖家，其活动方案是针对累计购物满 100 美元的客户赠送一盒价值 10 美元的面膜；向累计购物满 200 美元的客户赠送一瓶价值 25 美元的爽肤水；向累计购物满 300 美元的客户赠送一支价值 40 美元的紧致眼霜。频繁重复购买的客户可以享受赠品奖励，而曾经有一定累计金额却转换到别家店铺购买的客户则会失去本可以得到的奖励，不少有转换念头的客户为了避免原先积累的利益因为转换而失效，会维持对原卖家的忠诚。

"If it isn't broken, don't fix it."（意为"如果它没有坏，就别修了。"）这告诉我们一个道理，变化是有风险的。网络的虚拟性及多样性使客户在转换店铺的过程中难免受到更多的影响，客户心理上呈现的不确定性也增加了心理与情感方面的转换成本。当一个客户发现他从一个店铺转向另一个店铺购买时会损失大量的时间、精力、金钱、情感，他将重新衡量转换店铺的必要性。因此，转换成本是影响客户忠诚度的重要因素之一。对此，卖家可以结合跨境平台购物的实际特点，贴近客户成本要求来加大客户忠诚度的培养。然而，必须明确的一点是，如果店铺卖家仅仅依靠提高转换成本维系客户的忠诚，却忽视了对自身产品品质的提高及服务的完善，客户的忠诚必有耗尽之时。

五、替代选择性

替代选择性是指客户在做购买决策时选择竞争对手的产品的可行性。客户在线下实体店购物时，如果考虑更换供应商，可能需要花费更多的时间与精力寻找可替代产品。而网络工具的普及使得这一成本得以大幅度下降，跨境电商平台上卖家云集，所有的产品信息都是透明的，境外客户可以通过各大跨境贸易平台去搜索与挖掘各类产品的相关信息，如产品的价格、细节图、性能、品质、口碑等。客户可以将现有产品与可替代产品进行对比以确定是否更换店铺购买。也就是说，转换成本中的货币成本及时间成本会大幅度降低，从而增加了产品的替代选择性。

例如,在速卖通买家页面输入"rubber ring"(意为"橡胶圈"),会跳出许多相似甚至相同的产品,因为这属于替代选择性较高的产品;而输入"mobile phone"(意为"手机"),页面显示的产品及品牌则更有辨识度,界面操作及功能也各有不同。客户更换产品有可能意味着原先的产品经验无法被用在新产品上,转换成本提高,则其替代选择性较低。

低价的、做工简单的及缺乏设计感的产品,替代选择性就非常高,而替代选择性越高的产品,其客户忠诚越难维系。这时,客户满意会成为客户忠诚的前提,信任及情感纽带的维系会对客户忠诚起到较大的决定作用。

六、产品经验

同时,我们还应考虑客户的产品经验对客户忠诚的影响。当前的跨境客户以中青年居多,他们在购买产品的过程中更注重对产品经验的体验。这些网购客户更愿意去尝试新的产品及新的店铺提供的多样性的产品及服务。在这种背景下,如果客户积累的产品经验较多,那么购物时会更有自主性及倾向性,对产品也会带着合理预期,较容易培养忠诚度。如果客户积累的产品经验较少,那么他会较依赖与客服的沟通,以及浏览页面产品描述和以往客户的评价等方式去收集、了解产品的信息,并在这些信息的基础上对产品和服务进行比较分析,进而衍生出购买的期望。在此期望的基础上,若客户对店铺产品比较满意,则会考虑继续购买相关产品;如果不满意,除更换店铺或品牌购物外,还有可能会在产品评价页面甚至网络社交平台宣泄自己的不满,给企业带来负面影响。因此,产品经验也会影响客户忠诚度的提升。

七、联系紧密程度

跨境电商卖家与客户之间其实是一种合作关系,即以客户需要的产品价值为企业换取利润。那么企业与客户之间是否有清晰的互利意识、彼此是否保持紧密的合作联系,都会影响客户的忠诚度。如果一个企业的产品或服务具有显著的独特性与不可替代性,且让客户有强烈的归属感、意识到自己被这个企业重视与尊重,那么他们对企业的依赖程度会提高,客户忠诚度也就提升。反之,若企业对客户常常是不闻不问,任其自生自灭,只关注客户是否及时付款,那么客户就会无声无息地流失。

八、企业内部因素

跨境电商企业对客户的忠诚及员工对企业的忠诚是两个极易被忽略的影响客户忠诚度的因素。如前文所言,跨境电商企业应明了交易行为是互利的,那么忠诚也应该是买卖双方双向的、互动的。企业不能单方向要求客户对其品牌或产品保持忠诚,却忽视了自身对客户也应有足够的忠诚。

企业对客户的忠诚度高,就会一切以客户为中心,以客户为先,全心全意地为客户着想。企业在做任何生产经营方面的决策时也都会有一个明确的指导方向,那就是向市场提供让目标客户满意的产品或服务,以忠诚相待,必将收获客户的忠诚。反之,若企业没有稳定的客户目标,运营跨境店铺时太过贪心,大品类里什么热销就想卖什么,东一枪西一炮,主要精力不是放在为客户提升产品和服务品质上,客户忠诚度自然就难以培养。

同时,员工对企业的满意度和忠诚度会在一定程度上影响客户的满意度和忠诚度。尤其是跨境电商，其与客户之间的维系基本由客服完成。客服只有对企业是忠诚的、对自身待遇是满意的，才有可能以饱满的精神状态和热情的工作态度为客户提供令其满意的产品及服务。

九、客户自身因素

客户可能会因为需求的变化而变更购物店铺。例如，原先一直在一家跨境电商店铺回购童装的客户，因为孩子长大了，这家店铺的服装不再适合，所以可能再也不来光顾了。还有些客户可能因为收入的变化，购买力有所改变，而不再选择原先常购的店铺或品牌。这些都是企业无法改变的会影响客户忠诚度的客观因素。

可能削弱客户忠诚度的自身因素有以下几点。

（一）竞争平等

当不同公司的产品和服务无差异时，就是竞争平等状态。如果客户感觉所有品牌都相同，那么感知风险就非常低，而由于对产品的忠诚度降低造成品牌转换的倾向性也会比平时更高。

（二）求变行为

客户对一成不变的产品和服务感到厌烦后会有寻求差异化的求变行为。他们可能只是想要一种新的体验，因为重复地光顾同一家店铺给他们带来的购物满足感下降了，所以希望从全新的体验过程中获得新的兴奋点。企业可以通过满足客户需求和创建辅助品品牌、提供新的口味或其他基本产品的扩展等方式从求变行为中获益。

（三）低参与

个人客户对某种产品或服务的低水平的认知或感知重要性被称为低参与。低参与客户通常致力于制定"足够好"而非最理想决策。如果某人对某一类产品的兴趣不大，那么他就不会对该品牌或生产这种产品的公司产生忠诚。低参与客户很可能是价格敏感的，这也是另一个削弱品牌或企业忠诚度的因素。相反，对产品十分关心的客户可能对价格并不敏感。企业如果能够提供低成本的产品，可以针对那些对低价及促销激励接受程度高的客户出售产品。

（四）品牌话语份额低

如果某个企业或品牌在同类产品市场里的话语份额低或没有话语权，那么它们在客户群中就缺少认知度。如果企业不能相应地提高促销成本，那么客户就无法获知产品相关信息，企业也无法得到客户及目标市场的基本情况，自然更没有客户忠诚可言。

案例解析

一、案例背景

跨境电商专员艾伦运营着一家销售品牌手机的速卖通店铺。他曾经遇到过一个俄罗斯客户，该客户最初在店铺里下单购买了一款中档价位的手机。除售前咨询和售后寻求使用指导及帮助共发了十几封站内信进行沟通外，艾伦与之还通过三次电话，但艾伦一直保持非常好的状态耐心解决该客户遇到的问题。最近三个月，这位客户又连续购买了两款价格更高的手机，说是送给家人。艾伦给客户赠送了一个新款的手机壳和一个 MP3，使得客户欣喜若狂，他还非常认真地在评论区分享了详细的使用心得。除盛赞艾伦的服务态度外，这位俄罗斯客户指出这个品牌的手机用起来比自己之前使用过的手机都更加方便。艾伦与这位客户的交易行为给了我们什么启发？

二、操作步骤

（1）认识到客户忠诚会受到客户满意、既得利益、情感纽带、信任、产品经验等因素的影响。

（2）当客户对某一品牌或产品表现出忠诚时，应当加强联系，强化信任，提供附件或配合产品使用的延伸产品或服务，也让买家感受到企业对客户的忠诚。

三、案例总结

影响客户忠诚的因素包括客户满意、情感维系、明确利益、转换成本、替代选择性、信任、企业内部因素及客户自身因素等。客户可以从价格、品牌、企业等方面表现出忠诚。而且真正的客户忠诚是一种共识性忠诚。它建立在企业与客户之间有深度的沟通及价值认同、情感投合、产品和服务具有体验锁定及成瘾消费的基础上。

子情景四　如何提升跨境客户忠诚度

 学习目标

知识目标

- 掌握可提升跨境客户忠诚度的各种技巧。
- 掌握约束跨境客户流失的方式。

能力目标

- 能灵活运用各种技巧提升跨境客户忠诚度。
- 能合理制订激励跨境客户忠诚的计划。

素质目标

- 培养学生形成有效维护跨境客户关系的服务意识。
- 培养学生形成提升跨境客户忠诚度的责任感。

思政目标

- 培养学生树立"忠诚"的中华民族传统美德。

微课抢先看

知识导入

项目背景

各大跨境电商平台业务的爆发式增长,吸引了众多卖家入驻。日益激烈的竞争使每个卖家不得不面对这样一个现实:各个店铺出售的产品差异性越来越小,促销手段越来越大同小异,竞争对手却越来越多,客户也正在变得越来越挑剔。在这种情况下,企业应如何生存?

任务实施

步骤1:明确客户忠诚度对企业利润贡献的意义。
步骤2:制订激励客户忠诚和约束客户流失的计划。
步骤3:通过培养员工忠诚提升跨境客户忠诚度,引导学生成为一个忠诚于自己的事业、忠诚于国家和人民的人。

知识铺垫

跨境客户忠诚是指在跨境电子商务环境下客户对产品或服务的偏好,并由此产生重复使用或购买的行为。跨境客户忠诚度则是指客户由于"忠诚"而产生的重复使用或购买行为的程度,衡量的是忠诚的程度的多少与高低。

在"互联网+外贸"的大背景下,跨境电商各卖家之间要想在激烈竞争中获取市场份额,必须重视客户忠诚的特殊作用。只有加强客户忠诚度分析,科学利用好客户忠诚度,才能更好地提升企业在跨境电商领域的销售业绩,进而获得更好的经济效益及社会效益。影响客户忠诚度的因素包括客户满意、情感维系、明确利益、转换成本、替代选择性、信任、企业内部因素及客户自身因素等,那么针对这些影响因素,我们可以采取以下策略,建立激励忠诚的机制,最终实现客户忠诚度的提升。

一、努力实现客户满意

客户满意与客户忠诚之间有着千丝万缕的联系,客户满意是形成客户忠诚的基础,是保持老客户的最好方法。因此,努力令客户满意是实现客户忠诚的重要途径之一。因情景六已详细介绍过客户满意度提升策略,这里仅做简单的概述。

客户满意是客户在购买前或购买时对产品或服务的一种预期评估与收货后产品为其带来的实际收益之间的对比。如果客户的预期太高,一旦企业销售的产品或服务的感知价值没有达到客户期望,就会引起客户不满。但如果客户预期太低,则客户可能根本不会选择购买我们的产品或服务。因此,跨境电商卖家应通过努力在业内树立良好的印象与口碑,进而使每一位客户形成对企业的良好期望,然后根据自身实力和产品实际情况进行恰如其分的承诺,以免因为承诺太高抬高了客户期望。例如,出售硅胶手机壳的卖家介绍其产品能较好地保护手机因硬物摩擦导致的损伤,而不是过度强调防水防摔防撞,可以在一定程度上降低客户的预期。

除培养客户良好的预期外，还应提高客户的感知价值。只要让客户的感知价值超越了客户期望，那么客户满意必然会实现。提高客户的感知价值可以从两个方面来考虑，一方面是增加客户的总体价值，包括产品价值、服务价值、人员价值、形象价值等；另一方面是降低客户的总成本，包括货币成本、时间成本、精神成本、体力成本等。例如，部分速卖通平台上销售礼服的店铺提供的为客户量身定制的服务很好地提升了其产品价值。售前、售中、售后服务也是提升客户感知的重要环节。跨境电商卖家在售前应清晰并充分地向客户提供上架产品的价格、规格、性能、效用、使用方法等信息；在售中及时并准确地回应客户的咨询；在售后重视客户的反馈信息，及时答复客户的疑问，处理客户的意见，且积极处理客户纠纷。

二、奖励忠诚客户

让客户在忠诚中受益，才能更好地维护客户忠诚。

（一）奖励方法

1. 累计消费回馈计划

累计消费回馈计划是最常见的一种对忠诚客户的奖励方式，它让客户在不断的重复购买中获益。通过向经常或大量购买的客户提供奖励，来达到维护现有客户对企业忠诚的目的。

有些卖家不会在产品详情页面写上活动内容，而是由客服向客户发送站内信或在发货包裹里附上小卡片进行说明。因为速卖通的后台活动是统一设置的，不能针对单个客户的订单进行改价，所以不少卖家会选择为客户建卡记录。例如，销售儿童玩具和礼品的店铺，买家第一次购买可以享受卖家设置的平台活动（全店铺满立减、店铺优惠券、店铺打折等）；之后的每一次回购都可得到购物金额 10%的返点；累积的返点达到 30 即可零元换购店内的价值 30 美元的商品。客户到时只需要留下一个地址，就能得到奖品。

2. 寄送礼品或升级赠品

寄送礼品或升级赠品是比较"简单粗暴"的回馈忠诚客户的方法。例如，一个出售不锈钢滤茶器的卖家，原定的赠品方案是单次消费满 10 美元的订单赠送一把金属小勺，消费满 20 美元的订单赠送一个硅胶滤茶网，消费满 35 美元的订单赠送一个 304 不锈钢球型滤茶器。对于回购客户，直接将赠品升级，即只需要消费满 10 美元即可获赠一个硅胶滤茶网，消费满 20 美元即可获赠一个 304 不锈钢球型滤茶器，如果客户消费达到 35 美元，则除 304 不锈钢球型滤茶器外加赠硅胶滤茶网。对于多次回购并且金额达到 200 美元的客户，卖家再加赠一个双层玻璃红茶杯。这种赠品方式往往会给客户带来意想不到的惊喜。需要注意的是，赠品与礼品最好与客户所购买的产品有所关联，可以是同类产品或配合使用的产品，如果是毫无关联的物品可能达不到预期的营销效果。例如，客户购买的是滤茶器，卖家却赠送了一枚金属戒指，可能会让买家哭笑不得。

（二）提供奖励需要注意的问题

我们首先需要了解客户是否重视店铺提供的回馈利益。如果客户并不在意，那么店铺应重新审视奖励的必要性。其次，一视同仁的奖励方法不可取。按客户对店铺利润做出的贡献程度划分等级，对客户忠诚是一种有效激励。再次，还应关注奖励计划实施的效果，例如，是否有更多的客户有了回购行为，订单金额是否提升，社交网站上的客户群组里对奖励措施的支持与认可程度等。最后，我们应意识到，单次投入大量资金做一次促销活动并不一定能换得客户的忠诚，客户关系维护及客户忠诚的培养是一项需长期进行的工作，而且投入成本应该是在企业可控范围内的。

三、增加客户信任，增强情感维系

（一）如何增加客户信任

在跨境电商平台上进行交易的买卖双方无法见面，他们都是在虚拟空间完成交易行为的，这使得客户的购买行为存在较大风险，因此客户往往更倾向于选择信任的店铺进行购买。累积的客户满意形成客户信任，长期的客户信任培养客户忠诚。对于跨境电商卖家来说，应更为重视客户信任因素，以获得客户的永久忠诚。

随着网购环境的整顿，跨境电商卖家的经营也越来越规范，买家整体综合素质也渐趋提高。越来越多的买家在选择店铺时，不再一味看重低廉的价格。他们更重视交易的安全，包括产品质量、交易过程中个人信息及支付方式的安全性。卖家需要做的就是让客户对其产生信任，进而放心地下单购物。

第一，应树立"以客户为中心"的理念，了解客户需求，为客户提供可以满足其需求的产品或服务；第二，确保客户在跨境电商平台购物时的支付安全及个人隐私保护，杜绝交易欺诈，尊重客户隐私；第三，在店铺首页、产品相关页面，或者有条件的也可以在企业官网上凸显企业资质与品牌形象；第四，应保证自身在平台上发布的产品介绍、发货时间及客服联系方式等真实、准确、有效；第五，应如实告知客户在使用产品时可能遇到的风险，有针对性地提出保证或承诺，以减少他们的顾虑，如对一些由小件零配件组成的物品注明"远离儿童"等；第六，如期履行订单，尽早发货，并及时跟踪物流信息；第七，如果客户收到产品时发现了瑕疵或有质量问题，卖家应积极沟通，及时采取补救措施；第八，妥善、认真地处理客户投诉，一个差评带来的负面影响可能会抹杀前期的所有努力；第九，网购客户更为重视企业或品牌的口碑，所以卖家要重视客户评价，尤其是社交平台上客户群体的管理，以期打造值得信赖的舆论环境。

（二）如何打造客户与企业之间的情感纽带

当你与客户之间产生订单关系后，还应努力寻找交易之外的关联，如与客户进行情感交流与投资，通过巩固和强化与客户之间的关系提高客户转换购买的精神成本。

卖家应根据客户分级积极地与客户进行定期或不定期的沟通，了解他们的想法与意见。对于关键客户，可以邀请他们加入新品开发、设计、试用等决策，让他们感受到与众不同的待遇。如果条件允许，可通过重要客户留下的一些信息在一些重要的节假日以恰当的方式予以问候。联系得多了，客服会和部分客户成为朋友，互关 Facebook，互加 LINE 或微信等，在平常也可为客户送上一些问候，解决客户在产品使用上的一些困惑等。例如，当购买护肤品的老客户抱怨自己在网上找不到合适的面膜纸时，客服可以为她提供选购建议，也可以直接寄送一小盒试用品。推荐的可以是自家经营的产品，也可以是别家品牌的产品。细微处的贴心关怀能让客户感觉到特殊的关心，进而心存感激并回报以忠诚。

同时，及时恰当地处理好客户的异议能更好地维系与客户之间的情感纽带，因为分处两个国家的买卖双方能够基于网络建立良好的信任关系非常艰难，客户在购买商品及使用商品的过程中，难免会因为感知价值与预期不符而有所抱怨。许多卖家会等客户投诉或留下差评时才着手解决纠纷，其实这是非常不明智的。我们应在客户最初有异议时，就耐心并细心地对异议部分进行解答与处理，虚心接受客户的意见，承认自身工作的不足，提出妥善的解决方案。有担当的企业更容易得到客户的宽容与谅解，进而实现忠诚度的提升。

四、提高客户的转换成本

要提高客户的转换成本，应先了解竞争对手会从时间、金钱和情感中的哪些部分入手来吸引客户，然后再通过提高客户转换成本中的一种或几种来增加客户转换的难度和代价。卖家可以先通过宣传产品及服务区别于市面上其他同类产品来让客户认识到转换成本的存在。意识到更换品牌或企业后，自身会损失原先获得的特殊服务或产品利益，或者面临新的投入与负担，就可以加强该客户的忠诚。但切忌一味地提高转换成本，增加了客户离开的障碍，却没有提供让客户满意的产品和服务，反而会引起客户的不满，从而损害客户忠诚度。

提高转换成本的途径非常多，例如航空公司提供的里程奖励、各大银行采用的信用卡积分奖励等，都属于客户难以轻易舍弃的转换成本。这些方式确实可以在一定程度上将客户"套牢"，使客户避免主观上的转换，却未必能换得真正的"信赖忠诚"。又如，销售电子产品的卖家可以提供有效的服务支持（见图 8-8），包括免费教学、指导机器保养方法、提供维修服务及低价原厂配件购买服务等。

图 8-8　速卖通某 iPhone 售卖首页强调独特的产品服务

卖家可以根据客户的需求提供人性化、定制化的产品，让客户加入产品的设计中，使其收到的产品拥有个性化和差异化优势，并与客户建立一对一的服务关系，这样在其他选择不能体现明显的优越性时，客户会逐渐成为忠诚客户。相对于时间和精力的转换成本以及金钱转换成本来说，情感转换成本更难以被竞争对手模仿。

五、提高产品的不可替代性

个性化的产品及服务是客户关系发展到一定程度时客户的必然要求。亚马逊、易贝、Etsy等跨境电商平台上有越来越多的卖家精耕细作一个品类产品，步入个性化服务阶段。跨境电商卖家若能够为客户提供独特的、不可替代的产品或服务，包括个性化的产品外观、个性化的售后服务、个性化的技术支持、个性化的专属定制方案等，这样就可以将自己和竞争对手区分开来，发展成不可替代的优势，提高客户的依赖程度，实现客户忠诚。

许多电商平台发现了消费者的个性化需求，进而推出了个性化的推荐服务。它们根据客户的浏览习惯、购买记录等行为特征，将一些符合其消费习惯及品味的商品推荐到他们目所能及的页面。例如，亚马逊近年在首页置顶推出"Interesting Finds"（意为"有趣的发现"）页面。它类似于一个商店，用户可以在这里发现亚马逊全网站中好玩的产品。它的前身是"Amazon Stream"，亚马逊想把这个页面打造成人们发现新奇产品的地方，从而刺激消费。

之后，亚马逊又上线了一项"My Mix"功能（见图8-9），用于向消费者推荐个性化产品。全新的"My Mix"功能位于"Interesting Finds"页面可滚动条类别栏的开头。当商店有新的推荐商品时，该商店旁边会显示一个红色的通知点。

图 8-9　My Mix

"My Mix"中有客户喜欢的一些产品和亚马逊认为客户可能喜欢的产品，它相当于一个专门为某位客户所开设的商店。举例来说，如果你在"Interesting Finds"中的某件产品的左上角点了"喜欢"，亚马逊也就会在"My Mix"中放入它认为你感兴趣的东西，从而向你推荐产品。

亚马逊推出的这项功能备受消费者欢迎，短短几个月，它从最初四五个品类发展到了20多个。可见，越来越多的客户期待拥有个性化的产品或服务。

无论是产品还是服务，客户都是为了解决某种需求而购买的，那么除产品本身的使用功能外，客户可能还希望得到更为综合性的服务。例如，销售女装的卖家可以通过了解客户穿戴的场合、对服装功能的需求等来为其做出个性化的穿搭建议，从而给予客户时尚、尊贵的体验与感受，而不仅仅是向客户推荐合适的尺码。

六、通过社交网站建立网络客户社区

在传统客户关系管理中，企业会通过设立"会员卡"的方式为自己管理客户群体，以使企业与客户之间的关系更加正式、稳固，让客户产生归属感，感受到企业的重视。这有利于企业与客户之间建立交易关系之外的情感关系，以实现客户忠诚度的提升。在这方面做得比较成功的有沃尔玛的山姆会员店。山姆会员店向会员收取年费，为会员提供区别于普通超市的舒适、高端、清静的购物环境。这种方式把大批不稳定的客户变成了稳定的客户，使得客户忠诚时间得以延长；同时，由于享受到了优质、舒适的购物环境，很多会员逐渐形成在山姆会员店购物的习惯，从而会员店会发展出一支较为稳定的品牌忠诚的客户队伍。可见，有效的客户组织管理可以让客户与企业之间基于交易的契约关系从短期变成长期，这可以更好地帮助企业维护现有客户，培养忠诚客户，建立一个基本的忠诚客户群。

那么面对跨境电商贸易的客户，企业进行客户组织管理较为可行的一个方法就是建立网络社区。同时，跨境电商卖家还应运用软件或相关程序建立客户资料数据库，把客户相关信息纳入数据库，研究分析客户的产品需求、购买动因、回购因由，以优化产品服务、调整营销方案。

七、培养员工忠诚

对于跨境电商平台店铺来说，客服人员是与客户最直接接触的一个群体，因此，需要培养忠诚的员工来为客户提供令其满意的产品和服务。首先，在招聘环节就应选择德才兼备、业务能力娴熟或有培养潜力、团队协作能力强的员工；其次，在培训环节让员工树立"客户至上"的理念，在后期的工作中做到想客户所想、应客户所需；再次，要有良好的规章制度规范客服工作，如合理排班、客户资源分组管理等；最后，最重要的是，应对员工有最基本的尊重，将其视为团队伙伴而不是下属，理解员工的个人困难，寻找合理有效的方案减少客服工作难度，为其提供较好的工作平台，为其规划个人职业前景，再辅以有效的激励措施，从而激发客服的工作热情及工作潜力。只有客服对企业的满意度及忠诚度提升了，他们的服务才能实现客户满意度和忠诚度的提升。

案例解析

一、案例背景

卖家艾伦在美国站销售帐篷及其周边产品。艾伦对自己的产品非常有信心，因为在线下销售时产品广受好评。然而，在经营过程中，有兴趣的咨询客户非常多，订单量却非常少，而且每个客户在售前、售中和售后总是会耗费艾伦大量的时间。帐篷不是一般的低价值产品，而且客户购买帐篷大部分用于露营，对帐篷的质量及安全性有较高的要求，又没有什么信息

能够给网购客户安全感,所以客户总是会就各种可能的安全隐患、质量问题进行咨询。艾伦想在 Facebook 上创建一个讨论小组以减轻工作负担,他可以做些什么?

二、操作步骤

(1)在 Facebook 上建立一个小组,根据出售的产品设置小组描述与标签,如野营、驴友、旅游等,以吸引有兴趣的潜在客户进入小组。

(2)邀请已购买的客户加入小组,请他们分享产品的使用体验与评价,提高新客户对店铺的信任度。这是因为,帐篷的目标客户群体较易归类,且目标客户对帐篷的需求较为一致。

(3)上传一些在野外实景拍摄的帐篷安装及使用视频,便于客户在购买后参考以减轻客服负担。

(4)关注小组里客户的诉求,分析客户的产品需求、购买动因、回购因由,以优化产品服务、调整营销方案,逐渐培养客户忠诚。

三、案例总结

客户忠诚度受许多因素影响,有效的客户组织可以让偶然关系变成必然关系,有利于新客户的开发及现有客户的维护,能更好地培养忠诚客户,稳定客户队伍。

课后延伸阅读

通过社交网站建立网络客户社区

卖家也可以为客户组建一个可以进行相互交流的网络社交平台,如在 Facebook 上建立小组、在微信里建群等。在这些网络社区里,客户可以相互交流购买产品的体验;企业则可以在里面与客户进行有效交流,发布店铺促销活动消息、新产品信息,了解客户需求、对产品的评价和意见,例如,客户是更看重产品外观还是内在品质,更重视价格优惠还是文化内涵等。然后,及时对客户在群组里提出的问题和建议予以反馈,让客户感受来自卖家的重视与关怀。并且,这也让忠诚客户有了分享产品的平台,来自以往客户的评价总是比来自卖家的推广语更能获得新客户的信任。

以销售我国特色文化礼品的卖家为例,通过社交网站建立网络客户社区,可以在向群组里发布高品质新产品的同时,分享与产品设计相关的传统故事,如中国结、荷包、团扇等,以此增加产品的文化附加值。但需要注意的是,不要在群组里发布大量的营销广告,应尊重客户的隐私,营造良好的网络社区交流环境,避免高质量粉丝离开群组。

习题演练

一、单选题

1. 以下不属于品牌忠诚行为类别的是(   )。
   A. 完整忠诚   B. 转换忠诚
   C. 偶然变换   D. 潜在忠诚

2. 客户不满意也有可能表现出忠诚的是（ ）。
   A. 信赖忠诚 B. 惰性忠诚
   C. 潜在忠诚 D. 利益忠诚
3. 以下属于客户更换购买店铺时的情感转换成本的是（ ）。
   A. 时间成本 B. 利益损失成本
   C. 品牌关系损失成本 D. 学习成本
4. 以下不属于客户忠诚的表现的是（ ）。
   A. 重复购买 B. 对企业及其品牌产生信任与依赖
   C. 即使对产品不满也懒得投诉 D. 向周边人强烈推荐企业的产品
5. 以下无法获得客户信任的方法是（ ）。
   A. 优化产品描述 B. 如实告知产品风险
   C. 如期履行订单 D. 妥善处理客户投诉
6. 以下属于忠诚客户的特征的是（ ）。
   A. 持续回购行为 B. 沟通困难
   C. 拒绝评价 D. 喜爱低价
7. 在购买一类产品时完全只认定一个品牌，基本上非它不买，甚至会因为对品牌的喜爱而入手该品牌出品的其他相关产品的客户是（ ）。
   A. 分割忠诚 B. 转换忠诚
   C. 偶然变换 D. 完整忠诚
8. 忠于多个品牌，当需要购买一类产品时，会在多个品牌之间徘徊选择的客户属于（ ）。
   A. 分割忠诚 B. 转换忠诚
   C. 偶然变换 D. 完整忠诚
9. 有一类客户可能没有那么高频次的购买行为，但是对品牌有着强烈的态度，特别满意且有明确的购买意向与购买欲望，他们属于（ ）。
   A. 伪忠诚 B. 潜在忠诚
   C. 无忠诚 D. 偶然变换
10. 有一类客户认为各种品牌都没有差别，决定他们购买行为的主要因素是产品的价格，他们属于（ ）。
    A. 伪忠诚 B. 潜在忠诚
    C. 无忠诚 D. 偶然变换

二、多选题

1. 客户关系管理专家提出的品牌忠诚的行为类别包括（ ）。
   A. 完整忠诚 B. 转换忠诚
   C. 偶然变换 D. 无忠诚
2. 品牌（店铺）忠诚态度分为（ ）。
   A. 无忠诚 B. 潜在忠诚
   C. 伪忠诚 D. 分割忠诚

3. 根据客户满意程度可以将客户忠诚情况归纳为（　　　　）。
   A. 利益忠诚　　　　　　　　　　B. 垄断忠诚
   C. 信赖忠诚　　　　　　　　　　D. 惰性忠诚
4. 客户满意与客户忠诚之间的关系有（　　　　）。
   A. 满意者有可能忠诚　　　　　　B. 满意者也可能不忠诚
   C. 不满意一般不忠诚　　　　　　D. 不满意也有可能忠诚
5. 当客户对我们的产品或服务并不满意的时候，会因为以下两种情况出现长期持续购买产品或服务而表现出表面"忠诚"，它们是（　　　　）。
   A. 利益忠诚　　　　　　　　　　B. 垄断忠诚
   C. 信赖忠诚　　　　　　　　　　D. 惰性忠诚
6. 影响跨境客户忠诚的因素包括（　　　　）。
   A. 客户满意度　　　　　　　　　B. 转换成本
   C. 信任因素　　　　　　　　　　D. 可替代选择
7. 可能削弱客户忠诚的因素包括（　　　　）。
   A. 竞争平等　　　　　　　　　　B. 求变行为
   C. 低参与　　　　　　　　　　　D. 品牌话语份额低
8. 以下不属于忠诚客户的特征的是（　　　　）。
   A. 有持续回购行为　　　　　　　B. 沟通困难
   C. 拒绝评价　　　　　　　　　　D. 排斥品牌

三、判断题

1.（　　）没有多次购买的客户必然不是忠诚客户。
2.（　　）转换忠诚客户是指在购买一类产品时通常认定一个品牌，但偶尔可能会想要更换一下，或者在面对脱销的情况时，不得不更换购买的品牌的客户。
3.（　　）伪忠诚态度客户其实对产品的品牌、供货商、销售的店铺并没有深入的了解，也未将同类产品的多个品牌进行区分。
4.（　　）客户忠诚的意义包括降低交易成本、减少服务成本。
5.（　　）客户忠诚度的衡量主要由客户的重复购买次数决定。
6.（　　）客户在选择商品时对平台上出售同类产品的竞争对手的品牌产品感兴趣并且更有好感，则说明他们对我们的品牌忠诚度低。
7.（　　）利益忠诚客户会在完全满意的基础上，对一个店铺或品牌的产品或服务进行长期持续的重复购买。
8.（　　）惰性忠诚是指客户对产品或服务并不满意，但因为产品或服务的提供方在整个市场中占绝对的主导地位，客户无法找到可替代品，别无选择只能"忠诚"。

四、填空题

1. ＿＿＿＿＿＿客户在购买一类产品时通常认定一个品牌，但偶尔可能会想要更换一下，或者在面对脱销的情况时，不得不更换购买的品牌。
2. ＿＿＿＿＿＿客户没有那么高频次的购买行为，但是对品牌有强烈的态度、特别满意且有明确的购买意向与购买欲望。

3. 生活中,用户对电力公司提供的服务保持忠诚属于_____(类型)忠诚。
4. 客户从一个店铺转换到另一个店铺,经济上的转换成本包括_____和_____。
5. _____是客户在购买前或购买时对产品或服务的一种预期评估与收货后产品为其带来的实际收益之间的对比。

五、简答题

1. 什么是跨境客户忠诚?
2. 什么是分割忠诚?
3. 根据客户满意可以将客户忠诚归纳为哪几种情况?
4. 如何增加客户的信任?
5. 如何衡量客户的忠诚度?

实践操作

从速卖通上选择一个店铺等级为优秀的卖家,尝试为该店铺制订客户忠诚度管理计划。

操作1. 搜寻一家店铺等级为优秀的速卖通店铺

操作2. 进行忠诚客户层次分类

操作3. 对应可采取的措施

情景九

跨境客户的沟通

【习语典读】

我们要坚持开放的区域主义,加强宏观经济政策协调,构建更加紧密的区域产业链供应链,推进贸易和投资自由化便利化,稳步推进区域经济一体化进程,早日建成高水平的亚太自由贸易区。

——习近平

子情景一 跨境客户沟通概述

学习目标

知识目标

- 了解沟通的相关定义。
- 了解跨境客户沟通区别于国内电商沟通及传统外贸沟通的特点。

能力目标

- 能有效根据不同国家跨境客户的风俗习惯进行沟通交流。
- 能熟练使用各种跨境沟通工具与跨境客户进行沟通交流。
- 能将跨境客户沟通贯穿跨境业务的各个环节。

素质目标

- 培养学生以互联网思维进行商务沟通的能力。
- 培养学生形成全方位沟通的意识。

思政目标

- 培养学生在跨文化交流中,弘扬"尊重、理解"的中华优秀传统美德。
- 培养学生树立开放的的区域主义理念。

微课抢先看

知识导入

项目背景

不论跨境电商如何发展变化,沟通始终贯穿其整个业务。根据美国营销协会的研究,导致客户不满意的原因有 2/3 是出现在商家与客户的沟通不良这个问题上。可见,客户沟通是使客户满意的一个重要环节,只有加强与客户的联系和沟通,才能了解客户的需求和期望。特别是在出现纠纷时,有效的沟通有助于获得客户的谅解,减少或消除他们的不满。

跨境电子商务每天的具体业务操作自始至终都离不开沟通，了解跨境客户沟通有别于国内的电商沟通以及传统的国际贸易沟通的特点。充分利用其优势，能使许多问题迎刃而解，反之则寸步难行。浙江英卡顿网络科技有限公司的跨境客服专员艾伦开始学习如何与跨境客户进行有效沟通。

任务实施

步骤1：了解沟通、客户沟通的概念。

步骤2：掌握跨境客户沟通的特点。

步骤3："己所不欲，勿施于人"（《论语》），引导学生在跨文化交流中，要尊重理解不同国家、民族和地区跨境客户的风俗习惯，避免触犯禁忌，弘扬中华民族"尊重、理解"的传统美德。

知识铺垫

一、相关概念

沟通是指人与人、人与群体、人与社会之间双向地传递、接收、交流、分享信息的活动过程。

客户沟通是指企业通过与客户建立互相联系的桥梁或纽带，拉近与客户的距离，加深与客户的感情，从而赢得客户满意与客户忠诚所采取的行动。

二、跨境客户沟通的特点

跨境电子商务是指分属不同关境的交易主体，通过电子商务的手段将传统进出口贸易中的展示、洽谈和成交环节电子化，并通过跨境物流送达商品、完成交易的一种国际商业活动。因此，跨境客户沟通就是将沟通放在了跨境电商这个特定的业务领域，这就决定了跨境客户沟通有别于国内电商领域或传统国际贸易领域，它主要具有如下三个特点。

（一）沟通主体分属不同关境

跨境客户沟通的主体分属不同的关境，可能具有不同的语言、文化习俗、思维方式、行为特征等，其差异是沟通的主要障碍。因而，跨境电商只有掌握这种差异性，即掌握并尊重全球不同的国家、民族和地区跨境客户的风俗和习惯、购买需求、消费心理、购买行为等，才能更好地进行客户关系管理，最终促进销售业绩的增长。

（二）沟通主要采用电子商务手段

跨境客户沟通的整个流程主要采取电子商务手段，而非其他手段，所有的沟通必须充分考虑电子商务手段的特性与特点。因而，选择合适的沟通工具可以让沟通效率得以提高。以下将介绍几个跨境客户沟通的工具。

1. 站内信和订单留言为主

由于存在时差，跨境客户在下单前，一般不喜欢过多的寒暄与交流，因而与跨境客户的沟通主要通过每个平台上的沟通工具进行，如站内信和订单留言等。例如，速卖通平台上的客户就习惯于通过站内信和订单留言两个渠道向卖家咨询、确认订单和产品信息。而平台也鼓励买卖双方通过这两个渠道进行沟通，因为买卖双方关于订单的沟通都由订单留言或站内信完成，一方面可以避免双方由于沟通方式过多造成重要信息缺失，另一方面当发生纠纷时，订单留言和站内信沟通记录可以保证订单沟通信息的完整性，其截图也可以作为纠纷判责的重要证据。

2. 邮件为辅

众所周知，无论是工作上的沟通还是日常与亲友联系，国外的人都习惯通过邮件进行沟通，所以跨境客服经常会通过邮件与客户联系，发送营销邮件、节日祝福、通知邮件及推广信等。然而，涉及订单纠纷问题，建议买卖双方还是在订单留言与站内信中沟通，因为平台是不认可邮件沟通记录的。给客户发推广邮件也需要注意频率和技巧，否则很容易被买家拉入黑名单。

3. 基于互联网的及时沟通软件

除平台沟通工具和邮件以外，选择合适的即时性沟通工具也可以让沟通效率得以提高，但它应针对不同目标市场客户群的使用习惯来进行。国外主流的基于互联网的即时性沟通软件有以下几种。

（1）MSN。它是最早的在线聊天工具之一，并且有对应的邮箱，其在世界的地位，犹如QQ在中国的地位。但现在MSN被Skype绑定了，有些地方必须得绑定Skype才能用MSN。

（2）Skype。一款很流行也很方便的聊天工具，除支持网上聊天外，也支持语音、视频。它可以绑定你的电话，以方便你和朋友间的联系。如果你想给远在异国的客人和朋友打电话，不妨试试Skype。不过，你得先到Skype官网购买充值卡。

（3）Viber。其使用跟微信相似，较为高效快捷。用手机号注册成功后，装上软件，同步到通信录，你就可以跟远在国外的使用同类软件的朋友畅所欲言了。这个软件不需缴费，只需流量，有网络就可免费使用。相比而言，这个工具比较流畅，不受3G网络或Wi-Fi的局限，普通流量就可以使你拥有高音质的服务。

（4）WhatsApp。其使用与以上三种工具相差不大，下载后将对方的号码存到自己的通信录，同步之后，就可以对话了。使用这个工具的大部分人是中东人、南美人，也有部分中国人。

（5）Facebook。它也称"脸谱网"，它的定位是帮助人们通过社交网站更好地联系亲朋好友。它是以用真实身份注册的人们之间的关系为基础的社交网站，目前有超过10亿名注册用户。在上面可以看到客户的动态，有种QQ空间的感觉，很全面，也可以跟客户连线对话、建立群组等，是一个不错的交友网站。你还会看到"可能认识的人"，你也可以添加客户的朋友为好友。它还可以进行关键词搜索，然后将搜索到的对象加为好友。这是一个非常实用的SNS网站。

（6）Twitter。它是非常实用的SNS网站之一，其主要可以推送博文，也有私信功能。

（7）QQ、微信。腾讯公司的软件，很多国外客户也在用，其微信摇一摇也别具特色，功能比较强大，也是非常实用的SNS软件之一。

（8）Google+。谷歌集团出的社交产品，其最大的特色功能是圈子、敏感话题。

此外，Camfrog、Paltalk、Kik、SKOUT、ICQ 等也是国外较为普遍使用的沟通软件。上述软件基本都有相应的手机版本，安装到手机上就可以和客户随时随地联系。

（三）跨境沟通贯穿跨境业务的各个环节

跨境沟通贯穿跨境业务的售前信息咨询环节、售中业务洽谈环节和售后服务环节，而非仅限于售中业务洽谈这一环节，因此应围绕沟通理念发展跨境业务的全面传播信息体系，借助消费者的各个接触点规划全方位的业务沟通。

在售前信息咨询环节，当订单生成前，客户对商品信息的咨询、价格的沟通、支付方式、物流及其他的咨询都应及时且耐心、细致、全面地回复，任何一个和客户的接触点都是沟通的重点。客户拍下未付款，可以适当跟踪，弄清楚原因。若对方因为不熟悉跨境电子商务的交易流程，可以协助其完成流程，提供服务，促成订单。

在售中业务洽谈环节，当订单生成后，从感谢客户下单到备货细节的确认；从物流每个节点的跟踪到关联产品的推介等，都是沟通的重点内容，每一个细节处理是否得当都是跨境电子商务业务成功与否的关键。

在售后服务环节，应做好后期的交流与沟通，跟踪服务，并对客户反馈及客户评价进行及时回复。必要时进行适当的关系维系和沟通联络。订单完成后不应仅视为上一笔业务的结束，也应视为新一单业务的开始。因为业务的良好执行及良好的购物体验，有可能会让同一客户重复下单，成为忠实的回头客，或者经由其好评和推荐（这又形成一个新的客户触点），别的客户也形成了购买。这样，售前的信息咨询、售中的业务洽谈、售后服务就形成了一个良性的业务闭环，螺旋向上发展。

总之，无论是前期的咨询，还是后期的业务洽谈及客户服务，一切客户能够到达的端口和接触点都应纳入沟通的全通道内。

案例解析

一、案例背景

北京时间 2021 年 11 月 5 日 21：18，一位巴西客户在速卖通店内想购买一款耳机作为新年礼物，但不知选择哪一款产品，留言给艾伦让其帮助选择。

二、操作步骤

（1）收到订单留言之后，第一时间回复客户，将店内卖得最好的产品推荐给客户，并介绍产品的性能、卖点等，让客户对其感兴趣。

（2）当客户没有及时回复站内信和订单留言的时候，可以采用 WhatsApp 和客户联系，方便沟通。

（3）在包装货物的时候要注意巴西的风俗习惯，因为是作为礼物，所以不能触碰巴西的禁忌。

（4）货物发出之后，将物流单号发给客户，让客户实时了解包裹的状态。

三、案例总结

在本案例中，客户是将产品作为新年礼物的，虽然对方没有在包装上做出要求，但是艾伦结合当地的风俗与习惯，避讳巴西客户的禁忌，这样才有机会将其发展成为忠实客户。同时，由于存在时差问题，客服回复不及时，因此可以采用 WhatsApp 等聊天软件和客户沟通，保证消息的及时性。

子情景二　跨境客户售前沟通

学习目标

知识目标

- 掌握英文商务信函的格式与写作原则。
- 掌握售前沟通的内容和常用回复表达方式。
- 掌握售前咨询服务过程中与跨境客户的沟通技巧。

能力目标

- 能正确规范地书写商务信函。
- 能妥善处理和回复跨境客户对于产品、价格、支付和物流的咨询。

素质目标

- 培养学生树立商务礼仪的职业意识。
- 培养学生妥善回复客户售前咨询的沟通能力。

思政目标

- 培养学生诚实守信的职业道德观。
- 培养学生感恩的职业态度。

微课抢先看

知识导入

项目背景

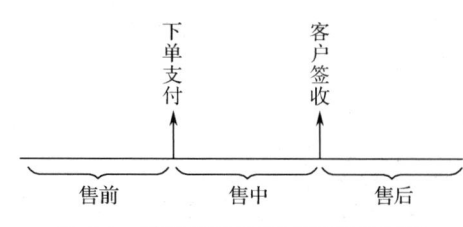

图 9-1　跨境客户沟通流程划分标准

跨境沟通的特点之一是沟通贯穿跨境业务的售前信息咨询环节、售中业务洽谈环节和售后服务环节。根据图 9-1 所示的跨境客户沟通流程划分标准，我们将跨境客服岗位的主要沟通工作划分为售前沟通、售中沟通和售后沟通三个部分，并对三个部分分别进行讨论。

本子情景主要探讨跨境客服岗位的售前沟通工作，该阶段主要是引导性的工作，它包括客户进店咨询到拍下订单付款的整个工作环节。浙江英卡顿网络科技有限公司跨境客服专员艾伦了解到虽然跨境客户往往进行静默式下单，但是也不排除有些客户下单前需要与卖家进行沟通，因此作为客服专员仍然要对售前沟通工作了如指掌。艾伦在工作期间需要掌握跨境客户沟通时英文商务信函的格式与写作原则，能够清楚、正确并简洁地对客户关于售前信息的咨询进行回复，包括产品、价格、支付和物流等信息咨询的回复。

任务实施

步骤1：掌握英文商务信函的格式与写作原则。
步骤2：掌握产品沟通的内容。
步骤3：掌握价格沟通的内容。
步骤4：掌握支付信息沟通的内容。
步骤5：掌握物流信息沟通的内容。
步骤6："马先驯而后求良，人先信而后求能。"（《淮南子·说林训》）在沟通中，需要清楚明确地回复客户的咨询，不虚构不夸张，客观真实地介绍产品信息，以此培养学生诚实守信的职业道德观。在售前沟通中，需要先对客户的咨询表示感谢，以此培养学生感恩的职业态度。

知识铺垫

一、商务信函的格式与写作原则

我们已经知晓，跨境交易中买卖双方的沟通是以站内信和订单留言为主，以邮件为辅。虽然都是英文商务信函，但是基于跨境客户沟通的即时性和碎片化的特点，相对于传统外贸商务信函的构成而言，跨境客户沟通的站内信和订单留言的构成和写作会更加简洁。我们将在后文中进行介绍。

（一）商务信函的格式

1. 商务信函的构成

一般英文商务信函的构成可以分为必要部分和根据实际需要而增加的部分。
必要部分，即在一般情况下不可缺少的部分，包括：
（1）称呼；
（2）正文；
（3）结尾敬辞；
（4）署名。
根据实际需要而增加的部分包括：
（5）信头；
（6）日期；
（7）信内收件地址；

（8）指明收件人；

（9）主题行；

（10）附件；

（11）案号；

（12）抄送。

跨境客户商务信函往来通过站内信、订单留言或者邮件完成，跨境买卖双方都以最简洁的方式进行沟通，作为跨境客服，需要掌握表9-1所示商务信函的必要组成部分的写作。

表9-1 商务信函的必要组成部分

Dear Nancy,	称呼
Thank you for your inquiry. The coat is sold in low price as it is shipped directly from our factory. We guarantee that it is made of 90% wool and 10% cashmere. Please let me know if you have any further questions.	正文
Best regards,	结尾敬辞
Allen	署名

2．商务信函的格式

英文商务信函通用的格式有三种，分别是缩进式、齐头式和混合式。现分别举例说明如下。

（1）缩进式：正文部分每段首行缩进4个字母，每段之间空一行或两行；结尾敬辞和署名部分在信函右下角，如表9-2所示。

表9-2 缩进式

Dear Nancy,

    Thank you for your inquiry.

    The coat is sold in low price as it is shipped directly from our factory. We guarantee that it is made of 90% wool and 10% cashmere.

    Please let me know if you have any further questions.

                                                 Best regards,

                                                    Allen

（2）齐头式：所有部分都是左边顶格写，不留空格，如表9-3所示。

（3）混合式：又称半齐头式，即缩进式和齐头式的混合。从表9-4可以看出，称呼、结尾敬辞和署名与缩进式相同，正文是齐头式。

表9-3 齐头式

Dear Nancy,

Thank you for your inquiry.

The coat is sold in low price as it is shipped directly from our factory. We guarantee that it is made of 90% wool and 10% cashmere.

Please let me know if you have any further questions.

Best regards,
Allen

表9-4 混合式

Dear Nancy,

Thank you for your inquiry.

The coat is sold in low price as it is shipped directly from our factory. We guarantee that it is made of 90% wool and 10% cashmere.

Please let me know if you have any further questions.

                       Best regards,
                          Allen

（二）商务信函的写作原则

好的商务信函要遵循特有的写作原则，使其易读易懂，友好而客气。目前，最流行的商务信函写作原则是"7C"原则，即清楚、简洁、礼貌、体谅、正确、具体、完整。

（1）清楚（clearness）。意思表达明确，用最易懂的语言清楚、直接地表达自己的想法，避免使用可能产生不同理解或意义不明确的词汇。

（2）简洁（conciseness）。用尽可能少的语言来表达需要表达的意思，避免啰唆重复、废话连篇；尽量使用简短的语言。

（3）礼貌（courtesy）。在信函中表达友情、感谢、理解和尊敬，并且要及时回信。

（4）体谅（consideration）。写信时要多从对方角度考虑有什么需求，而不是从自身出发，语气上要尊重对方。

（5）正确（correctness）。表达的用语用词、标点符号、语法和拼写应正确无误，因为商务函电的内容大多涉及商业交往双方的权利、义务以及利害关系。如果出错，势必造成不必要的麻烦。

（6）具体（concreteness）。书信内容要具体且明确，避免含糊、抽象和笼统。尤其是要求对方答复或对之后的交往产生影响的信函。

（7）完整（completeness）。完整表达所需内容和意思，包括何人、何时、何地、何事、何种原因、何种方式等。

二、关于产品的沟通

在大部分情况下，卖家已经在跨境电商平台的详情页中详细地介绍了产品的信息，包括产品质量、颜色、规格、尺寸、材质和产品的销售方式等。然而，由于平台提供的仅仅是产品图片和文字描述，在对于产品的各个方面无法把握的情况下，客户可能会向卖家进行咨询。

（一）质量材质

在质量或材质上，客户有时候无法直观把握。例如，某跨境平台上卖家收到客户的咨询："The coat is cheap, is it really 90% wool?"（"这件大衣很便宜，它确实是90%的羊毛吗？"）

案例

【回复示例】
Dear Nancy,
　　Thanks for the interest.
　　The coat is sold in low price as it is shipped directly from our factory. We guarantee that it is made of 90% wool and 10% cashmere. It is of good quality, and we promise to give you a full refund if the material is not as described.

　　　　　　　　　　　　　　　　　　　　　　　　　　Best regards,
　　　　　　　　　　　　　　　　　　　　　　　　　　(Your name)

【参考译文】
亲爱的南希，
　　感谢您对我们的产品感兴趣。
　　这件大衣之所以便宜是因为它是厂家直销。我们保证它的成分是90%的羊毛和10%的羊绒。大衣的质量上乘，我们保证如果和所述材质不符，我们将全额退款。

　　　　　　　　　　　　　　　　　　　　　　　　　　诚挚的祝福
　　　　　　　　　　　　　　　　　　　　　　　　　　（署名）

（二）颜色

在颜色选择上，卖家提供的备选颜色无法满足客户的需求和喜好。例如，客户询问："Hi, do you have the iPad case in golden color?"（"你好，这款 iPad 保护壳有金色的吗？"）

案例

【回复示例】
Dear Nancy,
　　Thanks for your inquiry.
　　Sorry to tell you that golden color of the iPad case is not available at the moment. There are rose gold and champagne colors, which are similar and very popular in your market. Could you please consider about one of them? Hope to hear from you!

　　　　　　　　　　　　　　　　　　　　　　　　　　Best regards,
　　　　　　　　　　　　　　　　　　　　　　　　　　(Your name)

【参考译文】

亲爱的南希，

感谢您的咨询。

很抱歉，目前这款iPad保护壳没有金色的，但是我们有玫瑰金和香槟色，这两种颜色和金色很相似，并且在您的市场上很受欢迎。您要不要考虑一下其中一种？期待您的答复。

诚挚的祝福

（署名）

（三）尺码

关于产品的规格尺码，客服人员一定要耐心回复，避免因规格尺码的选择问题引发纠纷。特别是服装和鞋类产品的尺码，国内的尺码标准和国外不一样，经常混淆，客服人员应熟悉所经营产品的不同国家的标准，并准确给予客户建议。例如，某女装店铺收到买家询问某款连衣裙尺码的询盘："Dear friend, please help me choose the size for bust 89cm, waist 72cm, and hip 90cm."（"亲爱的朋友，我的三围分别是胸89厘米、腰72厘米、臀90厘米，请问该选什么尺码？"）卖家应根据客户提供的信息，根据附图中的尺码标准图，给出参考尺码选择，吸引客户下单。

案例

【回复示例】

Dear Nancy,

Thanks for your interest in our item. We offer three different sizes S, M and L(please refer to the attached size table below).

According to the information you offered, we suggest you choose size M. You can also get more information from the size table. Please allow 1-2cm errors due to manual measurement. And we do have this size in stock. We will ship it within 24 hours once you place an order from us. If you need any help or have any questions, please contact us. We will be here for you.

Best regards,

(Your name)

【参考译文】

亲爱的南希，

感谢您对我们的产品感兴趣。我们提供S、M和L三个尺码（请参考随信附上的尺码表）。

根据您提供的信息，我们建议您选择M码。当然，您也可以再参考一下尺码表。请注意，手工测量会有1~2厘米的误差。该尺码目前有库存，一旦您下单，我们会在24小时之内发货。如果您还需要任何帮助或者有任何疑问，请联系我们。我们随时为您提供服务。

诚挚的祝福

（署名）

（四）销售方式

关于产品的销售方式，目前跨境电商B2C平台以零售为主，但是也有打包批发、直接代发等方式，涉及非主流的销售方式或客户有这方面需要时，通常会向卖家咨询。例如，客户咨询："Hello. How much for 30 pairs of stockings with multiple colors and postage to the U.S.A?"
（"你好，买30双不同颜色的长筒袜价格是多少？到美国的运费是多少钱？"）

案例

【回复示例】

Dear Nancy,

　　Thanks for your inquiry.

　　Sorry to tell you that we sell this item in dozens. You can choose the quantity of 3 dozens. And you can leave a message about the color you like in the order. We will make the delivery according to your requirement. And the shipping is free to the U.S.A by China Post Registered Air Mail or ePacket.

　　Looking forward to hearing from you again!

Best regards,
(Your name)

【参考译文】

亲爱的南希，

　　感谢您的咨询。

　　根据您提供的信息，很抱歉告诉您这款长筒袜我们是一打一打出售的。您可以购买3打。您可以在订单留言中按顺序注明您喜欢的颜色，我们会根据您的要求发货。使用中国邮政挂号小包或者E邮宝到美国免运费。

　　期待再次收到您的来信。

诚挚的祝福
（署名）

三、关于产品价格的沟通

与国内电商不同，跨境平台客户几乎不会与买家讨价还价。大部分客户直接根据平台上的产品价格决定下单或不下单。然而，以下几种情况可能会涉及价格的协商。

（一）客户下单未支付

如果发现客户下单未支付，跨境客服应考虑对价格、运费等进行调整，主动联系客户关注下单产品，争取订单。

案例

【回复示例：产品畅销，尽快付款】

Dear Nancy,

　　Thanks for your interest in our item. However, we notice that you haven't made the payment yet. Please note that there are only 3 days left to get 10% off by making payments. Right now, we only have × lots of the × color left. The products may sell out soon for high popularity. We will prepare for your order at once after you pay. Hope to hear from you.

Best regards,
(Your name)

【参考译文】

亲爱的南希，

  感谢您对我们的产品感兴趣，但是我们发现您还没有付款。这款产品这三天有九折的促销活动。目前我们只有×批×种颜色的库存。产品非常受欢迎，极有可能马上售罄。我们会在您付款后立马安排发货。期待收到您的来信。

诚挚的祝福
（署名）

📞 案例

【回复示例：给予折扣，尽快付款】

Dear Nancy,

  We appreciate the order No.×××××× from you. For more future orders from you, we decide to give another 5% discount to you. We have adjusted the price for your order. Please check the price. We will ship your order within 24 hours once your payment is confirmed. If you need any help or have any questions, please let us know.

Best regards,
(Your name)

【参考译文】

亲爱的南希，

  感谢您购买我们的产品（订单号为××××××）。为了今后能从您那获得更多订单，我们决定给您 5%额外的折扣。我们已经修改了价格，请您确认一下。一旦您付款，我们会在 24 小时内发货。如果您需要任何帮助或者有任何问题，请告知我们。

诚挚的祝福
（署名）

（二）对价格有疑问

  客户拍下产品后，有时候会觉得价格不符合心理价位，客服提醒付款时，客户有可能会问："It is kind of expensive. Can you give me some discount？"（"这个产品有点贵。您能给我打点折吗？"）

📞 案例

【回复示例：拒绝还价】

Dear Nancy,

  Thank you for your inquiry.

  I am sorry to inform you that we are not be able to offer you any discount for the price listed is reasonable and has been careful calculated and leaves us limited profit already. You can compare the price to that of the other sellers.

  We can promise that our product is of good quality.

  Please let me know if you have any further question.

Sincerely,
(Your name)

【参考译文】
亲爱的南希，
  感谢您的咨询。
  很抱歉告诉您我们无法给您打折，我们的利润有限，经过反复计算衡量，给出非常合理的价格，我们不能再降价了。您可以进行同类产品的价格比较。
  我们保证我们的产品质量很好。
  如您还有任何问题，请告知我们。

诚挚的祝福
（署名）

案例

【回复示例：给予折扣价】
Dear Nancy,
  Thank you for your inquiry.
  We'd like to offer you some discounts on bulk purchases. If your order is more than 10 pieces, we will give you a discount of 5% off.
  Look forward to your reply.

Sincerely,
(Your name)

【参考译文】
亲爱的南希，
  感谢您的咨询。
  基于大宗采购，我们愿意给您一定的折扣。如果您的订单超过10件，我们可以给您打九五折。
  期待您的回复。

诚挚的祝福
（署名）

（三）批发价格

跨境电商的一些小额跨境批发平台如敦煌网，是以批发的价格优势吸引众多的批发商的。因此，如果有批发询盘时，跨境客服一定要抓住机会，回复时将商品样式、采购量和相应的价格详细说明。批发价格一定要有竞争性，最好可以免邮，这样可以让客户觉得得到了一个特大优惠。

案例

【回复示例】
Dear Nancy,
  Thank you for your inquiry.
  We hope to establish business relationship with you. Here is the links of the products which you are interested in. If your order is larger than 100 pieces, we could give you a wholesale price $25/piece (freight included). If you have any further questions, please let us know. We will try

our best to help you. Looking forward to your reply.

Sincerely,
(Your name)

【参考译文】
亲爱的南希,
　　感谢您的咨询。
　　我们希望与您建立贸易关系。这个链接是您感兴趣的产品,如果您的订单超过100件,我们可以给您每件25美元的批发价(含运费)。如果您有任何其他问题,请告知我们,我们会尽力为您解决。期待您的回复。

诚挚的祝福
(署名)

四、关于支付信息的沟通

在整个跨境交易的实现中,订单的支付起到非常关键的作用。没有支付就没有最终交易的完成。然而,很多客户,特别是新手买家,由于对平台的支付流程不熟悉,因此在下单后无法完成支付操作。

(一)支付失败

如果客户支付失败,跨境客服人员在收到客户的求助信函后应该耐心地予以解答。

☞ 案例

【回复示例】
Dear Nancy,
　　Thank you for your inquiry. If your payment for the order has failed, please check it is not due to the following situations:
　　(1) Card security code failed.
　　(2) Insufficient fund.
　　(3) Exceed limit.
　　(4) The 3-D security code failed.
　　(5) Verification failed.
　　If you have any other questions, please feel free to contact me.

Best regards,
(Your name)

【参考译文】
亲爱的南希,
　　感谢您的咨询。如果您的支付失败,请您检查是否存在以下的情况:
　　(1)安全码验证失败;
　　(2)余额不足;
　　(3)超过额度;
　　(4)3-D安全码验证失败;
　　(5)验证失败。

如您有其他问题，请尽管联系我。

诚挚的祝福
（署名）

（二）下单未支付

如果发现客户下单未支付，跨境客服应主动联系卖家询问是否遇到支付问题，并告知支付流程，争取订单。

☞ 案例

【回复示例】

Dear Nancy,

　　Thank you for your order. It brought to our attention that your payment hasn't been received yet. We wonder if you have any problems making the payment. If so, we hope the following instruction can help you.

　　You can select the order and click the "Pay Now" button. Choose your preferred payment method on the checkout page. The platform supports Visa, Master card, Maestro Debit Card, Western Union, and wire transfer via banks.

　　Thanks again! Looking forward to hearing from you soon.

Best regards,
(Your name)

【参考译文】

亲爱的南希，

　　感谢您的订单。我们留意到您还没有完成订单支付，您是否遇到了支付的问题？如果是，我们希望以下的步骤能够帮助到您。

　　您可以在订单列表中选中未付款订单，点击"支付"按键，在跳出的界面中选择您中意的付款途径。平台支持维萨卡、万事达卡、借记卡、西联汇款和银行汇款。

　　再次感谢！期待尽快收到您的来信。

诚挚的祝福
（署名）

（三）合并支付

一个客户在同一店铺购买多样产品时，会产生多个订单发往相同的收货人及收货地址的情况，这对买卖双方都会造成不便。跨境客服人员可以引导客户使用购物车进行合并支付，并给予一定折扣来吸引客户。

☞ 案例

【回复示例】

Dear Nancy,

　　I'm writing to ask if you would like to place one order for all the items for I noticed that you have placed 5 orders in our shop. If so, Please try the following instruction:

　　Firstly, click "Add to Cart", then "Buy Now", and check your address and order details carefully before clicking "Submit". After that, please inform me, and I will cut down the price to US$××. You can refresh the page to continue your payment.

Thank you for your attention! If you have any other questions, please feel free to contact me.

Best regards,

(Your name)

【参考译文】

亲爱的南希：

我写此信是咨询您是否要一次完成所有产品的购买，因为我注意到您在本店下了5个订单？如果是，请按照以下步骤完成购买。

先点击"加入购物车"，然后点击"购买"。在点击"提交"之前，请仔细检查您的地址和订单详情。之后请联系我，我会给您更改价格至××美元。您在刷新页面后就可以继续完成支付。

感谢！如您有其他问题，请尽管联系我。

诚挚的祝福

（署名）

五、关于物流信息的沟通

跨境电商的痛点在于跨境物流，跨境物流的痛点在于配送时间长、包裹无法全程追踪、清关障碍、破损甚至丢包率高等。跨境客户往往不满意物流配送的速度和质量，常常引发纠纷。因此，在售前与客户就物流问题做好沟通，能够免去很多不必要的麻烦，并赢得客户的信任。

若是客户来函，要求尽快收到商品，如速卖通上一个美国客户来信问询："I would like to get the order within 10 days, would you recommend the best method of shipping, and if it is free shipping?"（"我希望在10天内收到订购的货物，您能推荐最好的物流方式吗？是否免运费？"）客服需要了解跨境物流的种类，并根据各种物流的时效、限制及运费向客户推荐最合适的一种。

案例

【回复示例】

Dear Nancy,

Thank you for your inquiry.

According to your requirement that the order should be received within 10 days, we suggest one of the following express shipping options: UPS, FedEx, DHL, TNT, EMS. But you need to pay the extra freight according to the real cost.

Best regards,

(Your name)

【参考译文】

亲爱的南希：

感谢您的咨询。

按照您的要求在10日内收到订单，我们推荐以下几种物流方式：UPS、FedEx、TNT、EMS。然而，您需要根据实际的成本支付额外的运费。

诚挚的祝福

（署名）

案例解析

一、案例背景

一位俄罗斯客户在速卖通店里看中了一双靴子,但是她不确定靴子的材质是否真皮。她的脚长 23.5 厘米,她想知道选哪个尺码。于是她留言给艾伦询问靴子的材质,并请艾伦推荐合适的尺码。

二、操作步骤

(1)向客户说明这款靴子由什么材料制成,并保证产品的质量。艾伦可以回复"The boots you are interested in are made of genuine leather and they are of good quality. We attached the inspection certificate issued by CIQ below."("您感兴趣的这双靴子是真皮材质,质量非常好。我们随信附上了质监局的检验证书。")

(2)根据客户的脚长推荐相应的尺码。艾伦也可以先制作好鞋码表(见图 9-2),这样撰写的文字部分就可以比较简单。对于类似的问题,都可以用鞋码表进行方便快捷的解答。此处艾伦可以回复"According to the length of your foot 23.5cm, we suggest you choose US size 6. It equals to EUR size 37. You can also get more information from the size table we attached below."("根据您的脚长 23.5 厘米,我们推荐您选择美码 6,也就是欧码的 37。您也可以从我们附上的鞋码表查看更多信息。")

Shoes Size Chart									
US Size	3	4	5	6	7	8	9	10	11
EURO Size	34	35	36	37	38	39	40	41	42
Feet lenght	22cm	22.5cm	23cm	23.5cm	24cm	24.5cm	25cm	25.5cm	26cm
inch	9.24	9.44	9.64	9.84	10.03	10.23	10.43	10.63	10.83
Attention: we are Asian size, please check the size table carefully before you buy! Please choose the size according to your feet length, Not insole length! (measure by hands, may 1-3cm error)									

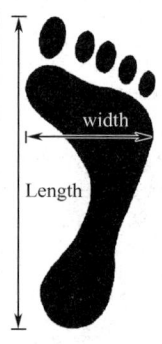

图 9-2 鞋码表

(3)告知客户有现货,并且能在下单后的 24 小时内发货。回复如下:"We do have size 37 in stock. We will ship them within 24 hours once you place an order."("我们库存有 37 码,可以在您下单 24 小时内立刻发货。")

三、案例总结

本案例中,艾伦应根据客户的需求,逐一回答客户的疑惑,根据"凡事过犹不及"的道理向客户传递有效的信息,促使客户下单以体现客服的专业水准。当客户收到产品之后,如果对产品不满意,提供方案让买家选择,以便让客户感受到卖家的诚意,从而也有利于维护公司的企业形象。

子情景三 跨境客户售中沟通

 学习目标

知识目标

- 了解售中沟通的服务内容。
- 掌握处理客户订单的方法和技巧。
- 掌握运输过程中与客户的沟通技巧。

能力目标

- 能妥善处理运输过程中遇到的各种情况。
- 能合理推荐关联产品和处理特殊订单。

素质目标

- 培养学生服务意识。
- 培养学生售中沟通能力。

思政目标

- 培养学生树立"友善"的社会主义核心价值观。

微课抢先看

 **项目背景**

售中沟通的工作主要集中在客户付款到订单签收的整个时段。浙江英卡顿网络科技有限公司的跨境客服专员艾伦了解到这个时段的任务涉及的业务范围包括订单的处理、物流跟踪、关联产品推荐以及特殊订单处理与交流。

知识导入

任务实施

步骤1：处理客户下单后的一系列问题。
步骤2：定时向客户更新物流状态。
步骤3：向客户推荐关联产品。
步骤4：处理特殊订单。
步骤5："海内存知己，天涯若比邻。"（唐·王维）在售中沟通中，更需要周到的服务，让跨境客户感受到朋友般的温暖。培养学生树立"友善"的社会主义核心价值观。

 知识铺垫

一、订单处理

随着跨境贸易的发展,"价格为王"已经转变为"服务为王"。特别是在跨境 B2C 贸易中,卖家直接面对的是个人消费者,而个人消费者更看重服务。因此,跨境商家除提供的产品质量要过硬、价格要有竞争力以外,服务更要周到。客户有良好的体验,能感受到卖家对他们的重视,往往在该店铺的回购就会增加。

(一)客户下单

客户下单之后,客服人员应在第一时间发送感谢信,感谢客户的购买,并告知会及时安排发货、更新物流信息。

> 案例
>
> 【回复示例】
> Dear Nancy,
>   Thank you very much for shopping with us.
>   We will prepare the item and send it to you within 1-3 days by ePacket. We will keep you informed with the latest shipping information. Please feel free to contact us if you have any question. We will always be there for you.
>
>   Sincerely,
>   (Your name)
>
> 【参考译文】
> 亲爱的南希,
>   感谢购买我们的产品。
>   我们会准备好产品,在 1~3 天内通过 E 邮宝寄出,并且随时向您更新物流最新信息。如您有其他问题,请尽管联系我们,我们随时为您提供服务。
>
>   诚挚的祝福
>   (署名)

(二)下单之后取消订单

客户下单之后,也有可能由于种种原因取消订单。如果是由于卖家的原因而取消订单,会影响卖家的店铺等级,因此客服人员要耐心地做出解释,适当引导客户在选择取消订单的原因时选择与客户自身有关的原因;如果客户由于各种原因取消订单,客服应积极跟进,询问缘由,争取挽回订单。

> 案例
>
> 【回复示例:订单取消,重新下单】
> Dear Nancy,

Sorry to tell you that your order has been closed because your credit card has not been approved by the Ali. We have already prepared the jelly candles for you. If you want the item now, please place a new order and you can pay by PayPal, Escrow, Payoneer, Western Union or T/T. Also, you can contact with the Ali.

Sincerely,
(Your name)

【参考译文】

亲爱的南希,

很抱歉,由于您的信用卡没有通过阿里的审核,你的订单被关闭了。如果您现在想买这些果冻蜡烛,我们已经为您备好货了,您可以重新下一个单。此外,您可以通过PayPal、国际支付宝、西联汇款或电汇等方式支付。同时,您也可以主动与阿里联系。

诚挚的祝福
(署名)

案例

【回复示例:订单缺货,推荐新品】

Dear Nancy,

We are writing to tell you that the periwig you ordered is out of stock at the moment. We would like to recommend you some other items which are of the same style. Please click the following link to check them out:

×××

If you are not satisfied with the items recommended, would you please apply for "Cancel the Order" and choose the reason of "Buy the Wrong Goods" or "The Repeat Orders"? In that case the payment will be returned in 7 business days.

Sorry for the inconvenience and thank you so much for your understanding!

Sincerely,
(Your name)

【参考译文】

亲爱的南希,

我们此信是通知您,您订购的那款假发已无存货。我们很乐意给您推荐其他相同风格的产品,请点击以下链接查看:

×××

如果您对推荐的产品不满意,您也可以申请取消订单。取消的理由能否请您选择"买错货"或"下了重复订单"?取消后货款会在7个工作日内退回。

很抱歉给您造成不便,同时,感谢您的理解!

诚挚的祝福
(署名)

(三)更换货物

如客户提出需要更换货物,客服人员应及时查询货物库存情况,做出处理。例如,客户的来信要求将她购买的L码的T恤换成XL码。

案例

【回复示例】

Dear Nancy,

　　Thanks for your order. We have changed the T-shirt with size L to the one with size XL for you. Hope you would be satisfied with it.

　　　　　　　　　　　　　　　　　　　　　　　　　　　Sincerely,
　　　　　　　　　　　　　　　　　　　　　　　　　　　(Your name)

【参考译文】

亲爱的南希，

　　感谢您的订单。我们已经帮您把 L 码的 T 恤换成了 XL 码，希望您满意。

　　　　　　　　　　　　　　　　　　　　　　　　　　　诚挚的祝福
　　　　　　　　　　　　　　　　　　　　　　　　　　　（署名）

二、物流跟踪

客户下单后都希望尽快收到商品，经常是处于焦急等待的状态。此时，跨境客服若能及时跟踪订单，主动向客户反馈订单信息，或者在收到客户关于物流的咨询时，第一时间回复，让客户能够了解订单的进展，那么就会提高客户的满意度。

（一）特定节点

在物流中的一些特定节点，如货物发出之后、货物到达目的国、货物抵达目的国海关、货物妥投等，客服人员都应该发送通知贴心地告知客户。通知中应告知物流方式、发货时间、物流单号、目前物流的状态及查询途径。

案例

【回复示例：发货通知】

Dear Nancy,

　　Thank you for shopping with us.

　　The item you ordered has been shipped out on Feb.27th by China Post Air Mail. The tracking number is ××××××××××, and you may track it on the website below:

　　http://www. ×××

　　It will take 20-30 working days to reach your country.

　　If you have any questions, don't be hesitant to contact us at anytime.

　　　　　　　　　　　　　　　　　　　　　　　　　　　Sincerely,
　　　　　　　　　　　　　　　　　　　　　　　　　　　(Your name)

【参考译文】

亲爱的南希，

　　感谢您在本店购物。

　　您购买的产品已经于 2 月 27 日通过中邮小包寄出。运单号是××××××××××，您可以通过以下网址查询物流状态：

　　http://www. ×××

　　该订单需要 20~30 个工作日到达贵国。

如您有其他问题,随时联系我们。

诚挚的祝福
(署名)

📖 案例

【回复示例:货抵海关】

Dear Nancy,

I am writing to update the shipping status of your order. The information shows it was handed to customs on Mar.10.

Tracking number: ××××××××××. You can check it through web: ××××××××××.

You may get it in the near future. Please pay attention to the package delivery.

I apologize that the shipping is a little slower than usual. Hope it is not a big trouble for you.

Sincerely,
(Your name)

【参考译文】

亲爱的南希,

现告诉您包裹的最新动态。物流信息显示它已于5月10日抵达海关。

运单号是××××××××××,你可以通过以下网站查询:××××××××××。

您很快就可以收到它了,请及时关注物流动态。

很抱歉此次物流比以往慢一些,希望没有给您造成大的困扰。

诚挚的祝福
(署名)

📖 案例

【回复示例:货物妥投】

Dear Nancy,

I learnt from the tracking information that you had received your order! Did it arrive in good condition?

If you are satisfied with your purchase and our service, please give us a five-star feedback and leave positive comments on your experience with us, and we will much appreciate it.

If you get problem, it will be appreciated too if you contact us directly for assistance rather than submitting a refund request.

We aim to solve all problems as quickly as possible. Thank you!

Sincerely,
(Your name)

【参考译文】

亲爱的南希,

我从物流信息得知您已经收货,不知道包裹是否完好无损?

如果你对这次购买和我们的服务满意,请给我们五星,并给好评,我们将不胜感激。

如果您有任何问题,请直接联系我们,不要申请退款。

我们力争以最快的速度解决问题。谢谢!

诚挚的祝福
(署名)

（二）客户来信咨询发货时间或到货时间

案例

【回复示例】

Dear Nancy,

Generally speaking, your package needs 1-3 days to pack up, and 20-30 days to arrive in your country. We will inform you as soon as we deliver your order.

Sincerely,
(Your name)

【参考译文】

亲爱的南希，

一般来说，您的包裹需要1~3天打包，20~30天到达贵国。一旦发货我们会尽快通知您。

诚挚的祝福
（署名）

（三）未收到货物

客户未收到货物时，应耐心劝导。如果货物丢失，则要说明情况，引导客户申请退款，并致歉。

案例

【回复示例】

Dear Nancy,

Please don't worry, we will try our best to help you solve the problem.

We have checked with Post Office and found that your package was lost on the way. We are sorry for that and we suggest that you apply for refund. If you still want to buy these T-shirts, you can place an order again and for further cooperation, we will give you a 10% discount. Waiting for your reply soon.

Sincerely,
(Your name)

【参考译文】

亲爱的南希，

不要担心，我们会尽力解决问题的。

我们已经和邮局确认过，您的包裹在运输途中丢失了。我们感到非常抱歉，建议您申请退款。如果您仍然想买这些T恤，您可以重新下单，为了长远合作，我们会给您打九折。期待您的早日回复。

诚挚的祝福
（署名）

（四）无法采用客户选择的物流方式

由于特殊原因无法采用客户选择的物流方式，应先与客户沟通，取得其同意后，再更换，并及时告知更换好的物流单号。

案例

【回复示例：更换物流，补付运费】

Dear Nancy,

There is a backlog of orders for China Post Air Mail to ship. I don't know when your order can be shipped. How about changing the logistics company to EMS? But you have to pay extra freight for it.

Please writing soon to tell me your decision.

Sincerely,
(Your name)

【参考译文】

亲爱的南希，

这些是中邮小包等待发运的订单，我不清楚您的订单什么时候可以寄出。把物流公司换成EMS怎么样？但这样您需要支付额外的运费。

请尽快回复告诉我您的决定。

诚挚的祝福
（署名）

案例

【回复示例：更换物流，告知信息】

Dear Nancy,

I have changed the logistics company to EMS. Now you can track your package on the web ×××××××××× with tracking number ××××××××××.

Sincerely,
(Your name)

【参考译文】

亲爱的南希，

我已经将物流公司换成 EMS 了。您现在可以通过以下网址跟踪您的包裹信息：网址是××××××××××，运单号是××××××××××。

诚挚的祝福
（署名）

三、关联产品推荐

做好关联营销能有效利用来之不易的流量，提高转化率，从而降低推广成本。关联营销不仅仅是把关联产品摆放在关联位置上，而是要抓住一切机会向客户推荐。客户发现其感兴趣的产品有不如意的地方或客户下单后都可以推荐关联产品，引导其下单。

（一）下单前

经常会有一些客户进入跨境店铺后对某一款产品感兴趣，经过询问后发现其感兴趣的产品有某些地方不如意。此时，客服人员可以把关联产品推荐给他们，告诉他们这些是相关的热销产品，希望他们能够喜欢。

案例

【回复示例】

Dear Nancy,

I'm sorry that you are not satisfied with the product. I would like to recommend some other items of similar styles. These are our best-sellers right now and hope you will like them. Please click the link ×××××××××× and ×××××××××× for more specific information.

If you have any question about the items, please feel free to contact us.

Best regards,
(Your name)

【参考译文】

亲爱的南希，

很遗憾，您对该产品不满意。我想为您推荐相似款式的其他产品，这些都是我们目前热销的产品，希望你能够喜欢。请您点击链接××××××××××和××××××××××了解更多产品详情。

如您对这些产品有任何疑问，请尽管联系我们。

诚挚的祝福
（署名）

（二）下单后

客户下单后，客服人员也可以抓住机会，继续推荐与其订单相关联的产品，刺激其继续下单。

案例

【回复示例】

Dear Nancy,

Thank you for ordering our skirt. We will prepare the item and ship it in 24 hours.

We are selling a nice and popular belt which matches the skirt you ordered. For the specific information, please click the link ××××××××××.

If you have any question about the items, please feel free to contact us.

Best regards,
(Your name)

【参考译文】

亲爱的南希，

感谢您购买我店的裙装，我们会尽快备货并在24小时内发货。

我们店有一条很漂亮且销量不错的腰带与您订购的裙子很般配。如果要了解详情，请您点击链接×××××××××。
如果您对这该产品有任何疑问，请尽管联系我们。

诚挚的祝福
（署名）

四、特殊订单处理

跨境包裹在运输过程中由于不可抗力、节假日或其他因素无法按时到达时，客服人员应该主动告知客户，并保证及时更新订单信息，对此造成的不便致歉，希望客户能够理解。

（一）海关查验的原因

案例

【回复示例】

Dear Nancy,

We received the notice from logistics company that customs in your country are inspecting the parcels strictly recently. In order to have the goods reach you safety, we suggest that the shipment be delayed.

Please let us know your decision as soon as possible. Thanks.

Best regards,
(Your name)

【参考译文】

亲爱的南希，

我们从物流公司收到通知说贵国海关近期对包裹的查验非常严格。为了您的包裹能安全送达，我们建议延迟发货。

请尽快让我们知道您的决定。谢谢。

诚挚的祝福
（署名）

（二）节假日的原因

案例

【回复示例】

Dear Nancy,

Thank you for shopping with us. However, in celebration of National Day as well as Mid-Autumn Day, all shipping services are suspended temporarily during the period, so your parcel is delayed.

We apologize for the inconvenience caused and appreciate your kindly understanding.

Best regards,
(Your name)

【参考译文】

亲爱的南希，

感谢购买本店产品。然而，因为庆祝国庆和中秋，这段时间所有的物流服务都被搁置

> 了，所以您的包裹被延误了。
> 我们很抱歉给您造成不便，也感谢您的理解。
>
> 　　　　　　　　　　　　　　　　　　　　　　诚挚的祝福
> 　　　　　　　　　　　　　　　　　　　　　　（署名）

 案例解析

一、案例背景

客户在速卖通店里下了订单。卖家通过中邮小包寄送货物。运单号是12345678，可通过×××查询物流信息。货物已经到达悉尼邮局，在派送中。艾伦在邮件中应该如何与买家沟通？

二、操作步骤

（1）及时告知客户订单目前的物流状态，并提醒客户关注配送信息。
（2）告知物流的查询方式。
（3）提醒客户如果派送延迟可联系当地邮局以尽早取得包裹。
（4）提醒客户对本次交易留评。

具体回复如下：

Dear xxx,

　　I'm writing to update the status of your order. The information shows your order is transferred by Sydney post office. You will get it soon. Please pay attention to the shipping status. The tracking No. is××××××××, and you can track it on the website below: ×××.

　　If it is delayed, please try to contact the post . Maybe you can get it earlier. Hope you love the product and give us a positive feedback if you do. The feedback is important to me. Thank you.

　　　　　　　　　　　　　　　　　　　　　　　　Best regards,
　　　　　　　　　　　　　　　　　　　　　　　　Allen

三、案例总结

售中沟通环节针对的是客户下单后到确认收货这段时间的客服工作。艾伦作为客服人员应该设身处地地为客户着想，揣摩客户急于收到货物的焦急心理，因此在每个物流节点都应及时向客户更新物流状态。这样能够大大地提高客户的满意度，从而提高店铺的好评率。

子情景四　跨境客户售后沟通

 学习目标

知识目标

- 掌握售后沟通的服务内容和常用回复表达方式。

- 掌握订单纠纷的处理方法和技巧。
- 掌握客户维护的基本技巧。
- 掌握跨境店铺和产品推广的内容和技巧。

能力目标

- 能巧妙合理地引导客户给订单好评。
- 能合理说服客户撤销纠纷。
- 能妥善进行老客户的日常维护与管理。
- 能有效推广店铺和新品。

素质目标

- 培养学生售后沟通能力。
- 培养良好的心理素质,能够处变不惊,用专业的态度解决售后的差评以及纠纷问题。

思政目标

- 培养学生树立"法治"的社会主义核心价值观。

微课抢先看

知识导入

项目背景

售后沟通的工作主要是指客户签收商品后,对商品在使用方面和产品维护方面存在一定的疑惑,客服人员要与客户及时沟通,帮助他们解决收到商品后的种种问题。做好售后工作,提高客户满意度,可以给店铺带来额外的交易。浙江英卡顿网络科技有限公司的跨境客服专员艾伦了解到这个时段的服务工作主要集中在售后评价的回复与处理以及纠纷处理两大方面。

任务实施

步骤1:邀请客户评价,回复和处理客户的好评、中评及差评。

步骤2:处理客户纠纷。

步骤3:对客户进行日常维护和管理。

步骤4:推广宣传店铺和营销活动。

步骤5:"欲知平直,则必准绳;欲知方圆,则必规矩。"(《吕氏春秋·自知》)纠纷处理中,如果与跨境客户无法达成一致的解决方案,可根据平台规则,提交平台进行裁决。培养学生树立"法治"的社会主义核心价值观。

知识铺垫

一、售后评价

评价是客户对商品和卖家服务的证明和反馈。好的评价能够为店铺带来源源不断的曝光、转化。因此，客服人员要力争获得好评。客户收到货却没有做出评价时，客服应该邀请其给出好评；客户给出好评时，客服要及时致谢；客服给出中评和差评时，客服应及时沟通，通过道歉、优惠措施解决问题。

☞ 案例

【回复示例：邀请评价】

Dear Nancy,

The tracking information shows you have confirmed receiving the order (Order No.: ××××××××××). If you are satisfied with your purchase and our service, would you please give us a positive feedback, which will be a great encouragement for us.

Don't hesitate to tell us if there's anything I can help you. Thank you very much.

Best regards,
(Your name)

【参考译文】

亲爱的南希，

物流信息显示您已经确认收货了（订单号：××××××××××）。如果您对此次购买以及我们的服务满意，请给我们一个好评，这对我们来说将是一个巨大的鼓励。

如需任何帮助，请尽管告诉我们。非常感谢。

诚挚的祝福
（署名）

☞ 案例

【回复示例：回复好评】

Dear Nancy,

We are so grateful that you gave us a five-star comment. Your satisfaction is very important to us, and keeps us motivated to try harder for our customers.

We hope to have the opportunity to provide more high-quality goods and service for you again. Please click the following link and check out more products if you are interested. We will offer a favorable discount or a gift to an old customer like you. Thank you very much.

Best regards,
(Your name)

【参考译文】

亲爱的南希，

感谢您给我们五星好评。您的满意对我们来说非常重要，它将激励我们更加努力地为顾客提供更好的产品和服务。

我们希望有机会再次给您提供更加优质的产品和服务，请点击以下链接看看是否有您感兴趣的产品。像您这样的老客户，我们会提供优惠的折扣或者礼品。非常感谢。

诚挚的祝福
（署名）

案例

【回复示例：回复中评】

Dear Nancy,

We feel so glad to get your feedback. But it seems that you are not satisfied with the item completely.

In order to express my sincere apology, we hope we can give you a good discount or send you a gift when you order next time. We deeply appreciate your suggestion and we will make some improvements on our products and our service.

Don't hesitate to contact with us if there's anything I can help you.

Best regards,

(Your name)

【参考译文】

亲爱的南希，

我们很开心收到您的评价，但是您似乎对我们的产品不是很满意。

为了表达诚挚的歉意，在您下次购买时，我们会给您一个优惠的折扣或者礼品。深深地感谢您的建议，我们会改进产品和服务的。

如需任何帮助，请尽管联系我们。

诚挚的祝福

（署名）

案例

【回复示例：回复差评】

Dear Nancy,

We noticed that you gave us a negative feedback. We feel so sorry that you are not satisfied with your products.

From your comment, we learnt that the sleeves of the dress are too long for you. In order to show our sincerity to fix the problem, we would like to give you a 5% discount so that you can have the sleeves cut short with the refund money.

Here we sincerely hope that you can revise the bad valuation, for positive feedback is very important to us.

We apologize again for all your inconvenience. If you have any other questions, please let us know. We will definitely try our best to solve all the problems.

Best regards,

(Your name)

【参考译文】

亲爱的南希，

您给我们店铺留了一个差评，我们很抱歉您对我们的产品不满意。

从您的评价中我们得知这件连衣裙的袖子对您来说太长了。为了表示我们解决问题的诚意，我们愿意给您打九五折，这样您可以用返还的钱把袖子裁短。

在这里，我真诚地希望您能够修改一下差评，因为好评对我们来说真的很重要。

给您造成的所有不便，我们再次表示歉意。如果您有其他问题，请尽管告诉我们，我们一定会竭尽所能为您解决的。

诚挚的祝福
（署名）

二、纠纷处理

在跨境电商交易中，常见的售后纠纷有客户未收到商品、商品与描述不符、客服回复慢等情况。当纠纷产生时，跨境客服应与客户及时沟通协商，耐心解释；如果无法达成一致的解决方法，可提交平台进行裁决。

（一）没有在规定时间内收到货物

案例

【回复示例】

Dear Nancy,

　　Thanks for your message.

　　Sorry to hear that you still have not received your order. Just now I checked the shipping record. It seems that your order has left China on Nov.23th.

　　You know New Year is coming, and there are many more parcels than usual at this time of the year, which may cause delay of many parcels. I guess that may be the reason why you haven't received the goods. Normally it won't be lost. Would you please wait for one more week. If you don't get it after that, please feel free to contact me again.

　　Thank you for your patience!

Best regards,
(Your name)

【参考译文】

亲爱的南希，

　　感谢您的留言。

　　很抱歉，您还没有收到货。我刚刚检查了物流记录，您的订单在11月23日已经离开中国。

　　众所周知新年就要来临了，这个时段的包裹会比平常多，可能导致许多包裹延误。我猜测这可能就是您还没有收到货的原因。一般来说，它是不会丢失的。您能否再等一个星期？届时若您还是没有收到货，请尽管再次联系我们。

　　感谢您的耐心！

诚挚的祝福
（署名）

（二）货不对板

案例

【回复示例】

Dear Nancy,

　　Sorry to know that you received a wrong item. Please don't worry, we will surely try our best to solve the problem.

Although it hardly happen, as we have a serious package team, but I know nothing is impossible. So would you mind sending me the picture of the item you received? If we find out the problem is on us, we would like to resend you the right one or refund your money as you prefer. I assure you will not bear any loss.

I feel so sorry for the inconvenience caused to you, and I am looking forward to your confirm message.

Best regards,
(Your name)

【参考译文】

亲爱的南希，

很抱歉得知您收到的货物不对。请不要担心，我们一定会竭力解决这个问题的。

虽然这种情况鲜有发生，因为我们的包装团队工作一直是很认真的，但是我知道没有什么事情是不可能的。您是否介意发一张您收到货物的照片给我？如果确实是我们的问题，我们愿意给您重新发一个对的货物或者给您退款，由您自己选择。我保证不会让您承担任何损失。

非常抱歉给您造成不便，期盼您的回复。

诚挚的祝福
（署名）

（三）退换货

案例

【回复示例】

Dear Nancy,

We apologize for the inconvenience. But we sincerely hope to bring this matter to a successful solution.

As such, we would like to offer you the following option: ①Keep the items you ordered and accept a partial refund of US$××; ②Return the goods to us and you will receive a full refund; ③Return the goods and we will give you a replacement when we receive it, and we will take responsibility of the shipping freight back and forth.

Please let us know your decision soon and whatever you decide, we hope to do business with you for a long time.

Best regards,
(Your name)

【参考译文】

亲爱的南希，

我们很抱歉给您造成不便。但是我们真诚地希望能够完美地解决这件事情。

关于此事，我们提供以下几种解决方案：①您可以保留订购的商品并接受××美元的部分退款；②将商品退还给我们，我们给您全额退款；③退还商品，我们收到退货后给您重新发一个，我们承担二次发货的来回运费。

请尽快告知我们您的决定。无论您如何选择，我们都希望能和您建立长久的贸易关系。

诚挚的祝福
（署名）

三、客户维护

一笔订单的结束并不意味着客户关系的结束。即使这笔交易结束了,客服人员在平时也可以多多和客户沟通交流,如在节日、婚庆喜事、生日时送上真诚的祝福或一个小礼物,都会使客户非常感动。维护客户关系,留住回头客可以给卖家带来可观的订单。

(一)节日问候

案例

Dear Nancy,

Many thanks for your continuous supports in the past years. We wish both business snowballing in the coming years.

May your New Year be filled with special moment, warmth, peace and happiness, the joy of covered ones near, and wishing you a year of happiness.

Last but not least, once you have any inquiry about products in the following days, hope you could feel free to contact with us, which is much appreciated.

Yours sincerely,
(Your name)

【参考译文】

亲爱的南希,

感谢您过去几年的支持!祝愿我们双方的生意在未来的几年里如雪球般不断壮大。

祝您的新年充满温馨、祥和、与亲人团聚的快乐!祝新年乐无限!

最后也是非常重要的一点,在接下来的几天里,一旦您对产品有任何疑问,希望您可以随时与我们联系。非常感谢!

诚挚的祝福
(署名)

(二)祝贺信

案例

Dear Nancy,

Congratulations on your recent promotion to Deputy Managing Director of ABC Trading Company. Because of our close association with you over the past ten years, we know how well you are qualified for this important office. You earned the promotion through years of hard work and we are delighted to see your true ability win recognition.

Congratulations and best wishes for continued success.

Yours sincerely,
(Your name)

【参考译文】

亲爱的南希,

祝贺您此次荣升为 ABC 贸易公司的副总经理。由于过去 10 年与您的密切交往,我们知道您非常胜任这个重要的职位。通过多年的努力工作,您获得了荣升,我们非常高兴看到您的能力得到认可。

> 祝贺您并祝愿您不断取得成功!
>
> 　　　　　　　　　　　　　　　　　　　　　　　　　　　诚挚的祝福
> 　　　　　　　　　　　　　　　　　　　　　　　　　　　（署名）

四、推广宣传

在跨境电商时代，只有将信息推送给客户，让商品有一定的曝光才有可能实现销售转化。因此，推广宣传至关重要。推广宣传主要包括店铺推荐、产品推广、活动推广等宣传。例如，节假日促销、店铺推新品、限时秒杀、举办抽奖活动时可以发送营销邮件或通过社交媒体进行宣传，以达到吸引客户的目的。

（一）新年促销宣传

☞ 案例

Dear Nancy,

　　Right now New Year is coming, and New Year gift has a large potential market. Many buyers are purchasing for resale in their own store. It's high profit margin product. Here is our New Year gifts link. Please click to check them. If you want to buy more than 10 pieces, we also can help you get a wholesale price. Thanks.

　　　　　　　　　　　　　　　　　　　　　　　　　　　Best regards,
　　　　　　　　　　　　　　　　　　　　　　　　　　　(Your name)

【参考译文】

亲爱的南希，

　　新年即将来临，新年礼物有着巨大的潜在市场。这是能带来高利润的产品，许多买家现在都在采购并放在自己的店铺出售。这是我们新年礼物的链接，请点击链接查阅。如果您购买10件以上，我们可以帮您争取到批发价。谢谢。

　　　　　　　　　　　　　　　　　　　　　　　　　　　诚挚的祝福
　　　　　　　　　　　　　　　　　　　　　　　　　　　（署名）

（二）店铺推荐

☞ 案例

Dear Nancy,

　　Thank you for your interest in our products. In order to offer a better service and keep you updated with the latest promotions and products, please subscribe to my store. Any problem of subscribing, please refer to the following website:

　　×××

　　　　　　　　　　　　　　　　　　　　　　　　　　　Best regards,
　　　　　　　　　　　　　　　　　　　　　　　　　　　(Your name)

【参考译文】

亲爱的南希，

　　感谢您对我们的产品感兴趣。为了给您提供更好的服务，让您能够随时了解最新的促

> 销信息和产品，请您订阅我的商店。如有问题，请访问以下网站：×××。
>
> 　　　　　　　　　　　　　　　　　　　　　　诚挚的祝福
> 　　　　　　　　　　　　　　　　　　　　　　（署名）

 案例解析

一、案例背景

浙江英卡顿网络科技有限公司的艾伦昨天收到客户的差评，原因是客户觉得她买到的裙子穿起来效果没有图片模特的效果好。艾伦应该如何与客户沟通，请求修改差评？

二、操作步骤

（1）向客户道歉。

（2）明确客户差评的原因并解释：客户期望值过高，产品没有达到期望值。

（3）提出解决方法：给予客户一定的优惠，如返现。

具体回复如下：

Dear ×××,

We found that you gave us a negative feedback. We are so sorry that you are not satisfied with your purchase. We will make some improvement on our products according to your suggestion.

In order to show our sincerity to solve the problem, we would like to offer you a good discount on this order.

Honestly, we hope that you can revise the bad valuation, for a five-star feedback is really important to a new store like mine. If you don't agree, please give us a better suggestion, and we will try our best to fix the problem.

Sorry again for the inconvenience caused. Please let us know if you have any question.

　　　　　　　　　　　　　　　　　　　　　　Best regards,
　　　　　　　　　　　　　　　　　　　　　　Allen

三、案例总结

客户差评的解决：首先，向客户道歉。其次，明确客户差评的缘由：是客户期望值过高，产品没有达到他们的期望值；还是物流速度慢造成客户满意度下降；或者沟通不够让客户的不满变成差评；抑或产品质量不过关、包装破损等，并做出解释。只有弄清楚原因，才能有针对性地解决问题。最后，解决问题，给予客户一定的"好处"。根据差评的原因，给予客户返现、礼物或折扣等优惠，用"诚心"感动他们，请求修改差评。

 课后延伸阅读

速卖通客户沟通案例

案例背景：卖家是速卖通平台上的一家童装店，一位巴西的客户于2021年2月25日下单，到了5月25日，包裹仍然在亚洲，为此客户以货物在运输途中提起纠纷（见表9-5）。

表 9-5　纠纷信息

纠纷信息
退货原因：
是否收到货物：未收到
是否退货：否
纠纷原因：货物仍然在运输途中
纠纷订单总额：6.99 美元（产品价格 6.99 美元+可退运费 0.00 美元）
退款金额：6.99 美元
纠纷提起时间：2021-05-25 09:18
是否退货：否
请求详情：Purchase Protection is running out, but package is still in transit

以下是买卖双方的沟通记录，为便于读者阅读，买方的留言前标注 Buyer，卖方的留言前标注 Seller（见表 9-6）。

表 9-6　订单留言

订单留言
Buyer: 2021-05-25　09:18:03 Hello Guys, please extend the protection time for 30 more days, I just checked the China Post Air Mail and this item is still at Asia!!! I bought it at the beginning of March, that is a LOT of time, not happy for this.
Buyer: 2021-05-25　09:20:41 　Let me know once you extend the protection time and I will close the dispute.
Seller: 2021-05-25　18:51:54 　Dear Friend, Thank you for contacting us when you meet the problem. To ensure your benefits, I just extend the delivery time 30 days. However, I just checked that you placed the order on February 25th. As our former experience, you should have received your parcel. Since you still haven't received it, we have reasons to believe that your parcel met some problem and was delayed. To help you solve this problem, we would like to give you a refund firstly. When you receive the parcel, you can pay it back to us. Is that OK? Thanks for your kindness and patience. Whenever you need any help, please feel free to contact us again. Best regards, xxx
Buyer: 2021-05-26　09:30:50 　That would be great...thank you! 　I really hope to get it soon.

课后启发

习题演练

一、单选题

1. We wonder if you have any problem（　　）.
   A. in making the payment　　　　B. make the payment
   C. to making the payment　　　　D. pay for the goods

2. 如果您的订单量超过20件，我们将给您打八折。以下翻译正确的是（　　）。
   A. If your order is more than 20 pieces, we will give you 20%
   B. If your order is more than 20 pieces, we will give you a 80% discount
   C. If your order is more than 20 pieces, we will give you a discount of 20%
   D. If your order is more than 20 pieces, we will give you 80% off

3. You can compare the price to（　　）of other sellers.
   A. it　　　　B. those　　　　C. this　　　　D. that

4. 这款产品很快就会售罄，因为它们非常受欢迎。以下翻译错误的是（　　）。
   A. The products may be sold out soon for high popularity
   B. The products may sell out soon since they are very popular
   C. The products have a high risk sell out for high popularity
   D. The products have a high risk of selling out soon since they are very popular

5. We can't（　　）the price any more.
   A. take anything off　　B. reduce　　C. cut something down　　D. take something off

二、多选题

1. 在跨境电商贸易中，与外商的平台沟通工具有（　　）。
   A. 站内信　　　　　　　　B. 订单留言
   C. 邮箱　　　　　　　　　D. Facebook

2. 跨境客户沟通区别于国内电商或传统国际贸易的三个特点是（　　）。
   A. 跨境客户沟通的主体分属于不同的关境，其语言、文化习俗、思维方式、行为特征等差异是沟通的主要障碍
   B. 跨境客户沟通仅限于售后服务环节
   C. 跨境客户沟通的整个流程主要采取电子商务手段
   D. 跨境客户沟通贯穿跨境业务的售前信息咨询环节、售中业务洽谈环节和售后服务环节

3. 发货后，客服要及时告知客户完整的物流信息，包括（　　）。
   A. 可跟踪的包裹单号　　　　B. 可以追踪到包裹信息的网站
   C. 最新的追踪信息　　　　　D. 航班号

4. 以下属于产品方面沟通的是（　　）。
   A. 产品的支付方式　　　　　B. 产品的规格尺寸
   C. 产品的折扣价　　　　　　D. 产品的质量、颜色

5. 货物发出后，客服人员应该在（　　）节点发送通知，贴心地告知客户物流信息。
A. 货物发出之后　　　　　　　　B. 货物到达目的国
C. 货物抵达目的国海关　　　　　D. 货物妥投

三、判断题

1.（　　）客户沟通就是企业通过与客户建立互相联系的桥梁或纽带，拉近与客户的距离，加深与客户的感情，从而赢得客户满意与客户忠诚所采取的行动。

2.（　　）跨境客户沟通的主体分属于不同的国境，可能具有不同的语言、文化习俗、思维方式、行为特征等，双方的差异是沟通的主要障碍。

3.（　　）跨境电商真正卖的是信任和服务，因此，客服人员在沟通过程中要能够向客户阐述清楚店铺的经营理念、展示服务的态度等，顺利完成在客户心目中树立企业良好形象的过程。

4.（　　）在一般情况下，跨境电商的客户大多数是进行静默式下单的。

5.（　　）售前客服人员的工作内容主要是协助客户下单。

6.（　　）在跨境电商中，对于卖家回复的时效性要求很高，往往要求第一时间回复。

7.（　　）跨境客户沟通中使用英文商务信函交流应用尽可能多的长句来完整地表达所需要的内容和意思。

8.（　　）售中客服人员的主要工作内容涉及订单的处理、物流跟踪、关联产品推荐。

9.（　　）售后客服人员只负责售后的纠纷处理。

10.（　　）跨境电商对客户的评价进行管理包括邀请评价、回复评价和删除差评。

四、填空题

click　　　make　　　place　　　adjust　　　refresh

1. _____ "Pay Now" button
2. _____ the order
3. _____ the payment
4. _____ the page
5. _____ the price

五、中翻英

1. 这双雪地靴的材质是麂皮。
2. 我们保证靴子是防水的。
3. 此款羊毛衫仅有灰色和米色两种颜色。
4. 灰色的在你们国家很受欢迎，你是否考虑一下灰色？
5. 这款产品有4个尺码：S、M、L、XL。

六、英翻中

1. You can choose another express carrier, such as UPS or DHL.

2. I'm afraid that we can't offer you that low price you bargained as the price we offer has been carefully calculated and our profit margin is already very limited.

3. If you do not receive your package, we will resend your order, or you can apply for a full refund.

4. I would like to recommend some other items of similar styles and hope you will like them too.

5. I guarantee that I will give you more discount to make this up next time for next purchase.

七、根据中文完成英文

您的满意与好评对我们非常重要。如果您对我们的产品和服务感到满意，请留下您的五星评价。

如果您对产品和服务不满意，请在给予差评前先与我们联系。我们将尽力解决任何问题，提供给您最好的客户服务。

Your _____ and _____ feedback is very important to us, Please leave _____ feedback and _____ if you are satisfied with our _____.

If you have any problems, please feel free to contact us first before you leave _____ feedback. We will do our best to solve any problems and provide you with the best _____.

八、简答题

1. 跨境电商客服人员可以通过哪些沟通工具与客户进行交流？
2. 简述英文商务信函写作的"7C"原则。
3. 跨境客户沟通的售前、售中和售后三个环节如何划分？每个环节的主要工作任务是什么？

实践操作

客户艾米（Amy）在速卖通店里订购了一件印花女童装，收到后发现印花错误，对卖家提出"发错款式"的投诉。艾伦经过与仓库确认之后，发现确实是发错了款式。在这种情况下，他该如何与客户进行沟通？

Dear _____ ,	称呼
① 为发错款式向客户表达歉意。	
② 给客户吃定心丸，让客户不用担心，表示一定会竭尽全力解决问题。	
③ 提出3种解决方案，供客户选择。	正文

	续表
Dear _____ ,	称呼
_____ _____ ④ 再次对造成的不便表示歉意。希望客户能够理解。 _____ _____	正文
_____	结尾敬辞
Allen	署名

情景十

跨境客户纠纷的预防与处理

【习语典读】

高质量发展是全面建设社会主义现代化国家的首要任务。发展是党执政兴国的第一要务。没有坚实的物质技术基础，就不可能全面建成社会主义现代化强国。

——习近平

子情景一 选品环节跨境客户纠纷的预防与处理

学习目标

知识目标

- 能描述选品环节预防跨境客户纠纷的意义。
- 能描述选品环节处理不当可能会出现的跨境客户纠纷。

能力目标

- 能运用技巧有效预防选品环节的跨境客户纠纷。
- 能有效处理选品环节的跨境客户纠纷。

素质目标

- 养成未雨绸缪预防跨境客户纠纷的好习惯。
- 学会沉着冷静处理客户纠纷。

思政目标

- 培养学生在选品中，树立"爱国"的社会主义核心价值观。
- 树立科学发展理念。

微课抢先看

知识导入

项目背景

当跨境电商发生客户纠纷时，轻则失去一个客户，重则影响店铺产品在平台的曝光量乃至受到平台的警告。因此，跨境电商企业必须未雨绸缪，从各个环节预防跨境客户的纠纷。选品决定产品的供货量和产品质量，做好选品才能从根源处预防客户纠纷的发生。浙江英卡顿网络科技有限公司的跨境客服专员艾伦在吴经理的要求下，开始从选品环节思考如何预防跨境客户纠纷。

任务实施

步骤1：认识到有效的选品对预防跨境客户纠纷的重要意义。

步骤2：分析不当的选品可能会导致的跨境客户纠纷。

步骤3：能够针对选品环节提出预防跨境客户纠纷的策略。

步骤4：选品时，必须符合国家利益和平台规则，注意产品质量，不能有假冒伪劣产品。由此培养学生树立"爱国、守法、诚信"的社会主义核心价值观。

知识铺垫

一、有效的选品对预防跨境客户纠纷的意义

（一）确保货源稳定，避免不能按时发货引发纠纷

在跨境电商选品环节，卖家要先确定供货渠道：是自己的工厂直接供货，还是线下供应商供货，抑或在线上批发平台采购产品。无论何种供货渠道，卖家务必确保货源的稳定，避免因为断货引发的成交不卖，导致客户提起纠纷。例如，国外市场的鞋子尺寸较国内市场偏大，若产品供货不足就容易导致成交不卖的客户纠纷。此外，各跨境电商平台都有自己的最迟发货日期，卖家必须在平台规定的时间内发货。卖家不能因为供应商发货不及时，导致不能在平台规定的时间内将货物发出。

保证货源稳定、供货及时，是店铺选品阶段非常重要的一个环节，稳定的货源能为店铺提供充足的货物。如果店铺成功打造了爆款产品，订单量猛增时，卖家要做好备货工作。可见有效的选品可以确保货源充足，避免出现成交不卖的客户纠纷。

（二）保证产品适销，避免客户不满引发纠纷

在选品阶段，卖家要考虑产品是否适销。卖家在选择上架产品时要充分考虑好产品参数，如产品的图案、颜色、主要目标市场的风俗和客户信仰等。卖家在选品时要清楚平台的主要目标消费市场，了解主要市场的消费文化，了解客户的偏好和禁忌。避免因为客户对产品有认知差异导致客户纠纷。以速卖通平台为例，俄罗斯市场在该平台占到了半壁江山，卖家应主要从俄罗斯买家的消费习惯入手，考虑买家在线上购物的禁忌，并对促进买家网购的主要动机进行分析。俄罗斯人忌讳黄色，认为黄色是不吉利的颜色，送礼时一般忌讳送黄色的东西，衣服也忌讳纯黄色的，所以卖家在速卖通平台上针对俄罗斯市场一般不考虑黄色。在做跨境电商平台选品时，卖家务必要关注目标消费者的禁忌，做好选品环节的功课。有效的选品有利于选择适销的产品，避免因客户不满引起纠纷。

（三）保障产品知识产权，避免侵权导致的纠纷

专利具有地域性，卖家为了保护自身产品的专利权，一般会在主要市场中申请专利保护。若卖家未获得专利保护，凡是含有品牌、商品商标或已经申请了专利的产品，卖家都不能贸然上架销售，除非卖家和工厂有合作关系，获得授权经营。在选品阶段需要特别注意，供货

商给卖家提供的产品是否具有专利授权书。侵权一旦被同行发现,那么就有被举报的风险,平台会强行将侵权产品下架,扣除店铺分数。有效的选品有益于确保销售的产品不存在知识产权的侵权问题,避免客户因为知识产权问题认定自己买到仿品而提出纠纷。

(四)保证产品质量,避免因产品质量不合要求引发的纠纷

随着跨境电商各主流平台规则的不断完善,其对产品的质量要求也越来越严格。卖家如果不严格把控产品质量,若出现产品质量要素和工艺要求达不到线上宣传水平的问题,则很容易引起客户对产品质量的抱怨,甚至会导致客户提出货不对板的纠纷。而在有效的选品环节中,卖家会高度重视产品的质量,选择上架销售的产品都为经过严格质量把关的产品,质量可靠。因此,有效的选品有利于保证产品质量,可以避免因产品质量不合要求引发的纠纷。

二、选品不当导致的跨境客户纠纷

(一)货源不稳定引发客户纠纷

不同的产品供货稳定程度略有区别,卖家需要选择较为稳定的产品。从零散小订单到大订单的转变,将改变原有的生产流程,而生产流程调整则可能导致工厂人员和生产设备的改变。若工厂没有相应的生产能力,则不能调整生产产能。如速卖通某店铺前期为了引流做了一款爆款万能柑橘榨汁机,以低价引流,薄利多销。该款榨汁机是一个由不同原材料的电子元件组成的复杂工艺品。结果在大量出单的情况下,因为其中一个零件短缺造成无法继续生产,出现了产品断货,最终客户提起成交不卖纠纷,对店铺损伤极大。因此在跨境电商平台上销售的货物一定要保证货物充足,卖家对自己的产品要做到库存稳定,不然前期苦苦经营打造的爆款,因为一个小的零件供给不足,导致成交不卖,引发客户纠纷,会对店铺造成巨大的影响。

(二)产品不适销引发客户纠纷

跨境电商面向海外市场的产品要适销对路,要先对消费者的偏好和要求进行前期调研,充分满足消费者的喜好和要求。在调查中,要尊重客观事实,切忌主观臆测,否则会把企业的营销推广活动引入歧途,同时还要对目标市场进行细分,查明各类客户对产品的爱好和要求。如速卖通平台上的一家销售闹钟的店铺,其所销售的闹钟功能越多则价格越高。有段时间,该店铺想要开拓俄罗斯市场,便不断给俄罗斯客户发营销邮件,一封邮件放置五个产品链接。然而有不少俄罗斯买家认为货不对板,要求退货,仔细分析原因后发现,图片与实物相比确实存在不小的色差,且每次推荐的闹钟功能偏多,但产品辨识度并不高,很容易导致客户选择不当,从而引发纠纷。

(三)疏忽产品知识产权引发客户纠纷

部分跨境电商企业在选品时容易忽视知识产权风险。跨境电商卖家应强化知识产权意识,打造自主品牌,避免因知识产权引起纠纷。一家经营户外用品的速卖通店铺,上传了一款印有闪电图案标识的手套,但并未经过授权就销售这款产品。热销一段时间后,该店铺便收到了速卖通平台的侵权警告。经查实发现,闪电图案标识已被他人注册,然

而该卖家在选品阶段并没有考虑产品知识产权的问题。卖家在选择店铺产品时就应考虑自己的产品图案或文字是否会造成侵权，如果构成侵权就要向授权方提出请求，经过授权方的同意方可使用。

（四）产品质量缺陷引发客户纠纷

在跨境电商选品环节，卖家要充分保证产品质量。而保证产品质量需要卖家与工厂不断地联系与协调。部分工厂由于缺少与卖家的沟通，会放松对产品质量的把控，从而不能保证产品质量。客户收到有质量缺陷的产品后会产生不满，极有可能导致客户纠纷。以速卖通平台上的一家销售耳机的店铺为例。该店铺经过一段时间的科学运营后出单量稳定，但由于节日出货量猛增，在订单量剧增的情况下，工厂生产压力增大，产品质量明显下滑。原本光滑的机身，出现了毛边，音质不如从前，于是纠纷订单剧增，甚至有客户发开包视频，证实了产品质量不到位。因此，卖家在选品环节应该高度重视工厂的生产能力，保证产品质量，从而有效防止因产品质量引发纠纷。

三、选品环节预防跨境客户纠纷的策略

（一）保证货源稳定，供货充足

跨境电商平台上的卖家在选品环节要充分考虑产品的货源稳定性，确保产品供货充足。客户下单之后，卖家能够及时发货，客户看到自己购买的产品已发货，便会安心等待包裹，不再为发货而担心，从而可以提升客户的满意度，增加客户对店铺的信任感。

例如，在速卖通平台上的一家闹钟店，一位客户一次下单购买了30个同款闹钟。卖家在同供货商联系后得知，此款闹钟目前库存量不足，需要等待生产。卖家留言给客户，请求延长收货期，可是客户不能接受，于是引发了客户的不满。速卖通平台的规则对卖家发货的时效要求非常高，如果不能在规定时间内及时发货，卖家就会受到平台的处罚。因此，卖家在选品环节要确保货源的稳定和供应商供货充足。

（二）保证产品适销，考虑主要目标市场需求

在跨境电商选品环节，保证产品适销非常重要，卖家要为不同国家的消费者制定差异化的选品策略，选品环节应充分考虑目标消费市场的风土人情，从而提升客户满意度。速卖通后台可以根据不同国家设置不同的详情页面，卖家也会根据选品有所调整。俄罗斯是速卖通平台最重要的市场之一，卖家可为俄罗斯客户制作符合当地审美风格的详情页面，选择易于在俄罗斯销售的产品，以赢得俄罗斯客户的偏爱，促进客户对店铺产品进行选择。因此，选品环节充分考虑产品适销性可以为客户创造出独特价值，同时可以避免因产品满足不了客户需求而引起的纠纷。

（三）保障产品知识产权，避免产品侵权导致纠纷

跨境电商平台卖家在选品环节要考虑产品的知识产权，避免产品侵权问题。卖家自己研发设计的产品可以申请专利，在境外销售时要查询商标等是否已经被他人注册使用。从供应商处采购的产品，要获取相关专利授权，从而避免因产品侵权导致纠纷。部分店铺卖家贪图短期利润，只考虑产品的热销情况，售卖侵权产品，并且没有与授权方达成协议，冒着店铺

扣分的风险去提升店铺曝光度。这种对产品知识产权和法律概念认识不到位的行为，极有可能导致客户纠纷。因此，跨境电商平台卖家在选品环节要保障产品的知识产权。杜绝产品侵权行为可以防范店铺风险，避免因产品侵权引起客户纠纷。

（四）监督产品质量，及时沟通反馈

跨境电商产品的质量尤为重要。在选品环节卖家要保证产品质量，并与供应商进行及时有效的沟通，严把产品质量关。例如，一家在速卖通平台销售珠宝首饰的店铺，其所售产品款式多样，价格低廉，相比别的店铺，客户的纠纷也特别多。仔细分析客户的纠纷情况会发现，纠纷基本集中在产品质量不过关、产品质量合格率低等方面。跨境电商卖家必须在选品环节强化监督产品质量，对订单量提前做出研判，及时与供货商联系。因此，卖家在选品环节要确保产品质量，从而减少因质量问题引起纠纷而造成的不良影响。

案例解析

一、案例背景

一家速卖通机顶盒店铺打造了一款型号为 X36 的爆款产品，以期薄利多销，作为店铺引流的一款产品，其相关海报也经过了特殊处理。机顶盒是由不同电子元件组装的复杂工业品，若其中一个主板材料短缺，会造成不可逆的后果。同时，原材料涨价导致部分零件断货，工厂已经没有办法正常供货。工厂老板告诉卖家，型号为 X36 的机顶盒因为原材料供货不足，要过一个星期才能正常供货，并且价格会比原先的高。结果卖家经过努力打造的爆款却出现了供应商不能按时发货的情况。此外，店铺由于在选品阶段就确定了 X36 是作为主推爆款在卖，按照目前的价格出售本来就属于薄利的产品，所以现在将有一定的亏损。

二、操作步骤

（1）卖家在得知产品不能正常发货时应延长产品备货期，并向客户发站内信，表示歉意。

（2）卖家及时下架型号为 X36 的机顶盒，以免有新的客户下单，导致更多的纠纷。

（3）对于已经下单的客户，卖家优先向他们提供退款，并与已经提出纠纷的客户联系，请求他们取消纠纷。

三、案例总结

卖家在选品阶段不能盲目地选择一款产品将其打造为爆款，要对产品有足够的认识，确保产品的供货，所以在打造速卖通爆款时不仅要清楚产品的销量还要对产品的库存有所了解。在条件成熟的前提下，与供货商签订合同，保障货源和产品价格的稳定，以防成交不卖导致客户纠纷。

子情景二　产品上架环节跨境客户纠纷的预防与处理

学习目标

知识目标
- 能描述上架环节预防跨境客户纠纷的意义。
- 能描述上架环节处理不当可能会出现的跨境客户纠纷。

能力目标
- 能合理运用技巧有效预防上架环节的跨境客户纠纷。
- 能有效处理上架环节的跨境客户纠纷。

素质目标
- 培养学生专注度，确保商品上架环节信息的精准性。
- 培养学生细致的工作态度，能全面地了解引起客户纠纷的原因。

思政目标
- 贯彻落实习近平新时代中国特色社会主义思想中"七个坚持"之坚持加强党对经济工作的集中统一领导。

微课抢先看

知识导入

项目背景

跨境电商的运营区别于线下营销。卖家无法向客户开展面对面营销，只能通过网络传递商品信息。因此，卖家在产品选品、产品发布等一系列上架环节中需要注重更多的细节，避免出现客户纠纷。浙江英卡顿网络科技有限公司的跨境客服专员艾伦在吴经理的要求下，开始从上架环节思考如何预防跨境客户纠纷。

 任务实施

步骤1：认识到高质量的产品上架对预防跨境客户纠纷的重要意义。
步骤2：分析上架环节的失误可能会导致的跨境客户纠纷。
步骤3：能够针对上架环节提出预防跨境客户纠纷的策略。
步骤4：根据上架环节出现的问题，"卖家"要集中具体处理。贯彻落实习近平新时代中国特色社会主义思想中"七个坚持"之坚持加强党对经济工作的集中统一领导。

知识铺垫

一、上架环节高质量化对于预防跨境客户纠纷的重要意义

（一）优质的主图便于清晰真实地展示商品从而避免因图物不符产生纠纷

速卖通平台本身对产品的主图上传有一定的要求，其图片的像素需要大于 800×800 像素，横纵比例建议在 1∶1 到 1∶1.3，并且背景应为纯色或白色。图片须真实展示商品，不可盗用，否则会被平台依照规则查处。模糊虚假的主图会导致客户对商品的认知发生错误，如拍摄时光线问题导致的色差，就容易造成货不对板纠纷。因此，主图上传需要选用真实清晰的图片，并且多个角度展示商品，突出特性，这样可以避免后期因图物不符导致客户提起纠纷。

（二）准确完整的属性填写令客户知悉商品属性从而避免因货不对板产生纠纷

客户在浏览店铺商品时，商品属性会成为其中一个重要关注点。一些客户会从属性中找寻他们想要得知的信息，然后做出是否要下单购买的选择。通常每件商品都会有 10~20 个甚至更多的属性，这些属性看似普通，但是如果其中出现些许差错，则很容易导致客户认知错误，在其购买后提起纠纷。例如，一款半宝石材质的复古项链，石头材质的具体名称、链长、吊坠尺寸、珠子直径就可能成为客户的关注点，如果其材质是玛瑙石却填写成了绿松石、珠子直径为 6 毫米却填写成了 8 毫米，这些错误都会在客户购买收货后造成货不对板纠纷。因此，准确完整的属性填写也可有效避免客户纠纷的发生。

（三）优质的标题可避免客户因对商品特性或运费有误解而产生纠纷

跨境电商主流平台都对商品标题的制作有较为严格的要求，此外，标题中的商品描述也会向客户传递信息，如商品的特性、卖点、运费等，这些也会是客户的关注点。一旦标题中的这些关键描述出错，就易使客户产生误解，在后期造成纠纷。例如，商品不是全球包邮却写了 "free shipping"，吊坠材质为玛瑙石却写成绿松石等，这会导致后期客户提起货不对板纠纷，并使客户满意度大打折扣。制作优质的标题、保证商品特性的准确描述，可预防客户纠纷发生。

（四）科学合理地设置运费模板从而避免因物流产生纠纷

运营跨境电商店铺，在物流方面，卖家首先须考虑所选方式是否适合店铺的自身情况，其次须考虑店铺的主要市场国家及特殊国家物流方式的选择。若是设置了不适用自身店铺的物流方式，当客户下单并选择该物流后就会因为未按客户意愿发送货物而导致纠纷。若忽略了店铺中一些国家的特殊性，当该国客户下单时，若无适用、便捷的物流方式，容易造成客户不满，导致纠纷。例如，美国不支持中国邮政小包，那么卖家就可以设置多个其他方案供美国客户进行选择，避免其不满。对于特殊的国家，就有特殊的物流方式，如 TNT 属于快速类物流，通关能力强，对于欧洲、西亚、中东及政局不稳定的国家比较适用。一旦店铺中有这样的国家市场，便可以考虑设置。科学合理地设置物流模板，可为客户带来便利，避免不必要的纠纷，同时赢得口碑与销量。

（五）优质的详情页便于客户了解产品细节从而避免因货不对板产生纠纷

对店铺商品具有购买意向的客户通常会浏览详情页来获取商品详细信息以做出决定。详情页信息的完整度、准确性都会影响客户对商品的认知和判断，若在这一环节出现差错，使客户产生误解，尤其在商品的细节问题上，会大大降低客户的满意度，同时造成货不对板纠纷。例如，一副骑行手套的详情页中特地展示了其某个特性——戴在手上不影响消费者使用触屏手机，但客户购买后发现并非如此，便产生不满，提起纠纷。由此，优质的详情页应能清晰地向客户展示商品的细节，确保商品详情信息的精准性，如此可避免因客户有认知误区而导致纠纷。

（六）精简的售后咨询流程图便于客户快捷解决问题从而避免产生纠纷

多数速卖通卖家会在详情页最后加上一个服务模块，里面会有精简的售后咨询图及客户常见问题的解决方案，并且提醒客户出现售后问题可及时咨询客服、沟通解决。这种设置能让有疑虑的客户的焦虑的心情得到一些安抚，在与客服沟通后，自然能避免一些因无法及时解决的小问题而导致的纠纷和投诉。例如，某家流行饰品店铺的一部分米珠系列的手链在做工上存在问题，某客户在收到货物后遇到破损问题等，因详情页并未提供相关咨询流程，这些买家便提起了货不对板纠纷。由此，在详情页的最后放上一个温馨的提示与精简的处理流程图，便可以避免一些不必要的纠纷。

二、上架环节失误导致的跨境客户纠纷

（一）主图与实物不一致导致的货不对板纠纷

速卖通平台注重主图上传的真实性和质量，因为主图传递的信息给客户的第一印象很重要。主图出现问题常常会带来客户的认知错误和货不对板纠纷的发生。以下有两则案例：

1．主图与实物存在色差

例如，一家速卖通流行饰品店铺里有一款粉色珊瑚珠手链，客户在购买以后发现实物的颜色与图片所示相差甚远，并提供了照片，提起了货不对板纠纷，最后平台判定卖方全额退款给买方。

2．主图细节展示有误

例如，该流行饰品店铺中的一款半宝石串珠手链，其主图中带有一个爱心形镀银吊坠。一位客户被这个吊坠所吸引而下单购买，但是卖家因为成本问题早已不再在手链上加这个吊坠且并未说明，因此客户收到货物后很失望，提起了货不对板纠纷，最后平台判定卖方全额退款给买方。

（二）产品属性展示有误导致的货不对板纠纷

客户在浏览一件商品的信息时，商品的属性也会是一个关注点。在速卖通平台上，产品的属性分为"必填属性""关键属性""自定义属性"，这些属性看起来密密麻麻，但也会是客户关注的细节，如果出了问题就会导致客户提起货不对板纠纷。例如，一家流行饰品店铺里有一款波希米亚风格的项链，其吊坠是鸟的羽毛，与捕梦网吊坠相似。之前卖家也为区分普通羽毛吊坠和捕梦网吊坠，在上传时误填了捕梦网这一属性。一位客户在注意到这个信息之

后下单购买,但收货后发现这并非捕梦网项链,于是客户提起货不对板纠纷,最后卖家只能给客户退款。

(三)标题描述不符导致的纠纷

标题中的描述会给客户传递一些关键性的信息,如商品的特性、卖点、适用人群、运输方式等。这些关键信息传递失误同样会令客户产生误解从而导致纠纷,其中常见的就是运费误导和商品特性误导。以下有二则案例:

1. 运费误导,"free shipping"滥用

通常速卖通店铺中的商品能对全球包邮才可在标题中使用"free shipping",但是很多卖家会忽略这一点,滥用关键词。例如,一家经营健身器材的速卖通店铺,其挂号小包只对1~8区国家包邮,但是其一款产品的标题中却出现了"free shipping"。正好一个9区国家的客户看到了这一信息,便下单购买,但是由于其不在8区范围内,需要收取一定的费用,这引起了客户的不满,在收货后给了差评,并且提起了纠纷。

2. 标题与商品特性描述不符

例如,一家经营骑行套装的速卖通店铺里,有一批特别的骑行手套,戴在手上不会影响触屏手机的使用,于是卖家把这一特性写入标题,但是许多客户购买后发现这一特性并未体现在他们的产品上,纷纷提出不满甚至提起货不对板纠纷。最后经过卖家自己的检验发现这一特性仅适用于部分安卓系统手机,于是只能将这一描述从标题中去除。

(四)售卖方式填写错误导致的纠纷

在做跨境电商B2C零售时,售卖方式也是一个重要的细节,这一细节包含于产品上传这一环节。如果售卖方式出了问题,那么会导致大的亏本问题和客户纠纷问题。例如,某手机数码店铺中新上了一批DIY兼容器,其中一种兼容器由于制作成本高,价格为每件589美元,但在上传过程中卖家忽视了这一个细节,未对其原先的销售方式做出修改,上传价格就变成了589美元5件批发。结果在这款DIY兼容器上新的当晚,有位客户连下了10单,这时卖家才发现售卖方式上出了问题。因价格实在差太多,卖家在向买家解释了自己犯的这个错误后,与买家沟通,提出愿意以535美元一件的折扣价成交,买家在僵持许久后才勉强接受。虽然最后客户没有提起纠纷,但是这次失误让客户对店铺的满意度大打折扣。

(五)详情页信息不符导致的货不对板纠纷

对店铺的商品有购买意向的客户会进一步通过详情页展示来了解商品更多的细节与信息,最后做出决定。详情页往往被用来展示商品的详细参数,通过一些视觉效果设计等展示商品的特性,在此处出了差错也会导致货不对板纠纷。例如,一家主营手表的速卖通店铺,其中一款休闲风格的手表在详情页里做了些视觉效果,因为当时正处于夏季,详情页上为其做了张夏日清凉主题的海报,手表周围有水花扬起的视觉效果,以至于客户误以为这是防水手表。而客户下单购买后却因沾水而损坏,于是客户提起货不对板纠纷,导致最后卖家全额退款。

(六)售后咨询流程不明导致的纠纷

在跨境电商平台上有这么一部分客户,他们不经常进行跨境网购,对购买及客服咨询流程不甚清楚，以至于收到货物有问题之时会产生焦虑，未能及时咨询客服便直接给予差评或提起纠纷，所以提供一个简要的咨询流程和常见的问题解决方案还是很有必要的。

例如，在流行饰品店铺中，经常会有一些客户查询不到物流信息，等待时间较久了之后他们便产生焦虑，也没有及时询问客服，直接就向平台提起了物流纠纷，同时他们对店铺的满意度也大大地降低。为了避免出现这样的情况，卖家最好在详情页的最后加上客服咨询流程，并特别指出对于货物长时间未到达的情况，可以及时与客服沟通，由此物流纠纷便会有一定程度的减少。

三、上架环节预防跨境客户纠纷的策略

（一）清晰真实拍摄主图，避免色差问题，多角度展示商品

上传主图，首先最关键的就是要符合平台的规定，如速卖通平台要求其背景为纯色或白色、像素在 800×800 以上、无水印等。其次主图的拍摄需要真实、清晰，调整好灯光，避免其造成色差问题；多角度地拍摄商品，包括细节拍摄，以便在多张主图中展示一些商品细节、卖点，让客户于其中获得一些重要信息。例如，一款七色脉轮学说半宝石手链，其卖点为七色的半宝石、链长尺寸，于是在主图中就可以有一张图专门展示七颗颜色不同的珠子，一张图用来标注链长，这样一来就做到了多角度展示，从而更全面地向客户传递了信息。

（二）了解商品信息，准确完整填写商品属性栏目

卖家首先要了解店铺商品的属性，便于填写信息时能抓住关键问题与细节问题。商品属性分为"必填属性""关键属性""自定义属性"，前面两者必须按照要求如实填写，必须保证信息的完整性和准确性，最后的 10 个"自定义属性"则是对商品属性的补充，可以为颜色、形状、卖点、包装特色等，这些需要结合商品本身及客户的关注点来填写。例如，半宝石手链，客户便会关注其准确的材质名称、珠子的大小、金属材质等，所以这些属性即可在自定义属性中添加，便于客户知悉。

（三）标题中关键信息描述准确，避免"free shipping"滥用

商品标题应该简要地描述商品信息，其中应该考虑到商品特性、客户关注点等，并且结合店铺自身物流状况，慎用"free shipping"字样，避免客户误解。例如，一款七色脉轮学说半宝石手链，应先从其特点中提取重要信息和客户关注的信息，包括：主材质为虎睛石，特色卖点为七色脉轮学说珠子，男女皆适用，适合冥想、瑜伽爱好者佩戴。于是这就可以组成一个标题：7 Chakra Bracelet Men/Women Bracelets Natural Stones Tiger's Eye Beads Yoga Jewelry Meditation Gifts 2017 New。关于免运费的使用，必须考虑店铺的物流方式是否对全球都包邮，如果是全球包邮才能使用"free shipping"，否则即便只对一个国家不包邮也不能使用，避免造成客户的误会而引发纠纷，并且平台也会抽查这种情况，一旦查到便会予以处罚。

（四）详情页展示符合商品本身特性，准确传递细节信息

详情页的制作与优化，主要用来详细地传递商品信息，提供更大空间来展示产品的卖点与细节，必要时使用一些视觉效果来吸引客户下单。在制作详情页时，首先信息要准确详细，包括使用商品的注意事项提示；其次商品图片要展示细节、卖点。这比其主图有更大的发挥

空间，一是它更清晰，二是可使用特写镜头和视觉效果来凸显细节卖点。实例展示流行饰品店铺里的一个爆款——半宝石佛头手链，其材质为绿松石（A 款）、火山熔岩石（B 款），链长为 19 厘米，石珠直径为 8 毫米，特色卖点为镀银的佛头装饰。因此，在制作详情页时，卖家可在顶端介绍这些信息，接着是关于产品使用的一些注意事项（如不可暴晒、不可碰水、禁止过度拉扯等），之后就是高清的图片展示，从尺寸图到多角度的细节展示、珠子尺寸标注、A 款和 B 款材质标注，以及佛头的高清特写镜头展示，这样就可以让客户一目了然，准确获取信息，得知特色与卖点，也能有效避免纠纷。此外，在详情页中展示精简的物流方案对照表也可以给客户提供参考，避免物流纠纷。

（五）结合店铺本身，设计精简的售后咨询流程及常见问题解答

在详情页的最后需要添加一个简要的售后问题咨询流程，便于客户遇到疑问时可以及时联系客服。此外，根据跨境店铺客户常出现的问题，给予解答，便于客户知悉并按步骤解决问题。例如，流行饰品店铺经常发生一些客户因为产品有瑕疵或有色差，或者因为长时间未收到货物，在没有联系客服的情况下直接提起纠纷的现象。针对这些情况，卖家在详情页的后面添加常用的物流方式的费用与到达不同国家的时间表格，以及当客户未收到货物或收到货物之后有问题时的处理流程，让客户知悉处理方式，不至于导致客户心急或问题无法及时解决而慌乱，避免一些不必要的纠纷。

案例解析

一、案例背景

2021 年 3 月，Shinus 流行饰品速卖通店铺中上架新品，新品中有一批流苏吊坠，售卖方式有零售的，也有 10 件批发的，这些在上传过程中就需要特别注意销售方式的选择和价格的填写。然而，卖家在这个操作过程中仍然出了问题。一款制作成本较高的单件零售流苏吊坠，其上传价格为 9.99 美元/件，然而卖家在类似产品导入后，忽略了销售方式的修改，沿用了类似产品的 10 件批发方式（见图 10-1）并上传，价格也成了每 10 件 9.99 美元。在上新后的当晚，有老客户看到了这个商品信息，被流苏的做工及价格所吸引，立即连下 6 单。这时候，卖家才发现自己犯的错误，于是修改了成交金额，这引起了客户的不满，提起成交不卖纠纷。

图 10-1　销售方式对比图

二、操作步骤

卖家在发现问题之后，应立刻将此流苏吊坠下架，避免有更多的客户下单。然后将订单

中的支付金额改为原价,并给客户留言解释卖家在后台操作产品上传时出现错误,希望能谅解,并且提供解决方案:

(1)客户可取消订单,卖家协助他找相似的批发销售的流苏以优惠价格卖给他。

(2)客户如果还是想要这个流苏吊坠,因为它本身成本高,无法按 9.99 美元 10 件的价格售卖给他,但可以在每件 9.99 美元的价格上打对折出售,希望客户能取消纠纷。

由于这个客户是店铺的常客,对之前的购买体验都是满意的,而且确实喜欢这一款流苏吊坠,于是接受了第二种方案,取消了纠纷。

三、案例总结

产品上架环节中有很多的细节需要注意,细小的问题若被忽视就很容易在后期导致客户纠纷。售卖方式是很重要但又很容易被忽视的一点,出了错误之后在造成亏损的同时更导致了客户的不满与纠纷,这对整个店铺都会产生一定的影响。所以在速卖通产品上架环节中,需要细心。在产品上架的过程中,尽量直接选择上架而不是"类似产品导入",在上传过程中也一定要注意产品售卖方式、产品价格、产品属性等。把握好细节,才能避免纠纷的发生。

子情景三　包装环节跨境客户纠纷的预防与处理

学习目标

知识目标
- 能描述包装环节预防跨境客户纠纷的意义。
- 能描述包装环节处理不当可能会出现的跨境客户纠纷。

能力目标
- 能合理运用技巧有效预防包装环节的跨境客户纠纷。
- 能有效处理包装环节的跨境客户纠纷。

素质目标
- 培养注重产品包装的意识,并能够按照正确的包装要求进行发货。
- 培养学生耐心处理纠纷的能力。

思政目标
- 贯彻落实习近平新时代中国特色社会主义思想中"七个坚持"之坚持正确工作策略和方法。

微课抢先看

项目背景

产品包装既可以保护产品在运输途中减少破损,又可以将产品美化。通

知识导入

过产品包装预防跨境客户纠纷，提升客户的满意度，可以树立良好的店铺和品牌形象。浙江英卡顿网络科技有限公司的跨境客服专员艾伦在吴经理的要求下，开始从包装环节思考如何预防跨境客户纠纷。

任务实施

步骤1：认识到优质的产品包装对预防跨境客户纠纷的重要意义。
步骤2：分析包装环节的失误可能会导致的跨境客户纠纷。
步骤3：能够针对包装环节提出预防跨境客户纠纷的策略。
步骤4："凡事豫则立，不豫则废。"（《礼记·中庸》）通过学习预防跨境客户纠纷的策略，培养学生"未雨绸缪"的能力。使学生认识到，做任何事情，事前有准备就可以成功，没有准备就会失败。使学生认识到工作中使用正确方法的重要意义。由此，贯彻落实习近平新时代中国特色社会主义思想中"七个坚持"之坚持正确工作策略和方法。

知识铺垫

一、优质的产品包装对预防跨境客户纠纷的意义

（一）注重实际包装与宣传相符，可树立良好的店铺形象，避免产生客户纠纷

俗话说，佛靠金装，人靠衣装。跨境电商各平台销售的产品同样需要一定的包装来加深客户对产品的印象。然而，如果卖家采用的实际包装与宣传描述不符，极易导致客户不满，引起客户纠纷。例如，速卖通上有一家数码产品店铺，卖家在对产品进行宣传和描述时讲明了产品是采用材质较好的水晶盒包装，但实际发货时却采用普通的 PP 胶袋包装。这样一来，便会引起客户不满，降低客户对店铺的信任感，容易导致客户纠纷。由此可见，注重实际包装与宣传或描述相符，可树立良好的店铺形象和品牌形象，赢得客户认可，避免客户纠纷。

（二）牢固结实的包装可有效保护产品，避免其破损导致客户纠纷

优质的产品包装可以保护货物在运输途中不受破坏。属性不同的产品其包装方式也有所差异，但优质的包装能在一定程度上保护产品在运输途中的安全，所以卖家要确保包装的牢固和安全。由于跨境电商各平台是面向跨境客户销售产品的，跨境物流运输时间长，途中存在许多不确定性因素，随时可能会碰到各种恶劣的环境，致使包装产生破损以及因震荡等特殊情况祸及产品。例如，玻璃米珠材质的波希米亚风格手链，若是不注重包装的牢固性，在运输途中受到碰撞挤压，就容易破损。因此，根据产品特性考虑包装材质，为客户提供牢固结实的包装，可以有效地保护产品，避免产品在运输途中因不确定性因素而受损，令客户不满，提起货不对板纠纷。

（三）按客户需求定制包装可提升客户满意度，避免产生客户纠纷

在跨境电商各平台中，客户需求的差异化导致其对产品的包装也有不同的要求。对于包装有特殊要求的客户，卖家应根据客户需求定制产品包装，从而提升客户满意度和忠诚度，

避免客户纠纷。如速卖通上有一位客户为自己的女友购买了水晶钻戒作为生日礼物,为了给女友一个惊喜,他对包装也有着特殊的要求,这时如果卖家不能按照其要求来包装,便会引起客户不满,提起纠纷。因此,当客户对产品包装有特殊要求的时候,卖家应按其要求落实,充分考虑客户的特殊需求,按客户需求包装,提升客户满意度,从而有效避免客户纠纷。

(四)优质的包装信息可加强与客户的联系,避免产生客户纠纷

优质的包装信息可以优化企业形象的塑造,同时提供完善的售后信息,可加强与客户之间的联系。在跨境电商各平台上,有一定能力的卖家通常会在包装上印有其店铺的售后信息,如客服邮箱、Skype 账号等。当客户有任何问题时可根据包装上的信息及时咨询卖家,客户有任何意见也可及时反馈给卖家,这样客户的问题可以迅速得到解决,卖家也可以进行自我完善,避免客户遇到问题时因无法及时解决而导致不必要的纠纷。例如,一些不熟悉跨境网购的客户在店铺中购物后发现产品有问题,就可以便捷地从产品包装上获取卖家信息,及时联系卖家并解决,这样可以避免客户纠纷,同时也能留住客户。所以提供优质全面的产品包装信息也能有效预防跨境客户纠纷的产生。

二、产品包装不当导致的跨境客户纠纷

(一)实际包装与宣传或描述不符而导致客户纠纷

部分跨境电商卖家存在发货时实际的包装与其宣传或描述的包装不符的情况。卖家为了降低成本,采用成本比较低的包装材料,而店铺产品详情页上面的包装描述得非常精美、时尚,导致客户收到包裹后因包装与实际宣传或描述不相符,而向平台提起纠纷。例如,在速卖通平台上有一家流行饰品店铺,卖家在店铺产品的主图和详情页上都放上了自己工厂里新出的一种包装,材质为麻布袋,袋子上印着自己的品牌 logo。有很多客户因为对此包装袋十分喜爱,所以在店铺里购买了手链、项链、吊坠等产品。然而,因为这种麻布袋的制作成本较高,卖家在发货时仍然使用之前的 OPP 胶袋包装,若客户想要麻布袋包装则需额外支付费用,而这一点卖家并未在产品页面中详细说明,客户不了解情况,因此在收货后纷纷给予店铺差评并提起了货不对板纠纷。

(二)劣质包装使商品在运输途中受损而导致客户纠纷

牢固安全的产品包装可以保护货物在运输途中减少破损,而劣质的产品包装不但不美观,并且不利于保护货物在运输途中的安全,导致货物遭到破损。例如,一位速卖通客户在店铺中买了两个马克杯,卖家发货的时候把杯子放进了纸箱,也没有用气泡纸对杯子进行包装,只是将纸箱简单地进行了包装,也并未使用废纸、聚苯乙烯填充物或用硬纸板将杯子与杯子之间的空隙填满。另外,像杯子这种易碎品,卖家也未在箱子外面注明"易碎"的标志。由于包裹在运输途中受各种因素影响,客户收到货后发现商品破损,又看到如此简陋随意的包装,认为卖家不重视客户,没有责任心,于是向平台提起了货不对板纠纷。

(三)未按客户要求制作包装,引起客户不满而导致客户纠纷

目前,许多国外客户的消费偏好偏向个性、独特,所以部分速卖通平台卖家是支持批量定制的。例如,一位速卖通客户需要定制一批茶具作为新年礼物送给公司员工,要求在包装

的左上角统一印有客户公司的 logo，外包装的颜色统一采用白色礼盒包装。卖家最后完成的成品却是将 logo 放置在包装的右上角，还因为白色礼盒数量不够，就采用了现有的淡黄色礼盒包装。这些产品包装都未按照客户的要求来制作，卖家以为这些小问题客户应该不会介意。结果买家收到货物后，发现产品包装上的 logo 位置和自己要求的不符，个别礼盒的颜色也不一样。买家找卖家进行沟通，卖家并没有及时地进行回复，且回复速度慢，并且没有给客户一个满意的解决方案，导致客户极度不满，觉得卖家未按他的要求来制作包装，不重视他的要求，故向速卖通平台提起了纠纷。

（四）产品包装信息缺乏，客户无法及时联系卖家而导致客户纠纷

产品包装上的信息极为重要。若信息缺乏，客户收到包裹后遇到问题就无法及时联系卖家，无法跟卖家进行有效沟通，从而导致客户不满和抱怨，给客户留下一种不好的购物体验，这就极有可能导致客户纠纷。例如，一位速卖通客户在"双十一"当天购买了一双白色运动鞋，但是收到包裹后发现鞋子尺码不一致，左脚的尺码要比右脚的大一码。由于客户是第一次进行跨境网购，也不知道如何处理，想要联系卖家进行沟通，但是包装上并没有注明能够联系到卖家的方式，如卖家的邮箱、旺旺、WhatsApp、Facebook 等信息。客户只能在平台上面给卖家发站内信和留言，但也没有得到卖家的回复。因为"双十一"客服可能比较忙碌，会导致回复不及时或遗漏掉一些信息。这就有可能让客户非常着急，觉得卖家售后服务做得很不到位。客户因为找不到其他更有效的方法，于是向平台提起了货不对板纠纷。

三、产品包装环节预防跨境客户纠纷的策略

（一）确保产品包装样式与宣传包装相符

跨境电商平台上的卖家对产品进行包装时要注意与宣传或描述相一致，如包装的材质、颜色、图案、风格等。这样，客户在收到包裹后，发现实物和描述相符，一方面可以提升客户的满意度，另一方面也可以增强客户对卖家的信任。这样既可以有效地帮助卖家维护客户关系，也可以避免客户纠纷。例如，速卖通某位卖家发货实际采用的产品包装样式并非其宣传或描述中的包装。若客户需要宣传或描述中的包装样式，则需额外支付包装费用，但这个情况卖家并未详细地在产品详情中提及，导致客户不明情况，因此产生了客户纠纷。针对这种情况，首先，卖家可以对产品使用统一的包装，也可以对其分类包装，但这些都要在产品详情里面做出详细的说明，要让客户了解情况。其次，在宣传自己店铺产品的包装时一定要说明其适用的产品类型和特殊要求，如流行饰品店铺的麻布袋包装就应该说明其制作成本高，在大订单金额（可计算出具体金额）时可免费赠送或另外需花费多少费用可赠送这个包装，这样就可以在做宣传的同时不被客户所误解。然而，一旦对产品包装做出宣传之后，就要按照其承诺履约，避免产生客户纠纷。因此，包装样式与宣传或描述做到相符，可有效预防客户纠纷，提升店铺形象。

（二）注重包装材质，保证包装质量

在跨境电商卖家的产品包装中，产品的包装材质非常重要，可以保护货物的安全，避免货物在运输途中遭到破坏。例如，一位客户在速卖通平台的某家化妆品店铺购买了几瓶化妆

品，因卖家粗心，未对其进行细致的包装，使得产品在运输途中破损，从而与卖家产生了纠纷。针对该类产品，卖家应采用充气包装，或者蜂窝纸板包装箱，以达到保护易碎品的目的。部分较轻或本身抗压强度较高的产品，如玻璃空罐等，在使用托盘运输时，应采用缠绕薄膜包装代替瓦楞纸箱。针对此类商品，卖家在发货环节一定要注意包装，必要时可以使用双层包装。最后，在箱子的外侧一定要注明"易碎"的标识。这样既可以保证包装的质量，也可以保证货物在运输过程中的安全，有效地降低货物的破损率。因此，跨境电商平台卖家应该注重产品的包装材质，保证其质量，做到足够安全和牢固，确保货物完好无损地到达客户手中，避免客户因产品包装不当而导致货物受损提起纠纷。

（三）按客户要求制作产品包装，保证服务品质

跨境电商平台 C 端客户的主要特点是"小""散""杂"，B 端客户一般是国外的批发商或零售商，其中部分客户可能拥有自己的品牌，并且具有一定的影响力。这类客户一般会找自己信任的卖家进行批发定制。例如，一位速卖通客户订购了一批情侣水杯套装，要求在包装的右下方印有规定的名字与图案，所有水杯采用客户规定颜色的礼盒包装。结果，卖家因效果不好，自行对产品图案进行了调整，导致买家提起货不对板纠纷。就算按客户要求的产品效果不好，卖家也应该先与客户进行沟通，找到解决办法，而不能加入任何自己的主观想法。如有更好的想法，可以跟客户沟通，客户采取了方可再按需定制，若客户并未同意，则必须按客户要求进行包装。除此之外，产品的包装要根据不同国家客户的禁忌、风俗习惯、文化理念采取差异化处理，尤其是对图案、色彩、数字等包装细节要充分尊重各国家民族的喜好，尊重其文化，避免导致客户纠纷。

（四）完善产品包装信息，便于客户及时向卖家反馈问题

跨境电商平台卖家为了给客户提供良好的售后服务，一般会在包装上印有店铺的相关信息，如店铺的品牌 logo、网址、客服邮箱、旺旺、WhatsApp、Skype、店铺二维码等。这些都是方便后期客户收到货物后有任何问题或建议，可以快速有效地反馈给卖家的，这加强了沟通交流，有利于维护客户关系，避免客户纠纷。例如，一位速卖通客户购买的一双白色运动鞋尺码与订单不符，想要联系卖家处理这个问题，却无法找到卖家的联系方式。针对这个情况，若卖家优化了包装信息，在包装上面印有其速卖通店铺的信息，那么客户联系卖家的渠道也将增多，卖家也可以及时看到消息，第一时间跟进并回复客户的问题，让客户的问题得以快速解决。因此，及时有效地和客户进行沟通，加强与客户的联系是非常有必要的。跨境电商平台卖家应完善产品包装信息，避免客服因回复不及时或客户对客服的解答产生误解而导致纠纷。

案例解析

一、案例背景

速卖通平台上的一家有一定知名度的彩妆店铺，想对其产品的包装盒进行宣传以达到推广产品的目的。在这个过程中，卖家对其店铺产品的主图和详情页都进行了修改，放置了自

己工厂出的一款新型包装（星空礼盒），此包装更符合产品的形象。礼盒上分别设计了几款不同样式的 logo，因此受到了不少客户的青睐。但经过一段时间后，卖家觉得此制作过程甚是烦琐，需要投入较多的时间、财力和物力，因此决定，如果客户想要这样的包装，需要自付包装盒费，不然就改为普通纸盒包装，但卖家并未将此情况在产品详情页上说明。卖家在发货时随即使用了普通纸盒包装，因此新老客户收到货物后，非常不满意，纷纷给予差评，因此产生了不少纠纷。

二、操作步骤

（1）卖家若继续使用此款包装进行销售，则应该第一时间在速卖通平台对宣传时涉及此款包装的相关产品上调价格，定价时充分考虑包装的成本。若并不打算继续使用此款包装进行销售，则应该对主图和详情页中所有涉及此款包装的信息进行修改替换，避免产生新的客户纠纷。

（2）与已产生纠纷的客户进行沟通时，需要诚恳地向客户说明情况并希望得到客户的谅解，接着提出为客户解决现有问题的方案：

① 补上部分包装盒差价，给客户补寄包装盒，由卖家承担运费。

② 鉴于这次失误，在该客户下一次的订单里予以相应优惠或赠送小礼品。

本案例出现的纠纷是由于卖家自身的失误造成的，如果客户不愿意接受解决方案，认为卖家对这个包装做了宣传又没说明需要额外付费，那么卖家依然需要承担责任，将此款包装盒补发给客户，从而避免纠纷的进一步升级。

三、案例总结

首先，卖家要决定好对产品使用统一的包装还是对其分类包装；其次，在宣传自己店铺产品的包装时一定要说明其适用的产品类型或特定状况。例如，彩妆店铺的包装盒就应该说明其制作成本高，在有大订单时免费赠送或另需花费多少费用可以赠送，这样就可以在做宣传的同时不被客户所误解。一旦对产品包装做出宣传之后，就要按照其承诺实际执行，避免产生客户纠纷。

子情景四　物流环节跨境客户纠纷的预防与处理

 学习目标

知识目标

- 能描述物流环节预防跨境客户纠纷的意义。
- 能描述物流环节处理不当可能会出现的跨境客户纠纷。

能力目标

- 能合理运用技巧预防物流环节的跨境客户纠纷。

微课抢先看

- 能有效处理物流环节的跨境客户纠纷。

素质目标

- 培养主动与客户沟通物流情况的意识,并掌握各国适用的物流方式。

思政目标

- 培养学生养成不断学习的良好学习习惯。

 项目背景

知识导入

阿里巴巴全球速卖通作为我国发展较好的第三方跨境运营平台,深受跨境物流导致的海外买家购物体验不好、满意度不高等问题的困扰。我国物流体系虽已相对完备,但在跨境物流方面,与DHL、UPS、FedEx、TNT四大国际快递公司之间还存在巨大差距,难以满足我国跨境电商现阶段的发展需求。阿里巴巴全球速卖通作为覆盖全球220多个国家和地区的第三方运营平台,对于跨境物流存在的配送时间长、包裹无法全程追踪、包裹破损甚至丢包等问题应予以尽快解决,否则物流效率差将给客户造成不好的体验,导致投诉和纠纷增加,直接影响平台的运营。浙江英卡顿网络科技有限公司的跨境客服专员艾伦在吴经理的要求下,开始从物流环节思考如何预防跨境客户纠纷。

任务实施

步骤1:认识到有效的物流对预防跨境客户纠纷的重要意义。
步骤2:分析物流环节的失误可能会导致的跨境客户纠纷。
步骤3:能够针对物流环节提出预防跨境客户纠纷的策略。
步骤4:"学而不厌,诲人不倦。"(《论语》)物流方式的选择可能随时会发生改变,使学生深刻认识到只有不断学习,不断更新知识储备,才能胜任工作。

 知识铺垫

一、有效的物流对预防跨境客户纠纷的意义

(一)有利于避免客户查询不到物流信息而直接提起纠纷

我国物流体系较为完善,像申通、顺丰等国内快递业巨头,在配送时间和物流信息的查询上能够给客户带来良好的体验。跨境物流相比国内物流则有许多不确定因素,使得其发展相对缓慢。速卖通平台虽然有经济类、简易类、标准类和快速类四类物流,但平台以小额商品售卖为主,快速类物流收费高甚至超出产品自身成本,因此DHL、UPS、FedEx、TNT等快速类物流方式不划入卖家的主选范围。如果卖家将自己的默认物流方式设置为快速类,那么在其他条件一样的情况下,产品的定价就会比选择普通物流方式的同行高出很多,这样不利于店铺产品的销售。因此,平台卖家一般选择邮政或与邮政合作的专线物流的方式配送包

裹。由于邮政在各地政策条款上存在差异，以及邮政自身的时效问题与其他外界原因，直接导致包裹在物流配送上的问题层出不穷。

大部分消费者都非常关心物流信息。国内消费者一般在配送3～4天后开始查询物流信息，到了一周，就会询问客服包裹没有收到的原因，甚至会因此申请退款。同理，速卖通平台通常选择的物流方式是邮政，其配送时间为15～60天，通常情况下是一个月左右。如此漫长的配送时间，国外买家们自然会随时追踪物流信息。假如物流信息突然停止更新或无法查询，会造成买家心理上的焦躁，在询问客服未果后甚至会直接发起纠纷。

有效的物流方式要求对物流信息每个环节的跟踪都非常到位。让客户了解自己的包裹经历了哪些环节，才能让其安心，以此有效地避免客户因物流信息无法准确跟踪而直接提起纠纷。

（二）有利于减少因货件丢失及被海关扣关而引起的客户纠纷问题

国际快递扣关扣件是很常见的问题。包裹在收件国海关被查扣，大多是因为以下几种情况：申报价值和估价不一致、品名和产品不符、装箱清单不详、收货人条件不允许（没有进出口权等）、包裹价值超过收件国免税金额（需要补缴关税）、属于违禁产品。另外，几乎所有物流配送都存在一个问题——包裹"不翼而飞"。

以速卖通平台为例，首先，速卖通普通的跨境物流方式并不像其他物流方式一样具备相对完善的跟踪体系。包裹一旦进入机场转运，物流信息就进入一片"灰色地带"。在目的国机场扫描记录之前，无法得知包裹好坏，这段时间是包裹最容易丢失的时候。其次，进入目的国境内后，国内的物流运输方应与对方做好衔接，及时跟进，减小包裹的丢失率。在物流运输过程中，卖家无法确保不可抗力因素对包裹的影响，所以卖家要尽最大努力去保证包裹运输的完整性。同时，具备一个良好的物流运输方及一种有效的物流方式能够及时做好清关手续，避免产生不必要的麻烦，且能在考虑客户基本利益的基础上，减少客户纠纷。

（三）有利于避免买家临近最后确认收货日期而开启纠纷

收货时间是客户非常关注的问题。速卖通店铺后台有一个延长确认收货期限的设置按钮，能根据不同物流方式设置相应的确认收货期限。这种方式的设定是为了减少买家和卖家因物流配送时效产生问题而引起纠纷。归结起来就是卖家在物流模式选择问题上应力求完善，从而缩短跨境物流的运输时间，降低因物流时效问题而引发弊病的概率。

客户有一个收货所能承受的心理预期，如巴西客人的收货心理承受预期是60天，一旦超过60天，就会很难向其解释。因此，有效的物流方式能够适应不同国家的客户的心理承受预期。根据客户的情况及时安排配件与送件，避免挑战不同类型客户的心理承受能力，尽可能为客户营造良好的物流体验，避免客户因临近最后确认收货日期但并未收到包裹而直接开启纠纷。

二、物流不当导致的跨境客户纠纷

（一）物流时效慢

当前跨境电商如火如荼的发展带动了国际物流产业的蓬勃发展，然而跨境物流的盲区与时效问题依然存在，跨境物流体验性差、跨境客户对物流满意度不高的问题依然存在。

对于速卖通平台来说，产品自身问题是一方面，物流问题是至关重要的另一方面。邮政作为比其他物流覆盖面积更广的物流方式，由于价格相对便宜，邮政小包自然而然成了速卖通平台上很多卖家的首选。虽然中国跨境电商出口业务70%的包裹都通过邮政系统投递，还有中国香港邮政、新加坡邮政等也是中国跨境电商卖家常用的物流方式，但是邮政投递的弊端却不容忽视。速度较慢、丢包率高是邮政最显著的不足，并且邮政运输限制比较严格：食品不能发，带粉末、电池、磁性的不能发，三边（长宽高）长之和不能超过90厘米，单边长不能超过60厘米，单件物品首重不能超过2千克等。作为速卖通最常用的邮政小包，几乎80%以上都是超过30天递送，碰到新年旺季时，这个时间将有可能无限延长。

邮政小包的丢包率较高。如果不是挂号件，就无法进行跟踪。大部分卖家不愿意增加挂号费用等成本，因为以私人包裹方式出境，无法享受正常的出口退税。另外，如果小包清关时被查出含电池、粉末及液体等特殊物质，包裹将很难通过，甚至会被整包退回或直接扣下。这些问题都极大地影响了物流的配送时效，而国外买家们虽然对跨境物流的投递时效有一个心理预期，但是运输中的不可知性往往会导致投递时效临近买家的心理界限而使其选择提起包裹还在运输途中或超时的纠纷类别。

（二）物流信息的更新和提取错误

速卖通平台常用的物流方式虽然是邮政小包，但是因个别买家的特殊需要，卖家在设置物流模板时，除设置默认物流模板外，通常还会设置一个买家自主选择物流方式的模板。买家也可以直接和客服沟通，表达自己的物流诉求。但往往有些时候，因为卖家原因或购买平台的系统修复等问题，会出现物流方式提取错误的情况，导致卖家未按照买家所要求的物流方式进行包裹投递，这就可能造成不必要的纠纷。

此外，卖家在收到订单后，应与买家确认默认收货地址。国外买家会存在出差、搬家、外出旅游等日常性的事件，为了避免这些不必要的麻烦让店铺产生纠纷，在店铺产生订单后务必要确认物流投递地址的准确性。

卖家确认地址是一方面，物流配送方投递也是一方面。有些买家在网上购物时遇到过物流在分拣时将包裹分拣到了另一个城市，导致卖家延长了收到包裹的时间或收不到包裹。在跨境物流上同样也存在此类情况，现在的物流分拣虽然已将机器人投入使用，但人工分拣还占主体，而且机器人的系统故障也是一种不可控的因素，这些都是引起买家提起纠纷的因素。

除以上两个问题外，客户还经常遇到物流信息的跟踪不及时或查询不到物流信息的问题。速卖通平台常使用的邮政小包，以私人包裹的形式进行报关，形成了一个灰色清关区域。卖家不清楚海关滞留包裹的时间，导致包裹进入他国境内后，经常会信息跟踪不及时，这就容易引起买家对包裹的担忧，导致纠纷的出现。

（三）包裹遇到退回及妥投失败

包裹退回可能是因为海关检测到产品存在特殊物质或存在包装等问题造成清关失败，抑或某国（如美国）不支持中国邮政平邮小包，而卖家却选择了这种物流方式。另外，因买家收货地址有误或不完整也会导致包裹直接被退回给卖家。

卖/买家填报的最终投递地址非买家实际收货地址，或者邮局误将包裹送往非买家实际收货地址，都会造成包裹妥投失败。买家都会在不了解具体情况的状态下，对卖家店铺开启纠纷。

(四)包裹或产品因运输造成损坏

在物流运输过程中,包装材质、天气及运输分拣等原因都会影响包裹到达买家手中的最终形态。一般情况下产品包装表层不会附上"小心轻放"等提示性标语,常用的瓦楞纸也会因为雨水天的不注意而导致包裹浸水破损。在分拣过程中,多数轻质包裹都是被分拣员以抛掷的方式送上分拣带的,这就是买家看到包裹有撞击、挤压状态的原因之一。

此外,类似于纺织类物品虽不易损坏,但是在包裹破损的情况下容易造成产品受到雨水的浸湿或受潮进而影响买家收到产品后的心情。同时玻璃、陶瓷制品都是易碎易刮花的产品,卖家通常会贴上"轻拿轻放"的标识,但是刮花等意外情况是物流在运输时亟须注意的。

三、物流环节预防跨境客户纠纷的策略

(一)针对配送时效的物流选择

跨境电商平台的卖家应经过多方面因素的综合考虑,针对不同国家采用不同的物流方式,争取最大限度地提高物流的时效性,减少清关及配送等环节给跨境出口造成的影响。针对 2 千克以内的包裹,可以使用覆盖范围广、物流成本低的邮政小包;运往美国的包裹,建议选择中国邮政的专线物流——E 邮宝,官方 7~10 天可以送达,根据实际情况在 20 个工作日左右可以妥投,而且清关稳定,配送有保障;配送至欧洲的包裹,建议选用顺丰的经济快递——欧洲快递,覆盖面广,运输时间快;运往俄罗斯、巴西和中东国家的包裹,可以选择有针对性、包清关的专线物流。此外,利用海外仓形成集成化仓储模式,将产品通过空运或海运头程运输和当地工程拖车的方式进行商品配送,从而减轻货物配送旺季的压力,缩短配送时间,提升客户满意度。同时,速卖通平台鼓励第三方物流公司以海外仓的形式给众多卖家提供服务,并给使用海外仓的卖家予以特殊标识,以此来改善客户的购买体验。

(二)物流信息准确度的提高

易贝、亚马逊、新蛋网等电商平台鼓励中国卖家采用海外仓的方式发货,兰亭集势启动全球跨境电商物流平台"兰亭智通",以开放平台模式为跨境电商卖家整合全球各地物流配送服务商,从而达到全球智能路径优化、多物流商协同配送、大数据智能分析,使市场资源配置达到最优化。

速卖通物流配送模式与之还存在很大的差距,因此目前卖家可以与第三方跨境物流公司合作。专业的跨境第三方物流公司可以充分利用境外配套设施和资源,以及结合自身在该领域的了解程度,根据不同客户需求,采用智能分单系统,根据目的国、重量、品类选择一套最佳的物流配送模式,为客户提供高效、快捷、个性的境外物流方案。阿里巴巴全球速卖通与菜鸟网络合作提供的第三方物流服务——无忧物流,可以有效地追踪包裹物流信息,同时依靠速卖通平台资源,帮助卖家处理物流纠纷及售后服务。

(三)退回或妥投失败包裹的处理

首先,保证物流面单信息的准确性,买卖双方的物流地址完整,条形码可以被识别,提供税号,特别是欧洲包裹需要增值税税号。其次,针对海关要求退回的商品,假如该商品本身价值低于或等值于物流费用,建议给海关就地销毁,避免造成更大的损失。

在目的国境内投递遭遇退回或妥投失败的包裹，速卖通卖家可使用无忧物流以确保买家收货地址的准确性，降低包裹妥投失败的概率。另外，采用海外仓先发货后销售的模式，提前解决在销售过程中清关带来的问题。同时，海外仓能够提供快速的退换货服务，可以对退回与妥投失败的包裹进行合理的处理，避免包裹直接退回国内而产生高额的物流费用。

（四）包裹或物品需要得到更好的呈现

部分物流商在分拣时为了提高效率常使用抛掷分拣的方式，这就需要物流服务商们在追求效率的同时，要保证包裹的完整性。同时，因为跨境电商的产品具有多属性的特点，商品存放杂乱无章，这也在一定程度上对包裹和产品造成了损坏。对仓库管理的合理性优化，不仅能够提高订单处理的效率，也可以针对卖家的包裹包装进行相应处理，减少不必要的损坏。

递送时，车辆要尽量避免大幅度的颠簸和晃动，以防易碎易刮花产品在送达买家手中时存在运输造成的瑕疵。

案例解析

一、案例背景

2021年5月23日，嘉兴某跨境电子商务公司运营人员在速卖通平台上收到一位巴西客户关于茶具的询盘，该客服给出了适当优惠，并告知了 DHL 等物流的运输时间及费用。除快递类物流外，其余物流到达巴西的基本等待期为三个月。最终客户自主选择了中邮挂号小包下单，包裹正常运输，直至8月22日，客户以未收到包裹为由，向平台提出物流纠纷。经查，包裹在邮政中转过程中丢失。

二、操作步骤

收到提起的纠纷后，卖家应立即与客户联系引导其修改纠纷并给出如下相应措施供其选择：
（1）让客户重新下单，形成一个 0.01 美元的新订单，有了新的跟踪号就会生成新的保护期。
（2）承诺下次购买向客户发送一个定向优惠券，抵消这次的退款。
（3）买家近期要下新订单的话连同新订单一起发送给客户。
（4）下一次订单额外优惠 5%（按产品实际价格）。
（5）PayPal 退款给买家。
（6）买家修改物流原因为个人原因，卖家不同意此纠纷。

三、案例总结

发往巴西的包裹须经迈阿密中转，采用 EDI 电子报关进口。包裹类货物在经迈阿密中转时即已知关税金额，服务商会与收件公司联系确认关税的支付情况。在确认已收到收件人的关税后，方可准允从迈阿密转进巴西，故将影响货物的派送时效。案例中长时间的运输导致包裹丢失，因此作为运营人员要时刻关注物流情况，及时发现并解决问题，以免因为物流问题引起纠纷，使自己处于被动处境。同时，巴西客户相对喜欢关注优惠的产品，所以卖家在沟通的时候要让对方感受到卖家是在给予优惠的，以便更好地解决纠纷。

子情景五　沟通环节跨境客户纠纷的预防与处理

学习目标

知识目标
- 能描述沟通环节预防跨境客户纠纷的意义。
- 能描述沟通环节处理不当可能会出现的跨境客户纠纷。

能力目标
- 能运用技巧有效预防沟通环节的跨境客户纠纷。
- 能有效处理沟通环节的跨境客户纠纷。

素质目标
- 培养与跨境客户进行良好沟通的职业能力。
- 培养学生学会倾听、冷静处理客户纠纷的职业态度。

思政目标
- 培养学生养成文明用语的好习惯,弘扬中国礼仪之邦的魅力。

微课抢先看

知识导入

项目背景

随着生产技术的提高,企业生产的产品之间的差别越来越小,通过产品差别化来增强企业的竞争能力变得越来越困难。激烈的市场竞争也使客户资源变得越来越稀缺,而企业只有赢得客户才能赢得市场。要赢得客户就要避免与客户产生纠纷,同时也需满足客户个性化和多样化的需求,而在此过程中沟通环节对预防跨境客户纠纷至关重要。浙江英卡顿网络科技有限公司的跨境客服专员艾伦在吴经理的要求下,开始从沟通环节思考如何预防跨境客户纠纷。

任务实施

步骤1:认识到有效沟通对预防跨境客户纠纷的重要意义。
步骤2:分析沟通环节的失误可能会导致的跨境客户纠纷。
步骤3:能够针对沟通环节提出预防跨境客户纠纷的策略。
步骤4:"良言一句三冬暖,恶语伤人六月寒"。(明代谚语)沟通无处不在,引导学生在沟通中要注意文明用语,一句良善有益的话,能让听者即使在三冬严寒中也倍感温暖;相反,尖酸刻薄的恶毒语言,会伤害别人的感情和自尊心,即使在六月天,也会让人觉得寒冷。我们应弘扬中国礼仪之邦的魅力。

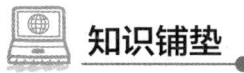 **知识铺垫**

一、有效的沟通对预防跨境客户纠纷的意义

（一）有利于客户了解产品及店铺活动，避免客户因不明细节产生纠纷

有效的沟通能使客户了解产品的特性，避免客户因不明尺寸、材质等细节，导致实际收到的产品不符合产品描述或者产品与心理预期相差较大等问题，从而因货不对板提起纠纷。有效的沟通同时也能使客户了解店铺活动，避免客户因不了解店铺活动而提起纠纷。因此，良好有效的沟通能够降低客户对产品的差评率和退货率，减少客户对于店铺不必要的误解，降低企业的营销成本。客户根据产品的描述而产生购买行为，客户对产品了解得越多，客户的预期也会更加接近实物，降低货不对板发生的概率，因此真实全面的描述是避免纠纷的关键。而全面详细地向客户介绍店铺活动，能够拉近与客户的距离，利用给予优惠的方式，来促进客户的二次消费。

（二）有利于迅速解决客户问题，避免因客服回应慢产生纠纷

快速有效地解决客户可能会提起的纠纷问题，不但能够解决客户的燃眉之急，同时还能够照顾到客户的情绪，避免客户因为过于急躁的心情而给店铺带来纠纷。及时有效的沟通能够给予客户满足感并且提高其关注度。卖家设身处地地为客户解决问题，不仅拉近了与客户的距离，增加了客户对店铺的忠诚度，而且还提高了二次购买的可能性。卖家及时发现客户的问题，也能立刻把重要的信息反馈给店铺，为后期的包装及物流等环节提供方便。

（三）有利于提高客户的满意度和忠诚度，降低纠纷发生的可能性

在竞争日益激烈的市场环境中，追求客户忠诚度和满意度成为永不过时的真理。因此在与客户进行沟通时，通过不回避客户的提问、换位思考、注重细节，用积极的服务态度、亲切的语气等方式拉近与客户之间的距离，减弱网络的虚拟性，提高客户对店铺的满意度，给予客户一种归属感。而提高客户忠诚度和满意度不仅可以给企业创造更多的利润空间和销售业绩，而且能降低差评与退货率，减少客户流失，促进客户二次、多次购买。提高客户忠诚度和满意度也能够增进企业与客户间的沟通与交流，拉近客户与客服之间的距离，并从中了解到客户的真实需求，将信息及时地回馈给企业。

（四）有利于了解个性客户的个性需求，从而准确地提供个性化服务来避免纠纷发生

沟通是交易的纽带，客户下单只是交易的开始。良好的沟通能够满足客户的个性化需求。对特殊客户的特殊要求进行特殊处理能避免纠纷的发生，并且能够提高客户满意度，拉近与客户的距离。而对于老客户，了解他们的特殊需求，可在其准备再次购买时先一步提出给予满足，从而给予对方一种归属感。例如，节日前夕，客户在购买产品的包装上有特殊的要求，抑或对产品的物流选择有特殊的要求等。满足客户的个性化需求，给予客户关心，在很大程度上能促成二次交易。

二、沟通不当导致的跨境客户纠纷

（一）由于沟通不当，导致客户因不明产品细节而提起纠纷

若沟通不当，未能使客户了解产品的特性，易导致客户因不明细节而提起纠纷。类似电子产品等若未向客户全面说明产品功能、使用方法及适配的型号等，易导致客户收到货物后与预期产生偏差，因无法与自身产品相匹配或无法合理使用而提起纠纷。例如，速卖通平台某店铺出售耳机，因售前客服未与客户进行沟通，导致在客户收到耳机后因不会正确使用而怀疑产品损坏，直接提起纠纷。对于服饰、鞋类产品，若未给予准确的尺码表、材质及色板，易导致客户因尺寸不合适、材质与预期产生偏差或色差大等问题而提起纠纷。若急于达成交易而对客户有所欺骗，隐瞒产品的瑕疵或缺陷，易导致客户收到产品后提起纠纷。若未向客户提供产品授权证明，更易导致客户认为货物为假货，进而向平台进行举报。

（二）由于沟通不当，导致客户不了解店铺活动而提起纠纷

沟通不当，易导致客户不能理解店铺活动的规则，从而产生纠纷。例如，速卖通平台某店铺以"店铺优惠券""满立减"等方式给予客户优惠，但因客户不了解店铺活动，产生了未领取优惠券就直接下单的情况，而付款后客户发现有未享的优惠从而导致其提起了纠纷；或者客户对店铺活动不够了解，以为优惠券能够叠加使用，因为对店铺有误解从而提起纠纷。这种原本想给予客户优惠的政策，却因沟通不当导致了不必要的纠纷，影响了店铺的整体评分，降低了客户对店铺的满意度，实在是得不偿失。

（三）由于沟通不当，导致客户的特殊需求没有及时被满足而提起纠纷

若沟通不当，易造成未及时对客户的特殊需求进行处理，例如，客户对产品包装有特殊需求、需要卖家提供商业发票、需要附赠贺卡及要求使用指定的物流渠道等。因客服没有注意到这些细节，或者忽略了客户的特殊需求从而导致纠纷，会大大降低客户再次购买的可能性。客服对大客户、老客户不实行区别对待，让他们没有体会到与普通客户的差别感，也会导致他们的满意度下降，从而对产品不再进行购买，卖家会因此流失重要客户。客服未及时与客户沟通，而有些客户需要快速得到客服回应，客服未能及时解决客户的燃眉之急，可能会给客户造成经济损失和不必要的麻烦，客户也会因此对店铺提起纠纷。

（四）由于沟通不当，没有照顾到客户的情绪而提起纠纷

若沟通不当，没有照顾到客户的情绪，未用正面积极的态度与客户进行交流，回避或无视客户的问题及需求，则会给客户带来较差的购物体验。而客户在购买过程中遇到问题时，往往情绪不够稳定，这时客服若未用积极的态度与客户进行沟通，或者沟通太过官方、敷衍、消极，语气带有个人情绪，可能会火上浇油，导致客户提起纠纷。在与客户进行沟通时，也要照顾好客户的情绪，用不专业的态度来进行沟通很有可能会影响店铺的整体评分。

（五）由于沟通不当，使客户不明物流状况而提起纠纷

若沟通不当，未与客户协调好货运方式、物流公司、送达地区、预期所需的运输时间等，会给客户收货带来麻烦及不必要的经济损失，因此客户有可能会对店铺提起纠纷；而未向客

户解释海关清关缴税、产品退回责任和承担方等内容，可能导致货物被海关扣留、因不明由谁来缴纳关税而延滞货物的送达，且很有可能会影响客户的资金流转，使客户提起纠纷；因产品被退回而不明原因导致纠纷；未能主动通知客户货物是否发货以及运输情况，从而导致客户对店铺的满意度下降，在收到货物后就物流方面的不足而给予差评，从而影响产品的综合评分。若在与客户沟通前没有了解各个国家的禁忌，导致在沟通过程中，某些用词冒犯到了客户，导致订单无法促成，或者客户直接给予差评，就会失去与其再次进行交易的机会。

三、沟通环节预防跨境客户纠纷的策略

（一）产品描述符合实际情况，做到真实全面

对于电子产品等，卖家应将关于产品功能、使用方法及适配装置的完整说明给予客户，避免买家收到货物后因无法合理使用、无法与自身产品适配及功能与描述不符而提起纠纷；对于服饰、鞋类等产品，应及时向客户提供标准的尺码表及色板，并准确告知产品的材质，不能为了急于出单而有所欺骗隐瞒，导致客户在收到货物后因货不对板、尺寸不合、色差大等原因提出退货或提起纠纷。若客户提起纠纷投诉卖家"销售假货"，应提供相应的产品授权证明，避免在客户退货的同时还要遭受平台相关规则的处罚。同时，也不应该上架未得到授权的产品，避免被客户举报而影响整个店铺的产品。而对于某些瑕疵产品也不应该对客户欺骗隐瞒，真实全面的产品描述是避免纠纷的关键，也是促进销售的重中之重。

（二）对店铺活动描述做到清楚全面

客服在熟悉店铺活动的情况下，在客户下单前可提前告知店铺现阶段的所有优惠活动，这样不仅能避免客户因未享受店铺优惠或对店铺活动造成误解而提起纠纷的情况，还能因主动推广优惠从而增加客户对店铺的好感，降低差评率和退货率，较大促进客户的二次消费。例如，速卖通某店铺前期通过营销活动吸引了大量的客户，但后来因客户不了解店铺活动，最终导致因优惠不能叠加使用而出现了纠纷。客服经过与客户的良好沟通，挽回了这一局面，还促成了新的订单。因此，客服要详细了解店铺活动，并与客户进行真诚的沟通，使客户对店铺优惠规则有所了解，避免产生不必要的纠纷。

（三）对有特殊需求的客户的订单进行单独处理

对有特殊需求的客户的订单要进行备注，并且进行特殊处理。有些客户对于产品包装、运输方式、商业发票、物流渠道等可能会有特殊的需求，例如，在重大节日前夕，客户可能会要求放置贺卡。对于这些特殊需求，应及时备注，注意细节，进行特殊处理，不可忽略或回避客户的特殊要求。如果不注重这些细节问题，可能会让客户产生差评，并且降低了其二次购买的概率。例如，速卖通平台的俄罗斯某大客户要求卖家选择 E 邮宝的物流方式，而店铺规定发 UPS 和 TNT，并且该店铺的订单超出 350 美元便可免邮。客服由于粗心没有注意到俄罗斯客户提出的特殊要求，直接发了 UPS。虽仍是免邮，但因未满足客户的速度需求，仍然导致客户对这次卖家选择的发货方式非常不满，结果降低了这位老客户的二次购买概率。同时，针对老客户、大客户，卖家可以赠送一些小礼物，将其与普通客户进行区别化、特殊化，从而给予老客户、大客户一种归属感。店铺大部分的销售额需要依靠老客户及大批量订单的促成，因此对于老客户、大客户进行特殊对待，可以提高客户二次购买的可能性。在做

售前沟通时，尽可能保持 TradeManager 在线，及时、准确地回复客户的疑问，尽量做到 8 小时内准确回复站内信和订单留言。有些客户因为特殊情况，需要与客服进行及时沟通。例如，客户在客户保护期第 59 天时提出延长保护期的请求，但由于时差导致未能及时延长保护期，从而致使客户提起纠纷；或者客户的大订单临时需要更改地址，若未及时处理便发货，也有被提起纠纷的可能。

（四）与客户进行耐心和真诚的沟通

在与客户沟通时，要做到自然不做作，用真诚的语气拉近距离，降低跨境网络的虚拟性。同时，也要合理嵌入产品的推广，清晰的构思更加容易使客户接受产品的推销。切忌生搬硬套广告词汇，要做到取材于生活，与客户保持有效沟通。也可用与买家同为受害者的语境进行对话与沟通，可委婉抱怨形成共鸣，增进彼此的关系；语气应积极，但绝不能回避客户的提问，可采用转移注意力的方法。例如，针对物流纠纷，可提供海关、邮局等联系方式，并且告知客户对方正在调查，需等候一段时间。切记，不可用不耐烦的语气回复客户，对于客户提出的问题要积极应答，直接面对，不回避、不逃避，注重细节，否则会导致客户满意度降低，并且不会对店内产品进行二次购买，甚至直接提起纠纷或退货。并且客服要提前做好功课，熟知各个国家的禁忌及各国买家的购物习惯，例如，美国人不爱用先生、夫人、女士等太过郑重的称呼，比较喜欢别人直接称呼其名字，因为他们认为这是亲切友好的表现。提前熟知这些爱好，有利于订单的促成，也在很大程度上避免了因文化差异而带来的误会。

（五）在运输途中要及时反馈物流信息，及时回复客户的疑问

货物发出的当天，卖家应该及时告知客户物流跟踪号和预计妥投时间，让客户心中有数。至少每周查询一次物流信息，即使未有物流状况更新也要告知客户，给予客户更多的关心能够提高客户的满意度。如果包裹发生延误，应及时通知客户，解释包裹未能在预期时间内到达的原因，例如，因天气及物流旺季等非人为可控的因素，可主动告之货运延误，争取获得客户谅解；若包裹因未付关税而被扣留，应该及时告知客户，由客户缴纳税费，对于大客户可提出为客户分担一些关税，增进与客户的伙伴关系；及时处理客户关于物品迟迟未收到的询问，不仅能够降低退货率，还能提高客户的满意度。如果包裹因无人签收而暂存邮局，应及时提醒客户找到邮局留下的字条，并在有效期内领取。在交易过程中，与客户保持良好有效的沟通不仅能够促使交易的顺利完成，还能获得客户的二次青睐。若已确认物品已寄达，但客户称物品未收到，可以上传订单号让平台进行仲裁。同时，企业要选择有跟踪信息的快递方式，避免客户因长时间无法收到货物或长时间不能查询到物流更新信息而直接提起纠纷。

 案例解析

一、案例背景

嘉兴某跨境电子商务公司，在速卖通平台上收到了来自巴西老客户的询盘。在与客服沟通之后，该客户下了一笔大批量的产品订单，并告知客服需要采用 FedEx 的物流方式。然而，该店铺只支持 DHL 的物流方式，并且规定每单超过 200 美元便给予免邮的优惠。客服未告知客户店铺关于物流的优惠方式，也没有备注客户要求的物流需求，最后仍旧将货物以 DHL

的物流方式发出，引起了客户的不满，导致了纠纷的产生。

二、操作步骤

出现客户纠纷后，客服应尽快与客户进行沟通，引导客户在平台上修改纠纷，并提出相应的解决措施。

（1）先向客户进行道歉，说明由于客服的疏忽，未能按照客户要求的物流方式进行发货。

（2）告知客户，店铺给予订单金额满 200 美元免邮的优惠，客服想要给予客户优惠才会直接选择 DHL 的发货方式，博得客户的同情。

（3）考虑到客户是店铺的老客户，尽可能挽留，告知客户下次购买时作为补偿会给予一定的优惠。

三、案例总结

客户下单只是交易的开始，而沟通是交易的纽带。良好的沟通能够满足客户的个性化需求，对客户的个性化需求进行特殊处理才能避免纠纷的产生。在与客户沟通时要注意细节问题，如果忽略细节问题就很有可能导致纠纷产生。店铺在很大程度上是靠老客户和大客户支撑的，一旦这些客户流失便会给店铺带来很大的经济损失。因此，在与客户进行沟通时，如果客户提出要求，就要进行特殊备注，并且需要保持及时的沟通，不能直接根据自己的主观判断做决定。

子情景六　售后环节跨境客户纠纷的预防与处理

学习目标

知识目标

- 能描述售后环节预防跨境客户纠纷的意义。
- 能描述售后环节处理不当可能会出现的跨境客户纠纷。

能力目标

- 能运用技巧有效预防售后环节的跨境客户纠纷。
- 能有效处理售后环节的跨境客户纠纷。

素质目标

- 培养学生养成针对售后服务进行总结与反思的良好职业习惯。
- 培养学生在售后环节养成细致、周到的良好职业态度。

思政目标

- 培养学生树立"和谐"的社会主义核心价值观。

微课抢先看

知识导入

项目背景

在跨境电商 B2C 模式下，客户出现"小""散""杂"等新特点，并且客户个性显著，需求差异大，导致售后问题颇多。因此，平台卖家要熟悉平台规则，知晓产品细节，把握客户需求，在售后环节避免客户纠纷，提高客户的满意度。浙江英卡顿网络科技有限公司的跨境客服专员艾伦在吴经理的要求下，开始从售后环节思考如何预防跨境客户纠纷。

任务实施

步骤 1：认识到有效的售后对预防跨境客户纠纷的重要意义。

步骤 2：分析售后环节的失误可能会导致的跨境客户纠纷。

步骤 3：能够针对售后环节提出预防跨境客户纠纷的策略。

步骤 4："言之者无罪，闻之者足以戒"。（《诗序》）面对纠纷，客服人员能够善于接受客户的批评，认识到提出批评意见的人，是愿意帮助其成长的。听到客户的批评意见要仔细反省自己，有错就改正，无错就当作是客户给自己的劝告。不回避问题、不消极处理。由此培养学生树立"和谐"的社会主义核心价值观。

 知识铺垫

一、有效的售后对预防跨境客户纠纷的意义

（一）有利于避免因客户对客服服务不满而直接提起纠纷

有效的沟通是解决客户纠纷的重要途径。

> **案例**
>
> 一位俄罗斯客户在速卖通平台上满怀期望地给自己买心仪的产品，经过数周的等待及无数次地关注物流动态后，收到的包裹却是少件的。内心极大的落差感促使客户向售后人员提出质疑，并告知售后人员要提起平台纠纷。售后客服此时应该做的就是倾听客户的不满，并以最抱歉的语气向客户解释并道歉：
>
> "Dear customer, I am very sorry that a few parcels have been left behind by the seller. However, the seller will contact the factory immediately and send the missing goods to you as soon as possible. The seller will also send a small gift to you for an apology. Please wait for a few more weeks!"
>
> （亲爱的，非常抱歉，包裹少件是卖家的疏忽。卖家将以最快的速度联系工厂，将缺少的货物快速发送给您，还会附赠一件小礼物表示卖家的歉意，请您再等待几周！）

诚意的道歉可缓解客户的焦躁心理，也能得到客户的谅解。沟通技巧不在于"花言巧语"，只需"对症下药"，把握好客户的心理需求，客户纠纷也就迎刃而解了。

良好的客服态度是影响客户购物体验的重要因素。在速卖通平台上,售后人员的工作态度对店铺的销售额有着直接的影响。

> **案例**
>
> 一位巴西女客户在速卖通平台上购买了一款蓝牙运动耳机,经过两个半月的等待,包裹一直没有进行安全的妥投,客户内心的不安感越发严重,于是每天咨询售后客服:
> "Where is my package now?"
> (我的包裹现在到哪里了?)

无论何时,售后客服都不能因为客户的反复询问而反感,而是应该站在客户的立场上,为客户打消顾虑,安抚客户的情绪。当客户收到包裹后,即便货物有一点破损,但是良好的售后服务也可以降低客户提起纠纷的概率。

(二)有利于避免因客户对产品认知与实际不符而直接提起纠纷

明确的产品描述有利于避免客户的错误选择。客户在速卖通平台上消费时,多数是沉默式购买,很少会咨询客服。速卖通平台上的产品,多是通过在详情页上以图片和文字进行展示的,以便让客户一目了然。然而,由于语言不通和产品信息模糊,部分客户不能很明确地理解产品的英文说明。

> **案例**
>
> 一位美国女客户在跨境电商平台上购买了一件毛衣。根据产品尺寸描述,客户认为自己能够穿上这件毛衣,便没有咨询客服。然而,客户收到包裹后,发现试穿不上,气愤不已,向售后投诉:
> "According to your description, my figure can be put on. This sweater is loose, it is bloated on me and it's a bit small for me! This is the wrong version of the goods."
> (根据你的描述,我的身材是可以穿上的。这件毛衣是宽松的,穿在我身上却很臃肿,并且有点小!你这是货不对板。)
> 售后客服在收到客户这样的投诉后,要沉着冷静地询问客户:
> "Dear, what is your height and weight?"
> (亲爱的,你的身高和体重是多少?)
> 客户回复:
> "66 in,160 lb."
> (66英寸,160磅。)
> 美国人习惯的长度单位是英寸,重量单位是磅。1英寸约2.54厘米,1磅约0.454千克。
> 此时售后明白,客户是因为毛衣尺寸的单位不同,导致数值理解出现偏差,从而提出纠纷,认为产品货不对板。

这告诉我们,售后客服要用平和的心态跟客户解释这是因为计算单位不同而造成的错误,并不是产品质量的问题。有效的售后环节有利于卖家弥补客户对产品的认知不足,从而保障客户的利益,避免客户纠纷。

（三）有利于避免因客户对物流方式不满而直接提起纠纷

在跨境电商交易中，客户不熟悉物流的各个环节，也不了解海关的各项查验过程，如果又是特别紧急的包裹，客户必然很焦躁。此时售后客服必须提前表述清楚，这有利于避免客户认为物流速度慢而提出差评或纠纷。

> **案例**
>
> 一位俄罗斯男客户想给自己的儿子买一件生日礼物，但由于生日即将到来，仅剩14天，普通的包邮快递很难在短时间内到达。售后客服在了解情况后，跟客户进行商榷，让客户自行选择商业快递。售后客服将应当注意的问题明确告诉客户：
>
> "Dear, if you want to ensure that the goods in 14 days to vote properly, the ordinary postal delivery is difficult to reach. If you are willing to pay the logistics costs, we will provide you with a better choice of commercial express, we can guarantee the arrival time."
>
> （亲爱的，如果要保证在14天内货物妥投，普通的包邮快递是很难到达的。如果您愿意支付物流费用，我们将会为您选择更优的商业快递，肯定可以保证到达时间。）

有效的售后环节有利于让客户知晓物流的时效，避免客户纠纷。

二、售后服务不当导致的跨境客户纠纷

（一）售后回复效率低导致客户纠纷

售后的工作态度及效率是影响订单成交的重要因素。部分成熟店铺，伴随着每天大批量的成交订单，也有许多层出不穷的售后问题，无形中加大了售后客服的工作压力。售后客服不仅需要回复大量的订单留言和站内信，还要处理后期纠纷问题，难免会出现疏漏，造成没有及时回复客户而造成客户不满的现象。

> **案例**
>
> 一位日本客户在购买的蓝牙耳机到货后，对产品属性特征不太清楚：
>
> "How is this Bluetooth connected? How to stretch the headset, and why the details page picture is somewhat different?"
>
> （这个蓝牙是如何连接的？这个耳机线是怎么拉伸的，为什么和详情页的图片不一样？）
>
> 然而，他多次联系售后客服却迟迟未收到回复。客户原本只是对产品不熟悉，但售后客服没有及时回复，效率低，从而导致客户觉得售后人员不礼貌，对客户不重视，不满情绪越来越多，直接导致客户提出差评，使客户纠纷升级。

（二）售后沟通不当导致客户纠纷

沟通方式不当会直接影响客户的情绪，从而促使客户提起纠纷。

> **案例**
>
> 客服在回复一位美国老客户的过程中，推荐了店铺的活动。他使用POP广告（卖点广

告)方式强调重点,将大段的文字标成红色并且用大写标注:

"Dear, YOU CAN BUY ONE GET ONE NOW! Very cost-effective !"

(亲爱的,现在买一送一,非常划算!)

他希望客户能够一眼看到卖家的关键内容,再次购买,但不曾想因为文化差异而起到了反作用。美国人不喜欢红色,认为红色代表邪恶。客服弄巧成拙,客户因此投诉:

"Why you always shout out to me ?"

(你为什么总对我嚷嚷?)

售后客服通过与客户沟通了解到,在英文书信里成段的大写表示愤怒、激动喊叫,使得客服的推销显得非常没礼貌。

简洁明了的沟通方式更能让客户接受。

☞ 案例

一位日本客户收到自己的包裹后,售后客服给他发了一堆文字。这位售后人员在同客户沟通时喜欢用长句或复杂句式表达,但这很不利于与客户进行有效的沟通。

"Dear, Leave a comment, share your experience with us and other clients. Your review will help us improve and better serve our future customers and guide prospective customers in making the right choices at the time of purchase! Your time and energy sharing are highly appreciated by both parties at AliExpress!"

(亲爱的,请发表评论,与卖家和其他客户分享您的经验。您的评论将帮助卖家改进并更好地为卖家的未来客户服务,并指导潜在客户在购买时做出正确的选择!速卖通和我们真诚感谢您付出的时间与精力!)

复杂又烦琐的句式会令客户看不懂卖家的真正用意,一些非英语母语的国家更难明白卖家的意思,更容易出现误会和纠纷。

因此,售后客服应该多用口语化的表达方式,这更适合与客户的沟通交流,便于客户理解。

☞ 案例

"Thank you for ordering a wireless bluetooth headset! We noticed that your order display has been received. Headphone how? Do you have a chance to try? Your feedback is very important to us !"

(亲爱的,感谢您订购无线蓝牙耳机!卖家注意到您的订单显示已签收。耳机怎么样?你试用过了吗?您的反馈对卖家非常重要!)

简洁明了的口语表述利于客户明白卖家的用意,避免售后沟通不当造成不必要的客户纠纷。

(三)没有成熟的售后解决方案导致客户纠纷

成熟的售后解决方案可以应对许多棘手的客户纠纷。

☞ 案例

一位巴西客户在店铺购买了一款蓝牙运动耳机,等待了足足3个月后,却收到了一副坏掉的耳机。客户在第一时间联系售后：

"Why the headset I received is bad, can not listen. Are you going to give me a refund return or exchange? But if exchange I can not wait for such a long time of logistics. Logistics money returned must be out of your business. So, how do you deal with this matter?"

（为什么我收到的耳机是坏的？根本不能用。你是要给我退钱还是换货？但是换货我等不了这么长的物流时间，退货的物流钱必须是你们商家出。因此，你们要怎么处理这件事？）

新手售后客服人员遇到此问题时，因为没有好的解决方案，又不想让客户变得更加生气，便在站内信上回复客户：

"You consider how to deal with this problem?"

（你觉得怎么处理这个问题？）

很明显这是非常不专业的表现，会给客户留下不专业的印象。这时客户只能按照自己的理解提出修改意见，但由于对海关和检验检疫不了解，客户提出的方案往往是高成本的。没有系统的解决方案，容易出现客户和卖家相持不下的情况。

而部分不专业的售后客服在处理类似问题时，没有从客户的角度去考虑，提出的解决方案也比较简单，不是退货就是退款，这样只会造成客户选择退款，最终导致差评。而完善的售后解决方案有利于避免客户纠纷。

三、售后环节预防跨境客户纠纷的策略

（一）及时回复客户的问题，提高售后客服的工作效率

充足的售后团队人员配置不仅有利于店铺的正常运营，更能及时回复客户问题，有利于避免客户因售后回复不及时产生误会而导致纠纷。

提高售后客服的工作效率，当出现大量客户同一时间询问产品问题时，尽量顾及每个订单、每位客户。售后客服可根据留言内容进行筛选，有序安排回复顺序，严重性订单要先行解决。询问平常性问题的客户，可先给其发一句：

"Very sorry, now more number of after-sales consultation, after-sales staff's reply will be slow, please just wait a while."

（非常抱歉，现在售后咨询数量比较多，售后人员回复速度会比较缓慢，请亲爱的稍微等待一下。）

诚意的道歉可缓解客户的不安心理，也能得到客户的谅解。如果售后最后仍疏漏了某位客户，也要及时道歉并说明具体原因，并示意客户下次购买时有优惠等。

（二）培训售后客服，提高售后客服沟通技巧

优质的售后服务不仅可以降低退货率，而且能降低运营成本。提高售后客服的沟通技巧，可以无形中提高店铺的销售额。

案例

一位俄罗斯女客户在某店铺购买了一条手链，物件较小，客户想要时时关注物流信息。售后客服了解到客户对本土追踪网站的偏好，发现找到客户母语展示的最终信息是最有帮

> 助的，并且速卖通主推俄罗斯市场，所以可回复：
> "Dear, you can track your parcel number on this page:×××."
> （亲爱的，您可以在这个网站跟踪您的包裹。）
> 这个网站在包裹到达俄罗斯后由当地邮政提供追踪信息。

细心的售后服务不仅能提高客户对店铺及产品的满意度，还能让客户感到自己被重视，能够有效地预防客户提出纠纷。

沟通技巧的提升不仅能避免一些不必要的客户纠纷，还能改善客户的购物体验。在回复订单留言或站内信时，不要出现大段的大写字母。其实，突出重点的方式有很多。例如，在回复信中分段描述、在每段开头用关键词标注，并正确排版。可采用"提供证据→证据来源网址→信息解读→解决方案→结束语"的逻辑顺序来进行说明。这一方式可以给卖家的客户增加阅读的趣味感，减少厌烦情绪，缓解阅读疲劳。这一方式不仅节省时间，而且还可以给客户留下客服人员思路清晰并且具备专业素养的形象，有利于获得客户的信任。

（三）积极倾听客户需求，提出合理的解决方案

售后客服一定要在承担责任的同时，迅速提出解决方案，这样既可以平息客户的怒气，又可以体现认真负责的企业形象，并能防止订单售后处理失败，导致退货或退款，乃至差评，因此不能使用单一的解决方案。售后客服快速的反应可以降低处理问题的难度。

在为客户提供解决方案时，售后客服应尽量一次提供两个或两个以上的解决方案，这样有利于客户选择，体现以客户为本的理念，为客户提供专属服务，让客户感受到应有的尊重，同时减少客户的失落感。在推介方案时，可以主推一个方案，尽力说明主推方案的益处，然后加上备选方案，并且承诺如果重发会提供实用小礼物，再购买会给予折扣，这样可以防止客户向平台提出纠纷或差评。

案例

> 遭遇客户催单，客服应首先安抚客户的情绪，耐心地劝导客户继续等候：
> "Dear, don't worry! Now the shipping time has only 11 days, it is still in normal procedures, we will keep watching your post status."
> （亲爱的，不用担心，现在邮程只过了11天，它仍在正常范围内，我们会关注您的包裹的状态的。）
> 同时，提供其他方案：
> "Dear, if you have not received your parcel in 25 days, and you do not want to wait any longer, please contact us, we will refund your money and cancel the delivery."
> （亲爱的，如果在25天里您仍没有收到包裹，并且您不想再等了，请通知我们，我们会为您退款并取消投递。）

多种完善的售后解决方案可以安抚客户不安的情绪，也能提高客户对店铺的信任。

案例解析

一、案例背景

2021年7月4日，一位巴西女客户在速卖通平台上购买了2件绑带式塑身美体内衣，并在订单留言处附上了个人税号。售后客服考虑到巴西海关非常严格，清关手续烦琐，为了不耽误客户的收货时间，便发站内信再三确认："个人税号是否如实，包裹清关时能否安排有进口许可资质的进口商安排进口清关事宜？"然而，客服等待5天仍未收到客户的回复，而平台的发货期限为7天。因此，卖家选择了中邮挂号小包进行发货，面单上提供客户税号，并通知客户已发货的信息。除快递类物流外，其余物流方式到达巴西的基本等待时间为2.5~3个月。9月26日，产品已完成清关。9月29日，客户收到包裹。10月1日晚，客户咨询售后，塑身衣如何穿戴。当时正值中国的国庆假日，售后客服均已放假休息。客户等待2天一直没有客服回复，认为客服工作效率低且不负责任，以及物流时间过长，从而向平台提出货不对板纠纷。

二、操作步骤

（1）10月6日，售后客服正式上班后，发现平台纠纷和客户留言。第一时间发站内信给客户，诚恳道歉，解释当前正处于中国的法定假日，员工处于休假期。

（2）解释清楚内衣的穿戴方式，以及这么长时间一直没有回复客户的原因，希望客户能够撤销平台纠纷并给出相应补救措施：

① 客户在本店下一次购买时可享受5%的优惠。

② 客户下一次购买产品时可获得一件精美小礼物。

三、案例总结

售后客服在客户下完单后，要跟客户确认发什么快递，以及客户是否满意此物流方式。因为速卖通面对全球买家，各国之间存在文化差异和时间差异，遇上特定节假日时，可在店铺首页海报与产品详情页明确标注：由于节假日放假，客服在此期间休息，给您造成不便请谅解，同时祝您节日快乐！一些非英文母语国家不能透彻理解产品详情页说明，所以需要在详情页上另加产品详细操作图，让客户更容易明白。售后客服要多与客户交流，从而有效避免纠纷的产生。

课后延伸阅读

跨境电商出口业务怎么退货

一、目前跨境电商渠道可办理出口退货的模式包括哪些？

（1）跨境电商零售出口（9610出口）：跨境电子商务企业通过跨境电子商务交易平台实现零售出口商品交易，根据海关要求传输相关电子数据，并通过跨境电子商务方式申报出口，将商品送达境外消费者的模式。

（2）跨境电商出口海外仓（9810 出口）：境内企业通过跨境物流将货物出口至海外仓，通过跨境电商平台实现交易后从海外仓送达购买者，并向海关传输相关电子数据的模式。

（3）跨境电商特殊区域出口（1210）出口：包括跨境电商特殊区域包裹零售出口和跨境电商特殊区域出口海外仓零售。跨境电商特殊区域包裹零售出口是指对进入特殊区域的商品，通过电商平台完成销售后，在区内打小包并离境（1210）送达境外消费者的模式。跨境电商特殊区域出口海外仓零售是指国内企业将商品出口报关，进入特殊区域，在特殊区域内完成理货、拼箱后，批量出口（1210）至海外仓，通过电商平台完成零售后再将商品从海外仓送达境外消费者的模式。

二、申请办理跨境电商出口退货的企业应具备什么条件？

申请开展退货业务的跨境电子商务出口企业、特殊区域内跨境电子商务相关企业应当建立退货商品流程监控体系，应保证退货商品为原出口商品，并承担相关法律责任。

（1）退货管理要求：

退货企业可以对原《中华人民共和国海关出口货物报关单》《中华人民共和国海关跨境电子商务零售出口商品申报清单》《中华人民共和国海关出境货物备案清单》所列全部或部分商品申请退货。

（2）退货商品其他管理要求：

开展 9610 出口退货的商品应具有可验核的标识，以便海关抽核退货商品是否为原出口商品。对国家禁止进出境货物、物品不予办理退货手续。

（3）退货时间要求：

跨境电子商务出口退货商品可单独运回也可批量运回，退货商品应在出口放行之日起 1 年内退运进境。

三、企业如何向海关提交退货申请？

企业通过中国国际贸易单一窗口或跨境电子商务通关服务相关平台向海关提出退货申请。

课后启发

习题演练

一、单选题

1. 敦煌网平台规定，买卖双方在纠纷协调阶段时，卖方应在（　　）天内响应买家协议，积极解决问题，避免纠纷升级。
   A. 3　　　　　　　B. 5　　　　　　　C. 7　　　　　　　D. 10

2. 敦煌网平台规定，物流纠纷率是指在近（　　）天内，使用邮政挂号类小包发货产生的未收到货和虚假运单号纠纷订单占比。
   A. 7　　　　　　　B. 14　　　　　　C. 30　　　　　　D. 90

3. 敦煌网平台规定，商户责任纠纷率是指在近（　　）天内，被平台最终判定为商户责任的纠纷订单占比。商户责任纠纷率每天更新一次，将影响商户评级、商户处罚。
   A. 7　　　　　　　B. 14　　　　　　C. 30　　　　　　D. 90

4. 卖家在上传产品图片时应真实反映产品的实际情况，避免后期客户提出货不对板纠纷。速卖通平台本身对产品的主图上传就有一定的要求，其图片的像素需要大于（　　）。

A. 800×800　　　　B. 600×600　　　　C. 600×800　　　　D. 900×900

5. 速卖通售后宝中订单产生的"货不对板"类纠纷，由（　　）介入核实处理。

A. 买家　　　　　B. 卖家　　　　　C. 平台　　　　　D. 买卖双方

二、判断题

1. （　　）因产品描述与实际不一致引起的纠纷需要卖家承担责任。
2. （　　）ETD 即卖家承诺的运输周期。
3. （　　）卖家应在产品页面说明色差问题，如果没有说明，则属于卖家责任。
4. （　　）若买家出现鞋子尺码纠纷，速卖通平台将依据买家收到鞋子尺码标签与产品详情页尺码表进行比对。
5. （　　）买家若对发货期提出纠纷，速卖通平台的依据是下单后的 5 个自然日。
6. （　　）巴西客人收货的心理预期是 60 天，一旦超过 60 天，便很难向其解释。那么如果包裹在运输途中，要积极跟进物流信息。一般客户在 60~90 天之后开始投诉，因此最好对每一个还没有收到货的客户主动延长收货时间。
7. （　　）一旦买家投诉卖家销售的产品为虚拟产品，订单将被取消，并将全额退款给买家。
8. （　　）纠纷率为近 90 天内，（商户账户的平台升级纠纷数量+协议纠纷中平台介入纠纷数量+网关纠纷数量+售后升级纠纷数量）/商户账户确认订单数量。

三、简答题

1. 对于敦煌网各项纠纷率指标过高的商户，根据其严重程度，可能会受到哪些处罚？
2. 卖家在买家咨询时如何规避跨境客户纠纷？
3. 卖家在发货前如何规避跨境客户纠纷？
4. 卖家在发货后如何规避跨境客户纠纷？

实践操作

请分析敦煌网卖家处理纠纷的详细过程，总结卖家成功安抚买家的技巧，并分析该如何预防类似的纠纷发生。

操作1．处理纠纷的过程

_____
_____
_____

操作2．安抚技巧

（1）积极并及时回应买家。

_____
_____
_____

（2）清楚了解问题所在。
_____
_____
_____

（3）提供有效的解决方案。
_____
_____
_____

操作 3. 预防纠纷的措施
_____
_____

情景十一

跨境客户流失管理与挽回

【习语典读】

"山重水复疑无路,柳暗花明又一村。"路就在脚下,光明就在前方。中国愿同各国一道,践行真正的多边主义,凝聚更多开放共识,共同克服全球经济发展面临的困难和挑战,让开放为全球发展带来新的光明前程!

——习近平

子情景一　跨境客户流失概述

 学习目标

知识目标

- 了解跨境客户流失的概念和特点。
- 熟悉跨境客户流失的分类。

能力目标

- 能描述跨境电商客户流失的特点。
- 能科学地对流失的跨境客户进行分类。

素质目标

- 具备管理跨境客户流失的职业意识。
- 培养管理跨境客户流失的职业素养。

思政目标

- 引导学生在学思践悟中坚定理想信念。
- 培养学生建立防微杜渐的"危机"意识。

微课抢先看

 **项目背景**

在跨境电商迅速发展的同时,各跨境电商企业对有限客户资源的争夺变得更加激烈,一系列问题也逐渐显现,尤以客户流失现象最为严重。在有限的网络市场资源中,随着市场竞争进一步加剧,防止跨境客户流失的形势将会更加严峻。因此,跨境电商企业需要研究客户流失情况,分析客户流失原因,并采取相应措施降低客户流失率,才能在激烈的行业竞争中

知识导入

脱颖而出，成为跨境电子商务领域的胜利者。浙江英卡顿网络科技有限公司的跨境客服专员艾伦在吴经理的要求下，开始整理店铺内客户流失的信息，并将流失的客户进行分类。

任务实施

步骤1：在整理跨境客户流失信息前弄清楚跨境客户流失的概念。
步骤2：了解跨境客户流失的特点。
步骤3：根据不同角度，对跨境客户流失进行分类。
步骤4：正确区分及对待不同类别的流失客户。
步骤5：正确对待客户流失，面对部分流失客户，采取合理的方式进行挽回。由此引导学生在学思践悟中坚定理想信念。通过学习跨境客户流失分类，使学生意识到客户流失的可能性。培养学生"防微杜渐"的危机意识。

知识铺垫

一、跨境客户流失的概念

在成功获取新客户之后，企业需要根据客户终身价值的大小和构成，确定与客户建立何种类型的关系，然后提供相应的产品和服务，维系客户，防止客户流失。如果留不住有价值的客户，前期的获取客户所发生的费用与支出就无法弥补，企业就无法实施升级销售和交叉销售等客户开发活动，客户忠诚的培养也不能延续。要想弄清楚客户流失的概念，我们得先了解与客户流失相对的客户保持的概念。

客户保持看似简单，但不容易界定其概念。如何确定一个客户已经被保持了？从一般情况来说，如果客户在一定时期内持续地购买企业的产品和服务，就可以视作这个客户被成功保留了。但这个概念里的"一定时期"到底应该是多久？以一个会计年度（12个月）作为"一定时期"的界定显然是不合理的，因为服务或产品的用途、性能、结构等因素会影响客户的再购买次数和间隔时间。很多产品的平均购买周期（购买周期是指客户两次购买行为之间相隔的时间）都超过了12个月，有的长达数年，所以企业要根据不同服务或产品的性质，在了解客户购买周期的基础上确定"一定时期"这一指标的合理界限，不能一概而论。例如，婴幼儿用品一般购买周期都不会太长，而对于购买周期比较长的产品，如小家电可能会有一年或更久才会有购买需求。原则上，"一定时期"应该大于客户的购买周期。

客户流失和客户保持刚好相对，可译为"lost customer"，从表面上可以理解为失去客户。具体来说，客户流失就是客户为企业带来的价值流减少的状态，它不仅包括客户与企业完全中断业务关系，而且还包括客户逐步减少对企业的产品或服务的消费，或者减少购买数量，转而投向该企业竞争对手所提供的产品及服务。因此，只要一个客户为企业带来的价值处于减少状态，就可以认定该客户处于正在流失的状态。客户流失可以是与企业发生一次交易的新客户的流失，也可以是与企业长期交易的老客户的流失，还可以是中间客户（代理商、经销商、批发商和零售商）的流失，甚至可以是最终客户流失。通常老客户的流失率小于新客户，中间客户的流失率小于最终客户的流失率。

二、跨境客户流失的特点

跨境客户流失即跨境客户因某些原因而离开当前为其所提供产品或服务的跨境电子商务企业，它是一种非契约关系情景下的客户流失。其主要特点如下：

（1）企业与跨境客户之间的关系建立标志是客户的首次购买行为，往后对该客户的购买行为则很难进行判定。在非契约关系下，我们很难判定跨境客户是继续选择同一购物网站还是转向别的购物网站。因此，企业与跨境客户关系即便发生了终止也很难被企业提前观察或意识到。

（2）由于跨境电商跨越了地域和时间限制，因此消费者的购物选择面较广，客户的稳定性较差，流失率较高。客户在满意或不满意的情况下都可能会自愿终止与企业的关系，把购买的目光转移到其他相关企业上。对于消费者来说，相比于实体店购物，通过跨境电商渠道购物的购买成本更低、购买选择更多。转向其他商家几乎没有转换成本，这使得跨境客户流失率偏高。

三、跨境客户流失分类

（一）从流失的最终结果来看，跨境客户流失可分为完全流失和部分流失

完全流失是指由于某些原因，客户不再到该店铺购买商品或服务，改到其他店铺进行消费，在一段时间内交易次数为零，这种流失也叫作零次消费流失或显性流失。

部分流失主要是指客户在购买本企业产品和服务的同时也购买竞争对手的产品和服务，从而在企业根据产品的周期规定的某个时间段内客户的交易相对减少，在本店铺的消费额逐渐降低，客户的价值由高变为低。简言之，部分流失就是客户在数量上逐步减少购买企业的产品或服务，或者购买行为从高价值产品或服务逐渐转向低价值产品或服务，购买金额逐步减少。

（二）按客户流失原因，跨境客户流失可分为自然消亡类客户流失、需求变化类客户流失、趋利流失类客户流失和失望流失类客户流失

（1）自然消亡类客户流失。例如，客户因破产、身故、移民或迁徙等，无法再享受企业的产品或服务，或者客户目前所处的地理位置位于企业产品和服务的覆盖范围之外。

（2）需求变化类客户流失。客户自身的需求发生了变化，导致对产品与服务不再需要。需求变化类客户的大量出现，往往是伴随着科技进步和社会习俗的变化而产生的。

（3）趋利流失类客户流失。因为跨境电商企业竞争对手的营销活动诱惑，客户终止与该店铺的客户关系，而转变为企业竞争对手的客户。

（4）失望流失类客户流失。因对该跨境电商企业的产品或服务不满意，客户终止与该企业的客户关系。客户因失望而流失的具体原因可能是多方面的。例如，该跨境电商企业的产品或服务价格偏高，或者客户感到该企业的产品主要性能不足，或者该企业的服务不足（如不回答客户问题、随意回答客户问题、回答客户问题时与客户争执、把产品或服务缺陷的责任归于客户误操作等），以及未能处理好投诉（处理得不及时或不恰当）、消极的服务接触（职员不能尽力满足客户需求）、伦理道德问题（客户认为跨境电商企业有违法违规、越权等问题）等都有可能造成客户失望，从而不再到该跨境电商企业消费。

（三）根据客户流失的时间长短，跨境客户流失可分为缓慢流失型客户和突然流失型客户

一般来说，缓慢流失型客户在流失前是有一定征兆的，如购买频率降低、购买量减少、购买产品的单位价值降低、对跨境店铺的抱怨增多等，而企业一般对客户的这种相对缓慢的改变缺乏敏感性，往往忽略了客户心理上的变化，最后导致客户行动上的"背叛"。跨境电商企业应该实时关注此类客户的行为，定期对客户的各项数据进行统计分析，及时发现问题，随时修正客户服务方案。而突然流失型客户流失是没有给企业提供任何信号的，是由于某些突发事件所引发的客户流失。

（四）根据跨境客户流失的主动性，跨境客户流失可分为主动流失客户和被动流失客户

（1）主动流失客户是指客户主动地不再选择该跨境电商企业进行交易，而是选择了其他跨境店铺的产品和服务。主动流失主要是由于客户自身的原因，如生活习惯和方式发生了变化。例如，客户以前喜欢吃辣，现在由于胃病不能吃辣的食品，所以就不再购买此类食品。

客户主动流失也有可能是因为客户对该卖家的产品或服务不是很满意。客户主动离开卖家店铺的原因类型有如下几种。

① 价格流失型。价格流失型主要是指客户转向提供低廉价格的产品和服务的竞争对手，此时赢回流失客户的途径就是提供比竞争对手价格更低的产品或服务。

② 产品流失型。产品流失型是指客户转向提供高质量的竞争者，或者发现公司提供的产品是假冒伪劣产品因而离开店铺。这种流失逆转的可能性要小得多。因为价格原因流失的客户我们可以再"买"回来，但是如果客户认为竞争对手的产品质量更好，把他们争取过来的最好方法是公司采取举措提高产品的质量，这样成本可能会相对较高。

③ 服务流失型。服务流失型是指客户由于卖家服务恶劣而离开。这其中服务人员的素质和态度起着非常重要的作用。服务人员的失误主要源于服务人员的态度，如对客户漠不关心、不礼貌、反应滞后或缺乏专业的知识和经验技能。另外，售后服务人员对客户的抱怨和投诉没有及时地处理也会导致客户流失。

④ 技术流失型。技术流失型是指客户转向接受其他行业的公司提供的新产品或服务。

⑤ 便利流失型。便利流失型是指客户因现有产品或服务购买的不便性而流失。这里的不便性包括客户因等待服务或收到货的时间、等待预约的时间太长而感到的不方便的感觉。

（2）被动流失客户是指由于跨境电商企业未能有效地监控到那些具有流失风险的客户，并且没有适时采取措施而造成的客户流失；或者由于客户本身的原因被跨境电商企业排除在交易范围外，这样的客户流失就是被动客户流失。后者一般是由于客户的信用度不佳或客户故意诈骗等原因导致的。

（五）从时间角度而言，跨境客户流失可分为永久性流失和暂时性流失

永久性流失是指客户终止了与企业的合作关系；暂时性流失是指客户在某一段时间内没有购买行为，但是过了段时间又再次购买该企业的产品或服务了。对于永久性流失客户，企业对其无能为力，这是企业的永久性损失。对于那些暂时性流失客户，企业可以通过一定的策略，将其挽回。

案例解析

一、案例背景

一家速卖通饰品店铺运营了近 3 年。经过各方努力，店铺的销售业绩比较可观。但最近销售经理发现客户量好像少了很多，销售业绩也有所下滑。销售经理很是着急，急切地想找出原因，那么销售经理应该开展哪些工作？

二、操作步骤

（1）根据跨境客户的订单信息，找出流失客户，并做好记录。
（2）根据跨境客户流失信息，将客户按照不同流失原因类别进行分类。
（3）根据统计的跨境客户流失原因，找出跨境电商企业存在的问题。
（4）根据造成跨境客户流失的原因及企业存在的问题，做有针对性的改进。
（5）在日常工作中防微杜渐，防范客户流失。

三、案例总结

卖家要意识到保持跨境客户的重要性。在成功获取新客户之后，企业需要根据客户终身价值的大小和构成，提供相应的产品和服务，保持客户，防止客户流失。如果客户流失，跨境电商企业就需要研究客户流失情况，分析客户流失原因，并采取相应措施降低客户流失率。只有这样，才能在激烈的行业竞争中脱颖而出。

子情景二　重视跨境客户流失的原因

 学习目标

知识目标

- 能够描述跨境客户流失产生的经济效果。
- 能够对跨境电商新老客户的购物过程进行比较。

能力目标

- 能深刻理解跨境客户流失产生的经济效果。
- 能深刻够理解跨境电商新老客户购物过程的不同。

素质目标

- 意识到客户流失对跨境电商企业产生的经济效果。
- 培养管理跨境客户流失的职业素养。

微课抢先看

思政目标
- 培养学生的系统思维。

🏠 项目背景

知识导入

客户是一个公司最宝贵的财富。传统经营管理思想有个误区,其中的企业似乎只关心如何获取新的客户、如何扩大销售额,而忽略了如何保持已有的老客户。其实,老客户才是公司最具吸引力的群体。保持客户并使其增多是一个企业最重要的事情,同时又是一项艰巨的任务。

相比于国内买家,海外买家在某个店铺成交之后,一旦拥有良好的购物体验会产生更高的依赖性,很有可能再次购买。同时,速卖通上的买家中有大量的小额批发客户。通过安全的交易保障体系,这些小额批发客户绕过当地的经销商而通过跨境电商直接获得低廉的价格和优质的商品。数据表明,保留一个老客户的维护成本比开发一个新客户的成本低得多。如果我们对成交的客户好好进行管理和维护,使得他们再次购买,使新客户变成老客户,老客户变成重要客户,那么我们也能够做到轻松运管店铺,轻松赚钱。鉴于此,浙江英卡顿网络科技有限公司的跨境客服专员艾伦在吴经理的要求下,开始分析新老客户在购物上有什么不同,以及降低客户流失率对店铺有哪些好处。

🛠 任务实施

步骤1:分别归纳总结新客户的购物流程和老客户的购物流程。
步骤2:将新老客户的购物流程进行比较分析。
步骤3:根据保持客户产生的经济效益分析降低流失率对跨境电商的好处。
步骤4:在跨境客户关系管理中,既要开发新客户,又要注意加强对老客户的维护。做到统筹兼顾,防止顾此失彼,由此培养学生的系统思维。

💻 知识铺垫

一、客户的两大力量

在智力资本占有举足轻重的地位的行业中,处于同一行业的各个公司之间的业绩存在巨大的差距。导致巨大差距的原因,用常规的市场份额、经营规模、单位成本、服务质量等战略因素已无法解释。那么问题的根源究竟在哪里?美国贝恩策略顾问公司通过对几十个行业长达十年的调查,发现了人们从未注意和研究过的因素,正是这个因素足以解释上述现象及其相互间的数量关系,这个因素便是客户保持情况,换言之就是客户流失情况。西方一些领先企业的大量经营实践证明,低的客户流失率是企业经营成功和持续发展的基础和重大动力之一。客户流失率低的公司,其利润额始终保持高位,增长速度也快得多。客户流失情况之所以会产生如此大的经济效果,主要源于以下两种力量。

（一）客户数量效应

客户数量效应即客户流失情况对企业客户存量的影响。假设有两家公司，一家公司的客户流失率是每年5%，而另一家公司的客户流失率是每年10%，即前者的客户保持率为95%，后者为90%。再假设两家公司每年的新客户增长率均是10%，那么第一家公司的客户存量每年将净增5%，而第二家公司则为零增长。这样持续几年后，前者的客户存量将翻一番，而后者却没有实质性的增长。

（二）客户保持时间效应

客户保持时间效应主要表现在两方面：一方面是老客户为公司贡献更多的利润，另一方面是公司保持老客户的成本要比获取新客户的成本低得多。

美国市场营销学会客户满意手册的统计数据表明，吸引一个新客户所耗费的成本大概相当于保持一个现有客户的5倍，减少客户流失就意味着用更少的成本减少利润的流失。在成熟期的产品市场中，要开拓新客户很不容易。客户的忠诚度是一个企业能够生存发展的最重要的资产之一。在大多数情况下，企业从每位客户那里赚取的利润与其停留的时间成正比。随着客户保持年限的延长，投资回报率会呈现规律性增长。在大多数行业里，长期客户对企业的贡献随时间的延长而增加，因为高度满意的客户随着时间的增加会购买更多的产品或服务，并愿意为物有所值的产品或服务付出额外的费用。同时，拥有忠诚度的客户在已经建立信赖感的前提下的交易行为会为双方节省大量的时间成本、精力、人力，也会因客户有学习的效果而使企业可以花费较少的成本来服务客户，降低了公司的服务成本。此外，忠诚的客户会对该企业进行正面宣传，以便他人参考。他们也会把卖方推荐给其他潜在客户，进而替企业创造新的交易，从而间接地为企业创造更多的收入和利润。当面临卖方合理的价格调整时，长期客户对价格敏感度较低，不会因一点小利而离开。企业一旦无法留住客户，不仅会失去原有客户的收益，并且需要花费更多的成本去寻求新的客户以取代原有客户，因此将因客户的转换行为造成企业成本负担加重。而拥有长久且比较忠诚的客户，对企业的运营与收益较为有益。

二、跨境电商新老客户购物过程比较

一个跨境电商店铺要通过各类推广活动吸引潜在购买客户的访问，再通过店铺客服的咨询服务将其转化成正式购买客户。每一个客户的产生都要耗费大量的广告成本与人力成本。一旦这个客户成为该店铺的购买客户，如果他的购物体验很好，那么他就极有可能重复购买。下面是我们为客户规划的成长路径：

访问客户→潜在购买客户→购买客户→重复购买客户→忠实客户

很多店铺非常注重开发新客户，所以在广告投放、活动策划等环节投入巨大，而往往忽略了对老客户的维护与挖掘，付出不菲的营销费用，带来的收益增长却只有一天或相当短的时期。那么，如何使这些营销费用持续为卖家贡献效果？如何让这些费用的效果最大化？归根结底，就是如何让客户带来持续的价值。

新客户一般是通过搜索或广告进入店铺的。因为新客户第一次购买顾虑比较多，所以进店之后要看产品样式、看信誉、看销售记录、比较产品价格、看客户评价，还要询价、砍价、咨询售后服务，最后才成交购买。如果因为卖家某一个环节服务不到位或与客户沟通不畅，还很容易产生纠纷。而老客户一般通过收藏或网址直接进入店铺，因为之前有过购买经历，所以对店铺的产品与服务比较放心。老客户会比较看重样式与店内活动，简单咨询或不咨询就直接拍下付款，收货之后产生的纠纷也会比较少，满意度很高。

接下来，将对新客户和老客户的购物行为进行比较，见图11-1。显而易见，老客户比新客户的购物过程更加简化，服务成本更低。

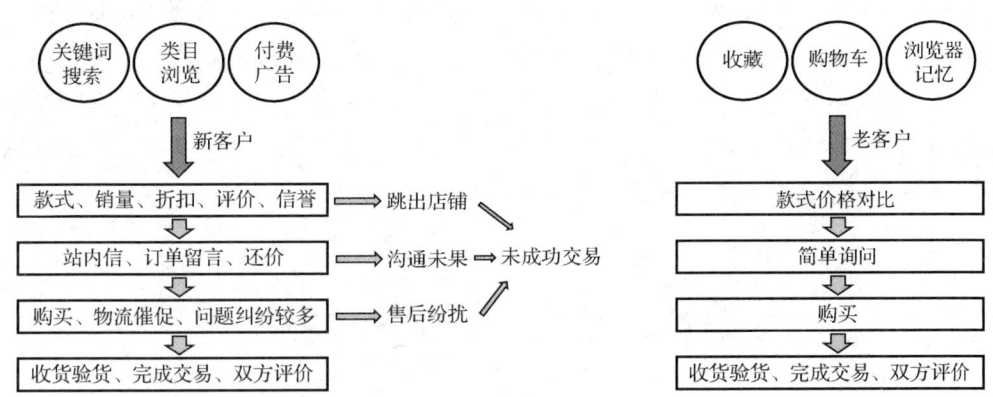

图11-1　新客户和老客户的购物行为比较

老客户不仅重复购买的开发成本更低，而且对店铺的品牌与产品更加认同，黏度很高。很多老客户一次会购买更多的产品，客单价高，并且因为对店铺较为认同，所以与卖家沟通会更加顺畅，即使卖家的服务有不到位的地方，客户也能够理解，对产品的评分也很高。还有很多客户愿意写非常精彩的好评或心得分享，给卖家带来了很好的口碑传播效果。

总之，无论是实体企业还是跨境电商环境下的企业，相对稳定的客户圈对企业而言有着至关重要的作用。它可以使企业少受许多不确定性因素的干扰，使企业能够做出高效的决策。而且稳定的客户群、极低的流失率可以扩大企业的口碑效应，公司在推出新的产品或服务时，这些稳定的客户群更容易接受。跨境电商企业能够保持稳定的客户群，就相当于企业能够保持稳定的利润收入，并且在稳定的基础上能够持续地增长。

 案例解析

一、案例背景

某速卖通店铺非常注重开发新客户，在广告投放、活动策划等环节投入了巨大的营销费用。但卖家发现有些客户在购买时，顾虑特别多，从最初交流到最终购买要花很长时间，增加了成本不说，有时弄得业务人员特别心累。当然，也有部分客户购买时很爽快，简单咨询后就会下单。业务经理要求业务员分析一下这两类客户的不同，并找出能够降低营运成本的办法。

二、操作步骤

（1）按照每次购买产品的时间长短，将客户进行分类。

（2）找出步骤（1）中分类客户的共同特性：是初次购买者？还是再次购买的回头客？

（3）分别将初次购买和再次购买的客户的购买流程进行梳理。

（4）根据新老客户购买流程的不同，找出能够帮助企业降低成本、促进客户购买的办法，具体问题具体分析。

三、案例总结

如何使广告投放、活动策划等营销费用的效用最大化，并使这些费用持续为卖家贡献效果？归根结底，这就是要思考如何让客户带来持续的价值。然而，有些跨境电商企业往往忽略了对老客户的维护与挖掘，将精力放在寻找新客户上。这样的后果就是店铺需要不断地投入广告费用、增加营销成本和营运成本。企业应该意识到保持客户的重要性，尽量降低客户流失率。只有这样，才能稳定客户群，降低企业的营运和营销成本。

子情景三 跨境客户流失率

 学习目标

知识目标

- 了解跨境客户流失的评估指标。
- 掌握跨境客户流失率的计算。
- 掌握跨境客户流失的成本核算。

能力目标

- 能正确描述客户流失的评估指标。
- 能熟练掌握客户流失率的计算原理和计算方法。
- 能正确计算跨境客户流失的成本损失。

素质目标

- 培养学生从定性、定量两个方面分析跨境客户流失。
- 引导学生树立防止客户流失的职业素养和职业意识。

思政目标

- 培养学生求真务实的探究精神。

微课抢先看

 **项目背景**

开发新客户对企业来说非常重要，但在产品供大于求、竞争激烈的市场上，新市场的开拓毕竟有限，成本亦很高。于是，保持老客户的忠诚、防止客户流失成为企业营销的一大重

知识导入

点。在激烈的市场竞争中能够脱颖而出的企业都有一个共同点，那就是客户流失率比较低。那么企业该如何评估客户流失？一般可以通过计算一系列的指标来了解相关情况，而客户流失率就是反映客户流失情况的主要指标。浙江英卡顿网络科技有限公司的跨境客服专员艾伦在吴经理的要求下，开始统计店铺的客户流失率，以便了解店铺内新老客户的占比情况。

任务实施

步骤1：统计店铺当前的客户数量。
步骤2：统计流失客户的数量。
步骤3：根据客户流失率计算原理计算流失率。
步骤4：计算客户流失率等一系列指标，能客观真实地反映客户流失情况。培养学生求真务实的工作作风。

知识铺垫

一、跨境客户流失的评估

（一）跨境客户流失率的概念

跨境客户流失率衡量的是在指定时间段内跨境电商店铺失去客户的比率，是客户的流失数量与全部消费产品或服务的客户数量的比例。它是客户流失的定量表述，是判断客户流失的主要指标，直接反映了企业经营与管理的现状。

我们可以通过客户最近一次消费距离当前的时间来鉴定客户是否流失，因此要分析客户流失就需要知道每个客户最后一次消费的时间。一般在公司的客户管理系统数据库中会有相应的客户购买信息，建议在储存客户基础信息的同时记录客户的最近一次购买时间，这样就能准确地计算客户最近一次购买距离当前的间隔时间，进而区分该客户是否流失。在获取数据时要区别产品或服务的购买周期问题。同时，需要注意的是，客户的流失可能并不是永久的，也许客户在一段时间内对店铺确实没有任何需求，那么他会离开店铺一段比较长的时间；或者流失客户也会因为跨境店铺的某次营销或质量的改善而重新回来。

在确定了客户是否流失之后，我们就需要弄清楚流失客户的数量。店铺总流失客户数的计算比较简单，以超过一个购买周期没有再次购买产品或服务即认定该客户流失，那么总流失客户数就是所有"当前时间点-客户最近一次购买的时间点>一个购买周期"的客户数量。然而，单纯的总流失客户数量对于分析是没有意义的，因为在大部分情况下这个数值是一直递增的，因此我们需要计算总流失客户数占总客户数的比例（客户流失率），以及新增流失客户数，并观察它们的变化趋势，从而分析客户流失情况。

（二）跨境客户流失率的计算

跨境客户流失率有绝对客户流失率和相对客户流失率之分，绝对客户流失率衡量的是客户流失的数量比例趋势；而相对客户流失率考虑了流失客户对公司销售额的贡献程度，更能够反映流失客户对公司的影响。因此，客户流失率有两种计算方法：

绝对客户流失率=流失的客户数量/全部客户数量×100%

相对客户流失率=流失的客户数量/全部客户数量×流失客户的相对购买额×100%

其中，

流失客户的相对购买额=流失客户的平均购买额/全部客户的平均购买额

案例

一家跨境电商店铺的客户数量从500减少到475，则它流失的客户数量为25，则：

绝对客户流失率=25/500×100%=5%

若流失的25位客户的平均购买额与全部客户的平均购买额相比是3，也就是说相对购买额为3，那么，

相对客户流失率=25/500×3×100%=15%

下面以案例说明如何计算客户流失率。

案例

据内部资料统计，某跨境电商企业2017年有业务往来的客户数量为320个，到了2021年，这些老客户只有60个还在与该跨境电商企业合作。每年与该企业还有业务往来的原有客户数量及流失率如表11-1所示。

表11-1 某跨境电商企业2017—2021年原有客户数量及流失率

	2017年	2018年	2019年	2020年	2021年
原有客户数量（个）	320	210	150	90	60
每年原有绝对客户流失率(%)	—	34.38	28.57	40	33.33

假设，只考虑原有客户的流失（含完全流失和部分流失），不考虑新增客户数量，则原有绝对客户流失率应为：

$$原有绝对客户流失率 = \frac{第N年原有客户总数 - 第M年原有客户总数}{第N年原有客户总数} \times 100\%$$

根据原有绝对客户流失率公式依次计算如下。

2018年的原有客户绝对流失率为：（320–210）/320×100%=34.38%。

2019年的原有客户绝对流失率为：（210–150）/210×100%=28.57%。

依此类推，得出2020年和2021年的原有客户绝对流失率分别为40%和33.33%。

而该跨境电商企业5年间的原有绝对客户总流失率为：（320–60）/320×100%=81.25%。

根据计算得知，原有绝对客户流失率每年为33%～40%，而5年间的原有绝对客户流失率高达81.25%之多，这意味着经过5年后，该企业的原有客户只有不到20%保留了下来，其他大部分客户基本都流失了。

如果要计算相对客户流失率，就需要先计算流失客户的相对购买额（流失客户的平均购买额/全部客户的平均购买额），然后再用流失的客户数量与全部客户数量的比值乘以流失客户的相对购买额。

例如，该跨境电商企业2017—2021年的客户数量及相对购买额如表11-2所示。

表11-2 某跨境电商企业2017—2021年原有客户流失情况

	2017年	2018年	2019年	2020年	2021年
原有客户数量（个）	320	210	150	90	60
原有客户流失数量（个）	—	110	60	60	30
年度流失客户的相对购买额	—	1.2	1.4	1.3	1.1
5年流失客户的相对购买额	1.21				
年度相对客户流失率（%）	—	41.25	40	52	36.67
5年相对客户流失率（%）	98.31				

根据相对客户流失率公式依次计算如下。

2018年的相对客户流失率为：110/320×1.2×100%=41.25%。

2019年的相对客户流失率为：60/210×1.4×100%=40%。

依此类推，得出2020年和2021年的相对客户流失率分别为52%和36.67%。

而该跨境电商企业5年间的相对客户流失率为：（320–60）/320×1.21×100%= 98.31%。

根据计算得知，相对客户流失率每年为36%~52%，而5年间的相对客户流失率高达98%。这意味着经过5年后，该企业的原有客户基本上已经不能为该企业的销售额带来贡献了。

（三）其他评估客户流失情况的指标

除客户流失率外，客户保持率、客户推荐率也能够反映客户流失情况。

1. 客户保持率

客户保持率是客户保持的定量表述。客户保持是指企业维持已建立的客户关系，使客户不断重复购买产品或服务的过程。客户保持率也是判断客户流失的重要指标，与客户流失率完全相反，客户保持率高，则客户流失率低。它反映了客户忠诚的程度，也是企业经营与管理业绩的一个重要体现。

客户保持率=客户保持数/消费人数×100%=1–客户流失率

2. 客户推荐率

客户推荐率是指客户消费产品或服务后介绍他人消费的比例。需要注意的是，客户流失率与客户推荐率成反比。

跨境电商企业还可以通过市场预测统计部门获得的市场指标来评估客户流失情况，如市场占有率、市场增长率、市场规模等，通常客户流失率与上述指标成反比。跨境电商企业还可以通过营业部门和财务部门获得的销售收入、净利润、投资收益率等收入利润指标来评估客户流失情况，以及借助行业协会所开展的各类诸如排名、达标、评比等活动或权威部门和人士所发布的统计资料判定企业的竞争力指标，从而评估客户流失情况。

二、跨境客户流失成本计算

> **案例**
>
> 一位妇女每星期都会固定在一家杂货店购买日常用品，在持续购买了3年后，有一次店内的一位服务员对她态度不好，于是她换到其他杂货店买东西。12年后，她再度来到这家杂货店，并且决定告诉老板为何她不再到店里购物。老板很专心地倾听，并且向她道歉。等到这位妇女走后，他拿来计算器计算杂货店的损失。假设这位妇女每周都到店内花25美元，那么12年她将花费1.56万美元。只因为12年前的一个小疏忽，导致他的杂货店少做了1.56万美元的生意！

计算整个企业总的客户流失率可以反映企业客户流失情况，或者说客户保持工作的总体绩效，但不能揭示客户流失或保持的真实情况和内在结构。企业如果单凭总体客户保持率来衡量客户保持工作的效果，往往会出现较大的偏差。因为客户在购买量、服务成本和购买行为方面存在差异，客户或客户群体之间的贡献价值也有所区别。例如，甲企业在2020年和2021年的客户流失率都是10%，但2020年流失的10%的客户属于高价值客户，他们的消费总额占整个企业销售总额的30%，或者他们的贡献利润占企业净利润的50%；而2021年流失的10%的客户属于低价值客户，他们的消费总额只占整个企业销售总额的5%，或者他们的贡献利润占企业净利润的3%。很明显，尽管两年的总体客户流失率是一样的，但实际上2020年的情况要比2021年严重得多，说明企业经过一系列的调整和努力，经营状况已经得到了极大的改善。因此，为了让客户流失率得到更加准确的反映，我们还需要计算企业的"基于销售额的客户流失率"或"基于利润的客户流失率"。

> **案例**
>
> 假设一家跨境电商公司有6 400个客户，由于服务的质量问题，2021年流失了20%的客户，也就是有1 280（=6 400×20%）个客户流失。平均每流失一个客户，营业收入就损失4 000元，相当于公司一共损失了5 120 000（=1 280×4 000）元的营业收入。假如公司的盈利率为10%，那这一年公司就损失了512 000（=5 120 000×10%）元的利润。而且随着时间的推移，公司的损失会更大。

或许面对单个客户的流失，很多企业会不以为然，而一旦看到这个惊人的数字，不由会从心底重视起来。除此之外，客户流失还会有潜在成本的损失。据统计，获取一个新客户的成本是保留一个老客户的成本的5倍，而且一个不满意的客户平均要影响5个人。依此类推，企业每失去一个客户，其实就意味着失去了一系列的客户，其口碑效应的影响无可估量，也就是说客户流失的成本是巨大的。为有效地防止客户流失，就要让员工真正从心底认识到客户流失问题的严重性，在日常的工作中加以防范。

案例解析

一、案例背景

经营休闲鞋服的速卖通跨境电商店铺，特别注重客户的开发，也有着不错的销量。与此同时，客户流失现象也特别严重。跨境客服专员艾伦发现有很多客户只有一次购买记录，而且距离上一次购买已经超过一个购买周期很长时间了。经计算，该店铺去年的客户数量为3 200个，而这些客户留下来的只有1 500个，客户流失率接近50%。经理要求艾伦预估流失这些客户给企业带来的损失。

二、操作步骤

（1）计算客户流失数量（=原有客户数量–留下来的客户数量）。
（2）根据公司销售额计算平均一个客户给公司带来的营业收入。
（3）用客户流失数量乘以平均一个客户给公司带来的营业收入即可估算出因客户流失造成的企业营业额损失。
（4）为了更近一步计算给公司带来的利润损失，小明先计算出了公司的盈利率，然后用损失的营业额乘以盈利率即得出了流失客户给企业带来的损失。
（5）细节决定成败，科学全面地采取合理的方式方法以避免客户流失。

三、案例总结

客户流失即意味着这些客户不再为企业创造价值、带来销售收入，更不能带来利润，对企业的可持续发展非常不利。企业应该意识到客户流失问题的严重性，尽量降低客户流失率。只有这样，才能稳定客户群，使企业稳步发展。

子情景四　跨境客户流失的原因

 学习目标

知识目标

- 熟悉跨境客户流失的内部原因。
- 熟悉跨境客户流失的外部原因。

能力目标

- 能合理分析跨境客户流失的内部原因。
- 能合理分析跨境客户流失的外部原因。

微课抢先看

素质目标

- 善于突破既定思维以寻求客户流失的内部和外部原因。
- 培养管理跨境客户流失的职业素养。

思政目标

- 强化学生的"创新"意识。

- 引导学生认识到，习近平新时代中国特色社会主义经济思想开拓了 21 世纪马克思主义政治经济学的新境界。

 **项目背景**

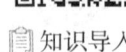 知识导入

一些跨境销售人员常说："不久前与客户的关系还好好的，一会儿'风向'就变了，客户跑了，真不明白。"客户流失已成为很多企业所面临的问题，它们大多也都知道失去一个老客户将带来巨大损失，需要企业至少再开发 10 个新客户才能弥补。但当问及企业客户为什么流失时，很多销售人员总是一脸迷茫，而谈到如何防范时，他们更是不知所措。

互联网和电子商务行业的发展对跨境电商行业来说，既是机遇，又是挑战。面对新的机遇和挑战，要抓住发展的战略期，从而迎接挑战。在竞争日益激烈的电子商务行业，如何正确了解并及时把握住当前电子商务环境下客户的行为特征及规律，从而紧紧抓住老客户，同时发展新客户；如何有效识别潜在的流失客户，分析流失原因，进而采取相应措施留住价值大的老客户，尽量减少损失，实现利益最大化和企业的发展，是每个跨境电商企业都要认真思考的问题。而在分析客户流失的原因之前，我们也需要了解跨境客户的特点。浙江英卡顿网络科技有限公司的跨境客服专员艾伦在吴经理的要求下，开始分析店铺内客户流失的原因。

 任务实施

步骤 1：根据统计的客户流失分类情况找出其共同特征，明确客户是在哪个环节流失的。

步骤 2：关注细节，科学全面系统地分析跨境客户流失的原因。

步骤 3：形成文字报告。

步骤 4：缺乏创新，是导致跨境客户流失的原因之一。使学生认识到创新的重要性，贯彻落实习近平新时代中国特色社会主义思想新发展理念：创新。引导学生认识到，习近平新时代中国特色社会主义经济思想开拓了 21 世纪马克思主义政治经济学的新境界。

知识铺垫

跨境在线客户所处的特殊消费环境和具有的特殊消费方式，使跨境客户进行在线消费不受地域限制和消费时间的影响。同时，在线客户通过互联网传递网络口碑信息使得商家影响力的传播极为迅速，客户之间相互影响的效应也尤为明显。而客户对产品和服务的选择空间大，从而导致跨境在线客户对企业的忠诚度不断减小，流动性增大，客户流失率增大。这就需要跨境电商企业分析客户流失的原因，从而对症下药，有针对性地减少客户流失。

一、跨境客户流失的原因分析

客户流失对于每一个企业来说都不可避免。跨境在线客户新特点的出现，使得在线客户流失的原因也变得多种多样。通过分析客户流失原因，有利于我们采取相应策略来降低有价值客户的流失率，真正地提高成本收益比。通常，影响跨境客户流失的因素有：①企业自身原因（产品质量、服务质量、员工流失、市场营销手段不当，如产品定位或定价不合理及企业缺乏创新等）；②竞争对手的争夺；③客户因素（被竞争对手吸引、需求发生变化、恶意离开及客观原因）；④服务细节疏忽导致客户对产品或服务不满意；⑤系统智能化、网页技术、网页设计与布局不够吸引客户；⑥售后服务（物流配送、售后服务方面及退货政策等）；⑦企业管理不善及诚信问题；⑧市场波动；等等。这些都有可能造成客户流失。

仔细观察上述影响客户流失的因素，就会发现除市场竞争及客户主观原因而导致客户流失外，其他导致客户流失的因素主要都归结于企业自身的原因，是可以控制的部分。因此，跨境电商企业可以通过找出客户流失的原因，分析企业自身存在的问题并改进，来减少客户流失情况的出现。

导致跨境客户流失的最关键因素，一般表现在以下几个方面。

（一）跨境客户流失的内部原因分析

1. 员工跳槽

在跨境电商企业平时的业务往来中，由跨境电商企业的营销人员直接与客户联系，如果跨境电商企业缺乏对客户信息和客户关系的规范管理，就会造成客户只认销售人员、不认企业的现象。一旦销售人员跳槽到竞争对手的企业，客户就很容易在销售人员的鼓动下被带到竞争对手那里，从而带来相应客户的流失，与此同时带来的是竞争对手实力的增强。

2. 服务差使客户不满意

员工是企业的名片，每个员工的言行都直接或间接地影响客户的思维和情感，从而对客户的购买行为产生推动或阻碍作用。在跨境电商企业日常的工作中，通常以销售人员为核心开展工作，其他部门提供服务和支持。如果企业各部门间缺乏必要的沟通机制，员工在工作中没有"营销的观念"，认为自己的工作与销售无关，不会影响公司的经营业绩，那么员工的服务意识就会淡薄，会让客户在购物过程中产生不满情绪，不再继续到店铺消费。例如，员工较为傲慢，客户提出的问题不能得到及时解决，咨询无人理睬，投诉没人处理，服务人员工作效率低下，没有及时发货，销售过程中售前态度和售后态度相差很大，成功地收到订单后就不再当别人是客户等，都会直接导致客户不满意，进而导致客户不会再次购买企业的产品或服务。当客户对跨境企业服务质量感到不满且问题得不到解决的时候，客户就会转而投向竞争对手。这部分客户对企业造成的负面影响很大，而且这些客户回归的可能性很小，挽回这些客户需要投入大量的精力和物力。

3. 诚信问题

客户一旦认为跨境电商企业有诚信问题出现，往往会选择离开，不再光顾店铺。

有些跨境电商企业为了笼络客户，夸大宣传和承诺，将客户的期望抬得过高，但是很多时候由于超出企业的能力范围而无法兑现承诺，客户很可能会更加失望。例如，有时候为了使自己的产品看起来比较吸引眼球，卖家会在图片处理时或多或少地添加一些产品本身没有的效果。这样会给客户一个美好的心理预期，从而提高了客户对商品的期望值。然而，一旦客户收到的实物与图片差别很大，就会非常失望。此时，卖家要积极主动地向买家解释，并提供原有的图片。如果只是因为小部分修图处理造成的色差，合理的解释还是能赢得客户信任的。其实，卖家在上传产品图片时，可以展示多角度的细节图，尽量让买家对产品有真实、全面的视觉印象。不然，就会给客户留下不诚信的印象，使其从此不再光顾店铺。

如果企业将期望定得太低，则无法对客户产生足够的吸引力。因此，跨境电商企业一定要尊崇如下两个基本原则。

第一，做到才能说到，说到一定做到。首先要了解企业的能力与客户的需求，其次要实事求是地给出承诺。

第二，一旦做出承诺，就一定要确保承诺得到履行，通过加强对执行环节的监控等手段为客户提供符合或超出承诺的服务。客户可能对产品和服务的多个属性都有一定的期望，如产品质量、服务反应速度、价格稳定性、服务人员素质等，这些属性对客户而言不可能是同等重要的，只要在客户认为非常重要的属性上表现优异，就能够抓住客户的心，长期保持该客户。例如，戴尔公司发现客户在网上购买计算机时，特别在意订单处理的速度与准确性、价格优惠程度、产品服务质量和网站页面友好程度等属性，因此戴尔公司便根据自身的能力，集中精力在订单处理、产品质量和售后服务这三个方面进行改善，深得目标客户的喜爱。

4. 质量不稳定

企业产品质量不稳定，导致客户利益受损，这是经常能够看到的，相关的案例也特别多。

> **案例**
>
> 凭借厂家的高返利政策，某跨境电商企业与国外某经销商A达成了交易，首批货很快在A所在地试销成功。但由于产品质量不太稳定，第二批货部分指标不合格。面对与该客户近10万元的交易，该跨境电商企业一心想保住自己的利益，就隐瞒了实情，结果遭到了国外经销商A的投诉和索赔，并最终断绝了与该跨境电商企业的合作关系。

5. 企业缺乏对员工的培训

某些跨境电商企业没有系统的员工培训计划，很多时候都是进行最简单的岗前培训，或者让老员工带新员工，导致员工不能完整、全面地获得相关的知识和技能，对企业的文化了解不深，以及缺乏对物流市场或竞争对手的了解，工作混乱，员工工作技能的提高基本依赖个人的学习和积累。如果没有针对性的知识或服务技能培训，销售或客户服务人员在遇到突发事件时不知如何处理，接到客户投诉时也束手无策，经常听之任之甚至置之不理，很容易造成客户流失。同时，缺乏对员工的系统培训，会使员工失去对企业的归属感，极大地影响员工的积极性，也会影响客户继续与公司合作的态度，造成客户流失。

6. 缺乏创新

如果跨境电商缺乏创新，客户就可能"移情别恋"。任何产品都有自己的生命周期，随着市场的成熟及产品价格透明度的提高，产品带给客户的利益空间往往越来越小。在B2B、B2C的商业关系中，若跨境电商企业不能及时进行创新，当竞争对手推出功能更多和质量更高的产品和服务时，客户就会转移。特别是随着产品生命周期的行将结束，产品带给客户的利益空间也会越来越小。这时候，企业如果不能够在技术和质量上及时创新，就会丧失对客户的吸引力，客户也就会另寻他路，使用其他产品，毕竟利益才是维系企业与客户之间关系的最佳杠杆。

7. 价格

产品的价格往往是客户最为关注的因素。同样的商品，大部分人都会选择价格相对低的店铺进行消费。

8. 客户关系

如果企业不注意维持和客户的关系，不注重客户关系的有效管理，势必会加重客户的流失。因此，企业应对客户关系管理给予充分的重视，认真分析客户流失的原因并着手改善和解决。

9. 企业自身业务衰退或倒闭

任何企业在发展中都会遭受震荡，企业的波动期往往是客户流失的高频段位。如果企业资金出现暂时的紧张，如出现意外的灾害等，会让市场出现波动，这时候嗅觉灵敏的客户也许就会出现"倒戈"。

（二）跨境客户流失的外部原因分析

1. 竞争对手夺走客户

任何一个行业的客户毕竟都是有限的，特别是优秀的客户，更是弥足珍贵。而任何一个品牌或产品肯定都有软肋，竞争对手往往最容易抓到的就是软肋，一有机会，就会乘虚而入，进而造成客户流失。同时，为了能够迅速地在市场上获得有利地位，竞争对手往往会不惜代价，采取优惠、特价、折扣等措施来吸引客户，将原先属于本企业的客户挖走。

2. 客户忠诚度水平低

客户忠诚是实现客户不断重复购买的保证，客户忠诚度低也是跨境电商企业容易流失客户的一个原因。通常，忠诚的客户不容易流失。对于比较忠诚的客户我们要加以重视，不能因为管理或服务不到位而失去这些客户。

忠诚的客户对价格不敏感，愿意为企业的优质产品和服务支付较高的价格，愿意为企业做有利的口头宣传。他们一般不易受到竞争对手的影响，较少花费时间和精力收集其他企业的信息，不会因其他企业的促销措施而改购其他企业的产品和服务。例如，忠诚度高的客户在预订酒店客房时很少询问房价，相比于忠诚度低的用户更容易使用企业的其他服务（洗衣等）。忠诚度高的客户还会为酒店做正面的口头宣传，向朋友和同事推荐。

那么，我们该如何判断客户忠诚度是否高，从而判定他们是否容易流失？可以用下列标准衡量。

（1）重复购买次数。在一定时期内，客户对某一品牌的服务或产品的重复购买次数越多，说明对这一品牌的忠诚度越高，这类客户就不容易流失。

（2）购买挑选时间。客户购买商品都要经过挑选这一过程，但是由于信赖程度的差异，对不同服务或产品，客户挑选的时间是不同的。根据购买挑选时间的长短，可以确定客户的品牌忠诚度。通常来说，客户挑选的时间越短，说明他对该品牌的忠诚度越高；反之，则说明他对该品牌的忠诚度越低。在利用客户购买挑选时间测定品牌忠诚度时，也要考虑服务或产品的属性。对于个别属性的服务或产品，客户几乎对品牌不太介意；而对于化妆品、酒、烟、计算机、汽车等产品，品牌在客户做出购买决策时则起着举足轻重的作用。

（3）对价格的敏感程度。客户对价格都是非常重视的，但这并不意味着客户对服务或产品价格变动的敏感程度相同。事实表明，对于喜爱和信赖的服务或产品，客户对其价格变动的承受能力强，即敏感度低；而对于不喜爱和不信赖的服务或产品，客户对其价格变动的承受能力弱，即敏感度高。

（4）对竞争品牌产品的态度。根据客户对竞争品牌的产品的态度，可以从反面来判断其对某一产品忠诚度的高低。如果客户对竞争品牌的产品有兴趣并有好感，那么就表明他对本品牌产品的忠诚度较低；而如果客户对竞争品牌的产品不感兴趣，或者没有好感，就可以推断他对本品牌产品的忠诚度较高。一般来说，对某种产品或服务忠诚度高的客户会不自觉地排斥其他品牌的产品或服务。

（5）对产品质量的承受能力。任何服务或产品都有可能出现由各种原因造成的质量问题。如果客户对该品牌服务或产品的忠诚度较高，当服务或产品出现质量问题时，他们会采取宽容、谅解和协商解决的态度，不会由此而失去对它的偏好；而如果客户的品牌忠诚度较低，当服务或产品出现质量问题时，他们会深深感到自己的正当权益被侵犯了，可能产生很大的反感，甚至会通过法律方式进行索赔。

3．客户记不住店铺的名称

这种情况在电商网上经常可以看到。有时，客户为了购买某一东西，随便选择一家店铺进行购买，但并没有记住该店铺的名称，等到下次再购买时，会再次随便选择一家店铺进行购买。

案例解析

一、案例背景

某速卖通跨境电商运营了3年之久，非常注重开发新客户，在广告投放、活动策划等环节投入了高额营销费用。虽然这带来了不少新客户，但老客户流失现象也特别严重。业务经理要求业务人员分析客户流失的原因，以便后续制定相应的对策。

二、操作步骤

（1）根据流失客户特点，将流失的跨境客户分为不同类别。

（2）关注细节，深入分析流失客户的特点，包括流失频率、流失环节、流失时间等。

（3）对比有长久业务往来和已流失的跨境客户特点、购买特点、购买频率和金额，找出差异点。

（4）从公司内部及外部环境上科学全面地找出导致客户流失的原因，为后续制定相应的防止跨境客户流失的对策做铺垫。

三、案例总结

在竞争日趋激烈的电子商务行业，客户拥有量决定了一个企业能否长久发展。跨境电商不能一味地寻求新客户，不重视保留老客户，而是要在寻求新客户的同时，分析已有客户的特点和心理，然后根据客户的特点，从企业内部和外部环境寻求有可能导致客户流失的原因，后续再制定出相应的对策来留住老客户。

子情景五　避免跨境客户流失和挽回流失客户

学习目标

知识目标

- 了解制定防止跨境客户流失策略的原则。
- 掌握防止跨境客户流失的措施。

能力目标

- 能根据跨境客户的流失原因合理制定防止客户流失的措施。
- 能良好地运用防止跨境客户流失措施挽回流失的客户。

素质目标

- 具备管理跨境客户流失的职业意识。
- 培养管理跨境客户流失的职业素养。

思政目标

- 培养学生形成具体问题具体分析的辩证思维。
- 让学生深刻领悟习近平总书记关于历史问题和历史思维的重要论述。

项目背景

随着网络市场竞争越来越激烈，很多企业已经意识到发展一个新客户所花费的成本要远远高于留住一个老客户，因此老客户成为各大企业极力想要保持的重要资源。然而，客户的流失是每个企业都要面对的问题，采用什么样的方法对在线客户的流失进行预测、识别，以及采取怎样的策略尽量挽回有价值的客户，成为每个跨境电商企业都需要认真思考的问题。浙江英卡顿网络科技有限公司的跨境客服专员艾伦在吴经理的要求下，开始制定措施防止客户流失。

任务实施

步骤 1：对比跨境客户流失的原因，将造成客户流失最主要的一些原因列为重点整改的内容。

步骤 2：根据客户流失原因，结合跨境电商企业自身情况，科学合理地制定切实可行的防止客户流失的措施。

步骤 3：在制定防止跨境客户流失策略中，需要具有针对性。培养学生具体问题具体分析的辩证思维。同时，还需要从历史的角度，合理分析以往客户流失的原因。由此，让学生深刻领悟习近平总书记关于历史问题和历史思维的重要论述。

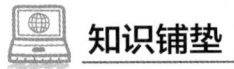 **知识铺垫**

一、制定防止跨境客户流失策略的原则

客户发生流失的原因复杂多样，若要减少客户流失，企业需要结合自身特点、客户定位群体等进行具体分析。一般企业在制定控制客户流失的策略时，都要考虑其策略的可信性、可靠性及可操作性，对于跨境电商来说，这些原则同样适用。但跨境电商企业在制定控制客户流失的策略的时候，还应考虑其本身具有的特性，并且结合其与一般企业的相似性及差异性。通常，跨境电商在制定控制客户流失的策略时需要考虑以下几个原则。

（一）实用性

任何策略都不是凭空想象出来的，都必须能够具体实践操作、具有使用价值。如果跨境电商制定出来的防止客户流失的策略不具有实用性，最终也起不到任何效果。

（二）时效性

由于互联网技术的高速发展，市场相关信息逐渐透明化，使得客户的要求也随之越来越高。跨境电商企业如果不能及时了解客户的需求，就可能被客户所抛弃。跨境电商企业必须及时准确地掌握客户动向，对流失客户采用的策略必须能够达到立竿见影的效果，否则其控制策略就没有起到应有的作用。

（三）整体性

有些跨境电商企业制定的控制客户流失的策略是着眼于短期市场发生的一些变化而采取的临时控制措施，虽然这些策略考虑到了时效性，但大多数这样的措施在被考虑时由于较为匆忙，考虑的因素不全面，制定出的策略没有从整体出发。为避免出现相互重叠、矛盾的局面，制定的控制策略相互之间需要整体协调，在考虑时效性的同时，也要全局考虑策略的整体性。

（四）针对性

在对跨境店铺流失客户进行分析的时候，要进行有针对性的深入分析，因为影响这些客户流失的因素各不相同。在制定防止客户流失的策略时应注意分清主要因素及次要因素，找出那些对客户流失起决定作用的关键因素，并根据关键因素制定出合适的控制策略。

二、防止跨境客户流失的措施

如果跨境电商企业想留住客户、有效地控制店铺客户流失，通常可以采取以下措施。

（一）提高店铺产品的价格竞争力

产品价格无疑是关乎跨境电商企业生死存亡的问题。跨境店铺可为异国客户呈现直观的

商品及服务，这使得交易和服务可以突破时间和空间限制，客户随时随地能够精心挑选和货比三家，所以店铺更应关注产品价格，结合多方面因素制定所售产品的价格。

通常客户都有追求物美价廉的消费心理，如果卖家制定的价格不够诱人，将很快被互联网所淘汰。过低的价格，尽管有时能够吸引客户，但从长远来看，利用低价销售，将减少店铺盈利，会使店铺后续的产品及服务质量降低。而且过低的价格将使客户对产品的质量产生怀疑，因此基于此吸引来的客户很容易流失。因此，跨境电商企业在制定有竞争力的价格之前，必须对市场进行分析，以市场为导向，结合店铺经营成本，建立合适的价格机制。同时，可以通过明确产品价格优惠权限，通过产品和服务差异化转移店铺客户对价格的敏感度。

（二）增强店铺品牌效应

与在传统卖场中购物一样，跨境客户在网购时更多还是购买品牌商品。因此，跨境店铺也应意识到产品品牌的重要性，实行品牌经营，树立品牌意识，将品牌建设列入工作范畴。当跨境客户认可店铺的品牌理念后，就不会随意地转移到其他同类商品店铺进行消费了。店铺品牌的建设要结合消费者的需求，不拘泥于理论，这样才能设计出更为合理的网站结构。数据调查表明，从男女在网站购买品牌商品的类别来看，女性的选择会涉及很多类别，而男性主要对体育商品进行品牌消费，更多地关注实用性商品。对此，跨境电商营销可以针对男女不同的特点，引导客户消费，在店铺中分别设置男性区和女性区。在不同区设置不同的品牌空间，就是一个很好的营销理念。

（三）加强产品质量管理

质量是产品实体价值的体现，好的质量能够增加产品的价值。通用电气公司前董事长杰克·韦尔奇说过，质量是通用维护客户忠诚度最好的保证，是通用对付竞争者的最有力的武器，是通用保持增长和盈利的唯一途径。客户关注企业的产品，并不代表客户就对企业满意和忠诚。必须促进客户达成消费和重复消费，才能锁定客户，进而提高客户的忠诚度。在市场同质化竞争日趋激烈的情况下，企业必须重视产品的质量，采用多种创新技术和手段来提高产品的科技含量，以新颖、高质量的产品立足于市场。优胜劣汰是市场经济发展的必然结果，也是市场经济主体参与市场竞争、实现健康良性发展的内在要求。

在跨境电子商务模式下，客户可以轻易地货比多家，根据销量排序、信用排序、综合排序等多种方式来选择质量更好、服务更优的电商和产品。如果电商的产品质量不高，客户在消费一次后，就可能不会再继续关注，而是继续探寻质量更好的电商和产品，久而久之，产品质量不高的电商的关注度就会越来越低，产品销量就会越来越少，导致企业经营管理最终走向失败。而产品质量高的电商则会让客户满意度和忠诚度越来越高，产品销量越来越多，企业效益就能实现良性循环。因此，产品的质量对于跨境电商企业来说至关重要，是企业的生命，直接影响企业的生存。跨境电商企业只有在产品的质量上下功夫以保证产品的耐用性、可靠性、精确性等价值属性，才能在市场竞争中取得优势，才能为产品的销售及品牌的推广创造一个良好的运作基础。质量是"根"，品牌是"叶"，"根深"才能"叶茂"，唯有此才能真正吸引客户、留住客户。否则产品在质量上令客户不满意，客户就不会长久地给企业带来荣誉和财富。另外，电商在网上提供的商品应当与实际提供的商品是一致的。不能以次充好，以彼代此。如果二者不一致，客户就会感觉电商信用不好，会有受骗上当的感觉，也就无从谈及再次购买了。

（四）建立良好的跨境客户信息管理系统，加强跨境客户关系管理

很多营销人员跳槽能带走客户，很大的原因就是企业对客户情况不了解，缺乏与客户的沟通和联系。跨境电商企业只有详细地收集客户资料，建立客户档案，进行归类管理并适时把握客户需求，才能真正实现"管理"客户的目的。当客户数量累积到一定程度时，跨境电商企业可以引进新型的客户关系管理软件。市场上流行的客户关系管理（CRM）给企业提供了了解客户和掌握客户资料的条件，它主要是使用通信和互联网技术实现对客户的统一管理，建立客户档案，注明其名称、地址、资金实力、经营范围、信用情况、销售记录、库存情况等。

跨境电商企业可以根据完善的客户资料做到对客户的情况了然于心。通过客户管理系统，跨境电商企业可以利用信息科学技术实现市场营销、销售、服务等活动的自动化，使企业能更高效地为客户提供满意、周到的服务，以提高客户满意度、忠诚度。通过对数据进行整理，可以定期联系客户，定期沟通，提升企业的服务。同时，通过提高现有客户的满意度，可以达到挖掘客户潜在价值的目的，从而赢得更多高价值的客户。企业可以通过建立客户关系管理系统来保持和赢得更多的客户，提高企业的竞争力，从而提高企业利润，防止客户流失。

通过客户管理系统，跨境电商企业可以根据"客户金字塔"模型，考虑客户为企业贡献利润的大小，将客户从高到低分为 VIP 客户、主要客户、普通客户和小客户，从而确定需要重点维护的客户群体。例如，考虑把给企业创造价值最多的 1%的客户划为 VIP 客户，把贡献介于 VIP 客户和普通客户的 4%左右的客户定为主要客户，把为企业提供一定数量的盈利的客户划为普通客户，而其他对企业贡献度低的定为小客户。跨境电商企业应该保证 VIP 客户、主要客户和普通客户优先占有绝大部分的企业资源。尤其针对 VIP 客户，可以专门为其提供优先条件，最大限度地实现对其的保留。还可以给不同等级的客户设定不同的优惠政策，如积分兑换、折扣。这样既满足了细分客户的需求，也满足了客户情感的需求，尤其当优质客户获得了相对优质的服务时更会增加其对公司的满意度，从而防止客户流失。

我们还可以通过客户管理系统判断客户的价值。终身价值高、战略重要性高、管理难度低的客户是跨境电商企业重点保持的对象，而其他的客户群体可以对其采取有选择地保留的策略。根据其价值变化的趋势来调整保持的力度及方法，从而做到有针对性地保持客户，防止客户流失。

（五）实行差异化、个性化营销策略

跨境电商市场发展到今天，多数产品无论在数量上还是质量上都极为丰富，跨境客户能够以个人心理愿望为基础挑选和购买商品或服务。现代跨境客户往往富有想象力，渴望变化，喜欢创新，有强烈的好奇心，对个性化提出了更高的要求。他们所选择的已不仅仅是商品的实用价值，更要与众不同，充分体现个体的自身价值，这已经成为他们消费的首要标准。在跨境客户对不同领域的创新倾向和行为有明显差异的情况下，跨境店铺要想吸引客户、保持客户的兴趣、防止客户流失，就必须差异化地对待客户，为他们提供个性化的服务。跨境电商企业要对不同的客户进行分析，了解他们的需求，从而为他们量身定制个性化的信息、产品及服务。如果客户需求量比较大、需求业务种类繁多，跨境电商企业就必须能够提供多样

化的解决方案以满足他们的需求。

（六）提高服务质量

在跨境电子商务快速发展的今天，企业比的不仅仅是价格，还有产品的质量和服务。高质量的产品和优质的服务是跨境电商赖以生存、持续发展的根本。店铺的服务态度、服务质量的高低将直接影响客户对店铺的印象。这就需要跨境电商企业帮助员工树立"客户至上"的意识，认识到维系客户的重要性。只有认识到客户的重要性，跨境电商才能真正为客户着想，使客户满意。同时，还要培养员工的服务意识，在企业建立"无客户流失"文化，并将其渗透到员工的观念上，贯彻到员工的行动中。

跨境电商的售前、售中和售后服务，一定要及时并有亲和力。客服一定要耐心、细致地解答客户的疑问，将产品的优势和特点及使用感受借助图文并茂的在线交流方式，尽可能详尽地传达给客户，以打动客户。这样，不仅能给客户带来"上帝"的感觉，而且也会增加客户对产品的好感，从而促进客户的消费。在消费达成后，售后客服要及时发货。发货的效率非常重要，因而电商选择合适的物流，也是非常重要的。送货是否及时，同样也会影响客户是否会再次购买。如果在售后环节发生客户抱怨，甚至投诉的情况，售后客服一定要坚持从客户的角度出发，换位思考地积极协助解决。企业的优质服务能让客户在愉快的心情下完成购物。跨境电商的优质服务应当是主动而热情的服务，在整个消费过程中，客户自始至终都能获得美好的消费体验，从而吸引客户，保持客户，防止客户流失。

> **案例**
>
> 当买家光顾你的店铺、询问产品信息时，要亲切、自然地表达出你的热情。这里给出一个优秀卖家的客服回复模板，供参考。
>
> Hello, my dear friend. Thank you for your visiting to my store, you can find the products you need from my store. If there is not what you need, you can tell us, and we can help you to find the source, please feel free to buy anything. Thanks again.
>
> 发货之后提醒买家已经发货，如下模板供参考。
>
> Dear fried, your package has been send out, the tracking NO. is ×××× via DHL, please keep an eye on it, hope you love our hair and wish to do more business with you in the future. Good luck!
>
> 当完成交易时，表示感谢，并希望他能够再次购买，如下模板供参考。
>
> Thank you for your purchase. I have prepared you some gifts, which will be sent to you along with the goods. Sincerely hope you like them. I will give you a discount if you like to purchase other products.

（七）倾听跨境客户的意见和建议

客户与企业间是一种平等的交易关系，跨境电商企业应尊重客户，认真地对待客户提出的各种意见及抱怨，并真正重视起来，才能有效地改进。在客户抱怨时，跨境电商企业的营销人员要认真对待，及时调查客户的反映是否属实，迅速将解决方法及结果反馈给客户，并提请其监督，让客户觉得自己得到了重视，企业对自己的意见有所考虑，以增加其合作的忠诚度，防止流失。

同时，客户意见是企业创新的源泉。通过客户意见的反馈，跨境电商企业可以得到有效的信息，将其融入企业各项工作的改进之中，这样一方面可以使老客户知晓企业的经营意图，另一方面可以有效调整企业的营销策略以适应客户需求的变化，并据此进行创新，促进企业更好地发展，为客户创造更多的价值。客户反馈的信息不仅包括企业的一些政策，如新制定的对客户的奖励政策、返利的变化、促销活动的开展、广告的发放等，而且还包括产品的相关信息，如新产品的开发、产品价格的变动等。

（八）加强与跨境客户的沟通

如果客户是属于经销商性质的，跨境电商企业还可以向客户灌输长远合作的重要性及好处，并对其短期行为进行成本分析，指出短期行为不仅会给跨境企业带来很多不利，而且会给客户本身带来资源和成本的浪费。双方合作的目的是追求双赢。长期合作可以保证产品销售的稳定，使跨境电商获得持续的利润，以及更大程度的支持。同时，企业还可以向老客户充分阐述自己企业的美好远景，使老客户认识到自己跟随企业能够获得长期的利益，从而不会被短期的高额利润所迷惑而投奔竞争对手。

（九）进行跨境客户满意度调查

研究表明，客户每四次购买中会有一次不满意，而只有 5%的不满意客户会抱怨，大多数客户会少买或转向其他企业。因此，跨境电商企业不能以抱怨水平来衡量客户满意度，而是应该通过定期调查，直接测定客户的满意状况。测定的方法是在现有的跨境客户中随机抽取样本，向其发送问卷，以了解客户对公司业绩各方面的印象。企业还可以通过电话或邮件的形式向最近的买主询问他们的满意度情况。测试可以分为高度满意、一般满意、无意见、有些不满意、极不满意。一般而言，客户越是满意，再次购买的可能性就越高。跨境电商企业只有了解了客户存在的不满意才能更好地改进，从而赢得客户的满意，防止老客户的流失。

（十）与跨境客户建立感情联系

感情是维系客户关系的主要方式，节日的真诚问候、过生日时的一句真诚祝福，都会使客户深为感动。交易的结束并不意味着客户关系的结束，在售后环节，企业还需与客户保持联系，以确保关系持续下去。维系客户关系是企业工作的目的。

（十一）提高跨境客户转移成本、降低机会成本

转移成本是指客户结束与现有企业的关系、建立新的替代关系的成本（包括经济与非经济成本）。当客户的转移成本较高时，其忠诚度会更高，具体体现为客户将长期与企业保持联系，并持续从企业购买产品或服务；反之，如果客户转移成本低，则客户忠诚度低，企业将更容易流失客户。提高转移成本将降低客户搜索其他跨境电商的努力，限制客户的购买决策过程。因此，转移成本是跨境电商及客户都需要考虑的一个问题。而客户自己，如果轻易地转换目标店铺，投入的时间、精力以及拥有的原有店铺会员的一系列优厚政策将会丧失。当和一个企业的客户关系持续时间越长时，客户的转移成本也越高，这将使客户的忠诚度提高。跨境电商可以基于此采取一些会员优惠、积分兑换礼品、售后服务延长等活动来增加客户的转移成本，使客户不愿意更换店铺。然而，在现在激烈的市场竞争中，竞争对手往往试图削

弱客户对转移成本的感知，如竞争对手可以为原企业的客户直接提供客户在原企业所获得的折扣，或者采用主动推销、免费送货等方式来增加客户对其企业产品的认知。

跨境电商企业要慎用通过提高客户转移成本来防止客户流失的方法，不然会给客户一种被动、不乐意的感觉。有的时候这种感觉越强，客户重新考虑商家的意愿则越大，甚至会把这种不满传递给周围的人群，这无疑将大大增加企业获取新客户的难度。

机会成本同样也是跨境客户即店铺本身需要考虑的另一个问题。机会成本可以理解为选择一种方式时所牺牲掉的选择其他所有方式能够带来的益处。跨境客户选择网上购物意味着放弃了实体商店购物，而在实体商店购物中享有的各种益处就构成了客户此次购物的机会成本，如可以直接接触产品，清楚地知道产品的质量、提供的一系列的优惠活动等。因此，减少客户购物的机会成本也是降低客户流失率必须考虑的因素。跨境电商企业可以为客户提供丰富的店铺链接，对客户提供更多的关怀，深入了解客户需求，为其提出有高客户价值的问题解决方案，让客户能够在购前、购中、购后都能感到满意，降低客户的机会成本，从而减少客户流失。

（十二）加深跨境客户对店铺的印象

有时客户记不住店铺名称，便随便选择一家店铺购买商品。为防止这类客户流失，跨境电商企业就要在如下几个方面努力。

（1）提高产品网页的设计水平。独具特色的网站设计风格能给客户带来良好的个性化第一印象；网站内容的丰富程度和图文的生动形象，不仅能吸引客户，还能让其在浏览和欣赏的过程中体验到消费的乐趣。

（2）创新产品宣传推广策略，以独具创意的方式，吸引客户参与消费。例如，使用网络流行语言、定期举办活动，根据节假日集中开展促销活动，如"黑五"等。

（3）提供便捷的在线自助服务，使客户能自行解决可能出现的问题，而不必非要等待客服回复。

（4）跨境电商企业可以针对客户类型给予客户VIP身份并给予特殊的优惠政策，通过不断变化的促销方案回馈老客户。

另外，企业还可以根据客户类型提供丰富有效的产品资讯、专业知识等以提升客户黏性，以及通过不定期的短信、邮件回访让客户加深印象，使客户在情感上更加忠诚于企业，从而多次回购，防止客户流失。

三、防止跨境客户流失策略的应用

降低客户流失率对跨境电商企业而言是非常重要的。只有长期留住客户，才有可能获得客户的终身价值，使得企业可以在更长的时间内分摊获取该客户的成本，有更多的机会与客户接触，从而培养客户的个人感情和品牌忠诚，进而使客户购买更多的产品，降低交易成本并为企业带来利润。

客户流失管理既是一门艺术，又是一门科学，它需要企业不断地去创造、传递和沟通优质的客户价值，这样才能最终获得、保持和增加客户，提高企业的核心竞争力，使企业拥有立足于市场的资本。如果跨境电商企业不能给客户提供优质的产品和服务，就不会建立较高的客户忠诚度，客户就不可能为企业创造丰厚的利润并与企业建立牢固的关系。因此，跨境电商企业应实施全面质量管理，在产品价格和质量、服务质量、客户满意度等方面形成优势。此外，还要建立客户档案，加强客户关系管理，加强与客户的沟通，加深客户对店铺的印象，倾听客户的意见和建议，实行差异化、个性化营销并与客户建立感情联系。同时，跨境电商企业还可以通过提高跨境客户的转移成本、降低机会成本来保留客户，防止客户流失。

但在客户保持活动中，由于客户流失的原因不同，客户挽留的成功概率不同，客户挽留的价值也不同。跨境电商企业应根据客户流失的具体原因选定挽留客户群。趋利流失的客户和失望流失的客户有可能挽留成功，因此适于被选为挽留对象，其中，挽留的重点应选择失望流失的客户。因自然消亡原因或需求变化原因造成的客户流失，一般来说，企业的挽留策略是无效的，因此不适合选为挽留对象。但对有实力的企业来说，如果流失的客户群对企业的生存和发展非常关键，也可以通过扩展业务范围或研发创新产品等方法加以挽留。

同时，跨境电商企业要知道客户流失是不可避免的，而且适度的客户流失有时更加有利于企业的良性发展，因为客户的价值不是固定不变的，而且客户的需求也会随着各种因素的变化而变化，企业需要做的不是消除客户流失，而是确保将流失率控制在较低水平。当客户的确不再对企业的产品和服务有客观需求，或蜕变为低价值客户，或挽留成本严重超过利润贡献，主动放弃该客户会提高企业的整体盈利水平，方便企业集中资源更好地服务有价值的客户。因此，在提高客户保持率的同时，跨境电商企业要监测客户对企业利润的影响，不要因盲目地保持客户而损害了企业的长期盈利能力。

 案例解析

一、案例背景

某速卖通跨境电商在运营过程中非常注重客户的开发和维护，除开发新客户外，每隔一段时间客户经理就会要求业务人员分析客户流失情况，分析客户流失的原因，并制定相应的对策。

二、操作步骤

（1）确定和衡量企业的跨境客户流失率。
（2）找出导致跨境客户流失的原因，并找出可以改进的地方。
（3）估算当企业失去这些不该失去的跨境客户时所导致的利润损失。
（4）计算为降低跨境客户流失率、保持客户所需要的费用。如果这些费用低于因失去客户而损失的利润，企业就应该花这笔钱去保持客户。

三、案例总结

越来越多的跨境电商企业意识到保留老客户对企业发展的重要性，在了解到有可能导致客户流失的原因后，跨境电商企业需要从企业内部因素和外部因素着手，制定出相应的具有实用性、时效性、整体性和针对性的防止客户流失策略，从而牢牢抓住老客户。当然，在制定策略时，企业应比较特定客户能为企业带来的利润及企业为保有该客户所需花费的成本，进而决定是否要挽回该客户，从而实现企业利益的最大化及可持续发展。

**课后延伸阅读**

展会如何赢返流失的客户

一个成功的展会必然要拥有良好和稳固的客户关系。据不完全统计,展会的客户流失率很高,有的甚至高达75%。任何展会都不希望自己的客户大量流失。客户暂时流失,展会一般还会继续跟踪该客户,并希望通过努力来赢返他们,而不至于让他们永久流失,那么,展会如何才能赢得这些流失的客户?

一、了解客户流失的原因

赢返流失的客户,既有优势又有困难:优势在于展会已经拥有该客户的大量信息,可以很方便地分析出该客户的特征和偏好;困难在于重新树立该客户对展会的信心,这绝非易事。为了赢返流失的客户,展会必须先弄清楚客户流失的原因。

二、了解客户流失类型

(1)展会有意摒弃的客户:因不具备潜在价值或不符合参展(参观)要求而被展会主动摒弃的客户。

(2)需求无法满足的客户:试图挽留,但因展会本身功能无法满足客户的参展(参观)需求而流失的客户。

(3)被竞争对手吸引的客户:不是因为竞争对手的价格更低,而是因为他们的展会对该客户而言价值更大。

(4)低价寻求型客户:认为本展会的价格太高,因而转向更低价格的同类展会而流失的客户。

(5)条件丧失型流失的客户:因客户本身的某些条件发生变化,如其产品市场方向改变、产品转产、受突发事件影响、营销策略调整等原因而流失的客户。

(6)服务流失型客户:因不满意展会的服务而流失的客户。

上述流失的客户,除非条件发生变化,展会对(4)和(5)的某些客户基本不抱太大的赢返希望,对第一种客户基本上也没有赢返的打算。展会希望赢返的客户,主要是(2)(3)(6)这三种客户。

三、赢返流失客户的关键

为客户创造更多的价值是赢返流失客户的关键。价值是客户的选择,也是其忠诚度的晴雨表,一旦展会停止了为客户创造更多价值的脚步,客户最终必将远离展会而去。要更多地为客户创造价值,展会可以从两个方面入手。

(1)提高客户感知的价值收益。客户能从展会上感知的价值是由五个部分组成的:展会价值、服务价值、人员价值、形象价值和个人价值。展会要提高客户感知的价值收益就要从这五个方面入手。

第一,提高展会本身的价值。展会本身的价值是客户价值的第一构成要素,是客户参加展会的核心价值所在。

第二,改善展会的服务。展会服务包括现场服务、展前和展后服务,展会服务一定要为客户"量身定制"。

第三,提高人员价值,加大对展会工作人员和服务人员的培训,使他们在语言、行为、服饰、服务态度、专业知识、服务技能等方面得到提高,让客户满意。

第四,提高展会形象的价值。良好的展会形象可以降低客户的参展(参观)风险,使客户获得额外的社会、心理收益。

第五,增加个人价值。通过展会相关活动等手段,增加客户的个人知识和社会阅历,为他们广泛开拓社会关系网络提供平台。

(2)降低客户感知的成本支出。客户参加展会的成本由四个方面组成:货币成本、时间成本、精力成本和心理成本。降低他们在这些方面的支出就是帮助他们增加了价值。

第一,降低客户参加展会的货币成本。展位租赁费一般难以变动,但我们可以帮助客户降低其展品运输费、展位装修费、人员费和相关宣传费用。

第二,降低客户参加展会的时间成本。安排好展会的开幕时间和展览时间,对重要客户参加展会的时间安排提出合理的建议。

第三,降低客户参加展会的精力成本。尽量为客户着想,帮助和指导客户安排好交通、住宿、吃饭、安全等问题,节省客户为了解决这些问题而花费的时间和精力。

第四,降低客户参加展会的心理成本。通过营销和人员沟通等手段,降低客户对参加展会各种可能风险的担忧,通过良好的现场布置来降低展会噪声和拥挤对客户的影响,使客户参加展会时心情舒畅。

四、赢返流失客户的办法

一是健全展会功能,改善展会服务。展会独特的功能和良好的展会服务对客户最具有吸引力,这是展会的核心竞争力。

二是寻求与客户建立某种社会连接。给客户参加展会赋予一种社会责任,让客户与展会之间建立起一种超乎商业关系以外的更为亲近的关系。

三是寻求与客户建立某种结构连接。例如,与客户建立一种合作伙伴关系或者提高客户退出展会的转换成本,将客户的发展和展会的兴旺紧紧捆在一起,客户就不会轻易流失。

当然,展会也可以采用降低价格的办法赢返流失的客户。然而,采用这种办法,没有充分考虑到那些始终支持展会的忠实客户,不忠诚的行为似乎通过降价而得到了奖赏,这会极大地挫伤忠诚客户的积极性。另外,降价赢返策略最容易被竞争对手复制,一旦降价行动带有某种可预见性,那么一些客户就可能持久地等待展会的这种行为,只要他们能够避免,就永远不会去支付全价。因此,用降价来赢返流失的客户尽管是一种可以在短期内起作用的方法,但它不是一种长期有效的方法。

五、流失客户赢返以后的巩固措施

如何才能确保流失的客户赢返以后不再流失?与客户建立合作伙伴关系,形成与客户合作共荣的双赢局面,是确保客户不再流失的一种有效手段。

要与客户建立合作伙伴关系,展会必须向客户提出一个富有吸引力且为客户喜爱的价值主张,这个主张可能是展会的定位、品质和功能,也可能是展会在客户营销策略组合中所处的位置。展会主张要为客户所接受和喜爱,与展会的责任感和客户对展会的信任感有很大的关系。一方面,展会要富有责任感,自己承诺的东西就一定要实现;另一方面,客户对展会的信任感是建立在客户价值持续实现的基础上的。因此,建立一种合作伙伴关系,离不开责任感和信任。

展会与客户建立合作伙伴关系的目标是实现与客户的共荣双赢。当客户的参展(参观)目标得以很好实现、得到很好服务时,客户自然也会给展会以丰厚的回报。在现代会展行业里，展会追求单方面盈利的"零和游戏"做法是不为广大客户所接受的。展会只有在自身利益与客户利益之间找到平衡点，才能最终实现展会与客户的共荣双赢。

习题演练

一、单选题

1. 对于客户流失的情况，下列说法错误的是（　　）。
   A. 客户流失情况产生的经济效果可分为客户数量效应和客户保持时间效应两种力量
   B. 客户流失会产生较大的经济效果
   C. 客户一旦流失，公司需要花费更多的时间和金钱去开拓新客户
   D. 客户流失后，企业可以开发新客户，对企业的发展没有影响

2. 下列对跨境电商新老客户的表述中，错误的是（　　）。
   A. 新客户一般通过搜索或广告进入网店
   B. 通常新客户购买顾虑比较多
   C. 新客户的购物过程比老客户更加简化
   D. 老客户一般通过收藏或网址直接进入网店

3. 下列对客户流失率的表述中，错误的是（　　）。
   A. 客户流失率有绝对客户流失率和相对客户流失率之分
   B. 相对客户流失率衡量的是客户流失的数量比例趋势
   C. 相对客户流失率考虑了流失客户对公司销售额的贡献程度，更能够反映流失客户对公司的影响
   D. 绝对客户流失率=流失的客户数量/全部客户数量×100%

4. 下列说法中错误的是（　　）。
   A. 客户保持率也是判断客户流失的重要指标
   B. 客户保持率与客户流失率完全相反，客户保持率高，则客户流失率低
   C. 客户流失率与客户推荐率成正比
   D. 客户保持率=1-客户流失率

5. 提高店铺产品价格竞争力是跨境电商预防客户流失需要考虑的一个重要方面，下列对产品价格的说法中错误的是（　　）。
   A. 产品价格是关乎跨境电商企业生死存亡的问题
   B. 店铺需要结合多方面因素制定所售产品的价格
   C. 通常客户都有追求物美价廉的消费心理
   D. 跨境电商企业应制定诱人的低价，满足客户物美价廉的消费心理

6. 提高跨境客户转移成本、降低机会成本能够帮助企业防止客户流失。下列关于机会成本和转移成本的说法中错误的是（　　）。
   A. 转移成本是指客户结束与现有企业的关系、建立新的替代关系的成本
   B. 当客户的转移成本较高时，其忠诚度会更高，通常将持续从企业购买产品或服务
   C. 如果客户转移成本较高，企业将更容易流失客户

D. 跨境电商可采取会员优惠、积分兑换礼品、售后服务延长等活动来增加客户的转移成本
7. 客户服务是影响客户流失的原因之一，下列对客户服务的说法中错误的是（　　）。
A. 跨境电商企业之间仅比较产品的价格和质量，客户服务不重要
B. 高质量的产品和优质的服务是跨境电商赖以生存、持续发展的根本
C. 店铺的服务态度、服务质量的高低将直接影响客户对店铺的印象
D. 跨境电商的售前、售中和售后服务都要有亲和力，要及时
8. 产品质量是企业关注的重点，下列说法中错误的是（　　）。
A. 如果电商的产品质量不高，客户在消费一次后，就可能不会再继续关注
B. 产品的质量对于跨境电商企业来说至关重要，直接影响客户流失情况
C. 跨境电商企业在网上提供的商品应当与实际提供的商品一致，不能以次充好，不然客户就容易流失
D. 为了吸引客户，跨境电商可以在网页上设计精美的产品图片，和实际是否有出入没关系

二、多选题

1. 按客户流失原因，跨境客户流失可以分为（　　）。
A. 自然消亡类　　　　　　　　　B. 需求变化类
C. 趋利流失类　　　　　　　　　D. 失望流失类
2. 客户主动离开卖家店铺的原因类型有（　　）。
A. 价格流失型　　　　　　　　　B. 产品流失型
C. 服务流失型　　　　　　　　　D. 技术流失型
3. 客户流失率衡量的是（　　）。
A. 在指定时间段内跨境电商失去客户的比率
B. 客户的流失数量与全部消费产品或服务的客户的数量的比例
C. 它是客户流失的定量表述，是判断客户流失的主要指标
D. 客户流失率直接反映了企业经营与管理的现状
4. 跨境在线客户的特点，主要体现在（　　）。
A. 跨境客户进行在线消费不受地域限制和消费时间的影响
B. 产品和服务的范围更大
C. 在线购物互动性弱
D. 个性化需求不强
5. 通常，影响跨境客户流失的因素有（　　）。
A. 企业产品质量、服务质量不高
B. 竞争对手争夺
C. 服务细节疏忽导致客户对产品或服务不满意
D. 物流配送、售后服务方面及退货政策等都有可能造成客户流失
6. 客户流失的外部原因有（　　）。
A. 竞争对手夺走客户　　　　　　B. 客户忠诚度水平低
C. 客户记不住店铺名称　　　　　D. 产品质量不稳定

7. 在制定防止客户流失的策略时，应注重的原则有（　　）。
A. 针对性　　　　　　　　　　　　B. 整体性
C. 时效性　　　　　　　　　　　　D. 实用性
8. 为防止客户记不住店铺名称而造成的客户流失，跨境电商企业可以（　　）。
A. 设计内容丰富、图文生动的网站，吸引客户
B. 推广创新产品，吸引客户参与消费
C. 定期举办活动，根据节假日集中开展促销活动
D. 用不断变化的促销方案回馈老客户，使客户在情感上更加忠诚于企业，多次回购，防止客户流失。

三、判断题

1. （　　）客户流失和客户保持是两个相对立的概念。
2. （　　）客户流失仅包括客户与企业完全中断业务关系。
3. （　　）跨境电商行业的客户流失率比较高。
4. （　　）老客户能够为公司贡献更多的利润，但企业保持老客户的成本要比获取新客户的成本高得多。
5. （　　）流失客户可能会因为跨境店铺的某次营销或质量的改善而重新回来。
6. （　　）总流失客户数就是所有"当前时间点−客户最近一次购买的时间点>一个购买周期"的客户数量。
7. （　　）企业的诚信问题会导致客户流失。
8. （　　）跨境电商销售人员的服务质量不会导致客户流失。
9. （　　）客户的忠诚度水平越低就越容易流失。
10. （　　）产品的价格和质量是造成客户流失的唯一原因。
11. （　　）跨境电商企业可以通过客户管理系统，利用信息科学技术，实现市场营销、销售、服务等活动的自动化，使企业能更高效地为客户提供满意、周到的服务，以提高客户满意度、忠诚度。
12. （　　）制定防止客户流失策略须要遵从实用性、时效性、整体性及针对性的原则。
13. （　　）虽然客户流失的原因不同，但挽留的成功概率相同。
14. （　　）趋利流失的客户和失望流失的客户有可能挽留成功。
15. （　　）因自然消亡原因或需求变化原因造成的客户流失，一般来说，企业的挽留策略是无效的，因此不适合选为挽留对象。

四、简答题

1. 试用自己的语言来解释客户流失的含义。
2. 客户流失有哪些类别？
3. 如何理解客户流失率？
4. 客户流失的原因主要有哪些？
5. 如何防范客户流失？
6. 制定客户流失策略时要遵循哪些原则？

实践操作

艾伦在速卖通上经营一家童鞋网店。客户 Mr. Rhode Montijo 过去一年内曾在店铺买过六双童鞋给自己的三个孩子，但今年没再买过店铺的任何东西。艾伦将如何看待该客户的购买行为？新年即将来临，艾伦特别想得到 Mr. Rhode Montijo 的再次光顾。请帮艾伦想想可以采取哪些措施挽回该流失客户。

操作 1. 分析客户 Mr. Rhode Montijo 的购买特点
_____
_____

操作 2. 深入分析流失客户的流失环节、流失时间等
_____
_____

操作 3. 从公司内部及外部环境上科学全面地找出导致客户流失的原因
_____
_____

操作 4. 估计客户流失环节和流失原因，有针对性地制定挽回该客户的策略
_____
_____

参考文献

[1] 易传识网络科技. 跨境电商多平台运营实战基础[M]. 北京：电子工业出版社，2020.

[2] 苏朝晖. 客户关系管理——客户关系的建立与维护[M]. 北京：清华大学出版社，2021.

[3] 苏朝晖. 客户关系管理——理念、技术与策略[M]. 北京：机械工业出版社，2021.

[4] 速卖通大学. 跨境电商客服——阿里巴巴速卖通宝典[M]. 北京：电子工业出版社，2016.

[5] 速卖通大学. 跨境电商运营与管理——阿里巴巴速卖通宝典[M]. 北京：电子工业出版社，2017.

[6] 阳翼. 数字营销[M]. 北京：中国人民大学出版社，2019.

[7] 蓝宝江. 跨境电子商务案例集[M]. 北京：高等教育出版社，2021.

[8] 托马斯·H. 达文波特. 大数据竞争力——如何成为真正的数据分析型企业[M]. 北京：人民邮电出版社，2021.

[9] 孙宗虎. 客户服务全过程管理流程设计与工作标准[M]. 北京：人民邮电出版社，2020.

[10] 隋东旭，邹益民. 跨境电子商务客户服务[M]. 北京：清华大学出版社，2021.

反侵权盗版声明

电子工业出版社依法对本作品享有专有出版权。任何未经权利人书面许可，复制、销售或通过信息网络传播本作品的行为，歪曲、篡改、剽窃本作品的行为，均违反《中华人民共和国著作权法》，其行为人应承担相应的民事责任和行政责任，构成犯罪的，将被依法追究刑事责任。

为了维护市场秩序，保护权利人的合法权益，我社将依法查处和打击侵权盗版的单位和个人。欢迎社会各界人士积极举报侵权盗版行为，本社将奖励举报有功人员，并保证举报人的信息不被泄露。

举报电话：（010）88254396；（010）88258888
传　　真：（010）88254397
E-mail：　dbqq@phei.com.cn
通信地址：北京市海淀区万寿路173信箱
　　　　　电子工业出版社总编办公室
邮　　编：100036